速成意大利语

（下册）

〔意〕Ausilia Bellomo 杨 琳 编著

图书在版编目(CIP)数据

速成意大利语.下册/(意)贝洛莫(Bellomo,A.),杨琳编著.—北京:北京大学出版社,2013.1
(速成外语系列)
ISBN 978-7-301-21586-9

Ⅰ.①速…　Ⅱ.①贝…②杨…　Ⅲ.①意大利语－自学参考资料　Ⅳ.①H772

中国版本图书馆 CIP 数据核字(2012)第 273850 号

书　　　　名:	速成意大利语(下册)
著作责任者:	〔意〕Ausilia Bellomo　杨　琳　编著
责 任 编 辑:	初艳红
标 准 书 号:	ISBN 978-7-301-21586-9/H・3179
出 版 发 行:	北京大学出版社
地　　　　址:	北京市海淀区成府路 205 号　100871
网　　　　址:	http://www.pup.cn　新浪官方微博:@北京大学出版社
电 子 信 箱:	alice1979pku@126.com
电　　　　话:	邮购部 62752015　发行部 62750672　编辑部 62759634　出版部 62754962
印 　刷 　者:	北京大学印刷厂
经 　销 　者:	新华书店
	787 毫米×1092 毫米　16 开本　17.25 印张　537 千字
	2013 年 1 月第 1 版　2013 年 1 月第 1 次印刷
定　　　　价:	39.00 元

未经许可,不得以任何方式复制或抄袭本书之部分或全部内容
版权所有,侵权必究
举报电话: 010-62752024　电子信箱: fd@pup.pku.edu.cn

"Percorso 1" - Corso di lingua e conversazione italiana
《速成意大利语》——意大利语口语教程

Livello finale di competenza: A1/A2 + (sopravvivenza potenziato) del Q.C.E.R.
最终能力水平：《欧洲语言共同参考框架》A1/A2+级（生存能力加强级）

作者简介

Ausilia Bellomo, docente esperta di madre lingua italiana, in Cina dal 2006, ricopre l'incarico di lettore governativo presso la "University of International Business & Economics" e, dal 2010, anche presso la "Tsinghua University", insegnando, rispettivamente, lingua, cultura e letteratura italiana nei corsi di laurea quadriennale e magistrale, e lingua e cultura italiana nei corsi selettivi. In Italia si è sempre occupata di educazione linguistica e interculturale dove ha svolto attività di docenza nei licei e di formazione, conseguito un diploma di specializzazione in didattica delle lingue straniere, di perfezionamento in C.L.I.L. presso la "Ca' Foscari" di Venezia e master di I e II livello presso l'Università degli Studi di Roma " Tor Vergata".

Ausilia Bellomo是由意大利政府派驻中国的意大利专家。从2006年起,在对外经济贸易大学意大利语本科及硕士专业从事意大利语言、文化和文学的教学工作;从2010年起,兼任清华大学意大利语言文化选修课的教师。在意大利她一直在高中从事语言与跨文化教学、培训工作。她在意大利威尼斯大学参加C.L.I.L.的进修课程,并获得外国语言教学硕士学位;另在罗马二大获得第一、二级的master学位。

Yang Lin, dottore di ricerca in lingua e letterature italiana presso la "University of Chicago", è docente d'italiano e professoressa associata di lingua e letteratura italiana nella Facoltà di Francese presso la "Sichuan International Studies University", in cui è responsabile del programma d'italiano. È dottoranda di ricerca in lingua e letteratura italiana presso la "University of Chicago". È co-autrice del manuale *Marco Polo - Corso di Italiano per Studenti Cinesi*, pubblicato in Italia da Guerra Edizioni.

杨琳,芝加哥大学意大利语言文学博士,四川外语学院法语系意大利语言文学专业教师、副教授、意大利语专业负责人。她是《马可波罗——中国学生用意大利语教程》的合著者,教材由意大利Guerra出版社出版。

Ringraziamenti
致　　谢

La Casa editrice e le autriciringrazianoquantihannocontribuito con illoropreziosoaiutoallarealizzazione di questomanuale.

感谢那些为这本教材的制作提供了宝贵帮助的朋友们：

- Per la registrazionedeidialoghi:
- 为对话录音的：

Fortuna Balzano: stagistaall'Ambasciatad'Italia
意大利驻华大使馆实习生Fortuna Balzano

Daniele Di Leva: stagistaall'Ambasciatad'Italia
意大利驻华大使馆实习生Daniele Di Leva

Sara Garavaglia:stagistaall'Ambasciatad'Italia
意大利驻华大使馆实习生Sara Garavaglia

Daniele Donadon: dottorando di ricerca (Renmin University)
人民大学博士研究生Daniele Donadon

Lin Yijun: studentessa di scambio (FuJen Catholic University, Taiwan)
台湾天主教辅仁大学交换生林枇均

Wang Ying: studentessa (University of International Business & Economics)
对外经济贸易大学学生王莹

- Per le fotodellacopertina e del manuale:
- 封面和教材正文中所使用照片的拍照者：

Enrico Scarponi:lettore d'italiano inCina
在中国任教的意大利外教Enrico Scarponi

Chen Zikai: studente master (Tsinghua University)
清华大学硕士生陈志凯

Prefazione

I cinesi che oggi conoscono l'italiano (dai principianti fino a chi traduce letteratura o fa l'interprete simultaneista) sono migliaia. Rispetto al passato il dato è confortante, anche se da un punto di vista quantitativo, contare in migliaia in una realtà come la Cina vuol dire sempre parlare di nicchie. L'apprendimento dell'italiano non può aspirare a raggiungere i dati quantitativi delle grandi lingue veicolari internazionali, ma la promozione dell'italiano in Cina ha visto negli ultimissimi anni dei progressi. L'italiano non è lingua per fare business, resta la lingua per eccellenza della "cultura". Chi studia musica, bel canto, archeologia, arte, prima o poi si trova ad aver bisogno o a desiderare di studiare l'italiano.

Il libro che le professoresse Ausilia Bellomo, lettrice all'University of International Business & Economics e alla Tsinghua University di Pechino, e Yang Lin, docente d'italiano alla Sichuan International Studies University, hanno redatto in questi anni indica chiaramente fin dalle prime pagine lo scopo: un manuale didattico leggero, agile, di semplice utilizzo. Un testo che, pur insegnando le fondamentali e indispensabili regole grammaticali, vuole poter aiutare anche chi, non linguista, ambisce solo ad una conoscenza elementare della lingua. Non tutti sanno, possono o vogliono diventare grandi traduttori, ma molti desiderano possedere quegli elementi di base che permettono di non essere totalmente spaesati in un luogo nuovo, tutto sommato ancora molto lontano e sconosciuto come è l'Italia per la gran parte dei cinesi. Studiare una lingua è molto di più che imparare ad esprimersi in un modo diverso, è apprendere cultura e mentalità differenti: è il primo passo per cominciare a conoscersi.

L'augurio è che grazie a questo libro, il desiderio minimo iniziale si trasformi in una vera passione per una lingua, l'italiano, che a detta di moltissimi stranieri, inclusi i cinesi, è una delle più belle del mondo.

Barbara Alighiero
Direttore dell'Istituto Italiano di Cultura di Pechino

序

当今有许多中国人懂意大利语（从初学者到文学作品的翻译者或同声传译者）。虽然在中国这个人口众多的国家里，这是微不足道的，学习意大利语的人数也达不到学习其他国际通用语的人数；但是与过去相比，现在的规模还是令人欣慰的。近些年来，意大利语在中国得到了很好的推广。意大利语不是用来做生意的语言，而仍然是主要的"文化"语言。谁学习音乐、歌剧、美术、考古、艺术，肯定需要或者希望学习意大利语。

这本书的作者是对外经济贸易大学和清华大学外教Ausilia Bellomo和四川外语学院意大利语教师杨琳。从开头几页就可以清楚地看到：作者的目的是编写一本轻松的、灵活的、便于使用的教材。这本教材除了提供基础和必要的语法规则外，还可以帮助那些只想初步掌握意大利语的人。不是所有人都有能力或有愿望成为翻译家，但是很多学习意大利语的人都希望掌握这门语言的基本要素，以便适应意大利的新环境。毕竟对大多数中国人来说，意大利还是一个遥远而陌生的国度。学习一门语言不仅仅是掌握一种不同的方式来表达自己，还意味着了解不同的文化和思维方式。学习语言是开始相互认识的第一步。

希望通过这本教材，那个最初的小小愿望能变成对意大利语的一份真正的热爱。正如包括中国人在内的许多外国人所说的那样，意大利语是世界上最美的语言之一。

巴尔巴拉·安利盖洛
意大利驻华大使馆文化参赞

Introduzione

- Cos'è *Percorso 1*?

Percorso 1 è il primo manuale, in 2 volumi, di un corso modulare di lingua e conversazione italiana rivolto a studenti cinesi e diviso in tre livelli. In linea con le direttive del "Quadro comune europeo di riferimento per le lingue", *il puimo manuvale* si basa sui più moderni principi didattico-metodologici dell'insegnamento delle lingue straniere e coniuga perfettamente l'approccio pragmatico-comunicativo con l'approccio lessicale.

- Quali sono gli obbiettivi di *il puimo manuvale*?

Coprendo circa 120 ore di studio in classe e 60 ore di lavoro individuale e di rinforzo a casa, *il puimo manuvale* si propone di far raggiungere agli studenti - principianti assoluti e non - i livelli A1/A2 +(sopravvivenza potenziato) del *Q.C.E.R.* e di far loro acquisire abilità, strategie e competenze perché diventino interlocutori attivi nelle più comuni situazioni reali di comunicazione.

- Come è strutturato *il puimo manuvale*?

Il volume, ispirato ai principi dell'approccio modulare, prevede la divisione delle aree di contenuto o tematiche in 10 moduli, ciascuno contenente unità che presentano attività orali e scritte, lessico e momenti di fissaggio, tutti attinenti la stessa tematica o tematiche contigue.

Ciascun modulo, eccetto quello introduttivo, si chiude con una sezione dedicata alla fonetica, *L'angolo della pronuncia*, che presenta allo studente le regole della fonetica e lo fa esercitare nella corretta articolazione dei fonemi.

Completano ogni modulo una *Scheda grammaticale riassuntiva*, con un riepilogo dei punti grammaticali presentati nelle unità; una sezione intitolata *Per comunicare*, sintesi delle funzioni, con i relativi esempi per una loro visione d'insieme; un *Laboratorio*, con ulteriori esercizi per un puntuale ripasso di quanto appreso, nonché per attività di recupero e/o di rinforzo.

Corredano il volume un *Glossario*, contenente il lessico presente negli esercizi e nei testi -inclusi quelli di ascolto e di pronuncia; elencato in ordine di apparizione e per unità; un'*Appendice*, contenente le consegne per lo Studente B nei lavori di coppia che prevedono lo scambio di informazioni; le *Chiavi degli* esercizi, con la soluzione di tutti gli esercizi, sia strutturali che di comprensione dei testi, inclusi quelli d'ascolto; una *Trascrizione dei testi d'ascolto*, che serve sia per gli studenti - per l'autoapprendimento - sia per l'insegnante, come ulteriore risorsa per il potenziamento linguistico e le attività di simulazione, nonché come spunto per attività più creative; un'*Appendice grammaticale* di facile consultazione, che si propone di offrire agli studenti un sintetico compendio delle regole grammaticali presentate; una *Tabella dei verbi irregolari* con le coniugazioni dei verbi più usati.

- Quali sono i punti di forza di *il puimo manuvale*?

Il volume, ispirato alle tecniche più aggiornate dell'insegnamento delle lingue straniere, adotta un approccio euristico e induttivo del codice grammaticale. Un'ampia tipologia di esercizi di fissazione e potenziamento, nonché di attività comunicative, oltre a stimolare nello studente la riflessione sui meccanismi di funzionamento della lingua, tende a liberarlo da un apprendimento puramente mnemonico, favorendo in lui l'acquisizione della consapevolezza della lingua come un insieme di atti comunicativi reali.

Il volume pone al centro del processo di apprendimento-insegnamento lo studente, cui fornisce strategie e tecniche per lo sviluppo integrato delle quattro abilità di base: ascolto, parlato, lettura e scrittura.

il puimo manuvale, presentando situazioni e attività motivanti, sia nella forma di esercizi strutturati e contestualizzati - sia in forme più libere come i lavori di coppia, di gruppo, di simulazione e le attività con il vuoto di informazione - mira a facilitare negli studenti l'acquisizione della lingua a livello inconsapevole, a guidarli nel processo di formalizzazione, e ad aiutarli a gestire in modo autonomo il loro processo di apprendimento.

Un tratto peculiare dell'impostazione di *il puimo manuvale* è l'attenzione rivolta alla comunicazione orale e all'interazione in classe: ampio spazio, infatti, è dedicato all'abilità d'ascolto attraverso l'esposizione degli studenti a dialoghi di facile comprensione dai quali sono estrapolati regole grammaticali, funzioni comunicative e lessico nuovo. Attività realistiche e piacevoli, che diventano occasioni di confronto, coinvolgono gli studenti in veri atti comunicativi: in breve tempo gli studenti sono in grado di scambiarsi opinioni, informazioni, convincere qualcuno a fare qualcosa, invitare, suggerire, accettare e rifiutare proposte e così via.

Per quanto riguarda l'approccio culturale, *il puimo manuvale* vuole trasmettere agli studenti un'idea non stereotipata della cultura e della realtà italiane: lo stile di vita, la mentalità e le abitudini degli italiani sono filtrati, non solo dagli esercizi di fissazione, ma anche da una varietà di testi, sia adattati che autentici, tratti da giornali, riviste, siti web e blog, che consentono agli studenti di capirne le peculiarità.

il puimo manuvale ha un'impaginazione chiara e moderna, arricchita da immagini accattivanti, e si presenta come un testo di facile ed efficace utilizzo, racchiudendo in un unico volume il libro dello studente e gli esercizi, opportunamente collocati subito dopo la presentazione della regola e, per un ulteriore fissaggio, alla fine di ogni modulo nella sezione *Laboratorio*.

il puimo manuvale vuole essere, non solo il percorso che gli studenti intraprendono per raggiungere una buona conoscenza di base della lingua italiana, ma anche un viaggio piacevole e interessante alla scoperta dell'affascinante e ricca cultura italiana. Dunque, buon viaggio con *il puimo manuvale*!

引　言

● **《速成意大利语》是什么样的书？**

《速成意大利语》是一套意大利语口语教程，分上、下两册，适用于中国学生。《速成意大利语》以《欧洲语言共同参考框架》为编写标准，以外国语言教学中最现代的教学法为基本原则，很好地结合了练习教学法、交际教学法和词汇教学法。

● **《速成意大利语》的编写目的是什么？**

《速成意大利语》包括120小时的课堂教学内容和60小时的课后独立学习和巩固学习内容。《速成意大利语》旨在让初学者或近于初学者水平的学生达到《欧洲语言共同参考框架》A1/A2+级（生存能力加强级）的水平，并掌握语言技能、应对策略和技巧，以使学生在现实生活最常见的交际场合中成为积极的对话者。

● **《速成意大利语》的结构是怎样的？**

编写者受到单元教学法的启发，按照内容和主题的不同领域将全书分为十章，每章包括若干单元，其中含有与主题相同或相近的口头、书面、词汇和巩固练习。除了引言外，每章的结尾部分都有相关的语音部分——"发音角"，向学生介绍发音规则，并让学生做巩固发音的练习。

每章最后还有以下几个部分："语法概要卡片"，概括本章的语法要点；"交际用语：功能梗概"，通过相关练习整体概括语言功能；"实验室"，通过进一步的练习对所学内容进行复习、巩固和加强。

教材还配有以下内容：词汇表，由包括听力、发音练习和课文中的单词组成，以单词在单元中出现的顺序排列；附录，包括在两人练习中为学生B提供的交流信息；练习答案，包括语言结构、课文理解、听力等所有练习的答案；"听力课文原文"，既可以用于学生自学，也为老师提供更多的加强学生语言能力和进行情景练习的教学资源，激发学生的语言创造力；便于参阅的"语法附录"，为学生提供书中出现过的语法规则概要；常用不规则动词的变位表。

● **《速成意大利语》有哪些优势？**

教材受外语教学的最新技巧启发，采用启发式教学法和归纳法语法教学法，提供种类丰富的巩固和加强练习，以及交际练习，使学生脱离死记硬背的学习模式，让学生意识到语言是现实交流活动的整体反映。

教材以学生为教学和学习过程的中心，为学生提供多种语言应对的策略和技巧，以综合发展学生的四种基本能力：听、说、读、写的能力。

《速成意大利语》提供具有激励性的情景和练习，既有语言结构方面的练习，也有结合背景的练习，还有形式上更灵活的两人练习、小组练习、情景练习、带有"信息沟"的练习，目的是让学生在不知不觉中更容易地掌握语言，在语言能力培养的过程中，引领、帮助他们学会如何自主地学习。

《速成意大利语》的独特性在于关注口头交际和课堂互动：通过难易适中的对话培养学生的听力理解能力，并利用练习引出语法规则、交际功能和新单词。练习既符合现实场景，又给学生提供对话的机会，把学生放在真实的交际场景中。这样学生在短时间内就能够学会交流看法、交换信息、说服、邀请、建议、接受和拒绝提议等。

在文化方面，《速成意大利语》通过大量的练习，以及通过报纸、杂志、网页和博客中选取的原文或改写的文章，向学生传达意大利人的生活方式、思维方式和习惯，而不是意大利文化和现实状况的老生常谈，让学生了解意大利文化的独特性。

《速成意大利语》编排清晰而现代，配有大量的精美图片。教材使用起来方便、高效，集学生用书和练习为一体。练习作为进一步的巩固，紧接在规则后，放在每一章最后的"实验室"部分。

通过《速成意大利语》，学生不仅可以获得一个很好的意大利语基础，而且这个学习的过程也将是一个发现意大利文化魅力的有趣的旅程。祝大家"旅途"愉快！

INDICE DEI CONTENUTI
目 录

MODULO 5 "Che giornata!" "这一天呀!" 1
    Unità 1 "La routine quotidiana" "日常安排" 2
    Unità 2 "Abitudini e stili di vita" "习惯与生活方式" 15
    L'angolo della pronuncia 发音角 27
    Scheda grammaticale riassuntiva 语法概要卡片 28
    Per comunicare: sintesi delle funzioni 交际用语：功能梗概 29
    Laboratorio 实验室 29

MODULO 6 "Come si cambia!" "变化真大！" 31
    Unità 1 "Il passato e il presente" "过去和现在" 32
    Unità 2 "Il nostro passato" "我们的过去" 39
    Unità 3 "Meglio non fare paragoni!" "最好不要作比较！" 48
    Unita 4 "Che tempo fa?" "天气怎么样？" 59
    L'angolo della pronuncia 发音角 65
    Scheda grammaticale riassuntiva 语法概要卡片 66
    Per comunicare: sintesi delle funzioni 交际用语：功能梗概 68
    Laboratorio 实验室 68

MODULO 7 "Buon viaggio!" "祝旅行愉快！" 71
    Unità 1 "Hai trascorso una bella vacanza?" "你的假期过得好吗？" 72
    Unità 2 "Finalmente si parte!" "总算要出发了!" 82
    Unità 3 "Senta, vorrei prenotare..." "您听我说，我想预订……" 92
    L'angolo della pronuncia 发音角 109
    Scheda grammaticale riassuntiva 语法概要卡片 109
    Per comunicare: sintesi delle funzioni 交际用语：功能梗概 111
    Laboratorio 实验室 112

MODULO 8 "In che cosa posso servirLa?" "我可以为您做什么？" 115
    Unità 1 "Fare la spesa" "买东西" 116
    Unità 2 "Che cosa c'è nel piatto?" "盘子里有什么？" 125
    Unità 3 "Buon appetito!" "祝您胃口好！" 133
    Unità 4 "Andare in giro per i negozi" "去逛商店" 144
    L'angolo della pronuncia 发音角 154
    Scheda grammaticale riassuntiva 语法概要卡片 155
    Per comunicare: sintesi delle funzioni 交际用语：功能梗概 156
    Laboratorio 实验室 157

MODULO 9 "Ci sarà un futuro migliore!" "会有一个更好的未来！" ········ 161

- Unità 1 "Dottore, che sarà?" "医生，会是什么呢？" ···················· 162
- Unità 2 "Ahi! Mi sono fatta male al ginocchio!" "哎哟！我弄疼膝盖了！" ········ 174
- Unità 3 "Che domani avremo?" "我们会有怎样的明天？" ················ 179
- L'angolo della pronuncia 发音角 ·· 185
- Scheda grammaticale riassuntiva 语法概要卡片 ···························· 186
- Per comunicare: sintesi delle funzioni 交际用语：功能梗概 ···················· 187
- Laboratorio 实验室 ·· 188

GLOSSARIO 词汇表 ·· 191
APPENDICE 附录 ·· 224
APPENDICE GRAMMATICALE 语法附录 ······································ 227
SOMMARIO 概要 ·· 255

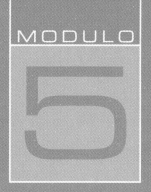

"Che giornata!"

"这一天呀!"

In questo modulo imparerai a 在本章你将学到

- chiedere e dire l'ora in maniera formale e informale
  以正式和非正式的方式询问和谈论时间
- parlare della routine giornaliera e degli impegni durante la settimana
  谈论一天的日程和一周的事务
- parlare della frequenza delle azioni e della loro durata
  谈论行为发生的频繁程度和持续时间
- dare suggerimenti, accettare e proporre alternative
  给出建议、接受和提出其他选择
- parlare di azioni in corso di svolgimento
  谈论进行中的行为

Unità 1 "LA ROUTINE QUOTIDIANA"
"日常安排"

I Abbina le immagini ai verbi sotto e verifica con l'insegnante. 将图片和下面动词连接起来，跟老师确认答案。

1   2   3   4   5

andare a lavorare ☐   cenare ☐   pranzare ☐   andare a letto ☐
finire di lavorare ☐   tornare a casa ☐   alzarsi ☐   fare colazione ☐

II Cosa fai nelle diverse parti del giorno? Completa gli spazi. 你在一天各时间段做什么？填空。

1. la mattina: mi alzo………………………………………………………………………
2. il pomeriggio:……………………………………………………………………………
3. la sera:……………………………………………………………………………………

III Ascolta gli orari, collegali ai disegni e completa. 听时间，与图片连线，完成句子。

Che ora è? Che ore sono?

A ☐   B ☐   C ☐   D ☐   E ☐   F ☐

1. È l'_____.
2. Sono le _____ e un quarto.
3. Sono le _____ e mezzo.
4. Sono le _____ meno un quarto.
5. Sono le _____ in punto.
6. _____ mezzogiorno/mezzanotte in punto.

IV Guarda i disegni e completa le frasi con l'orario corrispondente. 看图片，完成相应的时间表达方式。

A ☐   B ☐   C ☐   D ☐   E ☐   F ☐

1. Sono le _____ e dieci.
2. _____ circa le _____ e cinque.
3. _____ meno cinque
4. È _____ meno venti.
5. Sono quasi le _____ meno dieci.
6. Sono _____ precise.

Modulo 5 "Che giornata!"

V Completa la tabella in maniera appropriata. 以适当的方式填表。

Come esprimere l'ora?

è l'una	sono le+_____	è _____ in punto	sono le+ora+precise	è+circa/quasi+ l'una mezzanotte/_____ sono+circa/quasi+le+ora

N.B. 注意

Diciamo: "a mezzogiorno" e "a mezzanotte" (senza l'articolo) 我们说："a mezzogiorno" 以及 "a mezzanotte"（不用冠词）。

VI Ascolta e completa gli annunci con gli orari nella modalità digitale. 听录音，用数字形式填出播报的时间。

1. Il treno delle _____ per Verona parte con 10 minuti di ritardo.
2. Il supermercato rimane aperto tutti i giorni dalle _____ alle _____.
3. Il servizio di consegna a domicilio è disponibile solo dalle _____ alle _____.
4. Il volo AZB410 dell'Alitalia arriva al teminale 6 alle _____.

VII Cambia gli orari dalla modalità digitale a quella informale e aggiungi le parti del giorno: *di mattina, di pomeriggio, di sera, di notte*. 将时间由数字形式变为非正式形式（12小时制），再加上表示一天各时间段的词。

1 .... 2 ....
3 .... 4 ....
5 .... 6 ....

VIII Riscrivi le frasi dell'attività "*ii*", aggiungi l'orario e le parti del giorno. 重写练习2的句子，加上表示时间和一天各时间段的词。

Esempio: *"La mattina mi alzo alle sette."* - *"Mi alzo alle sette di mattina."*

N.B. 注意

In situazioni formali pubbliche (*annunci di orari di treni, di aerei, programmi, ecc.*) esprimiamo l'ora secondo la modalità digitale (*orologio -24 ore*). 在正式的公共场合（火车的时间播报、航班班次播报），我们用数字的方式表达时间（24小时制）。

IX Guarda l'agenda del professor Esposito e completa la tabella con i giorni della settimana. 看Esposito教授的日程表，用表示星期的词填表。

....	....	....	....	....	....	....
lezione	lezione	lezione		lezione	lezione	
			spesa			tennis
	Marina 12.00				pranzo dai genitori 14.00	
palestra 17.00		dentista 17.30				
	concerto 19.30		conferenza biblioteca 18.30	corso di cinese 18.00	cinema 20.00	
			cena con amici 20.00			

- Lunedì: va in palestra alle 17.00
- Domenica: non ha lezione e gioca a tennis
- Mercoledì: va dal dentista
- Sabato: fa la spesa di pomeriggio
- Venerdì: va a lezione di cinese
- Martedì: va al concerto
- Giovedì: va a cena fuori con gli amici

LO SAPEVI?

I nomi dei giorni della settimana hanno origine dai pianeti:
Lunedì è il giorno della Luna.
Martedì è il giorno di Marte.
Mercoledì è il giorno di Mercurio.
Giovedì è il giorno di Giove.
Venerdì è il giorno di Venere.
Sabato è il giorno di Saturno.
Domenica è il giorno del Sole.
I cristiani hanno dedicato questo giorno al Signore, cioè, in latino, al "Dominus", da cui il nome Domenica.

X Guarda di nuovo l'agenda e rispondi alle domande. 再看一遍日程表，回答问题。

Esempio: In che giorno va al concerto?-
"Va al concerto il martedì."

1. In quali giorni il professor Esposito non fa lezione?
2. Quando pranza a casa dei genitori?
3. In che giorno va in palestra?
4. In quale giorno incontra la sua collega Marina?
5. Quando va al corso di cinese?
6. In che giorno va dal dentista?

XI Le nostre abitudini: ascolta l'intervista e scrivi i giorni della settimana sotto le immagini. 我们的习惯：听采访，在图片下方写出表示星期几的词。

....

XII Nel parlare della sua routine Claudia fa un po' di confusione con i giorni: correggi e completa. 在谈自己的日程时，Claudia把日子弄乱了：改错并完成句子。

Lavoro in un'agenzia di viaggi dalle 9.00 alle 19.30. Ho una pausa pranzo, dalle 13.00 alle 15.30. In queste due ore preferisco non ritornare a casa perché c'è traffico. A Firenze è impossibile! La pausa pranzo, secondo me, è un momento da sfruttare perché ci sono tante cose da fare. Io, per esempio, il lunedì vado al supermercato vicino all'agenzia per fare la spesa per tutta la settimana. Il martedì, invece, vado dal parrucchiere: è un momento rilassante, perché leggo le riviste e ascolto musica. Il mercoledì vado in piscina e il giovedì, alle 13.30, ho un pranzo di lavoro con il mio direttore, i colleghi e i clienti in una trattoria tipica! Il venerdì, l'ultimo giorno lavorativo della settimana, vado in palestra: faccio un lavoro sedentario e non ho molto tempo per fare un po' di moto. Per fortuna che c'è la pausa pranzo: è molto utile!

- Il lunedì Claudia non va al supermercato ma..
- Il martedì..
- ____ mercoledì non ....; invece.......................
- _____ ....

"Che giornata!" Modulo 5

👁 Grammatica: il complemento di tempo 语法：时间补语

Osserva le frasi e rispondi alle seguenti domande. 观察句子，回答下列问题。

"_Venerdì_ il professor Esposito va a lezione di cinese."   "_Il lunedì_ Claudia non va al supermercato."
"Lunedì il professor Esposito va in palestra _alle 17.00_"
"Lavoro in un'agenzia di viaggi _dalle 9.00 alle 19.30_."

- Che cosa indica l'articolo davanti al nome del giorno: un'azione ripetuta e abituale o un'azione temporanea?
  ....
  日子前面的定冠词表示什么？重复的、习惯性的动作还是临时的动作？
- Qual è la differenza tra "_alle 17.00_" e "_dalle 9.00 alle 19.30_"? ....
  "alle 17.00" 和 "dalle 9.00 alle 19.30" 的区别是什么？

XIII Inserisci negli spazi l'articolo, ove necessario. 在需要的地方填入冠词。

1. _____ vado in ospedale per un controllo medico. (*lunedì*)
2. Il mio fidanzato fa il turno di notte _____. (*martedì, sabato*)
3. A me e alla mia famiglia piace andare a pranzo fuori _____. (*domenica*)
4. _____, quando finisci di lavorare, vieni al concerto di Zucchero? (*venerdì sera*)
5. Le lezioni di tedesco sono _____. (*mercoledì, giovedì*)
6. _____ vieni con me al bar a vedere il derby Milan-Inter? (*sabato*)

XIV Scegli la preposizione corretta tra quelle date. 选出正确的前置词。

1. Mio marito inizia a lavorare *alle/dalle/a* otto e mezzo.
2. Vado in bicicletta o in palestra *di/da/dal* lunedì *a/al/di* venerdì.
3. Il sabato esco di casa *di/a/alla* mezzanotte.
4. Il treno parte *dalle/a/alle* 19.40 dal binario 8.
5. Sto dal parrucchiere per circa due ore: *alle/a/dalle* 10.00 *alle/a/dalle* 12.00.
6. Prendo l'aperitivo con Giovanni *di/a/per* mezzogiorno.

XV Lavoro di coppia. Annotate nella tabella i vostri appuntamenti della settimana e, a turno, chiedete al vostro compagno/alla vostra compagna dei suoi impegni e completate. 2人练习。在表中记下你们一星期的安排，然后问同学要做的事，完成下表。

Esempio: ◊ *Che cosa fai lunedì pomeriggio?*
      ● *Vado in piscina alle 5.00. E tu cosa fai?*
      ◊ *Io vado dal dentista. E martedì, che cosa fai?*

	io	il mio compagno/la mia compagna
lunedì		
martedì		
mercoledì		
giovedì		
venerdì		
sabato		
domenica		

XVI Osservate i seguenti orari e completate la tabella. 观察下列时间表，完成表格。

Stimacasa - corso Mazzini
Orario e giorni di apertura
Orario di apertura: dal lunedì al giovedì
dalle 09.00 alle 13.00
dalle 15.00 alle 19.30
venerdì: orario continuato 8.30 - 19.30

viale Amendola, 147 Imola (BO)
Orario della farmacia
dal lunedì al venerdì mattino: 8.30 - 13.00
pomeriggio: 15.30 - 19.30
orario turni sabato e festivi: 09.00 - 22.00

	apre	chiude	è aperta	è chiusa
immobiliare	.... di mattina	....	....	il sabato e .... dalle................ ....
farmacia	....di pomeriggio	....di sera	.... turni: sabato e	....

XVII A turno, rispondete alle seguenti domande. 轮流回答下列问题。

1. In quali giorni è aperta l'immobiliare Stimacasa?
2. Per quanto tempo è aperta la mattina?
3. A che ora chiude la sera?
4. In che giorno fa l'orario continuato e con quale orario?
5. Quando apre la farmacia Zolino la mattina? E di pomeriggio?
6. È aperta anche il sabato e nei giorni festivi?

A che ora/Quando inizia...? A che ora/Quando finisce...? Quanto dura...?

cinema" Pirandello"
orario spettacoli:
18:00 - 19:40 - 21:20
Durata: 100 minuti

inizio dei corsi: 15-06-2009
orario: 17.00/19.00
lunedì-venerdì/domenica: buffet
Chef: Gianfranco Vissani

XVIII Osservate le locandine e, a turno, rispondete alle domande. 观察海报，轮流回答问题。

1. Quando inizia la prima proiezione del film?
2. Quando finisce?
3. Quante ore dura il film?
4. A che ora inizia il corso di cucina?
5. Quanto dura la lezione?
6. Quando è il corso?

XIX Riempi gli spazi con le parole date. 用所给单词填空。

inizia (2)   finisce   dura   aperta(2)   chiuso (2)   apre   chiude

1. La partita di calcio _____ alle 3.00 e _____ alle 4.30 di pomeriggio.
2. Il bar Astarea _____ alle 7.30 di mattina e _____ alle 9.00 di sera.
3. Quando è _____ la piscina? Voglio fare un po' di nuoto!
4. L'ufficio postale è _____ il sabato pomeriggio e la domenica.
5. Il corso d'italiano _____ 3 ore: dalle 8.00 alle 11.20 con una pausa di 20 minuti.
6. Il professor Martini _____ la lezione alle 8.00 in punto.
7. La farmacia fa l'orario continuato: è _____ dalle 9.00 di mattina alle 8.00 di sera.
8. Questa settimana il supermercato Conad è _____ per lavori di restauro.

Per chiedere dell'orario	Per chiedere della durata:
A che ora apre la banca?	*Per quanto tempo* è aperta la farmacia la mattina?
Quando apre la banca?	● da→ a - dalle 9.00 alle 13.00
● a → alle 9.00	*Quante ore* dura il film?
	● da→ a - Quasi due ore: dalle 18.05 alle 20.05

XX Lavoro di gruppo. In gruppi di 4/5: informatevi degli orari di apertura e di chiusura dei servizi sotto indicati e di inizio, fine e durata di questi eventi. Fate domande e rispondete. 小组练习。4人或5人一组：询问下面服务设施的开门和关门时间，以及这些活动的开始、结束以及延续的时间，提问并回答。

la banca   la partita di calcio in TV   la segreteria dell'università   la palestra
la mensa   il concerto di musica jazz   il corso di yoga   la Turandot

XXI È l'ultimo giorno del mese e Tiziana fa queste osservazioni. Leggi la tabella sotto e completa. 这是一个月的最后一天，Tiziana有以下想法。读下表，完成句子。

1. Vado in palestra da _____ settimane, esattamente dal _____ e sono in forma!
2. Prendo lezioni di chitarra da quasi _____ giorni ma non so suonare bene.
3. Frequento il corso d'inglese solo da quasi quattro _____ e conosco molte parole.
4. Sono a Roma da tre _____ e sono già stanca.
5. Non vado a casa di Anna da _____ settimane e non penso di ricambiare l'invito!
6. Non vado da mamma dall' _____ del mese e già mi manca tanto!

Calendario del mese di settembre							
				venerdì 1 palestra 17.00	sabato 2 onomastico di mamma	domenica 3 gita al Lago di Bracciano
lunedì 4 corso di chitarra 18.00	martedì 5 palestra 17.00	Mercoledì 6 corso di inglese 18.00/20.00	giovedì 7 - corso di chitarra 18.00	venerdì 8 palestra 17.00	sabato 9 a cena da Anna	domenica 10 serata a teatro
lunedì 11 corso di chitarra 18.00	martedì 12 palestra 17.00	mercoledì 13 corso di inglese 18.00/20.00	giovedì 14 montagna	venerdì 15 montagna	sabato 16 montagna	domenica 17 montagna
lunedì 18 corso di chitarra 18.00	martedì 19 palestra 17.00	mercoledì 20 corso di inglese 18.00/20.00	giovedì 21 corso di chitarra 18.00	venerdì 22 palestra 17.00	sabato 23 partenza per Madrid	domenica 24 Madrid
lunedì 25 Madrid	martedì 26 Madrid	mercoledì 27 Madrid	giovedì 28 ritorno a Roma	venerdì 29 palestra 17.00	sabato 30 relax a casa	domenica 1 ottobre

N.B. 注意

"Da quando/Da quanto tempo Tiziana va in palestra?"
Inizio 表开始 → dal I settembre   Durata 表持续 ~~~~~ da quattro settimane

XXII Guarda di nuovo l'agenda di Tiziana e rispondi alle domande. 再看Tiziana的日程表，回答问题。

1. È l'8 settembre: da quando Tiziana fa il corso di chitarra?
2. È il 17 settembre: da quando Tiziana è in montagna?
3. È il 22 settembre: da quanti giorni non fa una gita fuori porta?
4. È il 26 settembre: da quanti giorni si trova a Madrid?
5. È il 30 settembre: da quanto tempo non va a teatro?
6. È il I ottobre: da quando va in palestra?

XXIII Petra è una giovane badante russa. Completa la sua routine con le preposizioni adatte. Petra是一位年轻的、来自俄罗斯的看护，她照顾老人。用适当的前置词填写她的日程。

Vengo da Novgorod e vivo in Italia 1. _____ un anno. Faccio la badante per una coppia di anziani 2. _____ tre mesi. Lavoro 3. _____ 14.00 alle 18.00. Non guadagno molto, così ho un altro lavoro: 4. _____ due settimane faccio la commessa in un negozio. Inizio a lavorare 5. _____ 9.00 di mattina e finisco 6. _____ 13.00. Nel tempo libero cerco d'imparare l'italiano: infatti 7. _____ due mesi frequento un corso d'italiano dal lunedì 8. _____ venerdì. 9. _____ quando vado a lezione la mia vita è diversa: con i miei colleghi di corso vado in piscina e la domenica incontro altri amici stranieri. Ma 10. _____ lunedì comincia la solita routine!

XXIV Lavoro di coppia. A turno, fate domande al vostro compagno/alla vostra compagna secondo questi suggerimenti. Usate "da quando", "da quanto tempo". 2人练习。互相提问相关问题。使用"da quanto"，"da quanto tempo"。

- studiare italiano/o un'altra lingua
- abitare in.../a...
- andare in palestra/piscina/a cinema/a teatro/al ristorante
- non vedere i suoi genitori/incontrare i suoi amici/andare in vacanza/fare una gita/ritornare nella sua città

XXV Ascolta la conversazione tra Mario e Luisa, segna con una X le affermazioni vere e correggi quelle false. 听Mario和Luisa之间的对话，用"X"标出正确判断，修改错误判断。

	Vero	Falso
1. Mario inizia a lavorare alle 6.00 di mattina.	☐	☐
2. Fa colazione a casa con cornetto ed espresso.	☐	☐
3. Paola esce di casa presto e non vede Mario.	☐	☐
4. Porta i bambini all'asilo nido.	☐	☐
5. Mario esce il pomeriggio per fare sport.	☐	☐
6. Mario e Paola non escono e restano a casa la domenica.	☐	☐

XXVI Ascolta di nuovo e completa la routine di Mario e Paola. 再听一遍对话，完成Mario 和Paola的日程安排。

1. Mario inizia a lavorare la sera tardi, ① _____ la mattina presto e ② _____ a casa. Durante la giornata non esce: ③ _____ la TV, ④ _____ in Internet oppure prepara la cena.

2. Paola esce di casa alle 8.00 circa e ① _____ i bambini all'asilo. ② _____ a casa ed esce di nuovo per ③ _____ la spesa. ④ _____ anche all'asilo a prendere i bambini.

XXVII Riascolta la conversazione e numera le frasi nell'ordine in cui le senti. 再听对话，按听到的顺序给句子标号。

1. "...io e Paola usciamo con i nostri amici e lasciamo i bambini dai nonni!" ☐
2. "E cosa fai durante la giornata? Esci, vai a fare sport, vedi i tuoi amici?" ☐
3. "No, non esco: sto un po' davanti alla TV..." ☐

XXVIII Completa la coniugazione del verbo "uscire". 完成动词"uscire"的变位。

Tempo Presente 现在时

io	_____	noi	_____
tu	_____	voi	uscite
lui/lei, Lei	_____	loro	_____

XXIX Questa è la giornata-tipo di Martina: riempi gli spazi con i seguenti verbi. 这是Martina典型的一天：用下列动词填空。

stare   cenare   avere   studiare   guardare   prendere   leggere   riordinare   uscire (4)   fare
pranzare   sistemare   ritornare (2)   iniziare (2)   andare (3)   navigare   arrivare   riposare

Mi alzo la mattina intorno alle 7.00. Prima 1. _____ colazione, poi 2. _____ la mia stanza ed 3. _____ di casa. Alle 7.30 io e la mia amica Stefania 4. _____ l'autobus per andare a scuola. Prima della lezione 5. _____ un po' a chiacchierare con i nostri compagni nell'atrio della scuola. Alle 8.15 in punto 6. _____ le lezioni e durano fino all' 1.45. Quando (noi) 7. _____ dalla scuola, io 8. _____ a casa; Stefania, invece, 9. _____ a lezione di chitarra. 10. _____ a casa quasi alle 2.30 e dopo 11. _____ con i miei genitori. Dopo pranzo, 12. _____ un po' in Internet mentre mio padre 13. _____ e mia madre 14. _____ la cucina. Verso le 3.00 15. _____ a fare i compiti e 16. _____ per un paio d'ore, fino alle 5.00. Dopo 17. _____ in palestra per fare aerobica o 18. _____ con i miei amici per fare shopping. Alle 8.30 circa 19. _____ a casa per vedere "Un posto al sole", il mio programma preferito. Mentre io e i mei genitori 20. _____, 21. _____ la TV. Dopo cena io 22. _____ i giornali o le riviste di attualità mentre i miei genitori 23. _____ per fare quattro passi. 24. _____ a letto intorno alle 12.00.

XXX Sottolinea le locuzioni temporali presenti nel testo e completa la tabella. 划出文中出现的时间短语，填表。

locuzioni temporali 时间短语

| _____ 1.45 | _____ le 3.00 | Alle 8.30 _____ | _____ alle 12.00 |

fino a

| •————→•

XXXI Inserisci negli spazi *fino a*. Metti l'articolo ove necessario. 用fino a填空，需要时填冠词。

1. "_____ quando rimanete in Italia?" - "_____ fine del mese!"
2. "Quante ore di studio pensi di fare oggi?" - "Molte! Dalle 3.00 del pomeriggio _____ 9.00".
3. "Per quanto tempo aspetti il 33 la mattina?" - "Anche _____ un'ora!"
4. "Quanto tempo resta aperta la mostra su Caravaggio?" - "Se non sbaglio _____ 31 agosto."
5. "Per quanto tempo guardi la televisione la sera?" - "_____ *Previsioni del Tempo* delle 23.00.
6. "_____ che ora fai i turni di notte questa settimana ?" - "_____ 7.00 di mattina."

XXXII Inserisci negli spazi l'espressione di tempo appropriata. 用适当的时间表达方式填空。

intorno (2)　　verso　　quasi　　circa　　fino a (2)

1. La domenica mattina faccio colazione _____ alle 10.00.
2. Paola esce dall'ufficio _____ le 7.00 di sera.
3. La domenica le partite di calcio in TV durano _____ mezzanotte.
4. La domenica Laura esce di casa _____ a mezzogiorno.
5. Il bar dell'angolo apre _____ alle 9.00 e resta aperto _____ sera tardi.
6. Senti ...Paola, questo venerdì l'appuntamento è alle 8.30 _____ o no?

Grammatica: i connettivi temporali　语法：时间连接词

Osserva il seguente schema e fai riferimento al testo dell'attività XXIX. 结合练习29中的课文，观察下面的示意图。

← prima + soggetto + verbo;　poi/dopo + soggetto + verbo
≈≈ mentre + soggetto + verbo/ → → →
quando + soggetto + verbo/ → → →

XXXIII Completa le frasi con i connettivi appropriati. 用适当的连词完成句子。

1. _____ pranzo e _____ esco a fare una passeggiata.
2. Io inizio a cucinare _____ Paolo ritorna a casa.
3. _____ il direttore parla con i clienti, noi rispondiamo al telefono.
4. Prima riordina la casa e _____ esce.
5. _____ resta a casa, Luisa preferisce stare un po' davanti alla TV.
6. _____ cenano, i miei genitori hanno l'abitudine di prendere il tè.
7. _____ seguo la lezione e _____ rivedo gli appunti.
8. _____ io faccio la spesa, mio marito va in piscina.

XXXIV Lavoro di coppia. A turno, fate domande al vostro compagno/alla vostra compagna e rispondete. Chiedete. 2人练习。互相提问回答。问下列问题。

- che cosa fa quando ritorna a casa
- quante ore lavora/studia, ecc. e fino a quando
- che cosa fa prima di/dopo pranzo o cena
- quando fa colazione
- quanto tempo sta davanti alla TV/al computer
- che cosa fanno i suoi genitori mentre lui/lei studia/legge/naviga in Internet, ecc.

XXXV Guarda la tabella, abbina i verbi alle immagini e riempi gli spazi. 看图片，连接动词与图片，填空。

PRESENTE dei verbi "lavarsi", "sedersi" (irregolare), "vestirsi"		
io	mi	lavo/siedo/vesto
tu	ti	lavi/siedi/vesti
lui / lei / Lei	si	lava/siede/veste
noi	ci	laviamo/sediamo/vestiamo
voi / Voi	vi	lavate/sedete/vestite
loro	si	lavano/siedono/vestono

farsi il caffè   guardarsi   svegliarsi   pettinarsi   farsi la doccia
truccarsi   vestirsi   asciugarsi   farsi la barba   alzarsi

1 Lui si veste   2 Ivo _____   3 Io _____   4 Papà _____ il caffè   5 Mi _____ la barba

6 Ti pettini, vero?   7 Si _____ allo specchio   8 Mi _____   9 Nadia _____   10 Piero _____ la doccia

XXXVI Leggi il testo e inserisci negli spazi i verbi in parentesi. 读文章，用括号中的动词填空。

> Monica 1. _____ (svegliarsi) alle 6.30 e 2. _____ (alzarsi) subito. Poi va in bagno: 3. _____ (farsi la doccia) e 4. _____ (lavarsi i denti), 5. _____ (truccarsi), 6. _____ (vestirsi) e 7. _____ (pettinarsi) nella sua camera. Poi va in cucina: 8. _____ (farsi il caffè) e prepara la colazione per Giorgio, suo marito. Dopo vanno a lavoro insieme. Monica fa la commessa in un negozio e lavora fino alle 8.00 di sera. Al lavoro 9. _____ (stancarsi) molto e, quando ritorna a casa, 10. _____ (farsi il bagno) per rilassarsi. Dopo cena lei e Giorgio 11. _____ (sedersi) sul divano e guardano le riviste di arredamento o di attualità fino a quando non vanno a letto. A letto Monica legge un po' e poi 12. _____ (addormentarsi); Giorgio, invece, guarda un po' di televisione.

👁 Grammatica: i verbi riflessivi diretti, indiretti e reciproci 语法：直接、间接和互相自反动词

> **Osserva le vignette e la tabella sopra e rispondi alle seguenti domande.**
> 观察上面的插图和表格，回答问题。
> * Quale posizione occupa il pronome riflessivo: prima o dopo il verbo? ....
>   自反代词在什么位置？动词前还是动词后？
> * I verbi riflessivi diretti indicano azioni in cui il soggetto coincide con l'oggetto? Sì/No
>   直接自反动词是指动作的主语和宾语重合吗？
> Osserva queste frasi e specifica il tipo di verbo usato: riflessivo diretto, indiretto o reciproco?
> 观察这些句子，具体指出所用动词的种类：是直接、间接还是互相自反动词？
> 1. *Maria si lava. (Maria lava se stessa)* _____   2. *Maria si lava i denti. (Maria lava di sé i denti)* _____
> 3. *Paolo e Silvia s'incontrano al bar. (Paolo incontra Silvia e Silvia incontra Paolo)* _____

XXXVII Scrivi accanto ad ogni frase il tipo di verbo usato: r.d./ r.i. /r.r. 在每个句子旁写出使用的动词种类。

1. Quando ci vediamo questa sera? _____
2. Mi lavo i capelli il sabato. _____
3. Ci divertiamo molto alle feste di Paolo. _____
4. S'annoia davanti alla TV! _____
5. Mi trucco in camera, non nel bagno. _____
6. Vi riposate quando tornate a casa? _____
7. Si scrivono ma non si telefonano. _____
8. Bianca si fa la doccia la sera. _____
9. Giovanni si fa la barba allo specchio. _____
10. Quando s'incontrano, s'abbracciano. _____

XXXVIII Completa con i verbi appropriati, aggiungine altri e fai frasi che siano vere per te. 填入适当的动词，补充其他动词，并根据真实情况造句。

1. verbi riflessivi diretti: *divertirsi*, _____, _____, _____, *arrabbiarsi*, ...
....

2. verbi riflessivi indiretti: *farsi la barba*, _____, _____, *farsi il caffè*, ...
....

3. verbi riflessivi reciproci: *vedersi*, _____, _____, _____, _____, *salutarsi*, ...
....

XXXIX Riflessivo o no? Scegli l'opzione giusta. 是自反动词吗？选出正确的动词形式。

1. Gli incidenti stradali _____ il traffico. (*si fermano/fermano*)
2. Roberta è molto simpatica: _____ tutti con i suoi scherzi. (*si diverte/diverte*)
3. Dopo cena mio marito _____ i piatti e riordina la cucina. (*lavarsi/lavare*)
4. I pedoni _____ quando il semaforo è rosso. (*si fermano/fermano*)
5. Noi _____ la mano quando vogliamo fare domande in classe. (*ci alziamo/alziamo*)
6. Silvia _____ i bambini alle sette di mattina. (*si sveglia/sveglia*)

XL In coppia, descrivete la giornata-tipo di Maria: mettete in ordine le azioni, unitele con i connettivi temporali e aggiungetene altre. Iniziate così: 两人一组，描述Maria的典型的一天：将动作排序，用时间连接词连起来，加上其他动作。这样开始：

"*Maria si alza presto la mattina, intorno alle 6.00: si fa la doccia...*"

controllare compiti dei ragazzi - cenare- farsi caffè - truccarsi e vestirsi- finire di lavorare - fare spesa - preparare cena - ragazzi/fare compiti - marito/andare in piscina - tornare a casa - marito/svegliare ragazzi - preparare colazione - leggere libro a letto - addormentarsi - riordinare cucina - marito/lavorare con Internet

XLI Lavoro di coppia. Quanto è diversa la tua giornata-tipo? Parlatene con il vostro compagno/la vostra compagna. 2人练习。你的典型的一天有多么不同？跟同学谈谈。

Esempio: *Io mi alzo/non mi alzo presto come Maria. Maria va al lavoro a piedi; io, invece, ... Anch'io ....*

XLII Lavoro di coppia. A turno, fate domande al vostro compagno/alla vostra compagna sulla sua routine giornaliera. Usate *a che ora, quando, che cosa*. 2人练习。互相询问日常安排。用a che ora，quando，che cosa。

Esempio: ◊ *A che ora ti alzi la mattina?*
● *Mi alzo alle sette in punto.*
◊ *Che cosa fai dopo?*
● *Mi faccio la doccia e poi mi vesto.*

XLIII Uno strano incontro! Leggi il testo e riempi gli spazi con i verbi in parentesi. 一次奇怪的会面！读文章，用括号中的动词填空。

Antonio e Flavia 1. _____ (incontrarsi) per la prima volta in un bar: 2. _____ (guardarsi), 3. _____ (sorridersi) e 4. _____ (salutarsi). Prima parlano un po' e poi 5. _____ (darsi un appuntamento) al parco il pomeriggio. Flavia 6. _____ (sentirsi) felice e vuole farsi bella: 7. _____ (truccarsi), 8. _____ (vestirsi) elegante e va all'appuntamento, ma Antonio non è al parco! Flavia 9. _____ (sedersi) su una panchina, aspetta e 10. _____ (annoiarsi). Dopo un'ora arriva Antonio, rilassato e sorridente. Allora lei 11. _____ (arrabbiarsi) e decide di andare via, ma Antonio 12. _____ (scusarsi) e quasi 13. _____ (inginocchiarsi) davanti a lei. Dopo un po' Flavia 14. _____ (calmarsi) e allora 15. _____ (abbracciarsi) e vanno via insieme mano nella mano!

XLIV Lavoro di coppia. A turno, raccontate un fatto divertente o insolito e usate i seguenti verbi riflessivi. 2人练习。轮流讲述一件有趣或不寻常的事，用下列自反代词。

smarrirsi   sentirsi   infelice/infelice   avvicinarsi   accorgersi   chiedersi   sedersi

L'imperativo dei verbi riflessivi   自反动词的命令式

2ª pers. sing.	Giulio, **alzati**! Sono le sette!
3ª pers. sing	Signora, **si alzi**, prego!
1ª pers. plur.	**Alziamoci**, è tardi!
2ª pers. plur.	**Alzatevi** in piedi, ragazzi!
3ª pers. plur.	Signori, **si alzino** per favore!

l'imperativo dei verbi riflessivi   语法：自反动词的命令式

Osserva la tabella sopra e completa la regola. Inserisci negli spazi le seguenti parole. 观察上表，完成规则。用下列单词填空。

riflessivi   prima   dopo   unica   persone   singolare   pronomi

Con i verbi _____ all'imperativo, i _____ si trovano _____ il verbo in tutte le _____ e formano un' _____ parola, tranne che nella 3 a persona _____ e plurale dove si collocano _____ del verbo.

Ricorda che   记住
- nell'imperativo formale positivo e negativo i pronomi riflessivi precedono sempre il verbo.
  在表肯定和否定的命令式的正式用语中，自反代词总是在动词前面。
- nell'imperativo informale negativo i pronomi riflessivi possono precedere o seguire il verbo.
  在表否定的命令式的非正式用语中，自反代词可能在动词之前，可能在动词之后。
  "Si sieda!"   "Non si preoccupi!"
  ma   "Non ti sedere!"   "Non sederti!"   "Non vi alzate!"   "Non alzatevi!"

XLV Completa le frasi con l'imperativo dei verbi dati. 用所给动词的命令式完成句子。

1. Saro, oggi i tuoi capelli sono strani! _____ allo specchio, per favore! (*guardarsi*)
2. Scusami, ma devo tornare a casa. Sono le 11.00! (noi) _____! (*salutarsi*)
3. Buongiorno! I signori _____, prego. Tra un po' inizia la riunione. (*sedersi*)
4. Ha ragione! Ha Lei la precedenza! _____, però! (*calmarsi*)
5. Anna e Gino, sono quasi le 8.00! È ora di andare a scuola. _____! (*sbrigarsi*)
6. Scusami, adesso devo andare in ufficio. (noi) _____ sabato per la partita! (*sentirsi*)
7. Ragazze, _____ pure come a casa vostra! _____ un caffè, se volete! (*sentirsi - farsi*)
8. Signora Martini, _____ in salotto. Vado a chiamare la mamma. (*accomodarsi*)

XLVI Completa con l'imperativo positivo o negativo dei verbi dati. 用所给动词的肯定或否定命令式完成句子。

1. Rossana, dai, è tardi! Il film inizia alle 8.00. _____, per favore! (*sbrigarsi*)
2. Signora Rita, la riunione non è molto importante. _____ molto elegante! (*vestirsi*)
3. Papà, scusami se anche oggi sono in ritardo. _____! (*arrabbiarsi*)
4. Ragazzi, una bella notizia: il professore è assente! _____ per la lezione! (*prepararsi*)
5. Mario, continua a dormire! _____, è domenica! (*svegliarsi*)
6. I candidati agli esami _____ nel laboratorio al pianterreno, per favore! (*fermarsi*)

XLVII Leggi il dialogo e completa la tabella. 读对话，填表。

◊ Andrea, senti... che facciamo domenica sera? Non usciamo da mesi!
● Andiamo a vedere un film! Al Pirandello danno "*La notte prima degli esami*!"
◊ Non mi va di andare al cinema! Perché non andiamo al "*Roxy*"?
● Perché no? È da tanto che non vado in discoteca! Dove ci vediamo e a che ora?
◊ Vediamoci sotto casa mia alle 10.00 in punto. Va bene?
● D'accordo! Restiamo per le 10.00, allora. Sii puntuale, però!
◊ Non ti preoccupare! Alle 10.00 precise sotto casa mia!

dare suggerimenti/ proporre altenative	accettare/rifiutare	suggerire luogo e ora	confermare

L'imperativo esortativo dei verbi riflessivi 表劝告自反动词的命令式

Confronta e nota la differenza 对比并注意区别：
       1. "*Dove ci vediamo e a che ora?*"   2. "*Vediamoci sotto casa mia...*"

● Usiamo l'imperativo di 1 a persona plurale per dare suggerimenti e proporre alternative.
我们用第一人称复数的命令式给出建议，提出其他选择。
● Il verbo della frase 1 è al tempo presente. 第1句的动词是现在时。

XLVIII Lavoro di coppia. Completate la tabella sotto e, a turno, date suggerimenti, accettate o rifiutate, proponete alternative e suggerite quando e dove incontrarvi per una serata insieme. 2人练习。完成下表，讨论晚上一起做点什么，互相给出建议，接受或拒绝建议，提出替代方案并建议何时何地见面。

che cosa	dove	a che ora/quando
vedere un film	cinema "Fellini"	....
andare a ballare	....	22.00
vedere un musical	teatro "Verdi"	....
andare a cena fuori	....	....
fare una partita di calcio	Stadio Comunale	....

"ABITUDINI E STILI DI VITA"
"习惯与生活方式"

I Osserva i simboli e i corrispondenti avverbi di frequenza. 看图示及对应的频率副词。

- sempre   ●●●●●●●●●●●●●●●●●●●●
- di solito   ●●● ●●●●●●●●
- spesso   ●●●● ●●●
- qualche volta   ● ● ●
- raramente   ●   ●
- (non) mai   _____

II Ascolta queste interviste e inserisci negli spazi gli avverbi di frequenza. 听对话，用频率副词填空。

- È _____ sola la domenica?

1. Sì, _____, ma non mi va di rimanere a casa. Mio marito va _____ all'Olimpico per vedere la Roma, la sua squadra del cuore, e _____ torna a casa presto. _____ si ferma al bar con gli amici per parlare di sport. E io cosa faccio sola a casa? Allora telefono a mia sorella e decidiamo cosa fare: andiamo _____ al cinema o incontriamo _____ le nostre amiche al bar!

- Va _____ in centro a fare acquisti durante il fine settimana?

2. No, _____ andiamo _____ in centro durante il fine settimana perché c'è molto traffico. Per fare compere andiamo _____ nel nuovo centro commerciale "La Piazzetta" e passiamo lì la giornata. _____ _____ viene con noi anche mia madre: le piacciono i negozi anche se _____ compra _____ perché, lei dice, ci sono cose molto "giovanili". Ci sediamo _____ nei bar all'aperto ma pranziamo _____ nei ristoranti perché sono un po' cari!

- Cucina _____ Lei in famiglia?

3. No, _____ torno stanca dal lavoro e ho voglia di riposarmi un po'. Allora mio marito si mette ai fornelli e prepara la cena. Quando cucina lui, invita _____ i nostri genitori e _____ gli amici perché per lui la famiglia è molto importante. Allora ci sediamo tutti a tavola e stiamo a chiacchierare per ore. _____ andiamo _____ a letto prima di mezzanotte!

👁 Grammatica: la posizione degli avverbi di frequenza 语法：频率副词的位置

> Leggi di nuovo le frasi con gli avverbi di frequenza nelle interviste sopra e osserva la loro posizione. Completa la regola con. 再读上面采访中带有频率副词的句子，注意频率副词的位置。用下列单词填空，完成规则。
>
>   intermedia   prima   l'avverbio   dopo
> 1. "mai" in frasi interrogative, _____ il verbo. 2. "non" + verbo + "mai", con il verbo in posizione _____. 3. verbo + "sempre", con _____ dopo il verbo. 4. "qualche volta", "di solito", "spesso", "raramente" _____ del verbo per ragioni di enfasi.

III Inserisci l'avverbio di frequenza al posto giusto. 在适当的位置填入频率副词。

1. Si alza tardi la domenica. (*sempre*)
2. Andiamo ai concerti di musica rock. (*non mai*)
3. Ti metti a letto il pomeriggio dopo pranzo? (*di solito*)
4. Giulio prepara la colazione per la famiglia. (*qualche volta*)

15

5. Prendo la macchina per girare in città. (*raramente*)
6. Ti arrabbi con i tuoi figli? (*spesso*)

IV Leggi le frasi e correggi la posizione degli avverbi. Solo due frasi sono giuste. 读句子，改正副词的位置。只有两个句子是正确的。

1. Fate yoga il mercoledì e il venerdì sempre? ☐
2. Non mai facciamo tardi la sera. ☐
3. Esci mai la sera da sola? ☐
4. Sempre va al bar durante la pausa pranzo. ☐
5. Facciamo due chiacchiere spesso al bar. ☐
6. Raramente Alberto mi aiuta a fare le pulizie di casa! ☐

V A coppie, completate il testo con gli avverbi di frequenza appropriati. 两人一组，用适当的频率副词填空。

Il martedì, il giovedì e il sabato mi alzo 1. _____ alle 10.00 perché faccio il turno in ospedale. Quando finisco di lavorare 2. _____ mi riposo un po' e poi faccio le visite a domicilio. 3. _____ ho tempo di andare fuori la sera perché ritorno a casa molto stanca. 4. _____ la domenica dormo fino a mezzogiorno e poi esco in moto con il mio fidanzato: 5. _____ andiamo a trovare i miei nonni in campagna ma 6. _____ preferiamo cercare un posto tranquillo dove fermarci per fare un picnic!

VI Che lavoro o professione fa questa persona? Secondo voi, il lavoro influenza il nostro stile di vita? Discutetene in classe in plenaria. 这个人做什么工作或职业？你们认为工作会影响我们的生活方式吗？在班上集体讨论。

VII Cercate di immaginare la routine e le abitudini delle persone nelle foto e parlatene in classe in plenaria. 想象照片中人物的日常安排和生活习惯，在班上集体讨论。

Del Piero - calciatore   Dino - pensionato   Giorgia - cantante   Mario - cameriere

VIII Rispondi al questionario e segna con una X cosa fai e quando. Aggiungi altre due attività. 回答调查问卷，用"X"标出你什么时候做什么。再补充两项活动。

attività   io   nome del compagno/della compagna............

	sempre	di solito	spesso	qualche volta	raramente	mai
giocare al computer						
fare sport						
ascoltare musica classica/rock						
scrivere su facebook						
visitare musei /mostre						
leggere libri/riviste						
fare spese						
cucinare						
guardare film in TV						

a. ....
b. ....

IX Lavoro di coppia. A turno, fate domande sul tempo libero, dite la frequenza e completate la colonna con le risposte del vostro compagno/la vostra compagna. 2人练习。互相问对方业余时间做什么，活动的频繁程度，然后根据同学的回答填写上表。

Esempio: ◊ *Cosa fai nel tempo libero? Giochi al computer?*
● *Sì, sempre/spesso.../No, non gioco mai. E tu?*
◊ ....

X Raccogli le informazioni e riferisci alla classe in plenaria. Segui questo modello. 收集信息，仿照下面的模式，在班上向大家讲述。

"*Nel tempo libero gioco spesso al computer e faccio spese; Fabio/Carla, invece, qualche volta gioca al computer ma di solito fa sport. Sia io che Fabio/Carla non cuciniamo mai...*"

 N.B. 注意

Usiamo le congiunzioni correlative "sia... che" per mettere in corrispondenza due elementi nella frase. 我们在句中用关联连词"sia...che"联系句中的两个元素。

XI Leggi l'articolo, sottolinea le espressioni relative alla frequenza e completa la tabella. 读文章，划出与频率相关的表达方式，填表。

Com'è la nostra vita con Internet?

La "Rete" oggi è presente nella vita quotidiana di molti italiani, sia giovani che anziani. La maggior parte degli italiani non va più in banca due o tre volte alla settimana come in passato: da quando usa Internet ci va una o due volte al mese. Per il resto, molti italiani fanno i pagamenti da casa e controllano il proprio conto, così risparmiano tempo e non fanno la fila agli sportelli.

Chi ama leggere, grazie alla Rete, può comprare i libri con un solo click, anche se per molti italiani entrare in libreria ha sempre un certo fascino. Soprattutto i giovani professionisti cercano in Internet le librerie on line quando sanno di novità editoriali, di solito un paio di volte al mese: ordinano i libri e, dopo un paio di giorni, ricevono il pacco direttamente a casa. Gli italiani leggono di solito un paio di riviste al mese ma, per tenersi aggiornati, consultano ogni giorno forum e blog. Molti italiani comprano il giornale una o due volte alla settimana perché non hanno il tempo di leggerlo, così vanno nei siti dei grandi quotidiani come "*la Repubblica*" e "*Corriere della Sera*."

Gli italiani hanno una vera passione per il cellulare: deve essere alla moda, firmato, ma soprattutto con tutti gli "optional". Di solito cambiano il cellulare due, tre volte all'anno, sia perché lo comprano, sia perché lo ricevono come regalo: basta andare nel web, controllare i prezzi, vedere i modelli e, infine, comprare...on line naturalmente!

testo adattato tratto da "*la Repubblica*"

	quante volte?	perché?/ con quali vantaggi?
andare in banca	1, 2 volte al mese	
cercare librerie on line		
consultare forum e blog		
comprare il giornale		
consultare i siti dei quotidiani		
cambiare il cellulare		comprano/ricevono come regalo

XII Leggi di nuovo, segna con una X le affermazioni vere e correggi quelle false. 再读一遍，用"X"标出正确的判断，修改错误的判断。

1. Molti italiani vanno poche volte in banca grazie alla Rete. ☐
2. Fanno sempre la fila agli sportelli. ☐
3. Molte casalinghe ricevono a casa i libri pochi giorni dopo l'ordine. ☐
4. Molti italiani comprano i giornali per le notizie del giorno. ☐
5. Gli italiani comprano il cellulare nei negozi di telefonia. ☐
6. Agli italiani piace il cellulare firmato e con gli "optional". ☐

XIII Ascolta la conversazione e completa le affermazioni con le espressioni di tempo appropriate. 听对话，用适当的时间表达方式完成肯定句。

1. Consulto i siti delle offerte di lavoro _____ i giorni.
2. Cerco i negozi di articoli per la casa _____ alla settimana.
3. Scarico gli ultimi video o i film _____ al mese.
4. Però scarico le canzoni italiane _____ settimana.
5. Vado nelle chat e mando messaggi on line _____ al giorno.
6. Vado nel sito del corso d'italiano "Italiano on line" _____ giorno.

XIV Quali delle affermazioni sopra sono vere per te? Che altro fai con Internet? Parlane con gli altri compagni in classe in plenaria. 上面的哪些判断反映你的真实情况？你上网还做什么？在班上跟其他同学集体讨论。

Grammatica: gli aggettivi indefiniti "ogni", "tutti/e" 语法：不定形容词 "ogni"，"tutti/e"

> Osserva le frasi sotto e rispondi alle seguenti domande. 观察下面的句子，回答下列问题。
> "Vado nel sito del corso d'italiano "Italiano on line" ogni giorno."
> "...scarico, però, le canzoni italiane ogni settimana." "Consulto i siti delle offerte di lavoro tutti i giorni."
> - L'aggettivo indefinito "ogni" cambia con il genere e il numero del nomi? Sì/No
>   不定形容词 "ogni" 跟着名词的性和数变化吗？
> - Le espressioni di tempo "tutti i giorni", "tutte le settimane" significano "ogni giorno", "ogni settimana"?
>   时间表达方式 "tutti i giorni"，"tutte le settimane" 意思是 "ogni giorno"，"ogni settimana" 吗？
>   Sì/No

XV Trasforma le espressioni in parentesi con *ogni, tutti, tutte*. 用ogni，tutti，tutte变换括号中的表达方式。

1. "Vai in banca _____?" - "No, _____." (*tutte le settimane, tutti i mesi*)
2. Mi alzo presto _____ (*ogni mattina*) e vado a letto tardi _____. (*tutte le sere*)
3. La farmacia Zolino fa i turni _____. (*tutti i sabati e tutte le domeniche*)
4. "Quando vai di solito a trovare i tuoi genitori?" - "_____." (*ogni mese*)
5. Se vuoi ritornare a casa, c'è un treno alle 21.15 per Milano _____. (*ogni sera*)
6. "Quando ti riunisci con la tua famiglia?" - "Ci riuniamo _____ a Natale!" (*ogni anno*)

XVI Lavoro di gruppo. In gruppi di 4/5: discutete dell'uso che fate della Rete, cosa consultate, perché e con quale frequenza. 小组练习。4人或5人一组：讨论你们对网络的使用，你们上网查什么？为什么？上网有多频繁？

Esempio: ◊ *Quante volte usi Internet?*
- Tutti i giorni. E tu?
◊ Io, invece, un paio di volte alla settimana.
▶ *Che cosa cerchi?*
....

Come esprimere la frequenza delle azioni　如何表达行为的频繁程度

un paio di + volte/ore/giorni ecc... + al/alla/all' + sostantivo	due/tre/ecc... + volte/ore/giorni ecc... + al/alla/all' + sostantivo

XVII Leggi il dialogo e nota l'uso dei pronomi diretti atoni. 读对话，注意非重读直接代词的用法。

◊ Scusa, Antonio, ma come fai a stare sempre davanti al televisore quando sei a casa! Non t'annoi?
● No, anzi mi rilasso. Ci sono tanti programmi divertenti ad ogni ora del giorno!
◊ Può darsi. Io, invece, li trovo noiosi! A me non piace guardare la TV!
● Davvero?! Io non posso fare a meno di guardare il telegiornale, sia su Rai 1 che su Rai 2!
◊ Come il telegiornale?! Non "La Domenica Sportiva"? E quante volte al giorno lo vedi?
● Lo vedo sempre: quattro o cinque volte al giorno. È indispensabile per tenersi aggiornati! Perché tu no?
◊ Io a stento lo vedo una volta al giorno: m'interessa solo il telegiornale delle 20.00. Per me sei un po' strano! Ma qualche volta vai al cinema nel fine settimana, no? Io, per esempio, ci vado almeno un paio di volte al mese, quando esce un nuovo film.
● No, mi dispiace deluderti ma non ci vado mai. Preferisco vedere i film al computer. Lo sai che a me piacciono le comodità!
◊ Sì, lo so bene! Non usciamo quasi mai insieme!

 Pronomi diretti atoni　非重读直接代词

	maschile	femminile
1a persona singolare	mi	mi
2a persona singolare	ti	ti
3a persona singolare	lo	la
1a persona plurale	ci	ci
2a persona plurale	vi	vi
3a persona plurale	li	le

 Ricorda che　记住

● il pronome diretto "la" si usa anche nelle forme di cortesia quando ci rivolgiamo con rispetto ad una persona. Esso vale sia per il maschile che per il femminile e si scrive con la lettera maiuscola: "La".
当我们以尊敬的口吻跟一个人说话时，可以用"la"作为尊称形式。既可以用于阳性，也可以用于阴性，书写时首字母大写："La"。

 Grammatica: pronomi diretti atoni e i verbi transitivi　语法：非重读直接代词和及物动词

Osserva le frasi, fai riferimento al dialogo e rispondi alle domande. 观察句子，参照对话并回答问题。

1. "*Lo vedo sempre, quattro o cinque volte al giorno.*"　2. "*Io, invece, li trovo noiosi.*"
● Che cosa vede tante volte al giorno? .... - Che cosa trova noiosi?.............
● I verbi nelle frasi 1 e 2 reggono l'oggetto diretto? Sì/No
　句1和句2中的动词需要跟直接宾语吗？
3. "*Ma qualche volta vai al cinema...?*"　"*Io ci vado almeno un paio di volte...*"
● È possibile fare una domanda con "*che cosa*" con il verbo "*andare*"? Sì/No
　有没有可能用动词"andare"和"che cosa"提问？
● In quale frase il verbo è transitivo o intransitivo?.............
　在哪个句子中动词是及物的，在哪个句子中动词是不及物的？
● Che cosa sostituisce nella frase 3 la particella pronominale "ci"?.............
　代词小品词"ci"在句3中代替什么？

XVIII Riscrivi le frasi con i pronomi atoni diretti e la particella pronominale locativa *ci*. 用非重读直接代词和位置代词小品词ci重写句子。

1. "La mattina prendo sempre il caffè." - "Io, invece, prendo sempre il caffè dopo pranzo."
2. "Vai al cinema con Luigi questa sera?" - "Sì, vado al cinema con lui!"
3. "Mario, paghi la cena tu stasera, per favore?" - "Va bene! Tu paghi la cena un'altra volta!"
4. "Chiami spesso i tuoi con il cellulare?" - "Sì, ma qualche volta chiamo i miei con Skype."
5. "Vedo Anna e Luisa al bar ogni giorno." - "Davvero? Io non vedo mai Anna e Luisa!"
6. "Venite con noi al concerto di Bocelli?" - "Certo che veniamo al concerto! Ci piace un sacco!"

XIX Pronome diretto atono o tonico? Scegli l'opzione giusta. 非重读还是重读直接代词？选择正确的代词。

1. Chi guardi, _____ o un'altra donna? (*me/mi*)
2. Scusa, vuoi _____ al telefono o il mio direttore? (*lo/lui*)
3. Non _____ incontro da quasi un mese! Dove sono Marta e Sonia? (*loro/le*)
4. Dottor Sardo, _____ prego, si accomodi! Arrivo subito! (*La/lui*)
5. I nostri vicini di casa non _____ salutano mai! Che gente! (*ci/noi*)
6. Gentili signori e signore, _____ ringraziamo di essere presenti alla nostra serata! (*voi/Vi*)
7. Signorina, scusi, _____ chiamo io uno di questi giorni o _____ chiama Lei? (*La/lei-mi/me*)
8. Dopo la lezione _____ vediamo sempre con il suo ragazzo! (*lei/la*)

XX Leggi l'e-mail e inserisci negli spazi i pronomi *mi, ti, la, ci, vi*. 读电子邮件，用代词mi，ti，la，ci，vi填空。

| Rispondi | Rispondi a tutti | Inoltra | Stampa | Elimina |

Da:	tonysarpi@yahoo.it		Spunta	Header	Salva	Blocca
A:	sabrimanzoni@gmail.it					
Oggetto:	Incontro a Roma			Data: 23/08/2010 -14:51		

Cara Sabrina,
è da tanto tempo che non 1. _____ sento. Come va? Quando torni a Roma? Io 2. _____ torno tra una settimana per un convegno. Il convegno inizia il I settembre e dura fino al 3 settembre. A proposito, se tu e Sonia siete a Roma, 3. _____ chiamate un paio di giorni prima e 4. _____ mettiamo d'accordo per una serata fuori? Se 5. _____ incontriamo quando vengo a Roma 6. _____ porto in un posto carino dove c'è buona musica! Io 7. _____ vado spesso quando capito a Roma! Un'ultima cosa: viene con me anche una mia amica. A proposito... non riesce a trovare alloggio: 8. _____ potete ospitare per un paio di giorni? Se non potete, sapete se ci sono alberghi economici vicino alla stazione centrale? 9. _____ ringrazio tanto e non vedo l'ora di stare con voi! 10. _____ abbraccio,
Tony

XXI Lavoro di coppia. Rispondete al questionario e fate dialoghi in cui chiedete e dite della frequenza delle azioni. Usate i pronomi atoni e la particella locativa "*ci*". 2人练习。回答调查问卷，进行对话，询问活动的频繁程度。用非重读代词和位置小品词 "ci"。

	giorno	settimana	mese	anno
andare in vacanza				
comprare riviste				
vedere "*La Domenica Sportiva*"				
fare sport				

vedere i tuoi parenti				
fare le pulizie di casa				
preparare la colazione				
andare ai concerti				
andare a pranzo o a cena fuori				

Fare zapping: solo una questione di pigrizia?

«... tu nella vita comandi fino a quando c'hai stretto in mano il tuo telecomando!» Così canta Renzo Arbore nella divertente sigla "*La vita è tutta un quiz*" del popolare spettacolo a premi "*Indietro tutta*", successo degli anni Ottanta. E subito vengono alla nostra mente scene comiche di vita familiare quando, davanti al televisore, genitori e figli si contendono il telecomando per decidere il programma della serata in famiglia. Proprio il telecomando, moderno scettro, introduce allo zapping, cioè la pratica di cambiare continuamente canale, conseguente al crescente numero di reti televisive.

Dal 1954 la Rai rappresenta la televisione di Stato con i suoi tre canali principali (*Rai 1, Rai 2 e Rai 3*) e i nuovi canali satellitari come *RaiInternational, RaiEducational e RaiSport*. Ma, ormai da diversi decenni, i telespettatori possono accedere anche ad altri canali privati, come le tre reti televisive Mediaset (*Canale 5, Italia1, Retequattro*), e alle tante reti regionali e locali e, da un paio di anni, alla televisione satellitare e via Internet, e al digitale terrestre.

I canali privati, a differenza delle reti della Rai, non richiedono ai telespettatori il pagamento del canone di abbonamento ma trasmettono programmi pieni dei martellanti spot pubblicitari e dei messaggi degli sponsor. Per molti italiani l'abitudine allo zapping può significare pigrizia, disattenzione o iperattività, ma sicuramente riflette una forte tendenza all'utilizzo "usa e getta" della televisione.

testo adattato tratto da "*Wikipedia*"

XXII Leggi l'articolo e segna quali delle informazioni sotto vi sono presenti. 读文章，划出在文中出现的信息。

1. Fare zapping è una tendenza all'utilizzo intelligente del mezzo televisivo. ☐
2. I telespettatori italiani possono guardare solo le reti della Rai. ☐
3. Gli spot pubblicitari interrompono i programmi ma li rendono interessanti. ☐
4. La televisione satellitare e via Internet, e il digitale terrestre sono molto diffusi. ☐
5. I telespettatori devono pagare il canone dell'abbonamento per ricevere le reti statali. ☐
6. Il telecomando non è un oggetto molto importante per cambiare canale. ☐

I nostri preferiti - *10 giugno 2011*

Rai 1	20.00 — Tg1
	20.30 — "*Il commissario Montalbano*" con Luca Zingaretti e Cesare Bocci
	Genere: poliziesco
Rai 2	20.30 — Tg2
	21.05 — Voyager: "*Ai confini della conoscenza*" con Roberto Giacobbo
	Genere: documentario fantascientifico

Rai 3	19.30 — *Tg 3* 21.10 — "*Chi l'ha visto?*", conduce Federica Sciarelli. Genere: investigativo
5	21.10 — "*C'è posta per te?*", conduce Maria De Filippi Genere: reality show
1	21.10 — "*Mistero*" con Raz Degan Genere: paranormale
4	19.00 — *Tg 4*, conduce Emilio Fede 21.10 — I bellissimi di Retequattro: "*Matrimonio all'italiana*" con Sofia Loren e Marcello Mastroianni - Regia: Vittorio De Sica Genere: commedia
LA7	21.10 — "*L'infedele*" con Gad Lerner Genere: attualità (avvenimenti, politica, cultura)

XXIII Lavoro di coppia. State guardando la guida ai programmi televisivi per scegliere che cosa vedere. Preparate una scenetta dove fate lo zapping. Usate queste espressioni. 2人一组。你们正在看电视节目指南来选择看什么。准备一段情景对话，在对话中转换电视频道。使用这些表达方式。

 Ti interessa vedere...?   Ti piace il genere...?   Che cosa fanno su...?
 A che ora...?   Chi presenta...?   Cambia canale, per favore!   Chi conduce...?
 Chi recita...?   Passami il telecomando, un secondo!   È una pizza! Va' su...!

XXIV Leggi il testo, segna con una X le affermazioni vere e correggi quelle false. 读文章，用"X"标出正确的判断，修改错误的判断。

I giovani e il tempo libero

Il tempo libero per i giovani italiani è quello che non trascorrono a studiare. Ci sono molti modi per impiegarlo: fare sport, frequentare corsi di lingue straniere o imparare a suonare uno strumento musicale, di solito il pianoforte o la chitarra. I genitori indirizzano i loro figli a queste attività perché sono parte importante della loro educazione prima dell'università. Oltre a questi impegni del tempo libero, i giovani amano ritrovarsi fra di loro, a casa o fuori casa, soprattutto la sera, a cena o dopo cena. Molti preferiscono passare la serata a casa: guardano film, ma soprattutto chiacchierano fino a tardi. La maggior parte dei giovani, però, ama uscire in compagnia per andare al cinema o in discoteca, oppure in un locale. Ci sono molti generi di locali: pizzerie, pub, birrerie, paninoteche, aperti fino a tarda notte. Se vogliono andare nei locali fuori città, organizzano le cosiddette "macchinate": i giovani con la macchina danno un passaggio ai loro amici. Gli italiani possono prendere la patente e guidare la macchina a diciotto anni, ma tra gli adolescenti è molto diffuso l'uso dei motorini e delle moto perché permettono di evitare gli ingorghi stradali e sono facili da parcheggiare. L'automobile rimane, però, il sogno di ogni giovane italiano ed è quasi sempre un regalo dei genitori per l'esame di maturità alla fine delle scuole superiori.

testo adattato tratto da "*www.italica.rai.it*"

	Vero	Falso
1. Nel tempo libero i giovani italiani si riposano.	☐	☐
2. I giovani si incontrano fuori all'ora di pranzo.	☐	☐

3. Passano le serate insieme a casa e cucinano. ☐ ☐
4. Frequentano le pizzerie e tornano a casa presto. ☐ ☐
5. Vanno insieme in macchina nei locali fuori città. ☐ ☐
6. Come regalo per la maturità ricevono l'automobile. ☐ ☐

 XXV Come trascorrono il tempo libero i giovani nella tua città? Le loro abitudini sono diverse da quelle dei ragazzi italiani? Scrivi un testo secondo il modello sopra. 你们城市的年轻人是怎么度过他们的业余时间的？他们的习惯跟意大利年轻人的习惯有什么不同？以上文为例写一篇文章。

 XXVI Lavoro di gruppo. In gruppi di 4/5: parlate del vostro tempo libero e fate domande del tipo "Sì/No" e con *che cosa, quando, dove, con chi, perché, come*. 小组练习。4人或5人一组：谈谈你们的业余生活，提问用一般疑问句（用"Sì/No"回答）和特殊疑问句（问题带有che cosa, quando, dove, con chi, perché, come）。

 XXVII Ascolta la registrazione e, dall'intonazione, decidi se le frasi sono affermative, interrogative o esclamative. 听录音，从语调判断是肯定句、疑问句还是感叹句。

	1	2	3	4	5	6	7	8
frase affermativa								
frase interrogativa								
frase esclamativa								

 XXVIII Ascolta le seguenti frasi e metti accanto il segno di punteggiatura appropriato. 听下面的句子，在旁边加上适当的标点符号。

punto interrogativo ?   virgola ,   punto esclamativo !   punto .

1. Paolo va in centro questa mattina
2. Facciamo sport lunedì
3. La sera giocano sempre al computer
4. La mia collega ritorna a Pechino venerdì
5. Di solito cercate i forum di economia nella Rete
6. Ai ragazzi italiani piace andare ai concerti
7. Mi sembra una buon'idea fare la spesa durante la pausa pranzo
8. Il giovedì di solito invitiamo i nostri colleghi a cena fuori

 Tavola di riferimento dei verbi irregolari all'indicativo presente   直陈式现在时不规则动词参照表

andare	vado	vai	va	andiamo	andate	vanno
bere	bevo	bevi	beve	beviamo	bevete	bevono
conoscere	conosco	conosci	conosce	conosciamo	conoscete	conoscono
dare	do	dai	dà	diamo	date	danno
dire	dico	dici	dice	diciamo	dite	dicono
dovere	devo	devi	deve	dobbiamo	dovete	devono
fare	faccio	fai	fa	facciamo	fate	fanno
piacere	piaccio	piaci	piace	piacciamo	piacete	piacciono
potere	posso	puoi	può	possiamo	potete	possono
rimanere	rimango	rimani	rimane	rimaniamo	rimanete	rimangono
sapere	so	sai	sa	sappiamo	sapete	sanno
scegliere	scelgo	scegli	sceglie	scegliamo	scegliete	scelgono

sedere (si)	siedo	siedi	siede	sediamo	sedete	siedono
stare	sto	stai	sta	stiamo	state	stanno
uscire	esco	esci	esce	usciamo	uscite	escono
venire	vengo	vieni	viene	veniamo	venite	vengono
volere	voglio	vuoi	vuole	vogliamo	volete	vogliono

XXIX Ripassiamo insieme i verbi irregolari! Completa le frasi con i verbi in parentesi. 我们一起复习一下不规则动词！用括号中的动词完成句子。

1. (io) _____ Elena da quasi due anni, _____ stare con lei e _____ sposarla! (*conoscere, piacere, volere*)
2. Ogni sabato mia figlia _____ con i suoi amici, _____ a ballare e a divertirsi. (*uscire, andare*)
3. Prima di andare a letto Gino non _____ mai il caffè: non lo _____ dormire! (*bere, fare*)
4. (loro) _____ sempre in città nel fine settimana ma _____ che _____ in campagna. (*rimanere, dire, andare*)
5. Non _____ se Abel e Karina _____ il corso intensivo d'italiano come noi. (*sapere, scegliere*)
6. (tu) _____ sempre che non _____ molti caffè ma _____ che non è così! (*dire, bere, sapere*)

XXX Ascolta la conversazione tra Mario e Luisa, leggi le affermazioni sotto e mettile in ordine di tempo. 听Mario和Luisa的对话，读下面的判断，按时间先后排序。

Chi sta facendo cosa?

1. In questo periodo Mario non sta vedendo Jane perché la sua ragazza vive a Torino. { }
2. Luisa si sta rilassando e sta leggendo "*Pane e Tempesta*", l'ultimo romanzo di Benni. { }
3. Luisa e Anna stanno seguendo un corso di cucina e si stanno divertendo. { }
4. Luisa non sta cercando lavoro perché sta facendo uno stage al Comune. { }
5. Mario non sta insegnando ma sta lavorando come guida turistica per un'agenzia. { }
6. Dopo tanto tempo Mario sta finalmente telefonando alla sua amica Luisa. { 1 }

Grammatica: la forma perifrastica "stare + gerundio" 语法：迂说法形式 "stare + 副动词"

La forma perifrastica "stare + gerundio" serve a indicare un'azione in corso di svolgimento.
Il verbo "stare" è coniugato al tempo presente ed è seguito dal "gerundio".
Ecco di seguito le desinenze per la sua formazione:
"stare + 副动词" 形式指一个正在进行中的动作。由动词 "stare" 的现在时变位加上副动词构成。
下面是构成副动词的词尾：

- verbi in - are → ando: andare → andando
- verbi in - ere → endo: credere → credendo
- verbi in - ire → endo: finire → finendo

XXXI Guarda le immagini e completa le frasi con il gerundio e le forme appropriate di "*stare*". 看图片，用副动词和 "stare" 的适当形式完成句子。

1. Paola _____.   2. Io _____ la radio.   3. _____   4. Luca _____.

5. (tu) _____ la casa!   6. Si _____   7. _____ di casa.   8. (noi) _____ nel parco.

Gerundi Irregolari 不规则的副动词

FARE	BERE	DIRE	VERBI in "ORRE"	VERBI in "URRE"
facendo	bevendo	dicendo	porre → ponendo	condurre → conducendo

XXXII Metti in rilievo l'azione in corso con il costrutto "*stare + gerundio*". 用 "stare + 副动词" 句型强调进行中的动作。

1. "Che fa Pietro?" - "Si veste." _____
2. Parlo al telefono con Marta e le dico il mio indirizzo e-mail. _____
3. Seguono il telegiornale al bar con i loro amici. _____
4. "Che fate qui?" - "Aspettiamo l'autobus." _____
5. I ragazzi escono dalla scuola proprio adesso. _____
6. Papà e mamma bevono il caffè seduti in terrazza. _____

XXXIII Completa le frasi con il costrutto "*stare + gerundio*". 用 "stare + 副动词" 句型完成句子。

1. "Piera, che cosa _____?" - "_____ le e-mail in cinese." (*fare, tradurre*)
2. (voi) "Che cosa _____?" - "_____ la gente fuori!" (*fare, guardare*)
3. Signore e signori, (noi) _____ lo stretto di Messina! (*attraversare*)
4. Marta _____ un'aranciata e _____ una rivista. (*bere, leggere*)
5. Andrea, _____ la verità o _____? (*dire, mentire*)
6. Mia sorella _____ un giro in bici; io, invece, _____ la cucina. (*fare, pulire*)
7. In questo periodo i ristoratori _____ i prezzi del 10%. (*ridurre*)
8. La guida _____ ai turisti un nuovo itinerario a piedi di Roma. (*proporre*)

XXXIV Lavoro di gruppo. In gruppi di 4/5, a turno, fate domande ai vostri compagni sul loro tipo di vita in questo periodo: lavoro, studio, interessi, tempo libero, ecc. 小组练习。4人或5人一组，轮流向同学提问，询问他们这段时间过着怎样的生活：谈谈工作、学习、兴趣、业余时间等。

XXXV Leggi questa cartolina e riempi gli spazi con le forme appropriate del costrutto "stare" + gerundio. Usa i seguenti verbi. 读这张明信片，用stare + 副动词的适当形式填空。用下列动词。

comprare fare chiedere scrivere leggere correre vestirsi scattare avvicinarsi bere

Caro Michele,
siamo già a Venezia! Ti 1. _____ mentre sono seduta in un caffè di piazza San Marco. Roberto non è con me: è in albergo e 2. _____.
È sabato e ci sono molti turisti in giro! Che cosa 3. _____?
4. _____ foto alla Basilica di San Marco e ai tanti piccioni sulla piazza e 5. _____ i souvenir! Due anziani turisti americani davanti a me 6. _____ il giornale e 7. _____ un espresso mentre tre ragazze cinesi 8. _____ informazioni ad un passante. Ecco, in questo momento 9. _____ Roberto! 10. _____ perché è in ritardo. Ci vediamo tra un paio di settimane! A presto,
Olga

Gent.mo Dott. Michele Ferro
_____
Corso Cavour n. 90

70121 Bari
_____

XXXVI Lavoro di coppia. 1. Descrivete cosa succede attorno a voi e fuori. 2. Immaginate che cosa stanno facendo in questo momento amici o conoscenti comuni e, a turno, chiedete e rispondete.　2人练习。1. 描述你们周围和外面在发生什么。2. 想象你们共同的朋友或熟人现在正在做什么。互相提问并回答。

XXXVII Sei in vacanza in una località italiana: scrivi una cartolina a un amico/un'amica e digli/dille che cosa succede attorno a te.　你在意大利的一个地方度假：给一个朋友写一张明信片，给他/她讲述发生在你身边的事。

L'angolo della pronuncia
发音角

gl, gn [ñ] [ɲ]

1. gli + a, e, o, u: suono dolce [ʎ] come in *figlio* [fiʎio] con la "g" appena pronunciata gli + a, o, e, u: 这些组合发浊音[ʎ]，如*figlio* [fiʎio]，"g"几乎不发音

I Ascolta le parole e ripeti. 听单词，跟读。

famiglia   moglie   foglio   pagliuzza   bottiglia   figlie   aglio   tagliuzzare

2. gl + a, e, i, o, u: suono duro [gl] come in *inglese*
gl + a, o, e, u: 这些组合发硬音[gl]，例如*inglese*

II Ascolta le parole e ripeti. 听单词，跟读。

gladiolo   gleba   glicine   globale   glutine   glassa   negletto   anglista   glossario   deglutire

3. opposizione gli/li come in *taglio/olio*   对比gli/li，例如*taglio/olio*

III Ascolta le parole e classificale nella tabella secondo il suono. 听单词，根据发音分类。

gli	li
● Gigliola	● Attilio

4. gn [ñ] come in *pigna* [piña] con la "g" appena pronunciata
gn [ñ]，如*pigna* [piña]，"g"几乎不发音

IV Ascolta le parole e ripeti. 听单词，跟读。

bagno   disegno   insegnare   sogno   gnocco   compagno   segnale   ingegnere

5. opposizione gn /n come in *campagna/Campania*
对比gn /n，例如*campagna/Campania*

V Ascolta le parole e classificale nella tabella secondo il suono. 听单词，根据发音分类。

gn	n
● Agnese	● Sonia

VI Ascolta più di una volta questo racconto dal titolo *"Il portafoglio"*, esegui il dettato e verifica con il tuo compagno/la tua compagna. Chi ha meno errori? Controlla nella sezione *"Trascrizione dei testi d'ascolto"*. 多听几遍这篇以 "钱包" 为题的小故事，听写，然后和同学一起检查。谁的错误更少？参见 "听力原文"。

Scheda grammaticale riassuntiva 语法概要卡片

- **Il complemento di tempo (1)**

    "Faccio la spesa il pomeriggio." - *"... alle 3.00 vado alla lezione d'italiano."* - *"Vediamoci intorno alle 10.00."* - *"La farmacia è aperta dalle 9.00 di mattina alle 8.00 di sera."* - *"Va dal parrucchiere durante la pausa pranzo."* - *"A che ora chiude di pomeriggio?"* - *"...studio per un paio d'ore, fino alle 5.00."* *"Il sabato esco di casa a mezzanotte."* - *"Non vado a casa di Anna da tre settimane..."*

    -Per esprimere il complemento di tempo usiamo: 1. preposizioni semplici e articolate; 2. articoli determinativi; 3. locuzioni temporali.

- **L'articolo con i giorni della settimana (2)**

    "Lunedì il professor Esposito va in palestra alle 17.00." - *"Il lunedì Claudia non va al supermercato."*

    -L'articolo davanti al giorno della settimana indica un'azione abituale; la sua assenza, invece, esprime un'azione temporanea.

- **Il complemento di tempo con gli aggettivi indefiniti "ogni", "tutti/e" (3)**

    "Vado nel sito del corso d'italiano ogni giorno." - *"Consulto i siti delle offerte di lavoro tutti i giorni."*

    -L'aggettivo indefinito ogni è invariabile: esso va con i sostantivi maschili e femminili singolari.

- **I connettivi temporali**

    "Prima riordino la cucina e dopo esco / poi esco." - *"Mentre guardo la TV, Paolo legge il giornale."* - *"Io inizio a cucinare quando Paolo arriva a casa."*

    - I connettivi di tempo stabiliscono rapporti di tempo all'interno di una frase o periodo.

- **Gli avverbi di frequenza e la loro posizione**

    "Nel tempo libero gioco spesso al computer e faccio spese." - *"Cucina sempre Lei in famiglia?"* *"È mai sola la domenica?"* - *"Non gioco mai al computer."* - *"Pranziamo raramente nei ristoranti..."*

    - La posizione degli avverbi di frequenza nella frase è, in genere, variabile. Ricorda, però, i seguenti avverbi: *sempre, mai* in posizione iniziale; *non ...mai..*, tra soggetto e verbo; *mai* nelle frasi interrogative dopo il verbo.

- **I verbi riflessivi diretti, indiretti e reciproci**

    "Io mi alzo alle 6.30 tutte le mattine." - *"Claudia si lava i denti dopo la colazione."* - *"Antonio e Flavia s'incontrano per la prima volta in un bar."*

    - Con questi verbi i pronomi riflessivi *mi, ti, si, ci, vi, si* si accordano con il soggetto nel numero e nella persona.

- **L'imperativo dei verbi riflessivi**

    "Vediamoci alle 7.00!" - *"Giulio, alzati!"* - *"Non ti sedere!/Non sederti!"* - *"Si accomodi!"* - *"Non si preoccupi!"*

    1. Nella 2^a persona singolare e plurale dell'imperativo positivo i pronomi riflessivi atoni si uniscono ai verbi formando un'unica parola. Nella forma negativa i pronomi precedono o seguono i verbi. Nella 3^a persona singolare e plurale, sia positiva che negativa, i pronomi riflessivi si collocano prima del verbo.

    2. La 1^a persona plurale dell'imperativo esprime un suggerimento, una proposta, un'esortazione.

- **I pronomi diretti atoni: mi, ti, lo, la, La - ci, vi, li, le**

    "Quante volte al giorno vedi il telegiornale?" - *"Lo vedo tre, quattro volte al giorno."*

    -La posizione di questi pronomi è sempre prima del verbo nei modi finiti. L'uso del pronome *"La"* è d'obbligo nelle forme di cortesia.

- **La particella pronominale locativa "ci"**

    "Ma vai al cinema qualche volta...?" - *"Io ci vado almeno un paio di volte..."*

    -Nella frase sopra la particella pronominale *ci* ha valore locativo, cioè è usata in sostituzione di un complemento di luogo.

- **La forma perifrastica "stare + gerundio"**

    "Si sta rilassando e sta leggendo "Pane e Tempesta", l'ultimo romanzo di Benni."

-Questa forma, con stare al tempo presente, esprime un'azione in corso di svolgimento. Il gerundio si forma con le desinenze *-ando, -endo, -endo* aggiunte al tema dell'infinito. Sono irregolari: *fare-facendo, bere-bevendo, dire-dicendo, i verbi in "orre" e "urre"*.

Per comunicare: sintesi delle funzioni 交际用语：功能梗概

chiedere e dire l'ora (informale/formale), parlare di orari	1. "Che ora è?" / "Che ore sono?" - "È mezzogiorno/mezzanotte." - "È l'una." - "Sono le due e mezzo" - "Sono le dieci in punto/precise. 2. "Sono le 18.24" - "Il treno delle 22.00…" 3. "A che ora apre/inizia / Per quanto tempo è aperta / Quanto tempo dura?" - "Apre / inizia alle… È aperta dalle…alle… / Dura…dalle…alle…" "A che ora / Quando chiude/finisce?" - "Chiude / Finisce alle…"
parlare della routine giornaliera e degli impegni durante la settimana	"Che cosa fai lunedì pomeriggio?" - "Vado in piscina alle 5.00." - "Il lunedì vado al supermercato…;invece, il martedì, vado dal parrucchiere…" - "Maria si alza presto la mattina, intorno alle 6.00, si fa la doccia e si lava." - "A che ora ti alzi la mattina?" - "Mi alzo alle sette in punto."
parlare della frequenza delle azioni e della loro durata	1. "Cosa fai nel tempo libero? Giochi al computer?" -"Sì, sempre / spesso / No, non gioco mai. E tu?" - "Sì, qualche volta gioco al computer, ma di solito…" 2. "Consulto i siti delle offerte di lavoro tutti i giorni." 3. "Quante volte al mese vai al cinema?" - "Ci vado un paio di volte al mese." 4. "Sono a Roma da tre giorni." - "Non vado a casa di Anna da tre settimane, cioè dal 9 settembre."
dare suggerimenti, accettare, rifiutare, proporre alternative, confermare	1. "Andiamo a vedere un film!" - "Perché, no!" - "Bene…vediamoci / Incontriamoci … (quando)…(dove)" - "D'accordo! Restiamo per le…(ora)" 2. "Andiamo a vedere un film!" - "No, non mi va di…" - "Che ne dici di…? "Bene… vediamoci / incontriamoci… (quando) … (dove)…" - "D'accordo!Restiamo per le…(ora)"
parlare di azioni in corso di svolgimento	"Che cosa stai facendo?"- "Sto lavorando come guida turistica." "Che cosa stanno facendo?" - "Stanno scattando foto alla Basilica…"

Laboratorio 实验室

1. Inserisci la forma corretta del verbo dato in parentesi. 用括号中动词的正确形式填空。

a. Laura e Gianni _____ al bar per l'aperitivo. (*incontrarsi*)
b. Giulia non _____ mai quando non va a lavorare. (*truccarsi*)
c. Dopo che mia madre _____, _____ a tavola con noi. (*vestirsi, sedersi*)
d. Perché non _____ un po' dopo pranzo? Sei così stanca! (*riposarsi*)
e. Quando guardo i film in TV, non _____ mai. (*annoiarsi*)

2. Inserisci l'interrogativo adatto e abbina le domande alle risposte. 用适当的疑问词填空，并连接问题与回答。

a. _____ ore sono? ☐   1. Ogni domenica.
b. _____ fai dopo la scuola? ☐   2. Perché badiamo ai bambini.
c. _____ non uscite la sera? ☐   3. Da un paio di mesi.
d. _____ ritorni a casa? ☐   4. Correggo i compiti degli studenti.
e. _____ fai dopo cena? ☐   5. Alle 14.00 circa.
f. _____ abiti in Italia? ☐   6. Faccio un giro in centro con i miei amici.
g. _____ riordina la casa? ☐   7. Le 8.00.
h. _____ pranzate dai vostri genitori? ☐   8. Di solito mia moglie.

3. Riempi gli spazi con i verbi appropriati. 用适当的动词填空。

a. _____ a letto fino a tardi quando non lavoro.
b. (io) _____ dall'ufficio alle 17.00 e _____ subito a casa.

c. Nel tempo libero il mio ragazzo _____ spesso in Internet!
d. (voi) _____ una riunione di lavoro anche questo pomeriggio?
e. Mio padre _____ il giornale mentre noi _____ un po' di televisione.
f. (tu) _____ qualche volta a casa da sola ?

4. **Inserisci negli spazi** *quasi, intorno, circa, verso, in punto, precise.* 选词填空。
   a. L'appuntamento è _____ a mezzogiorno.
   b. La lezione comincia alle otto _____.
   c. L'auto per il centro passa _____ alle undici e mezzo.
   d. Vengo a prenderti _____ le sette.
   e. Alle nove _____ passo da casa tua.
   f. È _____ l'una: sbrigati!

5. **Sostituisci le parole in corsivo con i pronomi appropriati.** 用适当的代词代替斜体的单词。
   a. Vai *in centro* questa mattina? No, _____ questo pomeriggio.
   b. Allora, andate o no *a teatro* domani? No, _____ venerdì sera.
   c. Quando vai a comprare *il giornale*? _____ dopo la lezione.
   d. Domani fanno l'*esame d'italiano*? No, _____ alla fine di questo mese.
   e. Questo fine settimana il tuo direttore va *a Shanghai*? No, _____ giovedì mattina.
   f . Quante volte chiami al telefono *tua sorella*? _____. almeno una volta alla settimana.
   g. Quando restituisci *i libri* alla biblioteca? _____ lunedì.
   h. Inviti *Carla e Paola* a casa tua questa sera? No, _____ venerdì fuori a pranzo.

6. **Completa questi mini-dialoghi con i pronomi appropriati.** 用适当的代词完成小对话。
   a. ◊ Carlo, _____ aspetti?
      ● Sì, _____ aspetto qui sotto casa.
      ◊ Ok. Arrivo subito!
   b. ◊ È da una settimana che cerco il direttore ma non _____ trovo!
      ● Chiedi a Luca: lui _____ conosce bene e sa le sue abitudini.
      ◊ Non credo! Forse _____ conosce la sua segretaria e non Luca!
   c. ◊ Io e Sara andiamo in centro. Mamma, _____ accompagni con la macchina?
      ● Sì, _____ accompagno volentieri.
   d. ◊ Avvocato Butera, _____ porto io all'aeroporto oggi pomeriggio!
      ● _____ prego di arrivare puntuale per le 5.00! L'aereo non _____ aspetta, vero?
      ◊ Ah, ah! Certo che no!

7. **Trasforma i seguenti verbi nella persona e nel numero indicati. Fa' attenzione agli altri cambiamenti.** 根据给出的人称和数变换动词形式。注意其他的变化。
   a. Andrea sceglie sempre i ristoranti cinesi quando va a cena con i suoi amici. (io)
   b. Non rimaniamo mai in città la domenica: facciamo spesso gite fuori porta. (loro)
   c. Vuoi uscire con me? Vediamoci alle 8.00 questa sera! (voi)
   d. Esce di casa alle 7.00 e va sempre al bar a fare colazione. (voi)
   e. Alessia dà lezioni d'italiano a molti ragazzi cinesi. (noi)
   f. Non dici mai se sei *felice*! Perché? (voi)

8. **Leggi queste definizioni e dai le risposte.** 读下面的定义，给出答案。
   a. L'ultimo pasto della giornata: _____
   b. Il contrario di *sempre*: _____
   c. Se non esco fuori: _____
   d. Sono le 12.00!: _____
   e. L'ultimo giorno della settimana: _____
   f. Il gerundio di *fare*: _____
   g. Ogni settimana: _____
   h. Andare da un sito all'altro: _____
   i. Di solito si occupa degli anziani: _____
   j. Invece di "*Accomodati*!": (Lei) _____
   k. Lo usiamo per cambiare canale: _____
   l. Lo pagano i telespettatori: _____

"Come si cambia!"

"变化真大！"

In questo modulo imparerai a 在本章你将学到

- parlare di cambiamenti, stati e condizioni nel passato
  谈论过去的变化和状况
- ricordare esperienze ed episodi dell'infanzia
  回忆童年的经历
- commentare ed esprimere giudizi
  评论和表达看法
- saper fare confronti su persone, luoghi, stati d'animo e stili di vita
  对人、地方、心情和生活方式进行比较
- parlare del tempo atmosferico e dei suoi cambiamenti
  谈论天气及变化

"IL PASSATO E IL PRESENTE"
"过去和现在"

I Che cosa erano e che cosa sono ora? Abbina le descrizioni alle foto. 他们以前怎么样，现在怎么样？连接描写和照片。

A　　　　　　　　　B　　　　　　　　　C

1. Nel 2005 Piero era commesso in un negozio. Adesso è un uomo d'affari e ha un negozio tutto suo con tanti commessi. Era un po' grasso e timido; ora, invece, fa sport ed è abbastanza magro. Non era ancora fidanzato; ora è sposato e ha una figlia.

2. Cinque anni fa Marina era una studentessa universitaria. Ora è laureata e fa la ricercatrice all'università. È molto diversa da allora: ha capelli corti e neri e non rossi e lunghi! Anche il suo carattere è diverso: prima era allegra; ora, invece, è molto seria e non ride mai. Non va in discoteca come una volta e non esce molto la sera. I suoi amici erano i suoi colleghi di corso; ora, invece, sono i suoi vicini di casa!

3. "Dieci anni fa, quando i miei genitori erano separati, io ero molto triste e solo." Così si confessa Daniele! Da tre anni i miei sono di nuovo insieme e hanno un nuovo lavoro. Ora non abitiamo in città ma in una casetta in periferia e sono felice!"

II Completa la tabella con le forme del verbo *essere* e le espressioni di tempo. 用动词essere的变位形式和时间表达方式填表。

	presente	quando nel presente?	passato	quando nel passato?
1	è	adesso		nel 2005
2				
3				

III Leggi le descrizioni e rispondi alle domande. 读描写，回答问题。

1. Che cos'era Piero nel 2005? Com'era?
2. Era fidanzato allora? E ora?
3. Quando era Marina una studentessa universitaria?
4. Chi erano allora i suoi amici?
5. Quando erano separati i genitori di Daniele?
6. Com'era lui allora e com'è adesso?

IV Completa la coniugazione del verbo "essere". 完成动词essere的变位。

 Tempo Imperfetto　未完成时

io	_____	noi	eravamo
tu	eri	voi	eravate
lui, lei, Lei	_____	loro	_____

V

Completa con le forme del verbo essere e le espressioni di tempo. 用动词essere 的变位形式和时间表达方式填空。

tre giorni fa   quando erano a Roma   a 40 anni   nel 2003   due mesi fa   all'età di 20 anni

1. Ora, dopo la dieta, Chiara è magra e carina: _____ un po' grassa.
2. Adesso che vivono a Milano sono solo amici, ma _____ fidanzati.
3. Abito in Cina da un paio d'anni ma _____ in Italia.
4. _____ a Milano, nella tua casa di Como o a casa dei tuoi genitori?
5. Trovo adesso Maria un po' invecchiata, ma _____ una donna splendida!
6. Mio padre _____ un impiegato di banca. Ora, finalmente, è in pensione!

VI

Leggi le descrizioni e rispondi alle domande. 读描写，回答问题。

1. Che cos'era Piero nel 2005? Com'era?
2. Era fidanzato allora? E ora?
3. Quando era Marina una studentessa universitaria?
4. Chi erano allora i suoi amici?
5. Quando erano separati i genitori di Daniele?
6. Com'era lui allora e com'è adesso?

VII

Lavoro di coppia. Fate brevi dialoghi con i seguenti suggerimenti. 2人练习。用下列提示进行小对话。

capriccioso/da piccolo? -no/tranquillo

Esempio: ◊ *Eri capriccioso da piccolo?*
● *No, non ero capriccioso! Ero tranquillo!*

- tuo fratello/laureato/a 22 anni? -no/solo diplomato
- tua sorella/grassa/tempo fa? -no/in forma
- pigro/da studente/? -no/studioso
- tuoi genitori/Italia/nel 2008? -sì/Siena
- tu e i tuoi colleghi/impiegati/2 anni fa? -no/disoccupati
- tu/tua città/1 anno fa? -no/Pechino

VIII

Lavoro di coppia. Parlate dei cambiamenti, degli stati e delle condizioni legati a questi momenti. 2人练习。谈谈与下列时间有关的变化、状态和情况。

Esempio: "A vent'anni mio padre era studente all'università."

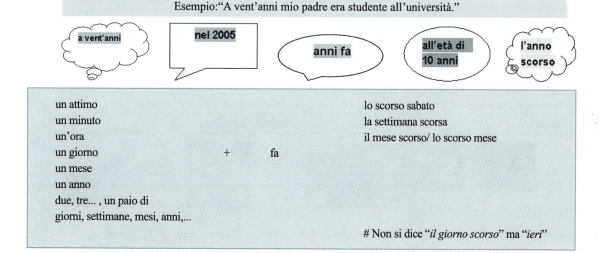

un attimo	lo scorso sabato
un minuto	la settimana scorsa
un'ora	il mese scorso/ lo scorso mese
un giorno + fa	
un mese	
un anno	
due, tre... , un paio di	
giorni, settimane, mesi, anni,...	
	# Non si dice "*il giorno scorso*" ma "*ieri*"

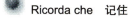 Ricorda che   记住

- l'aggettivo "*scorso*" può stare prima o dopo il nome. 形容词scorso可以在名词之前或之后。
- l'avverbio "*fa*", che indica un fatto anteriore al presente, sta sempre dopo il nome.
  副词 "fa" 指现在之前的事，总是在名词之后。

IX Completa il dialogo con *scorso* o *fa* e l'espressione di tempo appropriata, ascolta e controlla. 用scorso或fa，以及适当的时间表达方式完成对话，听录音并检查。

◊ Ciao, Mario! Dov'eri la _____? Non eri in città? (*settimana*)
● No, non ero qui. Ero in vacanza.
◊ Davvero? Ma non eri in vacanza due _____? (*settimana*)
● No, ero in giro per l'Italia per lavoro e anche un _____! Tu, invece, dov'eri ieri sera? (*mese*)
◊ Io e mia moglie eravamo a cena da Rosalba.
● Scusa...ma non eravate da lei _____? (*sabato*)
◊ No, eravamo ad una mostra di pittura. Perché?
● Io ero solo e forse c'era la possibilità di avere tre biglietti gratis per il teatro.
◊ Davvero?! Che peccato!

X Inserisci negli spazi *scorso* o *fa*. 用scorso或fa填空。

1. Una settimana _____ ero a Milano, ma dalla _____ domenica sono a Roma.
2. Non vediamo i nostri amici dall'anno _____ perché non eravamo in Italia.
3. Tre giorni _____ l'edicola era chiusa perché il proprietario era in vacanza.
4. La casa non era in affitto una settimana _____, ma adesso c'è un nuovo inquilino.
5. I Martini non vivono assieme perché litigano sempre, ma anni _____ erano una coppia felice.
6. Nel secolo _____ non c'erano né la televisione né Internet.

XI Lavoro di coppia. A turno, chiedete e date informazioni secondo i suggerimenti. 2人练习。根据提示，轮流提问并回答。

Esempio: un'ora fa?/casa? -no/strada
◊ *Dov'eri un'ora fa? Eri a casa?*
● *No, non ero a casa. Ero per strada!*

poco fa	ufficio? -no/fermata autobus
alle sette di questa mattina	letto? -macchina
ieri a mezzogiorno	bar? -sì/Anna
due sere fa	con Marina? -sì/casa sua
l'altro ieri a quest'ora	lezione? -mercato/fare spesa
lo scorso sabato pomeriggio	nuovo centro commerciale? -no/palestra
domenica scorsa a mezzanotte	discoteca? -sì/colleghi corso italiano
la settimana scorsa	tua città? -sì/casa mia

XII Ascolta il dialogo e segna con una X le affermazioni vere. 听对话，用"X"标出正确判断。

	Vero	Falso
1. Marina va a casa di Aldo.	☐	☐
2. Parlano della festa di laurea di Marina.	☐	☐
3. Marina fa vedere ad Aldo il filmino della laurea.	☐	☐

"Come si cambia!" Modulo 6

4. Il festeggiato è un giovane serio e in gamba.   ☐   ☐
5. È una festa di molti anni fa.   ☐   ☐
6. È una festa intima con poca gente.   ☐   ☐

XIII Ascolta di nuovo e completa la tabella. 再听一遍，并填表。

	età	aspetto fisico	lavoro
zio Salvo: aveva		era con i capelli	è un professore universitario era..........................
zia Antonella			
Marina			
padre di Marina			
madre di Marina			
Sandro			

XIV Ascolta la registrazione e numera le frasi nell'ordine in cui le senti. 听录音，按听到的顺序给句子标上数字。

1. Quanti anni avevano i tuoi genitori in questa foto? { }
2. Quanti anni avevi? { }
3. Mia madre adesso ne ha 45 e mio padre 48; dunque, quattro anni fa, ne avevano 41 e 44. { }
4. Sì, avevo i capelli corti, ricci e di colore castano scuro... { }
5. Ne avevo 16 ed ero un po' paffutella! { }
6. Avevi i capelli corti?! { }

XV Completa la coniugazione di "avere". 完成动词avere的变位。

Tempo Imperfetto 未完成时

io	_____	noi	avevamo
tu	_____	voi	avevate
lui, lei, Lei	_____	loro	_____

XVI Inserisci negli spazi la forma appropriata di *avere*. 用avere的适当形式填空。

1. Quando erano giovani, i miei zii di Roma _____ una Fiat 500.
2. Quando Sara era all'università a Milano, non _____ per caso un ragazzo?
3. _____ una casa in campagna anni fa; ora abbiamo un appartamento in città.
4. Da ragazzo _____ pochi interessi; ora ne ho molti.
5. Scusate, ma _____ un appuntamento con il direttore? A che ora era?
6. Mi scusi, signora...ma quanti anni _____ in questa foto? Era così giovane!

👁 Grammatica: l'imperfetto di "essere" e "avere" 语法："essere"和"avere"的未完成过去时

Osserva le frasi e completa la regola sotto. 观察句子，完成下面的规则。
  "Nel 2005 Piero era un commesso..."   " Non era ancora fidanzato, adesso è sposato."
  "...avevo i capelli corti, ricci e di colore castano scuro..."   "Ne avevo 16 ed ero un po' paffutella!"
              tempo   continui   temporanei   duraturi
● Il tempo imperfetto dei verbi "essere" e "avere" indica uno stato o una condizione non _____ ma _____ o _____ nel passato. In genere, gli stati o le condizioni passati sono segnalati da espressioni di _____ passato.

XVII Leggi questi ricordi d'infanzia e inserisci negli spazi *essere* o *avere*. 读这些童年记忆，用essere或avere填空。

Ricordo che quando 1. _____ in vacanza in campagna, le giornate non 2. _____ mai fine: 3. _____ lunghe e piacevoli! Io e i miei cugini non 4. _____ mai sonno il pomeriggio quando tutti, invece, 5. _____ a letto per il riposino. Ricordo che mia sorella di notte 6. _____ paura del buio ed 7. _____ spesso sveglia perché non 8. _____ sonno. Io non 9. _____ paura del buio ma di ogni piccolo rumore in casa e, come per reazione, 10. _____ spesso fame e, a volte, anche sete!

espressioni idiomatiche con *avere* 惯用语

	fame
avere +	sete
	sonno
	paura di...
	voglia di...
	bisogno di...

XVIII Completa le frasi con le espressioni sopra e fai affermazioni vere per te. 用上面的表达方式完成句子，并根据自己的真实情况造句。

1. Ho sempre _____ anche se _____.
2. Non prendo/Prendo l'aereo perché _____ volare.
3. I miei (non) hanno _____ perché sono stanchi del lavoro.
4. Non mangio/Mangio _____ perché _____.
5. Quando _____, vado al bar e prendo _____.
6. Se (non) sono triste, _____ di vedere i miei amici.

XIX Lavoro di gruppo. In gruppi di 3/4: a turno, fate brevi dialoghi con i seguenti suggerimenti. 小组练习。3人或4人一组：轮流用下列提示造小对话。

voglia-dolci? /no, caramelle
Esempio: ◊ *Da piccolo avevi voglia di dolci?*
● *No, non avevo voglia di dolci! Avevo voglia di caramelle!*

- sonno-pomeriggio? /no, sveglio
- bicicletta? /no, pattini a rotelle
- paura-buio? /sì, + rumori
- computer? /no, play-station
- bisogno-coccole? / sì

XX Completa i dialoghi con le espressioni sopra. 用上面的表达方式完成对话。

1. ◊ Ti ricordi quando al mare tu e tuo fratello _____ sempre _____ dopo il bagno?
   ● Certo che mi ricordo, mamma! Ricordo le belle granite di limone!
2. ◊ È vero che qualche volta _____ _____ a scuola?
   ● Mi vergogno un po' ma è così: le lezioni erano spesso noiose!
3. ◊ Ti ricordi che tu e tua sorella _____ _____ di notte?
   ● Sì, ma _____ _____ di coca-cola, non d'acqua!

"Come si cambia!" Modulo 6

4. ◊ Ti ricordi che intorno ai 7,8 anni _____ _____ di stare sola in casa?
   ● Sì, è vero: mi ricordo che la nonna era sempre con me!
5. ◊ Poco fa _____ _____ di un caffè perché avevo un po' di sonnolenza!
   ● Per me, tu _____ _____ di uscire dall'ufficio e non del caffè!

Ricordare / Far ricordare	
■ Che cosa ti ricordi di quando...?	Mi ricordo che.../Ricordo che...
■ Ti ricordi che/quando/se...?	Sì, certo che lo ricordo.../No, non lo ricordo affatto!

XXI Completa in maniera appropriata: ogni spazio vuole una sola parola. 用适当的方式完成句子：每空只需要一个词。

1. "_____ ricordi _____ da piccolo _____ vivace?" - "No, _____ che ero buono."
2. "_____ che a casa (noi) _____ una tartaruga." - "Sì, infatti. _____ una tartaruga d'acqua!"
3. "Ti _____ che _____ gli occhiali da vista?" - "Certo _____ mi ricordo! _____ orrendi!"
4. "Mi ricordo di _____ era il compleanno della mamma!" - "Sì, ____! _____ sempre una bella festa!"
5. "Mi ricordo di _____ il nostro cane _____ fame!" - "_____ ricordo anch'io: _____ un po' aggressivo!"
6. "Che cosa _____ ricordi di _____ eri a scuola?" - "Ricordo che _____ sempre annoiato."

XXII Lavoro di coppia. Pensate a quando avevate 6/7 anni e, a turno, domandate di queste cose. 2人练习。想一想你们六七岁时候的事，互相问下列问题。

- il vostro carattere
- il vostro aspetto
- la vostra casa
- i vostri familiari e amici
- i vostri bisogni e abitudini.
- altro.......

Parlare di cambiamenti / Mettere a confronto
"Anche il suo carattere è diverso: prima era allegra; ora, invece, è molto seria..."
prima ....; ora, invece..............

XXIII Completa le frasi in maniera appropriata. 用适当的方式完成句子。

1. Quando mia madre .... 20 anni, ...; ora, invece, è ....
2. Da bambino/a non .... molto vivace; ora, invece, sono ....
3. Prima non .... in casa né cani né gatti; ora, invece, ...
4. Un tempo i miei genitori .... allegri: ora, invece, ...
5. Prima, intorno ai 12/13 anni, ... capelli lunghi e neri; ora, invece, ...
6. Anni fa .... magro/a; ora, invece, ...

XXIV Pensa alla tua infanzia e alla tua vita di allora e fai confronti con il presente. 想一想你的童年和那时的生活，和现在进行比较。

1. da piccolo: diverso/a? /come? /E ora?
2. genitori: affettuosi? /severi? /permissivi? /E ora?
3. comodità: televisore? /computer? /macchina? /cellulare? /E ora?
4. vacanze: campagna? /mare? montagna? /E ora?
5. amici: molti? /pochi? /sinceri? /invidiosi? /E ora?
6. regali: molti? /pochi? /belli? /inutili? /E ora?

XXV Ritorna all'attività "*XII*" e abbina le parole straniere ai loro significati. 回到练习12，将外来语与对应的意思连线。

1. chic ☐   a. tipo di pettinatura elegante con i capelli raccolti
2. casual ☐   b. strisce di colore chiaro sui capelli
3. chignon ☐   c. raffinato, elegante
4. mèches ☐   d. sportivo, informale

XXVI Ascolta di nuovo la registrazione e completa. 再听录音，填空。

1. _____ elegante!
2. _____ chic!
3. _____ i capelli corti, biondi, con le mèches.
4. _____ strana!
5. _____ carina, comunque!
6. _____ raffinata!

XXVII Commentare ed esprimere giudizi. Completa la tabella. 评论和表达看法。填表。

	davvero	veramente	com'era............
raffinato	davvero raffinato-a!	veramente raffinato-a!	com'era raffinato-a!
carino			
chic			
sportivo			
pratico			

XXVIII Ascolta e ripeti queste espressioni con la giusta intonazione. 听录音，用正确的语调重复这些表达方式。

1. Veramente brutto questo posto! 2. Com'erano carine le tue zie! 3. Davvero molto simpatico tuo padre! 4. Com'era chic la tua amica! 5. Davvero eccezionale tuo fratello! 6. Veramente strani questi ragazzi! 7. Davvero bella la festa di Laura! 8. Com'erano noiose le serate a casa dello zio Piero!

XXIX Leggi le situazioni e commenta con gli aggettivi nella tabella. 读这些情景，用表中的形容词评论。

	davvero	veramente
+ con significato positivo:	bravo socievole eccezionale	
- con significato negativo:	strano assurdo noioso	

1. Da piccolo, a tre anni, Andrea era in grado di leggere e scrivere.
2. Alla festa di compleanno di Laura c'era suo marito con la nuova fidanzata.
3. Due mesi fa il centro commerciale aveva prezzi cari; adesso, da una settimana, ha prezzi bassi.
4. Il mio collega è un tipo simpatico: fa subito amicizia con persone nuove e le invita a casa sua.
5. Aldo sa conciliare lo studio con lo svago: ha voti alti a scuola e fa bene ogni genere di sport.
6. Quando incontro Alba, mi racconta sempre le stesse cose.

XXX Portate in classe delle vecchie foto di famiglia e descrivetele ai vostri compagni in plenaria. 把家里的老照片拿到班上，向同学描述这些照片。

Unità 2

"IL NOSTRO PASSATO"
"我们的过去"

I. Leggi i paragrafi, mettili in ordine e di' che genere di sogni fa Marcello. 读段落，排序，说出Marcello做了什么样的梦。

A. "Ricordo anche un altro strano sogno dove mio padre voleva insegnarmi a pedalare: mi aiutava a salire sulla bicicletta, mi spingeva lungo la stradina di fronte alla nostra casa e correva dietro di me." ☐

B. "Cercavano me e giravano attorno alla casa: io non potevo uscire e urlavo! Quando mi svegliavo, mi sentivo risollevato e pensavo: "È solo un sogno!" ☐

C. "Io avevo paura di perdere l'equilibrio, così cercavo di non correre perché non volevo cadere però, dopo un po', finivo a terra lo stesso!" ☐

D. "I miei sogni da piccolo erano a volte veramente strani!" ☐

E. "Un sogno frequente era questo: stavo a casa e dovevo sentirmi tranquillo, invece avevo paura perché vedevo fuori tante guardie!" ☐

F. "Dopo che cadevo, non riuscivo ad alzarmi e mio padre si metteva a ridere!" ☐

II. Leggi di nuovo, sottolinea i verbi di modo finito e inseriscili nella tabella. 再读一遍，划出限定式动词，填入表格。

I coniugazione	II coniugazione	III coniugazione
aiutare: aiutava	correre: correva	finire: finivo

III. Rileggi i paragrafi e segna con una X le affermazioni vere. 再读一遍，用 "X" 标出正确判断。

	Vero	Falso
1. I sogni di Marcello da bambino erano divertenti.	☐	☐
2. Non sognava sempre le stesse cose.	☐	☐
3. Durante il sogno riusciva ad uscire di casa.	☐	☐
4. In un altro sogno saliva in macchina con suo padre.	☐	☐
5. Il padre urlava perché cadeva a terra.	☐	☐
6. Si svegliava sereno.	☐	☐

L'imperfetto dei verbi regolari 规则动词的未完成过去时

I coniugazione aiutare -are	II coniugazione correre -ere	III coniugazione finire- ire
aiut-avo	corr-evo	fin-ivo
-avi	-evi	-ivi
-ava	-eva	-iva
-avamo	-evamo	-ivamo
-avate	-evate	-ivate
-avano	-evano	-ivano

Grammatica: l'imperfetto 语法：未完成过去时

> **Osserva le frasi e rispondi.** 观察句子回答。
> "...mio padre mi aiutava a salire sulla bicicletta, mi spingeva lungo la stradina di fronte alla nostra casa e correva dietro di me."
> Che cosa indica il tempo imperfetto: azioni abituali o ripetute, oppure azioni concluse nel passato?
> 未完成过去时指什么？过去习惯或重复性的动作还是完成的动作？

IV Riempi gli spazi con i verbi al tempo imperfetto. 用动词的未完成过去时填空。

1. Anni fa, quando mio zio _____ musica, _____ a Trastevere. (*studiare, vivere*)
2. (io) Da bambina _____ raramente ma i miei sogni _____ sempre bene. (*sognare, finire*)
3. (noi) Di notte _____ impaurite e _____ a urlare. (*svegliarsi, cominciare*)
4. (voi) Da piccoli _____ qualche volta dai nonni? (*dormire*)
5. (lui) _____ presto tutte le mattine, _____ il treno e _____ a scuola. (*uscire, prendere, andare*)
6. Signor Rossi, quali programmi televisivi _____ quando _____ giovane? (*seguire, essere*)

L'imperfetto *di potere, volere* e *dovere*

"...giravano attorno alla casa: io non potevo uscire e urlavo!"
"...così cercavo di non correre perché non volevo cadere..."
"...io stavo in casa e dovevo sentirmi tranquillo..."

Ricorda che 记住

- l'imperfetto dei verbi servili "potere", "volere" e "dovere" indica un'azione imprecisa, non conclusa. 辅助动词 "potere"，"volere" 和 "dovere" 的未完成过去时指一个不确定的、没有完成的动作。
- questi verbi sono "*irregolari*" al presente ma "*regolari*" all'imperfetto. 这些动词的现在时变位不规则，而未完成过去时变位是规则的。

V Scegli il presente o l'imperfetto dei verbi in parentesi. 用括号中动词的现在时或未完成过去时形式填空。

1. Ricordi che (tu) non _____ uscire sola la sera perché Paolo non _____? Adesso lo _____ dire! (*potere*-2, *volere*)
2. (noi) _____ alzarci presto per andare a lezione;ora, invece, _____ alzarci con comodo. (*dovere, potere*)
3. Mi pare che _____ preparare tu la cena stasera ma, se non _____, pazienza! (*volere, potere*)
4. Non _____ svegliarvi così tardi ieri! Oggi _____ essere puntuali per la lezione! (*dovere*-2)
5. Papà _____ rifare l'esame di guida perché non ha punti sulla patente. Ieri _____ fare attenzione a non sorpassare! (*dovere*-2)
6. (io) Non _____ lasciare i bambini da soli a casa. (tu) _____ venire? (*potere, volere*)

VI
Lavoro di coppia. Decidete chi siete - Studente A/Studente B - e, a turno, raccontate un sogno con i suggerimenti dati. Fate domande e annotate le risposte negli spazi. Lo Studente A rimane in questa pagina e lo Studente B va all'Appendice a pag 249. 2人练习。确定你们是学生A还是学生B，根据提示，互相讲述一个梦境。提问并在空处填上对方的回答。学生A用本页，学生B参看附录249页。

1. Studente A

terrorizzato   urlare   scuola   bosco   vecchio professore   fuggire   correre   non potere

2.
- dov'eri ....
- con chi eri ....
- chi vedevi o incontravi ....
- che cosa succedeva..
- come ti sentivi durante il sogno................................
- perché ti sentivi in questo modo...............................

VII
Lavoro di coppia. A turno, raccontate un vostro sogno frequente. 2人练习。互相讲述你们经常做的梦。

VIII
Ricordi d'infanzia. Leggi il seguente messaggio su un blog e trova 3 verbi con l'imperfetto irregolare. 童年的记忆。读下面博客中的一段留言，找出3个不规则的未完成时的动词。

1............   2............   3............

I miei ricordi!

Ho tanti ricordi della mia infanzia. Io e la mia famiglia trascorrevamo le vacanze di Natale in montagna nelle Dolomiti. I miei due fratelli, Nino e Giorgio, passavano la mattina a sciare con i loro amici oppure si divertivano a giocare con le palle di neve, mentre io e la mia amica Cristina facevamo lunghe passeggiate nei boschi. Allora Cristina abitava nel nostro stesso quartiere, a Trastevere, e faceva la mia stessa classe. Eravamo inseparabili! Ricordo che dicevamo sempre ai nostri genitori di portarci al mare, ad Ostia, la domenica per potere stare assieme tutto il giorno. Ora non abitiamo nella stessa città e c'incontriamo raramente. Ricordo anche che per le feste i nonni c'invitavano nella loro fattoria in campagna e venivano anche i nostri cugini e gli zii. C'era una bella atmosfera ed eravamo davvero felici! Non posso dimenticare il momento del pranzo quando tutta la famiglia era riunita e noi non vedevamo l'ora di alzarci dalla tavola per andare a giocare. Ho un ricordo veramente bello dell'ora della merenda alle 5.00 in punto: bevevamo il latte fresco e mangiavamo i biscotti della nonna.

Spesso i nonni mi chiedevano di rimanere a dormire da loro. Erano veramente affettuosi con me: mi facevano stare nel loro letto, mi portavano la TV in camera e mi leggevano la favola di Pinocchio. Che risate che ci facevamo!

Alessandra Serra   testo adattato tratto dal blog "www.i miei ricordi.com"

IX
Segna con una X le affermazioni vere e correggi quelle false. 用"X"标出正确的判断，修改错误的判断。

	Vero	Falso
1. Alessandra passava le vacanze di Natale negli Appennini.	☐	☐
2. Nino e Giorgio giocavano con i loro amici a calcio.	☐	☐
3. Alessandra faceva lunghe passeggiate nei boschi da sola.	☐	☐
4. Cristina viveva vicino ad Alessandra.	☐	☐
5. Le due amiche dicevano ai loro genitori di portarle ai laghi.	☐	☐
6. I nonni le portavano la radio in camera e le leggevano i giornali.	☐	☐

X. Completa le coniugazioni dei seguenti verbi. 完成下列动词的变位。

Imperfetti Irregolari 过去未完成时不规则变位

Fare	Dire	Bere
facevo	dicevo	bevevo
facevi	dicevi	bevevi
_____	diceva	bevevo
_____	_____	_____
facevate	dicevate	bevevate
_____	_____	_____

XI. Leggi le frasi e completa gli spazi con le forme appropriate di *fare, dire, bere*. 读句子，用fare, dire或bere的适当形式填空。

1. Quando eravamo piccoli, qualche volta non _____ la verità ai nostri genitori.
2. Quando _____ tardi la sera, mia madre mi sgridava.
3. Ricordo che la zia Tina, fino ad un paio di anni fa, non _____ mai la sua età!
4. Quando eravate piccoli, _____ il latte a colazione?
5. Ricordo che quando Alberto era stressato, _____ un po' di tè e si sentiva bene!
6. Da ragazzo avevo un brutto carattere: non _____ mai "scusa" ed ero un po' scontroso!

XII. Leggi i dialoghi e riempi gli spazi con i verbi dati, ascolta e controlla. 读句子，用所给动词填空，听录音，检查。

Dialogo 1

fare   dire   essere(2)   arrabbiarsi   scoprire   nascondere

◊ È vero che a scuola _____ scherzi ai tuoi compagni di classe?
● No, _____ Andrea! _____ gli scherzi e poi _____ che _____ io!
◊ E i professori lo _____?
● No, perché _____ molto furbo.
◊ Ma che scherzi _____?
● _____ gli zaini o i libri delle compagne e loro _____!

Dialogo 2

ridere   essere(2)   conoscere   dire   divertirsi

◊ Da ragazzo Carlo _____ veramente allegro in compagnia!
● _____ diverso da com'è ora, così annoiato e silenzioso?
◊ Sì, _____ molte barzellette!
● Davvero incredibile! _____ le barzellette? Non posso crederci!
◊ Invece sì! Ricordo che _____ e _____ tanto!

Grammatica: pronomi indiretti atoni e tonici e l'oggetto diretto
语法：非重读和重读间接宾语代词与直接宾语

> **Osserva le frasi sotto e completa la regola.** 观察下面的句子，填写规则。
>
> "... <u>mi portavano</u> la TV in camera ..."   "... <u>mi leggevano</u> la favola di Pinocchio!"
> ↓   ↓
> portavano la TV a me   leggevano la favola di Pinocchio a me
>
> verbo transitivo + oggetto diretto + oggetto indiretto
> 及物动词 + 直接宾语 + 间接宾语
>
> *verbo   tonica   atona   precedono   l'oggetto*
>
> ● I pronomi indiretti _____ sempre il verbo nella loro forma _____ ma seguono il _____ e _____ diretto nella loro forma _____.

XIII Olga è all'estero per motivi di studio: leggi le frasi e sostituisci la parte sottolineata con il pronome atono. Olga在国外留学：读句子，用非重读代词代替划线部分。

Esempio: Durante le lezioni il mio collega spesso chiedeva a me i fogli. -
"*Durante le lezioni il mio collega mi chiedeva spesso i fogli.*"

1. Andavamo spesso al bar con i professori e offrivano a noi il caffè! _____
2. Tutti facevano a me i complimenti per il mio impegno! _____
3. Charlotte non era ordinata e io dicevo a lei di sistemare la stanza. _____
4. Ogni settimana veniva da noi il padrone di casa e pagavamo a lui l'affitto. _____
5. Charlotte scriveva e-mail a sua madre e faceva a lei lunghe telefonate! _____
6. Per molti studenti le lezioni non erano facili e io dicevo a loro di non scoraggiarsi. _____
7. Per fare gli esami i professori dicevano a noi di fare la prenotazione on line. _____

XIV Trasforma le frasi secondo il modello e di' se si tratta di un pronome oggetto atono diretto o indiretto. 仿照例句，变换句子，说出变换的是非重读直接宾语代词还是间接宾语代词。

Esempio: Chiamavo Marco ogni pomeriggio e chiedevo a lui di uscire con me.
"*Lo chiamavo (lo = diretto) e gli chiedevo (gli = indiretto) di uscire con me.*"

1. Per il progetto Erasmus, il tutor aiutava noi a scegliere una buona università. _____
2. Quando Marco non passava gli esami, il tutor dava a lui lezione. _____
3. I ragazzi italiani studiavano molto e piaceva a loro seguire tutti corsi. _____
4. Gli studenti organizzavano feste ogni fine settimana e io portavo a loro la pizza! _____
5. I miei colleghi ringraziavano me quando davo a loro gli appunti delle lezioni. _____
6. Chattavo con Andrea, chiamavo lui al telefono e dicevo a lui che mancava a me! _____

XV Come descrivere abitudini del passato: trasforma le frasi. 如何描述过去的习惯：变换句子。

Esempio: Oggi dormo solo cinque ore a notte. (*dieci anni fa/dieci ore a notte*)
"*Dieci anni fa dormivo dieci ore a notte.*"

1. Oggi passo molte ore davanti al computer. (*da studente/sui libri*)
2. Ora sono una persona stanca e triste. (*dieci anni fa/vedere tutto rosa*)
3. Oggi ascolto solo musica classica. (*da giovane/solo musica rock*)
4. Da un paio di anni mangio un po' di tutto. (*una volta/essere vegetariano*)
5. Oggi rimango in città nel fine settimana. (*tanti anni fa/uscire con gli amici*)
6. Adesso risparmio i soldi per il mio futuro. (*dieci anni fa/spendere i soldi in vestiti*)

XVI Lavoro di coppia. Quali ricordi avete della vostra infanzia, della vostra adolescenza o del vostro passato? A turno, raccontate di. 2人练习。你们对于自己的童年、青少年时代和过去有着怎样的记忆？围绕下面的话题互相讲述。

- un episodio divertente o insolito
- particolari tue abitudini
- esperienze fuori dalla famiglia
- una persona importante per te

XVII Leggi questo articolo sull'infanzia di Roberto Benigni e riempi gli spazi con i seguenti verbi. 阅读这篇关于罗伯托·贝尼尼童年生活的文章，用下列动词填空。

sbattere   riuscire   piacere (2)   tornare   sedersi   venire (2)   volere   togliersi
correre   diventare   avere   essere   andare (2)   deludere   chiamare   giocare (3)

A moscacieca per le strade di Vergaio
Il comico dalla sua città natale riusciva ad arrivare bendato fino al Ponte dei Bini

PRATO. I tre minuti di moscacieca della videocassetta "*Tutto Benigni '83*" danno forse l'idea dell'atmosfera a Vergaio negli anni '70. A Vergaio si giocava molto a moscacieca e a battimuro la sera e Roberto 1. _____ davvero eccezionale in questi giochi, soprattutto a moscacieca: 2. _____ contro i muri e i lampioni e 3. _____ per i campi! L'attore 4. _____ ad andare bendato da Vergaio al Ponte dei Bini. Poi 5. _____ la benda e 6. _____ al tavolo del ramino a giocare. Al circolo di Vergaio ricordano le serate con Benigni al tavolo. "Fino a pochi anni fa Roberto 7. _____ spesso a Vergaio e 8. _____ al circolo a giocare a carte. Insomma ci si divertiva un po' insieme!" - dice un suo amico. Gli 9. _____ il ramino ma 10. _____ _____ pochi soldi. "Spicciolo" lo 11. _____ infatti gli amici d'infanzia. "Al circolo poi si scommetteva sul vincitore e quando Benigni 12. _____ non ci 13. _____ mai" - ricordano molti suoi compaesani. "Anche se negli ultimi tempi non 14. _____ spesso come una volta, quando Roberto 15. _____ a casa, 16. _____ a sedersi al tavolo del circolo. Non 17. _____ sempre lo stesso umore, però: a volte gli 18. _____ canticchiare mentre 19. _____ oppure 20. _____ serio quando non 21. _____ perdere." Ora, da un po' di tempo, il suo posto al circolo è vuoto: prima il matrimonio, poi il successo di "La vita è bella." Ormai Roberto torna a Vergaio solo per il babbo Luigi e la mamma Isolina e non per la partita al circolo!

testo adattato di un articolo di Francesca Gori da "*Il Tirreno*"

XVIII Leggi di nuovo l'articolo e fai queste domande al tuo compagno/alla tua compagna. 再读一遍文章，向同学提问。

1. Quali giochi facevano i ragazzi di Vergaio negli anni '70?
2. Che cosa faceva Robero Benigni quando finiva di giocare a moscacieca?
3. Perche i suoi amici lo chiamavano "*Spicciolo*"?
4. Da grande, quando ritornava al suo paese, che cosa gli piaceva fare?
5. Che cosa faceva la gente del circolo quando Benigni giocava a carte?
6. Com'era lui quando giovava a carte?

Descrivere azioni contemporanee nel passato   描述过去同时发生的动作

> "... quando Roberto tornava a casa, andava a sedersi al tavolo del circolo."
>
> "... a volte gli piaceva canticchiare mentre giocava..."
>
> ~~~mentre + soggetto + verbo / ■quando + soggetto + verbo, ...

XIX Unisci le azioni con la congiunzione appropriata: *quando* o *mentre*? 用适当连词连接动作：quando还是mentre?

Esempio: 1. (io) guardare la tv/parlare al cellulare - "*Mentre guardavo la TV, parlavo al cellulare.*"
2. (Sara) dormire sola/avere paura - "*Quando Sara dormiva da sola, aveva paura.*"

1. (mio padre) tornare a casa/accendere subito la TV
2. (noi) fare i compiti/bere sempre la coca cola
3. (mia madre) prepararsi per uscire/(mio padre) telefonare al ristorante
4. (loro) vivere a Prato/andare trovare gli zii a Firenze
5. (Paola) dire bugie/arrossire sempre
6. (loro) giocare a ramino/parlare al cellulare

XX Leggi la lettera e completa con i seguenti connettori. 读这封信，用下列连接词填空。

| mentre (3) | quando (3) | e (5) | o (2) | ma (2) | perché (6) | anche se |

Cara Serena,

come stai? Io sto molto bene. Sono a Siena da una settimana! Mi piace molto vivere qui 1. _____ l'Italia è un bel Paese e la gente è davvero ospitale!

Sono molto contenta del corso d'italiano 2. _____ sto imparando molte cose: i professori sono molto bravi! Una bella esperienza 3. _____ un po' impegnativa. Puoi immaginare come passo le giornate! È veramente stressante! La mattina mi alzo alle 7.00, 4. _____ mi preparo in fretta 5. _____ divido l'appartamento con Jennifer, una ragazza canadese: c'è un solo bagno! 6. _____ mi faccio la doccia, Jennifer in pochi secondi prepara la colazione 7. _____ vogliamo andare insieme a prendere l'autobus. 8. _____ a volte arriviamo in ritardo alla lezione. 9. _____ finisce la lezione, non torniamo a casa 10. _____ andiamo nel nostro bar in piazza del Campo: qui prendiamo un panino 11. _____ una pizzetta 12. _____ beviamo un caffè. Di pomeriggio usciamo a fare compere 13. _____ a fare la spesa, 14. _____ facciamo due passi in centro. 15. _____ torniamo a casa, io inizio a preparare la cena 16. _____ Jennifer riordina la nostra stanza. Dopo cena, di solito non usciamo 17. _____ dobbiamo fare i compiti per il giorno dopo. 18. _____ finiamo di studiare, io guardo la TV 19. _____ Jennifer sta al computer 20. _____ chatta per ore. Di solito andiamo a letto presto 21. _____ siamo molto stanche. Insomma, una fatica! E tu cosa fai di bello? Esci sempre con i nostri amici? Siena mi piace molto 22. _____ penso di ritornarci tra un paio di mesi.

A presto!
Ti abbraccio forte,
Karina
P.S. Come va con il tuo ragazzo?

XXI Karina al suo ritorno in Russia scrive a una sua amica italiana. Questo è l'inizio della sua e-mail: adesso continua tu! Karina回到俄罗斯后，给她的意大利朋友写电子邮件，这是开头：现在你来续写。

"*Cara Gaia,*

come stai? Io sto molto bene. Sono in Russia da una settimana ormai. L'Italia è un bel Paese e la gente è davvero ospitale! Sono molto contenta del mio soggiorno a Siena perché ora parlo bene l'italiano: i professori erano molto bravi! ...."

XXII Scrivi una lettera a un tuo amico/una tua amica e parla di un'esperienza del passato e della routine di allora. Segui la lettera sopra come modello. 给你的朋友写一封信，谈谈过去的经历或那时的生活习惯。仿照上面的信。

XXIII Come giocavi da piccolo/a? Associa questi popolari giochi alle immagini e aggiungi agli elenchi i tuoi giochi preferiti. 你小时候怎么玩耍？将这些流行的游戏和图片连接起来，并列出你最喜欢的游戏。

A

B

C

D

E

F

G

H

Giochi da tavolo
1. giocare a scopa
2. giocare a ramino

Giochi all'aperto
5. giocare alla cavallina
6. giocare a nascondino

3. giocare a briscola
4. giocare a dama
....
....

7. giocare a moscacieca
8. giocare a tamburello
....
....

XXIV Lavoro di coppia. A turno, chiedete queste domande. 2人练习。互相提问。

- Ti ricordi quali giochi di gruppo facevi da piccolo/a? Con chi, dove, quando e per quanto tempo?
- Sapevi giocare anche a carte? Se sì, come, con chi e quando?
- Quali dei giochi sopra sono e/o erano popolari anche nel tuo Paese?
- Ti ricordi un episodio di quando giocavi uno dei tuoi giochi preferiti?

XXV Lavoro di gruppo. In gruppi di 4/5: a turno, fate domande sulla vostra infanzia secondo i suggerimenti sotto. 小组练习。4人或5人一组：根据下面的提示问一问关于你们童年的问题。

giocare a palla   andare in montagna a Natale   passare la domenica dai nonni
bere il latte   guardare i cartoni animati   leggere i fumetti   svegliarsi di notte
vestirsi da solo/a   fare scherzi   dire bugie   giocare con il trenino/con le bambole

👁 Grammatica: il "si" impersonale 语法：表示无人称的"si"

Osserva le seguenti frasi e rispondi alle domande. 观察下列句子，回答问题。

1. "A Vergaio si giocava molto a moscacieca."   "Al circolo poi si scommetteva..."
   - In questi esempi è espresso il soggetto? Sì/No
     在这些例句中表达出主语了吗？
   - Fai riferimento all'articolo e di' qual è il soggetto sottinteso nelle frasi sopra.
     参考文章，指出上面句中省略的主语是什么。
   - La particella "si" ha valore impersonale, riflessivo o reciproco?
     小品词"si"表示无人称、自反还是互相？
2. "Insomma, ci si divertiva un po' insieme!"
   Fai attenzione alla forma impersonale dei verbi riflessivi: la particella "ci" precede "si".
   注意自反动词的无人称形式：小品词"ci"在"si"之前。

Ricorda che il "si" impersonale 记住表示无人称的"si"

- si usa quando non vogliamo specificare il soggetto e ha valore di "tutti", "la gente", "noi". 用于我们不想确指主语的时候，表示"tutti"，"la gente"，"noi"。
- è proprio dei verbi alla III persona singolare privi di soggetto personale (intransitivi o usati intransitivamente). 用于没有主语人称的第三人称单数动词（不及物动词或当作不及物动词）。
- si usa per fare affermazioni di carattere generale, nelle istruzioni, nei consigli. 在说明、建议中用于给出具有普遍特点的判断。

XXVI Trasforma le seguenti frasi nella forma impersonale. 将下列句子变成无人称句。

1. La sera tutti passeggiano per le vie del centro. _____
2. Quando andavamo in montagna, sciavamo quasi tutto il giorno. _____
3. La domenica di solito pranzavamo dai nonni. _____
4. Da piccoli noi andavamo a letto dopo "Carosello". _____

5. Molti anni fa molti non navigavano in Internet. _____
6. Spesso il sabato gli impiegati lavorano negli uffici. _____

XXVII Gli usi degli italiani: trasforma queste affermazioni con il "*si*" impersonale. 意大利人的风俗习惯：将下面的判断变成带有无人称 "si" 的句子。

1. Molti giocavano al totocalcio mentre ora preferiscono giocare al "*gratta e vinci*". _____
2. Molti stanno seduti al circolo con gli amici. _____
3. Una volta le persone uscivano spesso a piedi. _____
4. La gente va in chiesa la domenica e nelle feste principali. _____
5. Molti anni fa gli italiani preferivano passare le vacanze in campagna. _____
6. Spesso i giovani stanno in famiglia fino all'età del matrimono. _____

XXVIII Conosci altre abitudini o stili di vita degli italiani? Trasforma le frasi nella forma impersonale. 你知道意大利人其他习惯或生活方式吗？将这些句子变为无人称形式。

1. Molti si alzavano presto anche la domenica. _____
2. Molti si sposavano intorno ai 20, 25 anni. _____
3. La gente si spostava con il treno e non con l'aereo. _____
4. Uno non si annoiava davanti alla TV. _____
5. Uno non si stressava per trovare lavoro. _____
6. Molti si innervosiscono per i rumori e il traffico. _____

XXIX Completa con la forma impersonale dei seguenti verbi: presente o imperfetto? 用下列动词的无人称形式完成句子：现在时还是未完成过去时？

entrare prendere girare accontentarsi spendere (2) dovere volere (2) stare vivere (2) andare

◊ Alberto, come ti trovi a Milano dopo tanti anni che manchi?
● Vuoi dire come mi trovo con il mio nuovo incarico?
◊ Voglio dire come si vive a Milano! Devi ammettere che non è come 15 anni fa?
● Certo! Posso dirti che in genere 1. _____ bene anche se non è come vivere in provincia. Se poi faccio un confronto con il passato, anni fa 2. _____ in modo diverso!
◊ In modo diverso in che senso?
● Per esempio, quando non c'era l'euro ma la lira non 3. _____ molto nel mangiare: ricordo che con 2, 3 mila lire 4. _____ al supermercato per la spesa, e a volte 5. _____ mangiare in trattoria!
◊ Davvero?! Che cambiamento! Ma se 6. _____ passare una serata fuori, al cinema o in un locale come una discoteca o un piano-bar?
● Adesso se 7. _____ andare in questi locali, hai bisogno dai 10 ai 15 euro, ma molti anni fa 8. _____ in discoteca con 5.000 lire: insomma, 9. _____ di poco e 10. _____ bene!
◊ Il carovita quasi non esisteva!
● Proprio così! 11. _____ poco per un appartamento in affitto anche in una zona centrale, dalle 400.000 alle 450.000 lire; ora, invece, 12. _____ molto, dai 700 agli 800 euro, per un monolocale arredato.
◊ Capisco. E per muoverti a Milano usi i mezzi pubblici?
● Dipende. Nelle ore di punta prendo l'autobus o il tram ma in genere vado in macchina. Oggi per un pieno ci vogliono 40, 50 euro di benzina e dura una settimana, ma in passato con la stessa cifra 13. _____ per Milano tutto il mese!

XXX Lavoro di gruppo. In gruppi di 4/5, discutete i seguenti punti. 小组练习。4人或5人一组，讨论下列要点。

● come si viveva quando eri ragazzo/a
● com'era la vita quando i tuoi genitori erano giovani
● quali sono le usanze di una volta ancora vive oggi nel tuo Paese
● quali differenze negli usi e nelle abitudini esistono tra l'Italia e il tuo Paese

Unità 3

"MEGLIO NON FARE PARAGONI!"
"最好不要作比较！"

"Da bambino dormivo con il pallone!" Totti si racconta in un libro-DVD e il ricavato delle vendite va, come sempre, in beneficenza!

Giornalista: Sono a Roma nella centralissima via Condotti, a due passi da piazza di Spagna, la piazza più frequentata della città, e da Trinità dei Monti, famosa per avere una delle scalinate più suggestive della capitale. In questo momento sono all'interno dell'*Antico Caffè Greco*, uno dei caffè più belli e antichi d'Italia, per intervistare Francesco Totti, il numero 10 della Roma, in occasione dell'uscita del suo quarto libro. Il libro, dal titolo *"La mia vita, i miei gol,"* sembra essere uno dei suoi libri più piacevoli da leggere. Inizia con la frase "Un bambino biondo parlava con il pallone" e ci porta indietro di molti anni, al tempo dell'infanzia del calciatore.

Giornalista: Dunque, ci risiamo con la scrittura! Ancora un libro di barzellette, leggero e di facile lettura, non è così?

Totti: Un libro per festeggiare i miei primi 30 anni, forse meno leggero dei precedenti. Questa volta non racconto barzellette: ci sono i ricordi di un ragazzo con la passione per il pallone.

Giornalista: Interessante! Nel libro, dunque si parla anche della Sua carriera?

Totti: Sì, certo. Parlo dei contratti arrivati presto, del matrimonio, dei piccoli grandi successi, dei maestri, degli allenatori, dei colleghi e dei mondiali: insomma, dei momenti più importanti della mia vita.

Giornalista: Una curiosità per i Suoi fan: mi può dire se da piccolo aveva già quest'amore per il calcio?

Totti: All'età di cinque anni già palleggiavo ed ero più scattante e veloce dei ragazzini del mio rione. Poi a 6 anni frequentavo la scuola di calcio.

Giornalista: Era un ragazzo molto vivace, immagino...

Totti: Ero tanto vivace quanto i miei coetanei ma ero sicuramente meno calmo di mio fratello! Ricordo che facevo scherzi ai miei amici e a volte rubavo i palloni: possedevo una vera collezione di palloni ma poi li restituivo tutti!

Giornalista: E come andava a scuola? E con l'italiano?

Totti: In italiano non ero così terribile! Per me l'inglese era più difficile dell'italiano; infatti, ero il meno bravo della classe, mentre in educazione fisica ero bravissimo!

Giornalista: E adesso veniamo alla Sua famiglia...

Totti: Che dire?! Credo di avere la famiglia più bella del mondo: sono molto fortunato! Ilary è una moglie molto semplice e attaccatissima alla famiglia, e i miei due bambini sono straordinari ma con caratteri molto diversi: per esempio, Cristian, di 4 anni, è più capriccioso e meno tranquillo della piccola Chanel.

Giornalista: E per concludere...faccia dei pronostici sulla Roma di quest'anno: insomma, parliamo ora di calcio!

Totti: Bene! La Roma, secondo me, resta una delle squadre italiane più forti ma deve lavorare sodo quest'anno se vuole competere con le squadre più importanti del campionato: una Juve più ambiziosa dell'anno scorso, un Napoli meno rassegnato e un'Inter più aggressiva.

testo adattato tratto da *"www.repubblica.it"*

I

Leggi l'intervista a Francesco Totti, le frasi sotto e segna con una X le affermazioni vere. 读对弗朗切斯科·托蒂的采访和下列句子，用"X"标出正确的判断。

	Vero	Falso
1. La giornalista si trova in uno dei caffè più antichi d'Italia.	☐	☐
2. Il quarto libro di Totti sembra il meno piacevole dei precedenti.	☐	☐
3. Il calciatore era vivace come i suoi coetanei e suo fratello.	☐	☐
4. In italiano aveva i voti più alti della classe.	☐	☐
5. È orgoglioso della sua famiglia e dice che è bellissima.	☐	☐
6. La Iuve è una squadra meno importante del Napoli e dell'Inter.	☐	☐

II

Rileggi l'intervista e le affermazioni e completa la tabella. 再读采访和判断，完成表格。

comparativo di maggioranza: 较高比较级 più + agg.	comparativo di minoranza: 较低比较级 meno + agg.	comparativo di uguaglianza: 同等比较级 (tanto) + agg. + quanto/ (così) agg. + come	superlativo di maggioranza e di minoranza: 较高和较低最高级 articolo + nome + più/meno + agg.	superlativo assoluto: 绝对最高级 agg. + issimo, a, i, e

III

Rileggi l'articolo e trasforma le frasi secondo i suggerimenti dati. 再读文章，根据提示变句子。

1. Totti da ragazzo era più veloce degli altri ragazzi del suo rione. (*lento*)
2. L'ultimo libro di Totti sembra essere uno dei libri più piacevoli da leggere. (*noioso*)
3. Per il calciatore l'italiano era meno difficile dell'inglese. (*facile*)
4. Totti dice di essere l'uomo più fortunato del mondo. (*sfortunato*)
5. Secondo Totti, la Roma resta una delle squadre più forti del campionato. (*debole*)
6. Il Napoli è meno rassegnato dell'anno scorso. (*aggressivo*)

👁 Grammatica: il comparativo 语法：比较级

> **Osserva la tavola sopra e leggi le note.** 观察上面的表格，读注释。
> - i comparativi di maggioranza, di minoranza e di uguaglianza mettono a confronto due termini di paragone rispetto ad una qualità maggiore/minore di un'altra o identica ad un'altra.
>   较高、较低和同等比较级比较两个成分，一个与另一个相比，品质更高、更低，或相同。
> - gli avverbi "più"/ "meno"/ "tanto" o "così" si mettono prima dell'aggettivo.
>   副词"più"，"meno"，"tanto"或"così"放在形容词之前。
> - Il secondo termine di paragone è introdotto dalla preposizione "di" con i comparativi di maggioranza e di minoranza e da "come" o "quanto" con il comparativo di uguaglianza.
>   第二个比较成分由前置词"di"引出，带有较高比较级、较低比较级和用"come"或"quanto"的同等比较级。

⬤ Ricorda che 记住

- "tanto" e "così" non sono indispensabili. "tanto"和"così"不是必不可少的。
- "come" e "quanto" sono obbligatori e precedono il secondo termine di paragone. "come"和"quanto"是必须的，位于第二个比较成分之前。

IV Leggi le frasi e riempi gli spazi in maniera appropriata. 读句子，用适当的方式填空。

1. Il *Caffè* Florian di Venezia è famoso _____ l'*Antico Caffè Greco* di Roma.
2. Paolo trova i libri di Totti meno _____ dei libri del cantautore Enrico Ruggeri.
3. Da ragazza mia sorella era più brava _____ me quando giocavamo a dama.
4. L'autobus è un mezzo di trasporto più _____ della metro ma meno puntuale _____ treno.
5. Per me i fumetti erano _____ divertenti dei cartoni animati: li leggevo sempre a letto la sera!
6. I giocatori della Iuve sono più _____ dei giocatori dell'Inter ma forse _____ pagati!

V Completa le frasi con gli aggettivi al grado comparativo. 用形容词的比较级完成句子。

1. Spesso in inglese le ragazze sono _____ dei ragazzi: infatti hanno voti _____. (*bravo, basso*)
2. Il Colosseo è _____ quanto la Grande Muraglia. (*famoso*)
3. La pizza è _____ degli spaghetti. (*conosciuto*)
4. Per molti studenti cinesi l'italiano è _____ dell'inglese. (*facile*)
5. Le commedie di Eduardo de Filippo sono _____ come i film di Totò. (*divertente*)
6. La periferia delle grandi città in passato era _____ come il centro. (*tranquillo*)

VI Lavoro di coppia. Quali confronti vi suggeriscono le seguenti coppie di immagini? Usate i 3 tipi di comparazione. 2人一组。下列每一对图片可以提示你们比较什么？用3种比较类型进行比较。

Andrea Bocelli/Tiziano Ferro   giochi/fiabe   Asia/ Europa   opera di Pechino/opera lirica
Pechino/Milano   autobus/metropolitana   case fuori città/appartamenti in centro

VII Lavoro di gruppo. In gruppi di 4/5, scambiatevi opinioni e fate confronti su. 小组练习。4人或5人一组，交换看法，做相关的比较。

- il campionato di calcio di quest'anno e il campionato di calcio dell'anno scorso
- l'ultimo libro di.../film di.../l'ultima trasmissione con...
- i ragazzi di oggi e i ragazzi di una volta
- i nuovi vicini di casa e i vecchi vicini di casa
- il modo di vestire oggi e il modo di vestire anni fa
- altro..

Grammatica: il superlativo 语法：最高级

Fai riferimento alla tabella sopra nell' attività "*ii*"e leggi le note. 参考练习2的表格，读注释。

- il superlativo relativo indica un paragone tra due o più elementi e può essere di maggioranza e minoranza.
  相对最高级指两个或多个元素的比较，可为较高和较低。
- il secondo termine di paragone è introdotto da "di", "che", "tra".
  第二个比较成分由"di"，"che"，"tra"引出。
- superlativo assoluto: indica il grado massimo di una qualità in assoluto e, dunque, non ha altri termini di confronto.
  绝对最高级：表示绝对品质的最高级，因此不需要与其他成分作比较。

VIII. Fai frasi con questi suggerimenti e usa l'aggettivo al grado superlativo relativo o assoluto. 根据提示造句，用形容词的相对或绝对最高级。

Esempio: Giuseppe/giovane/miei fratelli - "*Giuseppe è il più giovane dei miei fratelli.*"
Giuseppe/giovane/simpatico - "*Giuseppe è un giovane simpaticissimo.*"

1. poker/appassionante/giochi da tavolo: _____
2. cantante Andrea Bocelli/conosciuto/all estero: _____
3. Sicilia/isola/grande/Mediterraneo: _____
4. pizza/piatto italiano/famoso/mondo: _____
5. cinese/lingua/antica/difficile: _____
6. Alberto/studente/serio/classe: _____

IX. Leggi le seguenti affermazioni e conferma. 读下列判断并进行确认。

Esempio: Il calcio è uno sport popolarissimo. - "Sì, è il più popolare degli sport."

1. Oggi Alessio è elegantissimo. _____
2. Il calciatore Totti è abilissimo. _____
3. In questo ristorante i camerieri sono gentilissimi. _____
4. La nostra vicina di casa è simpaticissima. _____
5. I tuoi figli sono allegrissimi. _____
6. Il film di Verdone "Un sacco bello" è divertentissimo. _____

Il superlativo assoluto con gli avverbi 副词的绝对最高级

molto		
assai		
tanto	+	aggettivo
proprio		
troppo		

X. Riempi gli spazi con il superlativo relativo o assoluto degli aggettivi. Varia le forme di superlativo assoluto. 用形容词的相对或绝对最高级填空。用绝对最高级的不同形式。

tanto   moderno   semplice   costoso   bello   infelice   sereno   elegante   nuovo   alto

Abitavo al piano 1. _____ del palazzo 2. _____ di Verona in un appartamento 3. _____. I miei amici dicevano che potevo considerarmi fortunato perché tra tutti io vivevo in una delle abitazioni 4. _____ e, allo stesso tempo, 5. _____ della città e che trovare case così non era facile. Ma io mi sentivo 6. _____ degli uomini! Quando l'ascensore non funzionava perché mancava la luce - e questo succedeva spesso -, dovevo salire e scendere 7. _____ scalini e questo mi innervosiva molto, specialmente quando dovevo andare al lavoro. Adesso tutto è diverso: abito in una casa 8. _____ al piano terra, e anche se la mia abitazione non è 9. _____, ora mi sento 10. _____! Meglio tardi che mai!

XI. Riempi gli spazi in questa conversazione in un negozio di elettronica, ascolta e controlla. 这段对话发生在一家电子用品商店。填空，听录音并检查。

Rosa e Alba: Buongiorno!

Commesso: Buongiorno! Prego... desiderano?

Rosa: Volevamo fare un regalo a un nostro amico per la sua laurea. Che cosa ci consiglia?

Commesso: Dipende da che cosa gli piace. Come vedete, nel nostro negozio c'è una scelta _____ ampia di articoli elettronici: cellulari, palmari, computer portatili, lettori DVD. In questo momento i cellulari e i lettori DVD sono in offerta speciale.

Alba: Benissimo.Pensavamo, infatti, di regalare un lettore DVD: il nostro amico è _____ appassionato di cinema.

Commesso: Come dev'essere questo lettore DVD? Come lo volete ?

Rosa: Dev'essere piccolo, leggero, non _____ caro e, naturalmente, di una marca _____ buona.

Commesso: Come vi sembra questo Sony?

Alba: Com'è bello! È _____ leggero!

Rosa: Sì, è _____ leggero ma è _____ piccolo.Volevo, invece, vedere il modello più nuovo della Samsung.

Commesso: È questo qui?

Rosa: Sì.Cercavo proprio questo: né _____ piccolo né _____ grande. Che prezzo ha?

Commesso: Con l'offerta viene 85 euro.

Alba: Non mi sembra poi _____ economico! Non volevamo spendere tanto: intorno ai 50, 60 euro.

Rosa: Dai! Non è _____ caro! Non dimenticare che si tratta di un regalo di laurea al nostro più caro amico!

Alba: Sì, d'accordo! Hai ragione, lo prendiamo.

Commesso: Devo fare la confezione-regalo?

Rosa: Sì, certo. Ma la faccia _____ bella!

esprimere cortesemente una richiesta   礼貌地表达一个请求

> "Volevamo fare un regalo a un nostro amico per la sua laurea."

 N.B. 注意

Spesso usiamo l'imperfetto nel presente per fare una richiesta gentile. 我们常用未完成过去时在现在客气地表达一个请求。

XII Trasforma le seguenti frasi all'imperfetto dei verbi dati.   用所给动词的未完成过去时改写句子。

1. "Senta, abbiamo bisogno di un monocale arredato vicino all'università." (*cercare*)
2. "Mario, ho bisogno di un espresso. Subito, però!" (*volere*)
3. "Luisa, abbiamo in mente di prenotare una settimana in montagna. Che ne dici?" (*pensare*)
4. "Senti, caro, ci porti al mare questo fine settimana, per favore?" (*potere*)
5. "Ci scusi, signor vigile, ci indica la strada più breve per i Musei Vaticani?" (*potere*)
6. "Senta, sono interessato a vedere un palmare della Nokia." (*desiderare*)

XIII Lavoro di gruppo. In gruppi di 3: immaginate di essere in questo negozio e fate dialoghi simili all'esempio dato. Scambiatevi le parti. Decidete su. 小组练习。3人一组：想象你们在这个商店，仿照上面例子做一个类似的对话。交换角色。根据下面几点做决定。

- regalo (tipo di regalo, marca, caratteristiche, prezzo, ecc.)
- occasione (compleanno, onomastico, matrimonio, ecc.)
- persona (per chi è il regalo, gusti, ecc.)

XIV Come va a scuola? Ascolta la conversazione e sottolinea le parole che senti. 学校情况怎么样？听对话，划出你听到的词汇。

scuola elementare   scuola media   scuola materna   liceo   materia   asilo
matematica   chimica   scienze   lingua straniera   latino   educazione fisica
intervallo   storia   geografia   scuola superiore   educazione artistica   educazione musicale

XV Ascolta di nuovo e rispondi alle domande. 再听一遍对话，回答问题。

1. Quali scuole frequentano Alberto, Marco e Stefania?
2. A scuola Marco è più bravo di prima?
3. Alla scuola media ci sono più ore di lezione che alla scuola elementare?
4. I ragazzi hanno più compiti e meno materie che alla scuola elementare?
5. Al liceo c'è più rigore che alla scuola media, secondo l'esperienza di Stefania?
6. Alla scuola media Stefania faceva più sport che al liceo? Perché?
7. Ci sono meno lavori orali e più compiti scritti che alla scuola media?
8. In matematica è più brava che alla scuola media? Se sì, perché?

 Grammatica: la comparazione dei sostantivi 语法：名词的比较

> **Osserva le seguenti frasi e rispondi alle domande.** 观察下列句子，回答问题。
>
> *"I ragazzi hanno più compiti e meno materie che alla scuola elementare?"*
> *"Alla scuola media Stefania faceva più sport che al liceo?"*
>
> - Che posizione occupano nella frase "più" e "meno": prima o dopo il sostantivo?
>   "più" 和 "meno" 在什么位置？名词前还是名词后？
> - Che cosa precede il secondo termine di paragone? 第二个比较成分之前有什么？

ordine delle parole nella frase comparativa 比较句中词汇的顺序

> più/meno + sostantivo (singolare/plurale) + che + secondo termine di paragone
> più/meno + 名词（单数/复数）+ che + 第二个比较成分

 XVI Cosa ricordi di questa conversazione? Riempi gli spazi con. 这段对话你还记得什么内容？用下面的词填空。

più   meno   molto   così

A Alla scuola elementare Marco era 1. _____ bravo come adesso che fa la I media: infatti, va bene in tutte le materie e ha i voti 2. _____ alti della classe, mentre Monica, la figlia dei suoi vicini di casa, sta avendo 3. _____ difficoltà che alla scuola elementare. Alla scuola media Marco studia materie nuove come storia, inglese, educazione artistica ed educazione musicale e ha 4. _____ professori. Le sue materie preferite sono l'inglese e la matematica e trova la matematica 5. _____ facile dell'italiano, mentre i suoi compagni di classe la trovano 6. _____ difficile.

B Stefania frequenta il I anno del liceo e ora va bene a scuola se si fa un paragone con la scuola media dove c'era 1. _____ rigore e gli insegnanti erano 2. _____ disponibili con lei. Il liceo è un tipo di scuola diverso: i professori danno 3. _____ compiti scritti ma 4. _____ lavori orali e ricerche di gruppo. Forse al liceo Stefania studia meno che alla scuola media ma i suoi voti sono 5. _____ alti, soprattutto in matematica! Ora trova le lezioni di matematica 6. _____ leggere che alla scuola media perché il suo professore le rende interessanti e in classe c'è 7. _____ disciplina.

Il Sistema Scolastico in Italia

Con scuola primaria (*scuola elementare*), In Italia, con s'intende il ciclo di istruzione di 5 anni successivo alla scuola dell'infanzia o, come si chiama comunemente, scuola materna o asilo. I genitori hanno l'obbligo di mandare i figli a scuola a 3 anni (3-5 *anni, asilo*) e a 6 anni (6-10 *anni, scuola elementare*). Con la scuola secondaria continua il ciclo di studi obbligatorio successivo all'istruzione primaria. La scuola secondaria si divide in due gradi:

- scuola secondaria di primo grado (già *scuola media inferiore* o semplicemente *scuola media*), della durata di tre anni (11/13 anni).
- scuola secondaria di secondo grado (già *scuola secondaria superiore* o semplicemente *scuola superiore*), suddivisa in diversi ordini (*licei classici, licei scientifici, licei linguistici, istituti magistrali, istituti d'arte, istituti tecnici*). Ad essa è equiparata l'istruzione professionale, della durata di 3 o 5 anni (negli *istituti professionali* con *3 anni* gli studenti ottengono la *qualifica* e, con *3 anni + 2*, il *diploma*). Al termine degli studi della scuola superiore gli studenti italiani ottengono il diploma di maturità.
- Si accede alle istituzioni d'istruzione superiore (*università, politecnici, accademie e conservatori*) dopo la scuola superiore e, spesso, a seguito di test di ammissione. Gli studenti possono conseguire la laurea, la specializzazione e il dottorato di ricerca.

testo adattato tratto da "*www.istruzione.it*"

XVII Leggi il testo e rispondi alle domande.　读文章，回答问题。

1. Quanti cicli d'istruzione obbligatoria ci sono nella scuola italiana?
2. Quanto dura ogni ciclo e a che età s'inizia?
3. Quanti ordini di scuola comprende la scuola superiore?
4. A che età si comincia ad andare a scuola?
5. Dove ci s'iscrive se si vuole continuare con gli studi?
6. Qual è il titolo di studio più alto?

Voti

scuola superiore: 0-10
(6 = sufficienza)
maturità: 60-100
università: 18-30 (voto di laurea: 110 e lode)

XVIII Come funziona il sistema scolastico nel tuo Paese? È molto diverso dal sistema scolastico italiano? Discutine in classe in plenaria.　你们国家的教育体制是怎样的？与意大利的教育体制有很大的差异吗？在班上集体讨论。

 "che" e il secondo termine di paragone　语法："che"和第二个比较成分

"*La tua amica è più interessante che bella!*"　　"*Passeggiare per i boschi è più rilassante che sciare.*"
"*Verdone è più un attore che un regista.*"　　"*L'intervallo era più lungo che alla scuola media.*"

Si usa "che" e non "di" davanti al 2° termine di paragone quando si mettono a confronto tra di loro:
比较下列词时，在第二个比较成分之前用"che"，而不是用"di"。

aggettivo + aggettivo / verbo + verbo / sostantivo + sostantivo / sostantivo + nome di luogo
形容词 + 形容词　　动词 + 动词　　名词 + 名词　　名词 + 地点名词

XIX Usa la tua immaginazione e, con le informazioni date, fai paragoni in maniera appropriata.　用你的想象以及给出的信息，以适当的形式进行比较。

Esempio: vicino a Laura/Tina - "Piero abita più vicino a Laura che a Tina."

1. giovane/bella: ....
2. sorridente/annoiata: ....
3. sorella/amica: ....
4. eccentrico/elegante: ....
5. piccolo pensiero/regalo: ....
6. vicino di casa/vero amico: ....

"Come si cambia!" **Modulo 6**

 XX Metti a confronto queste informazioni secondo le tue conoscenze e fa' attenzione alla differenza tra *di e che*. 根据你的认识对这些信息进行比较，注意"di"和"che"的区别。

1. Vivere in città /stressante/vivere in campagna: ....
2. Studiare la matematica/facile/ studiare altre materie: ....
3. I film di Verdone/divertenti/film di Benigni: ....
4. Pranzare a casa/conveniente/andare al ristorante: ....
5. L'italiano scritto/difficile/italiano parlato: ....
6. Sudiare nel proprio Paese/interessante/studiare all'estero: ....

 XXI Lavoro di gruppo. In gruppi di 4/5, intervistate i vostri compagni e chiedete. 小组练习。4人或5人一组，采访你们的同学并提问。

- se gli piaceva andare a scuola
- che cosa gli piaceva/non gli piaceva della scuola
- in quali materie erano più bravi/meno bravi
- come erano i loro insegnanti (i professori della scuola media più rigidi/comprensivi dei professori del liceo, altro?)
- che cosa facevano quando non studiavano (leggere/guardare la TV/ascoltare musica/fare sport/altro?)
- che cosa pensavano di fare da grande

 Comparativi e Superlativi Relativi Particolari 特殊的比较级和相对最高级

grado positivo 原级	grado comparativo di maggioranza 较高比较级	grado superlativo relativo 相对最高级
buono	più buono - migliore	il più buono - il migliore
cattivo	più cattivo - peggiore	il più cattivo - il peggiore
grande	più grande - maggiore	il più grande - il maggiore
piccolo	piccolo - minore	il più piccolo - il minore
alto	più alto - superiore	il più alto - il superiore
basso	più basso - inferiore	il più basso - l'inferiore

⚠️ N.B. 注意

Le forme di comparativo e superlativo particolari non possono essere precedute da "più" o da "articolo + più". 特殊比较级和最高级形式前不能有"più"或"冠词 + più"。

Esempio: *Non è migliore di Ivo! # Non è più migliore di Ivo!*

Sei il migliore della classe! # Sei il più migliore della classe!

XXII Leggi l'articolo e sottolinea le forme di comparazione. 读文章，划出比较形式。

Qualità della vita? È migliore in provincia.

In provincia si vive meglio che nelle grandi città e i cittadini di Rieti sono i più felici d'Italia: uno studio dell'associazione di psicologi IPSA su 1.500 italiani rivela che la cittadina laziale sembra essere la più felice e vivibile tra le città italiane. Rieti, con 145 punti, conquista nella classifica un risultato superiore alla media - 112 secondo gli psicologi dell'IPSA -, mentre le città metropolitane hanno un indice inferiore alla media, di 79. Ma da cosa dipende questo primato? Certamente una migliore qualità della vita, cioè cibo più sano, servizi più efficienti, maggiore tempo libero, più svaghi, più posti di lavoro, traffico e inquinamento minori, più parcheggi e, infine, migliori rapporti interpersonali.

Troviamo ai primi 10 posti della classifica il maggior numero di province del Centro-Nord. Dopo Rieti seguono Imperia con 135 e, al terzo posto, Sondrio (128), la città più tranquilla, sicura e meno inquinata delle città settentrionali; ma, al quarto posto, troviamo Lecce, la prima città più felice del Sud, apprezzata per il cibo, le sue bellissime chiese e i palazzi antichi.

Al quinto e al sesto posto troviamo Treviso (120) - la città con le maggiori opportunità di svago, soprattutto nello sport, perché ha tre squadre nei massimi campionati di pallavolo, pallacanestro e calcio - e la provincia di Perugia (118), con le sue bellezze artistiche e i paesini medievali (Assisi, Spello e Spoleto). Al settimo posto si trova la provincia di Salerno (110) con l'incantevole Costiera Amalfitana e il parco del Cilento, mentre le province emiliane e toscane, fino a pochi anni fa modelli di vivibilità felice, si trovano nelle posizioni inferiori della classifica, soprattutto per i più alti costi degli affitti. Nella classifica delle dieci province più felici d'Italia si trovano, all'ottavo posto, Piacenza (107), e al nono e decimo posto, Siena (103) e Urbino (100).

Secondo Massimo Cicogna, presidente dell'IPSA, le "vere città" sono le piccole province e non le grandi metropoli perché la qualità della vita è migliore.

testo adattato tratto da "*iltempo.ilsole24ore.com*"

XXIII Segna con una X le affermazioni vere e correggi quelle errate. 用 "X" 标出正确的判断，修改错误的判断。

	Vero	Falso
1. Le grandi città metropolitane sono le città più felici d'Italia.	☐	☐
2. A Rieti il numero dei parcheggi è inferiore che in altre città.	☐	☐
3. La città di Lecce è la prima città più felice del Sud.	☐	☐
4. A Treviso si hanno minori opportunità di divertimento e di fare sport.	☐	☐
5. Il costo della vita a Piacenza, Siena e Urbino è inferiore che in altre città.	☐	☐
6. Solo le città del Centro-Nord si trovano nella parte superiore della classifica.	☐	☐

XXIV Riempi gli spazi con le forme speciali di comparativo o di superlativo degli aggettivi dati. 用所给形容词的比较级和最高级的特殊形式填空。

1. La sorella _____ di Paolo è medico e il fratello _____ fa il centralinista. (*grande/piccolo*)
2. Studiare poco è _____ difetto di Anna ma il suo carattere è _____ di tutta la sua famiglia. (*cattivo/buono*)
3. Il traffico e l'inquinamento nei piccoli centri italiani sono _____ alla media europea. (*basso*)
4. Marco faceva sempre brutti scherzi: era il ragazzo _____ della classe. (*cattivo*)
5. Ricordo che in filosofia, nella mia classe, avevamo tutti voti _____ al sette. (*alto*)
6. Il costo della casa è _____ a quanto noi pensavamo di spendere. (*basso*)

XXV Inserisci negli spazi i seguenti comparativi e i superlativi irregolari. 用下列不规则的比较级和最高级形式填空。

minore (2)	maggiore	inferiore (2)	peggiore

Il reddito medio delle famiglie italiane

Secondo i dati di una recente ricerca Istat, il reddito medio delle famiglie italiane nel 2010 risulta leggermente più basso rispetto al passato: infatti è 1. _____ a 2.311 euro al mese, anche se la 2. _____ parte delle famiglie risulta avere un reddito 3. _____ a questa media. Gli anziani e molte famiglie del Sud sembrano avere i redditi 4. _____. Per quanto riguarda le famiglie numerose, le loro condizioni risultano essere 5. _____ se si considera il periodo dal 2009 al 2010 in particolare, il 38% delle famiglie con tre o più figli, rispetto al 2008, quando arrivava con difficoltà 6. _____ alla fine del mese, non può affrontare spese improvvise.

testo adattato tratto da "*www.istat.it/isituzioni/ricerca*"

"Come si cambia!" Modulo 6

 XXVI Lavoro di coppia. Quanto sono vivibili le città nel vostro Paese? Mettete a confronto due città a voi note e, a turno, fate domande su. 2人一组。你们的城市是宜居城市吗？将你们了解的两个城市进行比较，围绕下面几个方面提问。

- qualità dei servizi (autobus, taxi, musei, biblioteche, ospedali)
- traffico, parcheggi, rumore, inquinamento
- costo degli affitti e della vita in generale
- posti di lavoro, stipendio medio
- tempo libero e divertimento

La comparazione degli avverbi *bene, male, molto, poco* 几个副词的比较级

grado positivo 原级	grado comparativo 比较级	grado superlativo assoluto 绝对最高级
bene Oggi mi sento **bene**.	meglio Mi sento **meglio** di ieri.	benissimo, molto bene, assai bene Mi sento ....
male Oggi mi sento **male**.	peggio Mi sento **peggio** di ieri.	malissimo, molto male, assai male Mi sento ....
molto Sara usa **molto** l'auto.	più La usa **più** di me.	moltissimo, assai La usa ....
poco Antonio studia **poco**.	meno Studia **meno** dell'anno scorso.	pochissimo, molto poco, assai poco Studia ....

XXVII Leggi le affermazioni e completa con i seguenti avverbi. 读判断，用下列副词填空。

meglio   più   peggio   male   poco   molto   meno

1. Paolo sa parlare bene le lingue straniere ma le sa scrivere forse _____.
2. In questo periodo il traffico in città sta andando _____ perché ci sono pochi vigili urbani.
3. Oggi gli anziani viaggiano _____ di prima e restano _____ a casa.
4. Vivere nella tranquillità delle campagna piace _____ alla maggior parte dei giovani.
5. Quest'anno la Juve sta giocando male, forse _____ dello scorso campionato.
6. Per superare gli esami gli studenti devono dedicarsi _____ allo studio che agli svaghi.

XXVIII Leggi le frasi e scegli l'opzione giusta 读句子选词: *meglio o migliore, peggio o peggiore?*

1. Il giorno meglio/migliore per me per fare acquisti è il sabato.
2. Quest'anno i film alla Mostra di Venezia sono peggiori/peggio dell'anno scorso.
3. Per imparare c'è sempre tempo: "*Meglio/Migliore tardi che mai!*"
4. La pizza e il gelato italiani sono i meglio/migliori del mondo.
5. Il peggio/peggiore difetto delle grandi città è il ritmo frenetico della vita.
6. In campagna si vive meglio/migliore che in città perché la vita è più sana.

XXIX Inserisci in questa e-mail il comparativo e di superlativo irregolare degli aggettivi e degli avverbi dati. 用所给形容词和副词的不规则比较级和最高级填写这封电子邮件。

Da: J.Johnson
A: a.bruni@hotmail.it
Oggetto: notizie dall'Italia   Data: 25/09/10 15:41

Caro Antonio,
come va? Stai facendo il programma Erasmus in Spagna come speravi? Eccomi per la seconda volta a Firenze. Devo dire che vivere qui è una delle mie esperienze più belle! Amo l'Italia! Anche se non è un Paese grande per estensione, è certamente il 1. _____ (buono) tra i paesi europei: la qualità della vita è 2. _____ (alto) a quanto immaginavo e le occasioni di svago sono 3. _____ (grande) che in altri paesi. È una settimana che sono qui e mi

sento già molto 4. _____ (bene): sono tranquillo e sereno. Anche i miei studi vanno molto 5. _____ (bene): le lezioni d'italiano sono 6. _____ (buono) e più divertenti dello scorso anno quando avevo i voti 7. _____ (cattivo) della classe. Solo la mia dieta va 8. _____ (male)! Ma, come sai, non si può dire di no ai deliziosi piatti della cucina italiana! La pizza e la pasta sono 9. _____ (buono) piatti del mondo! In Italia poi per mangiare si spende 10. _____ (poco) che in altri paesi europei. Una vera fortuna!

Scrivimi! Aspetto tue notizie!
James

XXX Immagina di essere Antonio: rispondi a quest' e-mail e parla della tua esperienza di studente all'estero. 想象你就是Antonio：回复这封电子邮件，谈谈你的留学经历。

XXXI Completa i dialoghi con il superlativo assoluto degli avverbi *poco, molto, bene, male*. Poi, ascolta e controlla. 用副词poco、molto、bene或male的绝对最高级填写对话，听录音检查。

Dialogo 1
◊ Senti, Maria... ma che ne pensi del nuovo collega?
● Chi? Mauro? Per me è una persona timida: parla _____ e sta quasi sempre da solo durante la pausa pranzo.
◊ Tutto il contrario di Paolo: lui è sempre allegro e parla _____!
● Secondo me, è normale perché non ci conosce.

Dialogo 2
◊ Vieni anche tu con noi a casa di Tina stasera?
● No, mi dispiace, non vengo. Non la conosco _____.
◊ Non eravate amiche una volta?
● Non esattamente! Conosco invece _____ sua sorella!
◊ Che peccato! Tina sta facendo una festa per il suo diploma!
● Grazie lo stesso, ma non mi va.

Dialogo 3
◊ Come vanno le cose con la tua ragazza?
● _____: ci stiamo lasciando.
◊ Come mai? Eravate così uniti fino ad un paio di settimane fa?
● Sì, era così. Ma adesso con il nostro lavoro abbiamo molti impegni e ci vediamo _____!

XXXII Lavoro di coppia. A turno, fate queste domande al vostro compagno/alla vostra compagna. Usate gli avverbi sopra indicati. 2人练习。使用上面提到的副词，互相提问。

- Come andavi a scuola? Quanto studiavi?
- Come si vive nella tua città natale?
- Quanto mangiavi da piccolo/a e quanto mangi ora?
- Come si comportano i tuoi amici con te?
- Come ti trattavano in famiglia?
- Quanto spendi per vivere fuori casa?

XXXIII Lavoro di gruppo. In gruppi di 4/5, parlate delle maggiori differenze tra. 小组练习。4人或5人一组，谈谈两者之间的差别。

- le città ieri e le città oggi
- la scuola di una volta e la scuola di oggi
- la vita nelle grandi città e la vita nei piccoli centri o nei paesi
- la famiglia ieri e la famiglia oggi
- la vita in campagna e la vita in città

"CHE TEMPO FA?"
"天气怎么样？"

I Abbina le immagini alle frasi sotto. 连接图片与下面的句子。

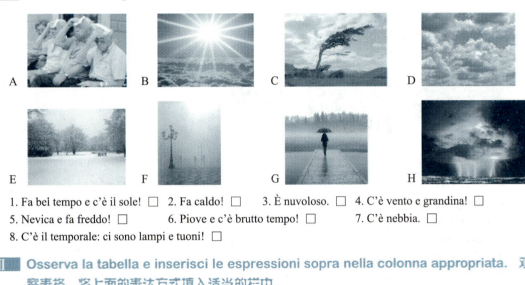

A   B   C   D

E   F   G   H

1. Fa bel tempo e c'è il sole! ☐   2. Fa caldo! ☐   3. È nuvoloso. ☐   4. C'è vento e grandina! ☐
5. Nevica e fa freddo! ☐   6. Piove e c'è brutto tempo! ☐   7. C'è nebbia. ☐
8. C'è il temporale: ci sono lampi e tuoni! ☐

II Osserva la tabella e inserisci le espressioni sopra nella colonna appropriata. 观察表格，将上面的表达方式填入适当的栏中。

È/Fa + aggettivo/sostantivo	C'è + sostantivo	Verbo impersonale

👁 Grammatica: la forma impersonale   语法：无人称形式

La forma impersonale del verbo si presenta senza soggetto e alla 3ª persona singolare. È tipica dei verbi indicanti condizioni atmosferiche come "piovere", "nevicare", "grandinare", ecc. e "fare", seguito dal sostantivo.
动词无人称形式没有主语，并且是第三人称单数。这些是典型的表示天气状况的动词形式：例如"piovere"，"nevicare"，"grandinare"等以及"fare"后面跟名词。

III Completa le frasi con forma impersonale dei verbi in parentesi. 用括号中动词的无人称形式完成句子。

1. Quando _____ freddo, mi piace guardare la TV o leggere. (*fare*)
2. Ieri _____ bel tempo ma oggi _____! (*fare, piovere*)
3. Quando eravamo nelle Dolomiti l'anno scorso, _____ tutti i giorni! (*nevicare*)
4. Non uscire senza l'ombrello! Non vedi come _____? (*piovere*)
5. _____ e _____: che giornata orribile! (*tuonare, lampeggiare*)
6. In questi giorni a Roma _____ brutto tempo ed _____ molto nuvoloso. (*fare, essere*)

IV Completa le seguenti affermazioni in maniera appropriata. 以适当的形式完成下面的判断。

1. Odio quando _____!
2. Mi piace fare una corsa nel parco se _____.
3. Anche se _____, adoro passare la settimana bianca in montagna.
4. Non mi va di mettermi in macchina quando _____ perché è pericoloso!
5. Vado nella piscina sotto casa quando _____!
6. Ho una paura da matti e non esco di casa quando _____!

V Lavoro di coppia. Guardate le immagini sotto e, a turno, chiedete del tempo e rispondete. 2人练习。看下面的图片，相互询问天气状况，并回答。

Esempio: ◊ *Che tempo fa?*
● *C'è sole e fa caldo.*

VI Guarda la cartina del tempo di oggi in Italia e di' che tempo fa nelle città sotto indicate. 看意大利今日的天气地图，说出下面城市的天气怎么样。

1. A Milano il tempo _____ e la giornata _____
2. A Venezia fa _____
3. A Bolzano _____
4. A Firenze il tempo _____
5. A Napoli fa _____
6. A Catania _____

VII Ascolta la conversazione tra Piero e Gabriella, due reporter, e sottolinea le espressioni che senti. 听两位记者Piero和Gabriella之间的对话，划出你听到的表达方式。

1. fa un freddo cane! ☐   2. c'è un vento terribile! ☐   3. c'era un'afa insopportabile! ☐   4. c'è un tempo da lupi! ☐   5. piove a dirotto! ☐   6. pioveva a catinelle! ☐   7. faceva caldo da morire! ☐

VIII Ascolta di nuovo la conversazione, segna con una X le affermazioni vere e correggi quelle false. 再听对话，用"X"标出正确的判断，修改错误的判断。

	Vero	Falso
1. Piero e Gabriella si lamentano del tempo.	☐	☐
2. Una settimana fa faceva molto caldo.	☐	☐
3. Gabriella è di buonumore quando c'è maltempo.	☐	☐
4. Il momento migliore per lavorare è quando c'è bel tempo.	☐	☐
5. Si diventa meno attenti e più svogliati quando si è di cattivo umore.	☐	☐
6. Piero sta prendendo un po' in giro Gabriella.	☐	☐

IX Lavoro di gruppo. A turno, fate le seguenti domande. 小组练习。互相提问。

- Come ti senti quando c'è bel tempo? E quando c'è brutto tempo?
- Ti senti stanco/a quando fa molto caldo? Che cosa fai?
- Ti senti triste quando piove?
- Ti senti giù quando vedi nevicare oppure sei felice?
- Che cosa fai quando non puoi uscire di casa per il brutto tempo?
- Secondo te, il tempo influenza il nostro stato d'animo?

X Lavoro di coppia. A turno, chiedete del tempo in queste immagini e commentate in maniera appropriata. 2人练习。问图片中的天气情况，并用适当的方式评论。

XI Completa le descrizioni e abbinale alle stagioni. 完成描写，并与季节连线。

1. _____ il sole e di solito fa molto _____. ☐
2. Fa molto _____, piove spesso e a volte _____. ☐
3. Spesso c'è bel tempo ma a volte _____. ☐
4. Le giornate diventano più fredde e _____ e _____ spesso. ☐

a. autunno (23 settembre - 22 dicembre)
b. primavera (21 marzo - 21 giugno)
c. inverno (23 dicembre - 20 marzo)
d. estate (22 giugno - 22 settembre)

XII Per ricordare i nomi dei mesi è utile imparare a memoria filastrocche come questa. Cerca di capire il significato delle parole nuove o chiedi all'insegnante. 为了记住月份的名称，背下这首儿歌，会很有用。尽量理解词汇的意思或问老师。

"Gennaio freddoloso, febbraio dispettoso,
marzo pazzerello, aprile mite e bello,
maggio mietitore, giugno trebbiatore,
luglio seminatore, agosto gran signore,
settembre grappolaio, ottobre castagnaio,
novembre triste e stanco, dicembre tutto bianco!"

XIII Completa la tabella con i nomi dei mesi. 用月份的名称填表。

primavera	estate	autunno	inverno
_____	_____	ottobre _____	_____
maggio _____	_____	_____	_____
			marzo _____

XIV Lavoro di coppia. A turno, fate le seguenti domande. 2人练习。互相提问。

- Quali sono i mesi più piovosi nel tuo Paese?
- In quale stagione siamo adesso e quando finisce?
- In quale mese e stagione sei nato/a?
- In quali stagioni si va in vacanza nel tuo Paese?
- Qual è la tua stagione preferita? Perché?

Le preposizioni di tempo *a*, *in* e *di* con i mesi e le stagioni 时间前置词a, in 和di, 与月份和季节

in, a + nome del mese	in/di + nome di stagione
"Mara compie gli anni in /a dicembre."	*"In /D'inverno si esce poco."*

XV Leggi le seguenti affermazioni e completa con l'opzione giusta. 读下列判断，用正确的选择完成句子。

Esempio: _____ ci sono molte piogge nel Nord dell'Italia. (*autunno/estate*)
"*In autunno ci sono molte piogge nel Nord dell'Italia.*"
1. _____ passiamo le vacanze al mare o in campagna. (*estate/inverno*)
2. _____ le temperature sono rigide e possono scendere sotto lo zero. (*inverno/marzo*)
3. _____ aprono le scuole e chiudono nel mese di luglio, dopo gli esami. (*settembre/autunno*)
4. _____ le foglie cadono dagli alberi e le giornate si accorciano. (*autunno/inverno*)
5. _____ le scuole chiudono per una settimana per le vacanze di Pasqua. (*marzo/primavera*)
6. _____ gli italiani lasciano le loro città ai turisti perché vanno in ferie. (*inverno/estate*)

XVI Leggi le frasi e riempi gli spazi con le date scritte in lettere. 读句子，用单词写出所给日期，填空。

Esempio: "Mio figlio è nato *il primo gennaio 1985*." (*1/01/1985*)
1. Quest'anno le lezioni del nuovo semestre iniziano _____. (*6/09*)
2. La mostra su Leonardo da Vinci si chiude _____. (*18/07*)
3. In Italia una volta la scuola iniziava _____. (*1/10*)
4. Era _____ quando gli Alleati entravano a Roma. (*4/06/1944*)
5. _____ moriva a New York John Lennon, solista dei Beatles. (*8/12/1980*)
6. _____ nasceva a Modena il celebre tenore Luciano Pavarotti. (*12/10/1935*)

XVII Nella vita di ognuno di noi ci sono date da non dimenticare. Quali sono le vostre? Parlatene in plenaria. 在我们每个人的生活中都有一些不能忘记的日期。对于你们来说，是哪些呢？集体讨论。

XVIII Conosci queste festività? Ascolta le conversazioni, scrivi le date accanto ai nomi e abbinale alle immagini. 你知道这些节日吗？听对话，在节日名称旁写下日期，并与图片连接。

A   B   C   D   E   F

1. Capodanno: _____   2. Epifania: _____
3. Festa del papà: _____   4. Festa del lavoro: _____
5. Ferragosto: _____   6. Natale: _____

XIX Ascolta di nuovo e rispondi alle domande. 再听对话，回答问题。

1. Come trascorre Maria la vigilia e il giorno di Natale?
2. Come pensa di festeggiare il Capodanno?
3. Che cosa fa Giulia per l'Epifania? Festeggia questa ricorrenza da sola?
4. La Festa del papà è un giorno di vacanza in Italia?
5. Cosa pensa di fare Paolo per il ponte del 1° maggio?
6. Il giorno di Ferragosto Paolo è in vacanza sulla Costa Smeralda?

XX Riempi gli spazi in maniera opportuna. 用适当的方式填空。

1. Domani è _____, Festa del _____. Che cosa possiamo regalare a nostro padre?
2. Il _____, _____, gli italiani sono già in vacanza al mare, in montagna o ai laghi.

3. Il _____ è la vigilia di _____, la festa più importante dell'anno.
4. Secondo la tradizione, _____, la Befana mette i regali nelle calze dei bambini buoni.
5. La notte di san Silvestro, vigilia di _____, si brinda a mezzanotte per salutare l'anno nuovo.
6. Per _____, Festa del lavoro, sono in servizio solo i lavoratori "indispensabili".

XXI Lavoro di gruppo. In gruppi di 4/5, a turno, fate domande e rispondete su. 小组练习。4人或5人一组，互相提问并回答下列问题。

- quali delle festività sopra conoscete e quali festeggiate
- le più importanti festività del vostro Paese/della vostra città e come le festeggiate
- quali differenze e somiglianze trovate tra le feste del vostro Paese/della vostra città e le feste sopra indicate

Torino » min.16/max.26°C
Milano » min.15/max25°C
Venezia » min.16/max25°C
Genova » min.18/max27°C
Bologna » min.13/max19°C
Rimini » min.16/max23°C
Firenze » min.18/max.25°C
Roma » min.20/max.32°C
Napoli » min.18/max.30°C
Bari » min.26/max.35°C
Catania » min.26/max.37°C
Palermo » min.22/max.33°C
Cagliari » min.23/max.35°C

lunedì 21 luglio

XXII Leggi le temperature in Italia oggi, 21 luglio, e rispondi alle domande. 看意大利7月21日当天的气温，回答问题。

1. Quale città ha la temperatura più alta?
2. Quale città ha la temperatura più bassa?
3. In quali città c'è la stessa temperatura minima?
4. Quali città hanno la stessa temperatura massima?
5. Qual'è la differenza in gradi tra la minima e la massima di Firenze?
6. Qual è la temperatura di Bari oggi? È superiore o inferiore alla temperatura di Catania?

XXIII Riempi gli spazi con le forme di comparativo e di superlativo appropriate. 用适当的比较级和最高级形式填空。

1. Genova è _____ di Milano e Venezia ed ha anche _____ temperatura tra le città del Nord.
2. Napoli è la _____ tra le città del Sud ma con una temperatura _____ alla città di Firenze.
3. A Cagliari fa _____ quanto a Bari ma _____ che a Catania.
4. In media le città del Centro-Nord hanno una temperatura _____ alle città del Centro-Sud.
5. La città con la _____ temperatura è senza dubbio Catania.
6. Certamente fa _____ al Sud che al Nord.

XXIV Leggi le informazioni sul clima della città di Otranto e segna con una X le affermazioni vere. 读奥特朗托这一城市的气候信息，用"X"标出正确的判断。

> **Com'è il tempo?**
>
> Otranto, la "Porta d'Oriente", e il suo entroterra si affacciavano sulla costa più orientale dell'Adriatico e hanno un tipico clima mediterraneo. L'estate è abbastanza calda e nei mesi di luglio e agosto si raggiungono le temperature più alte. La primavera e l'autunno sono miti, e si può andare al mare per fare il bagno. In inverno la temperatura raramente scende sotto i 3 gradi e non è mai molto bassa: di solito il termometro segna dai 5° ai 15°C. La temperatura in estate varia dai 20° ai 35° C come in molte altre città del Meridione.
>
> testo adattato tratto da "*www.salentopolis.it*"

	Vero	Falso
1. Il clima in estate è mite.	☐	☐
2. I mesi più caldi sono luglio e agosto.	☐	☐
3. In primavera e in autunno la gente può fare il bagno.	☐	☐
4. L'inverno è freddo e la temperatura va sotto lo zero.	☐	☐
5. In estate la temperatura è sempre intorno ai 35 gradi.	☐	☐
6. Otranto ha un clima mediterraneo.	☐	☐

XXV Descrivi il clima di una città del tuo Paese. Segui l'esempio dato. 根据所给例子，描写你们国家一个城市的气候。

XXVI Lavoro di coppia. A turno, fate domande al vostro compagno/alla vostra compagna su. 2人练习。围绕下面几个方面互相提问。

- il tempo oggi e il tempo ieri
- il tempo la settimana scorsa, il mese scorso, lo scorso inverno, l'estate scorsa
- il tempo nel Nord, nel Centro, nel Sud e nell'Ovest del vostro Paese

L'angolo della pronuncia
发音角

s [s], [z]; z[ts], [dz]

1. La consonante "s" è sorda o aspra [s] in questi casi:
辅音 "s" 在以下情况发清音[s]

- ad inizio di parola, se segue una vocale 作为单词首字母，后面跟元音
- quando è lunga, cioè "*doppia*" 是双辅音时
- quando è seguita da una consonante sorda (*c, f, p, q,t*), cioè è una s "*impura*"
  后面跟清辅音（p, t, c, f）时，在语法上称为"esse impura"
- quando è preceduta da una consonante 当前面有一个辅音时
- nelle parole compostequando "s" è iniziale di secondo componimento: *affittasi*, *ventisei*
  在复合词中当 "s" 是第二个组成部分的词首字母时
- quando è finale di parola: *gas*, *bis* 当s处于词尾时

I Ascolta e ripeti. 听录音，跟读。

solo   basso   speriamo   polso   girasole   rebus   sicuro   gesso   strano   insonne
risapere   autobus   seta   presso   studio   psicologo   bisettimanale   lapis

2. La consonante "s" è sonora o dolce [z] in questi casi:
辅音 "s" 在以下情况发浊音[z]

- quando è seguita da una consonante sonora (*b, d, g, l, m, n, r, v*)
  后面跟浊辅音（b, d, g, l, m, n, r, v）时
- quando è finale di prefissi come -*bis*, -*cis*, -*dis*, -*tras*, -*tris*
  作为前缀-bis, -cis, -dis, -tras, -tris的末尾时
- quandoètra due vocali: *fantasia*, *bresaola* 在两个元音之间

II Ascolta e ripeti. 听录音，跟读。

slogan   trisavolo   esatto   slegato   disinvolto   peso   snello   trasloco   rosa
snob   bisestile   vaso   sbalzo   disagio   risata   sgarbato   trisillabo   asiatico

3. La consonante "z" è sorda o aspra [ts],in questi casi:
辅音 "z" 在以下情况发清音[ts]:

- quando è preceduta dalla lettera "*l*" 在字母 "l" 之前
- all'inizio di parola seguita da sillaba con una delle consonanti mute: *c, f, p, q, t*
  在单词词首，后面跟不发音的辅音：c, f, p, q, t
- quando è seguita dalla vocale "*i*" seguita a sua volta da un'altra vocale 后面跟元音 "i" 加上另一个元音时
- quando è in parole che terminano in -*ezza*, -*ozza*,-*uzzo*, -*anza*,-*enza* e negli infiniti in -*azzare*
  以-ezza, -ozza, -uzzo, -anza, -enza结尾的单词和-azzare的不定式中

III Ascolta e ripeti. 听录音，跟读。

alzare   calzolaio   zitto   zio   agenzia   grandezza   carrozza   usanza   impazienza
strapazzare   ammazzare   sfilza   zucchero   polizia   pozzo   sminuzzare   vicinanza

4. La consonante "z" è sonora o dolce [dz] in questi casi:
辅音"z"在以下情况发浊音[dz]：

- nei suffissi dei verbi in -izzare 在动词后缀-izzare中
- quando è lettera iniziale di un vocabolo ed è seguita da due vocali 在单词词首，而且后面有两个元音
- quando è lettera iniziale di un vocabolo e la seconda sillaba inizia con una delle consonanti cosiddette sonore b, d, g, l, m, n, r, v 在单词词首，第二个音节以一个浊辅音b, d, g, l, m, n, r, v开头
- quando è semplice in mezzo a due vocali semplici 是简单音，位于两个简单元音之间

 IV Ascolta e ripeti. 听录音，跟读。

sintetizzare   zaino   zodiaco   azzerare   azoto   organizzare   zoologo   zebra   azalea

 V Ascolta le parole e classificale secondo il suono: aspro o sonoro? 听单词，根据发音分类：是清音还是浊音？

s [s]	s [z]	z [ts]	z [dz]

N.B. 注意

Per una corretta pronuncia dei suoni consononatici "*s*" e "*z*" si consiglia sempre di consultare il dizionario. 为了正确发辅音"s"和"z"，建议同学们查字典。

Scheda grammaticale riassuntiva 语法概要卡片

- l'imperfetto dei verbi "essere" e "avere", dei verbi regolari e irregolari

  "Nel 2005 Piero era un commesso." - "Non era ancora fidanzato..." -

  "Avevo i capelli corti, ricci e di colore castano scuro." - "...mi sentivo risollevato..."

  - L'imperfetto è usato per esprimere una condizione o uno stato permanenti nel passato, fatti e azioni che si ripetono con abitudine nel passato o avvengono nello stesso momento.

- L'imperfetto regolare dei verbi servili "potere", "volere", "dovere"

  "...io non potevo uscire e urlavo." - "...cercavo di non correre perché non volevo cadere..." - "...dovevo sentirmi tranquillo..." - "Volevamo fare un regalo ad un nostro amico per la sua laurea."

  - L'imperfetto di questi verbi, irregolari al presente, indica un'azione imprecisa, non conclusa.
  - L'imperfetto del verbo *volere* è spesso usato per fare una richiesta gentile o per esprimere un'intenzione o un desiderio.

- L'oggetto indiretto e diretto e i pronomi atoni

  "...per le feste i nonni c'invitavano nella loro fattoria ..." - "...mi portavano la TV in camera..."

  - I pronomi atoni, sia diretti che indiretti, precedono sempre il verbo di modo finito (presente, imperfetto, ecc.), anche se la frase ha un altro complemento.

- Il "si" impersonale

  "A Vergaio si giocava molto a moscacieca..." - "Al circolo poi si scommetteva." - "Insomma ci si divertiva un po' insieme!".

  - Usiamo la forma impersonale del verbo quando non vogliamo specificare il soggetto. Il *si*, dunque, ha valore di "*tutti*", "*la gente*", "*noi*", ecc. Con i verbi riflessivi la particella *ci* precede il riflessivo *si*.

- I gradi di comparazione

  "...Cristian, di 4 anni, è più capriccioso e meno tranquillo della piccola Chanel." - "Il Caffè Florian di Venezia è tanto famoso quanto l'Antico Caffè Greco di Roma."- "Giuseppe è il più giovane dei miei *fratelli."- "Il quarto libro di Francesco Totti sembra essere il meno piacevole dei precedenti." - "Oggi Alessio è elegantissimo."*

- Il comparativo di un aggettivo mette in relazione le caratteristiche o le qualità di due termini di confronto. A seconda del grado di confronto usiamo *più, meno, tanto...quanto/così...come* davanti all'aggettivo.
- Il 2° termine di paragone è introdotto da *di* o *che*.
- Nel superlativo relativo l'articolo determinativo precede *più* e *meno*.
- Il 2° termine di confronto è introdotto da *di, che, tra*.
- Per formare il superlativo assoluto si aggiunge il suffisso *-issimo, a, i, e* all'aggettivo.

- **La comparazione con i sostantivi**

  "Alla scuola media Stefania faceva più sport che al liceo? " - "Ci sono meno lavori orali e più compiti scritti che alla scuola media?"

  - Per mettere a confronto i sostantivi usiamo *più, meno, tanto, quanto* prima del sostantivo. Il 2° termine di paragone è introdotto da *che* se si fa riferimento al luogo.

- **"che" e il secondo termine di paragone**

  "La tua amica è più interessante che bella! " - "Passeggiare per i boschi è più rilassante che sciare." - "Verdone è più un attore che un regista." -

  - Davanti al 2° termine di paragone si usa *che* quando vogliamo mettere a confronto tra di loro aggettivi, verbi e sostantivi.

- **Comparativi e superlativi particolari**

  "Certamente una migliore qualità della vita, maggiore tempo libero, traffico e inquinamento minori..." - "...si trovano nelle posizioni inferiori della classifica." - "... ha tre squadre nei massimi campionati di pallavolo." - "...si trovano nella parte superiore della classifica."

  - Oltre alle forme regolari di comparazione, gli aggettivi *buono, cattivo, grande, piccolo, alto e basso* hanno forme speciali irregolari.

- **La comparazione degli avverbi "bene", "male", "molto", "poco"**

  "Oggi mi sento bene ." - "Mi sento meglio di ieri." - "Mi sento benissimo."

  - Occorre fare attenzione a non confondere le forme irregolari di comparazione degli aggettivi con gli avverbi: ad esempio, *meglio e peggio* con *migliore e peggiore*.

- **Il superlativo assoluto con "davvero", "veramente", "molto", "assai", "tanto", "proprio"**

  "Davvero bella la festa di Laura!" - "Dev'essere piccolo, leggero, non troppo caro."

  - Formiamo il superlativo assoluto anche con gli avverbi sopradetti, posti davanti all'aggettivo.

- **Le preposizioni "a" , "in", e "di" davanti ai mesi e alle stagioni**

  "Mara compie gli anni in/a dicembre." - "In/D'inverno si esce poco."

  - Le preposizioni sopradette esprimono il complemento di tempo determinato. Si possono usare sia davanti ai nomi dei mesi che ai nomi delle stagioni. Solo la preposizione *a* non si usa con i nomi delle stagioni.

 Ripasso dell'imperfetto regolare e irregolare   规则和不规则的未完成过去时复习

PARLARE	CHIAMARSI	PRENDERE	PARTIRE	CAPIRE
parlavo	mi chiamavo	prendevo	partivo	capivo
parlavi	ti chiamavi	prendevi	partivi	capivi
parlava	si chiamava	prendeva	partiva	capiva
parlavamo	ci chiamavamo	prendevamo	partivamo	capivamo
parlavate	vi chiamavate	prendevate	partivate	capivate
parlavano	si chiamavano	prendevano	partivano	capivano
BERE	DIRE	FARE	PORRE	CONDURRE
bevevo	dicevo	facevo	ponevo	conducevo
bevevi	dicevi	facevi	ponevi	conducevi
beveva	diceva	faceva	poneva	conduceva
bevevamo	dicevamo	facevamo	ponevamo	conducevamo
bevevate	dicevate	facevate	ponevate	conducevate
bevevano	dicevano	facevano	ponevano	conducevano

N.B. 注意

Seguono la coniugazione di *porre* e *condurre* tutti i verbi in *-orre, -urre*. 所有以–urre，–orre结尾的动词变位同condurre和porre的变位。

Per comunicare: sintesi delle funzioni 交际用语：功能梗概

parlare di cambiamenti, stati e condizioni nel passato	"Cinque anni fa Marina era una studentessa universitaria. Ora..." - "Era un po' grasso e timido; ora, invece, fa sport." - "Anche il suo carattere è diverso: prima era allegra; ora, invece, è..."
chiedere e dire di condizioni e stati nel passato	"Eri capriccioso da piccolo?" - "No, non ero capriccioso. Ero tranquillo!"
chiedere e dare informazioni di carattere personale	"Dov'eri un'ora fa? Eri a casa?" - "No, non ero a casa. Ero per strada!"
ricordare e far ricordare	"Ti ricordi quando al mare tu e tuo fratello avevate sempre fame dopo il bagno?" - "Certo che mi ricordo, mamma! Ricordo le belle granite di limone!"
commentare ed esprimere giudizi	"Veramente brutto questo posto!" - "Com'erano carine le tue zie!" - "Davvero molto simpatico tuo padre!" -
raccontare sogni e azioni ripetute nel passato	"Un sogno frequente era questo: stavo a casa e dovevo sentirmi tranquillo..." "... mi aiutava a salire sulla bicicletta, mi spingeva lungo la stradina..."
parlare della propria infanzia	"Io e la mia famiglia trascorrevamo le vacanze di Natale in montagna nelle Dolomiti. I miei due fratelli, Nino e Giorgio, passavano la mattina..."
parlare di esperienze del passato e della routine	"Quando ero in Italia, la mattina mi alzavo alle 7,00, mi preparavo in fretta..."
mettere a confronto persone, stili di vita, tipi di scuola, materie scolastiche...	"Credo di avere la famiglia più bella del mondo." - "In provincia si vive meglio che nelle grandi città e i cittadini di Rieti sono i più felici d'Italia..." - "Per me l'inglese era più difficile dell'italiano; infatti, ero il meno bravo della classe." - "Al liceo c'è più rigore che alla scuola media."
chiedere e dire del tempo, dei mesi e delle stagioni, della temperatura e del clima...	"Che tempo fa/c'è?" - "Com'è il tempo oggi?" - "Fa bel tempo e c'è il sole?" - "In estate passiamo le vacanze al mare o in campagna." - "A settembre aprono le scuole e chiudono nel mese di luglio, dopo gli esami."- "Quale città ha la temperatura più bassa?"
parlare di festività nazionali e religiose	"Il 1° maggio, Festa del lavoro, sono in servizio solo i lavoratori indispensabili." - "La Festa del papà è un giorno di vacanza in Italia?"

Laboratorio 实验室

1. Leggi il testo e inserisci negli spazi i verbi appropriati. 读下文，填入适当的动词。

raccontare   arrivare   frenare   avvicinarsi   tremare   fermarsi
essere (2)   esserci (2)   potere   bere   volere   pedalare   pagare

Domenica scorsa il signor Felice 1._____ tranquillo lungo il viale con la sua bicicletta. La strada 2._____ quasi deserta, senza gente e 3._____ bel tempo. All'improvviso, a un incrocio, 4._____ a tutta velocità un pazzo con un'Alfa 146 rossa. Il signor Felice, per fortuna, 5._____ in tempo. 6._____ veramente agitato e 7._____ dalla paura! Così 8._____ in un caffè per calmarsi un po'. Mentre 9._____ il suo caffè al bar e 10._____ tutto al barista, un ragazzo fuori 11._____ via la sua bicicletta, posteggiata sul marciapiede. Mentre12._____ il caffè alla cassa, lo 13._____ una bella signora elegante per dirgli che la sua bicicletta non 14._____ più. Il signor Felice

15. _____ offrirle da bere e ringraziarla ma, a quel punto, non 16. _____ fare altro che andare alla polizia!

2. Trasforma le seguenti frasi dalla forma impersonale alla forma personale e viceversa. 将下列无人称句变为有人称句，有人称句变为无人称句。
a. Non si può guidare senza la patente. _____
b. Nei paesi una volta si giocava a carte nei circoli o nei bar. _____
c. In genere a pranzo molti preferiscono mangiare la pasta e non la pizza. _____
d. Una volta molti pranzavano nelle trattorie, ora vanno in paninoteca. _____
e. Adesso ci si riunisce meno in famiglia. _____
f. Il 1° maggio tutti vanno in campagna a fare il picnic. _____

3. meglio o migliore; peggio o peggiore? Cerchia la forma corretta. 划出正确形式。
a. Il venerdì è la giornata meglio/migliore per me perché l'indomani non si lavora.
b. In quale stagione ti senti meglio/migliore: in primavera o in estate?
c. Zia Carla fa il caffè peggio/peggiore di tutti! Lo fa troppo stretto!
d. Questi sono i peggio/peggiori voti di tutto il trimestre!
e. Per me Eros Ramazzotti è il meglio/migliore cantante italiano!
f. Adesso nelle grandi città si vive peggio/peggiore di prima per il carovita!

4. Riempi gli spazi con i tempi appropriati dei verbi in parentesi. 用括号中动词的适当时态填空。
a. Ieri a Palermo _____ più caldo di oggi: il termometro _____ 32 gradi di mattina. (*fare/segnare*)
b. Oggi a Roma _____ nuvoloso e _____ a catinelle! (*essere/piovere*)
c. Due giorni fa _____ venti da N.E. ma _____ meno caldo. (*soffiare/fare*)
d. Oggi _____ più freddo di ieri quando _____ a dirotto e _____ 6 gradi. (*fare/piovere/esserci*)
e. L'anno scorso in montagna _____ quasi tutti i giorni! (*nevicare*)
f. Stamattina _____ caldo e _____ il sole; ora, invece, _____! (*fare/esserci/grandinare*)

5. Leggi le seguenti frasi e inserisci *di* o *che* in maniera appropriata. 读句子，填入di或che。
a. Vivere in una grande città è più interessante _____ vivere in un piccolo centro.
b. Questa casa è la più grande e comoda _____ tutte!
c. Da giovane Giovanni era più bello _____ simpatico e il più studioso _____ tutti!
d. Aveva più sonno _____ fame quando tornava stanca dal lavoro!
e. Le estati nel Sud dell'Italia sono più lunghe e calde _____ nel resto del Paese.
f. Per me Michele è meno carino _____ suo fratello.

6. Conosci l'Italia? Rispondi con frasi intere a questo breve quiz. 你了解意大利吗？用整句回答这个小测试。
a. Qual è il fiume più lungo d'Italia? (*Arno/Po/Tevere*)
b. Qual è la montagna più alta d'Italia? (*Monte Bianco/Monte Cervino/Monte Rosa*)
c. Qual è l'isola più grande d'Italia? (*Capri/Sicilia/Sardegna*)
d. Qual è la pianura più estesa d'Italia? (*Maremma/Piana di Catania/Pianura Padana*)
e. Qual è la città più popolosa d'Italia? (*Roma/Milano/Firenze*)
f. Qual è la città più a sud d'Italia? (*Napoli/Cagliari/Ragusa*)

7. Sostituisci i pronomi atoni ai pronomi tonici sottolineati. 用非重读代词代替划线的重读代词。
a. Signora, interessa <u>a Lei</u> il cellulare della Sony o questo più economico?
b. Ripeto sempre la stesse cose <u>a voi</u>, ma non ascoltate <u>me</u>!
c. Credevo <u>a loro</u> quando dicevano di volere studiare con maggiore impegno.
d. Telefoni al signor Martini e chieda <u>a lui</u> di contattare il nostro ufficio, per favore?
e. Domani consegnano <u>a me</u> la macchina! Desideravo <u>lei</u> da anni!

f. Quando era in Italia, i suoi genitori ricordavano sempre a lui di telefonare.

8. Leggi il seguente articolo e di' qual è l'idea centrale. Poi formula almeno 6 domande con. 读下面文章并说出中心意思。然后用下列疑问词造句，至少6句。

| chi | che cosa | come | quando | perché | quale/i |

Il clima impazzisce

La primavera si chiude con temperature africane e s'avvicina un luglio con piogge.
Il cambiamento climatico è ormai un fatto certo per milioni d'italiani.

Mentre a giugno a stento si sopporta il caldo afoso, molti ancora ricordano le nevicate dello scorso aprile. Le stranezze del clima aumentano e sono sotto gli occhi di tutti: il gennaio 2008 risulta, dopo l'inverno del 1989, il più freddo degli ultimi vent'anni, mentre nel gennaio del 2007 il caldo insolito faceva pensare alla fine dell'inverno. "Il clima impazzisce" è il commento dei metereologi italiani! Le cause maggiori, secondo gli scienziati, sono gli inquinanti dei paesi industrializzati responsabili per oltre il 60% dell'aumento dell'effetto serra, del riscaldamento della terra e del "buco dell'ozono". "Le stagioni non sono più le stesse!", si lamentano gli italiani. Prima il clima variava spesso, ora sembra più stabile perché le fasi di bello o cattivo tempo sono più lunghe ma le variazioni sono più improvvise di una volta: si passa dai temporali a lunghi periodi di caldo e siccità.

Prima eravamo certi del ciclo delle stagioni: la primavera era mite, l'inverno rigido, l'estate calda e assolata e l'autunno piovoso. Eravamo anche certi del flusso delle acque, dei venti, e delle variazioni delle temperature e non stavamo incollati alla TV per seguire i bollettini metereologici. Ormai gli italiani, oltre allo stress da traffico, da lavoro e da vacanza, conoscono un altro tipo di stress: lo "stress" climatico!

testo adattato tratto da "*www.Lifegate.it*"

"Buon viaggio!"

"祝旅行愉快！"

In questo modulo imparerai a   在本章你将学到

- parlare di tipi di vacanza e itinerari
  谈论假期和旅游路线的种类
- chiedere e dire di esperienze recenti
  询问和讲述最近的经历
- esprimere giudizi su persone, luoghi e servizi
  表达对人、地方和服务的看法
- raccontare esperienze di viaggio sia positive che negative
  讲述好的和差的旅行经历
- saper viaggiare in treno e in nave, e fare prenotazioni
  知道如何乘火车、坐船旅行和订票

Unità 1

"HAI TRASCORSO UNA BELLA VACANZA?"
"你的假期过得好吗？"

I Quale vacanza ti piace di più? 你最喜欢哪个假期？

al mare   in montagna   all'estero   in campagna   ai laghi   ai tropici

II Cosa ti piace di più fare in vacanza? 你在假期最喜欢做什么？

visitare chiese e musei   fare sport   divertirti   riposarti   altro…

III Secondo te, quale di queste vacanze è la più divertente? Perché? 你觉得这些休假方式中哪一种最好玩？为什么？

in un villaggio turistico   in campeggio   in crociera   in un agriturismo   in un hotel di lusso

IV Leggi questa cartolina e di' da quale famosa città d'Italia viene. 读这张明信片，说出这是从意大利哪个著名的城市发出的。

Carissimi Mario e Laura,
    siamo in vacanza da tre giorni e abbiamo girato tanto! Finora abbiamo visto piazza della Signoria, Palazzo Vecchio e S. Maria del Fiore. Ieri mattina abbiamo preso l'autobus per andare agli Uffizi ma non abbiamo potuto visitarli perché erano chiusi per restauro. Che peccato! Allora abbiamo pensato di andare sul Lungarno. Qui abbiamo fatto uno spuntino in un piccolo bar e poi abbiamo passeggiato. C'è davvero una bella atmosfera con tanti turisti e negozietti lì! Al ritorno abbiamo cenato in una trattoria tipica vicino all'albergo. Eravamo così stanchi che questa mattina non abbiamo sentito la sveglia e abbiamo dormito fino a mezzogiorno! Ora siamo in camera: io ho appena letto il giornale e scritto un paio di cartoline mentre Davide ha finito di fare colazione. In questi giorni abbiamo avuto un caldo da morire e la temperatura ha raggiunto i 30° C.! Com'è il tempo in Sicilia? Fa caldo anche lì? Ci vediamo la settimana prossima!
    Un abbraccio e a presto!
    Davide e Giusy

Gent.mo sig. Mario Gallo e famiglia

via Livorno n.35

95026 Acitrezza(Catania)

V Rileggi la cartolina, sottolinea le forme del passato prossimo (avere + participio passato) e completa la tabella. 再读明信片，划出近过去时形式（avere + 过去分词），并填表。

passato prossimo dei verbi regolari   规则动词的近过去时

verbi in – are → ato	verbi in – ere → uto	verbi in – ire → ito
abbiamo girato		

VI Trova il participio passato o l'infinito di queste forme verbali.   找出这些动词形式的过去分词或不定式。

camminato: _____; pulire: _____; creduto: _____; incontrato: _____; dato: _____;
dovere: _____; mangiare: _____; avuto: _____; spedire: _____; viaggiare: _____;
potere: _____; preferire: _____; sentito: _____; voluto: _____;

VII Nella cartolina ci sono 5 verbi con il participio passato irregolare. Abbinali ai seguenti infiniti: 在明信片中有5个不规则的过去分词。将它们与下列不定式连接起来: leggere, vedere, fare, scrivere, prendere.

Participio Passato	Infinito
....	....
....	....
....	....
....	....

VIII Rileggi la cartolina e rispondi alle domande.   再读明信片，回答问题。

1. Che cosa hanno visto finora Davide e Giusy?
2. Perché non hanno potuto visitare gli Uffizi?
3. Dove hanno fatto lo spuntino?
4. Perché Davide e Giusy hanno dormito fino a tardi?
5. Giusy ha preso il caffè e ha scritto e-mail?
6. Davide ha appena iniziato a fare colazione?

 Grammatica: il passato prossimo con l'ausiliare "avere"   语法：用"avere"作助动词的近过去时

> **Osserva le forme di passato prossimo nelle seguenti frasi e rispondi alle domande.**
> 观察下列句中的近过去时形式，回答问题。
> "...abbiamo già girato tanto!"   "Ieri mattina abbiamo preso l'autobus..."
> "Qui abbiamo fatto uno spuntino in un piccolo bar e poi abbiamo passeggiato!"
> Che cosa indicano i verbi: 这些动词表示什么？
> 1. un'azione conclusa, finita, avvenuta in un periodo di tempo preciso nel passato? Sì/No
>   过去一个确定的时间段发生的已经结束的并且完成的动作？
> 2. un'azione passata verificatasi in un periodo di tempo non ben identificato? Sì/No
>   过去一个不太确定的时间段发生的动作？
> 3. un'azione durativa nel passato? Sì/No   过去的一个持续的动作？

 Ricorda che   记住
- tutti i verbi usati transitivamente (con l'oggetto diretto) e alcuni verbi intransitivi e di movimento (*pranzare, cenare, camminare, correre*, ecc.) richiedono l'ausiliare "avere".   所有及物动词（带有直接宾语）、一些不及物动词和一些表示动作的动词（pranzare，cenare，camminare，correre等）需要用助动词avere。

passato prossimo dei verbi regolari 规则动词的近过去时

Infinito	Participio Passato	Infinito	Participio Passato
aprire	aperto	offrire	offerto
bere	bevuto	piacere	piaciuto
correre	corso	piangere	pianto
chiedere	chiesto	ridere	riso
chiudere	chiuso	rimanere	rimasto
conoscere	conosciuto	rispondere	risposto
decidere	deciso	scendere	sceso
dire	detto	spendere	speso
essere	stato	succedere	successo
mettere	messo	trascorrere	trascorso
morire	morto	venire	venuto
nascere	nato	vivere	vissuto

 N.B. 注意

La tabella sopra elenca verbi sia <u>transitivi</u> che <u>intransitivi</u> con il participio passato irregolare. 上表列出过去分词不规则的及物和不及物动词。

IX Trasforma i verbi sottolineati al passato prossimo e usa l'espressione di tempo data. 用给出的时间表达方式，将划线动词变成近过去时形式。

1. <u>Vediamo</u> un film italiano ogni venerdì. (*venerdì scorso*)
2. Ogni giorno Paolo <u>risponde</u> alle e-mail della ditta "Made in Italy". (*ieri*)
3. Alex, perché non <u>vuoi</u> telefonare a quest'ora? (*a quell'ora*)
4. I Rossi <u>corrono</u> nel parco tutte le domeniche! (*la scorsa domenica*)
5. Non <u>offrite</u> un po' di coca cola ai vostri amici? (*ieri sera*)
6. <u>Conosco</u> la tua collega Marina da un paio di mesi. (*un paio di mesi fa*)

X Riempi gli spazi con il passato prossimo dei verbi dati. 用所给动词的近过去时填空。

1. Luigi _____ finalmente visitare i Musei Vaticani! (*potere*)
2. Quanto _____ questa notte! Eri davvero stanco! (*dormire*)
3. Sappiamo che ieri sera i Marini _____ i nostri vicini a casa loro. (*invitare*)
4. Dopo le vacanze invernali Lory e Lucia _____ a lavorare più di prima. (*riprendere*)
5. (voi) _____ se l'albergo è vicino alla stazione centrale? (*sapere*)
6. Ti ricordi quanto (noi) _____ per i tre giorni in montagna? (*pagare*)

XI Riempi gli spazi in queste cartoline spedite dai luoghi più belli d'Italia. 这些是从意大利最美的地方寄出的明信片，填空。

1.

> "Un saluto affettuoso dal mare di Portofino! Sto passando una delle più belle vacanze della mia vita! Qui il tempo è splendido, la spiaggia pulitissima e il cibo ottimo. _____ tante amicizie!" (*fare*)

2.

"Saluti da Venezia! La città è splendida e ci stiamo divertendo. Stamattina _____ il migliore espresso nel bar più antico della città ma, accidenti, _____ davvero molto!" (*bere/spendere*)

3.

"Ciao da Siracusa! Purtroppo non _____ ancora visitare il famoso Teatro Greco perché _____ tutto il tempo. Speriamo domani!" (*potere/piovere*)

4.

"Un bacio dalla favolosa Porto Cervo! Qui tutto va benissimo: _____ molte feste e _____ cene a casa! Sono stanca ma felice. E voi? _____ rimandare le vostre ferie?" (*dare/preparare/dovere*)

 XII Scrivi una cartolina da un luogo di villeggiatura del tuo Paese. Segui gli esempi sopra come modello. 仿照上面的例子，写一张从你们国家的旅游胜地寄出的明信片。

 XIII Lavoro di coppia. A turno, fate dialoghi con il vostro compagno/la vostra compagna secondo i suggerimenti. 2人练习。根据提示，跟同学对话。

vedere/navigare   incontrare/conoscere   trascorrere/guardare   scrivere/parlare
"*passare/cenare*"

Esempio: ◊ *Che hai fatto di bello ieri sera?*
        ● *Io e Michele abbiamo passato una bella serata a casa mia. E tu?*
        ◊ *Io ho cenato con Mario in una pizzeria.*

XIV Questa è la telefonata di Anna a sua madre. Sottolinea le forme del passato prossimo e completa la tabella. 这是安娜跟她母亲的通话。划出近过去时形式，填表。

◊ Pronto, mamma!
● Pronto? Sei tu, Anna? Sei arrivata?
◊ Sì, sono scesa ora dal pullman.
● Dal pullman? Ma non sei partita più in treno?
◊ No, mamma. Non mi fare pensare! Ho fatto un viaggio disastroso!
● Perché? Che ti è successo?
◊ Ieri c'è stato lo sciopero dei treni e né io né Olga lo sapevamo, così quando siamo arrivate alla stazione, non siamo potute partire!
● E allora che avete fatto?
◊ Ci siamo informate degli orari dei pullman e siamo andate alla stazione e, dopo due ore di attesa, siamo salite sul primo pullman per Milano! Incredibile!
● Comunque, a parte questo, il viaggio è andato bene?
◊ Sì, abbiamo viaggiato con due nostri compagni di liceo. Non so se ti ricordi di Paolo e Marcello...
● Come no! Hanno fatto l'ultimo anno di liceo con te.
◊ Sono cambiati così tanto! Quasi non li riconoscevo! Paolo è diventato più magro e più snob e Marcello si è ingrassato un po' ma è rimasto il ragazzo simpatico di sempre. E voi, invece? Come è andata la vostra vacanza in montagna?
● Benissimo! Tuo padre si è veramente rilassato! Beh... diciamo che ci siamo anche divertiti: abbiamo visitato paesini antichi e fatto lunghe passeggiate.

◊ E sono venuti anche zio Piero e zia Cristina?
● No, non sono più venuti! Sono rimasti in città perché c'era il compleanno della nipotina.
◊ Al solito! Pensano sempre di uscire e poi non escono mai! Vabbè! Ti richiamo dopo. Stiamo entrando in un bar per prendere un caffè. A dopo!
● Va bene. A dopo!

 Il passato prossimo e l'uso degli ausiliari   近过去时和助动词的用法

essere + participio passato 过去分词	avere + participio passato 过去分词
● sei arrivata	

 Grammatica: il passato prossimo con "essere" e "avere"   语法：用"essere"和"avere"的近过去时

Osserva le frasi, confrontale e rispondi alle domande. 观察句子，进行比较，回答问题。
1. "Ho fatto un viaggio disastroso!"   "Sì, abbiamo viaggiato con due nostri compagni di liceo."
2. "Sì, sono appena scesa dal pullman."   "Comunque, a parte questo, il viaggio è andato bene!"
    "Beh... diciamo che ci siamo divertiti..."

● Usiamo sempre l'ausiliare "essere" con i verbi intransitivi? Sì/No
  在不及物动词中，我们总是用"essere"吗？
● Secondo gli esempi sopra, con quali altri verbi dobbiamo usare l'ausiliare "essere"?
  从上面的例子看，其他哪些动词要用助动词"essere"？
  ....
● Quando usiamo l'ausiliare "essere" dobbiamo seguire la regola della concordanza? Sì/No
  我们用助动词"essere"时，要遵守人称、性和数一致的规则吗？

N.B.   注意
Vogliono l'ausiliare "*essere*": 下列情况要用助动词"essere"：
1. molti verbi intransitivi, tutti i verbi riflessivi 许多不及物动词，所有自反动词
2. molti verbi di movimento许多表示移动的动词come *andare, venire, tornare, entrare*, ecc.
3. molti verbi che esprimono stato o cambiamento di stato 许多表达状态或状态变化的词come *essere, nascere, stare, esistere, rimanere, sembrare, piacere, capitare, succedere*, ecc.

 Ricorda che   记住
● alcuni verbi possono essere transitivi e intransitivi; dunque, alternano "avere", quando sono transitivi, ad "essere", quando sono intransitivi.   有些动词既可以是及物动词，又可以是不及物动词：是及物动词时，用"avere"作助动词；是不及物动词时，用"essere"作助动词。
Esempi: 1. *Ho salito le scale. / Sono salito fino all'ultimo piano.*
        2. *Il costo degli affitti è aumentato. / Il padrone di casa ha aumentato l'affitto.*
        3. *Ha vissuto una vita serena. / È vissuto serenamente.*

 L'accordo grammaticale: essere + participio passato   语法上的一致：essere + 过去分词

participio passato in: 过去分词	participio passato in: 过去分词
a→ femminile singolare: 阴性单数	o→ maschile singolare: 阳性单数
"*Sono appena scesa dal pullman.*"	"*Paolo è diventato più magro.*"
e→ femminile + femminile: 阴性 + 阴性	i→ maschile + maschile/ maschile + femminile: 阳性 + 阳性 / 阳性 + 阴性
"*...quando siamo arrivate alla stazione...*"	"*Sono cambiati così tanto...*" - "*E sono venuti anche zio Piero e zia Cristina?*"

XV Completa gli scambi con l'ausiliare essere o avere, come nell'esempio. 仿照例句，用助动词essere或avere完成对话。

Esempio: "Dove sono andati in vacanza i Martini?" - "*Hanno passato 2 settimane in Umbria.*"
1. "(tu) _____ conosciuto il fratello di Sara?" - "No, _____ partito presto."
2. "Come (egli) _____ festeggiato il suo compleanno?" - "_____ andato con i suoi amici in discoteca!"
3. "_____ visto l'ultimo film di Moretti? - "Sì, ma non le _____ piaciuto molto."
4. "(tu) _____ preparato i bagagli?" - "Sì, ma non _____ trovato i jeans nuovi: _____ spariti!?"
5. "Quando _____ partiti i ragazzi?" - "_____ preso il treno questa mattina alle 7.00."
6. "(loro) _____ stati bene a Treviso?" - "Benissimo, _____ visto posti bellissimi."

XVI Trasforma le seguenti frasi al plurale. 将下列句子变成复数形式。

Esempio: Ieri sono andata al cinema. - "*Ieri io e la signora Milena siamo andate al cinema.*"
1. Sabato scorso sono ritornata in montagna. / Sabato scorso io e mio fratello _____ in montagna.
2. Mara è partita per Londra in giugno. / Mara e Chiara _____ per Londra in giugno.
3. Paolo è stato al mare ieri? / Paolo e la sua ragazza _____ al mare ieri?
4. Quando è cominciata la lezione? / Quando _____ le lezioni questo semestre?
5. Mio padre è venuto a Milano due giorni fa. / I miei genitori _____ a Milano due giorni fa.
6. Laura è arrivata alla riunione un'ora fa. / Laura e Patrizia _____ alla riunione un'ora fa.

XVII Completa le frasi con il passato prossimo dei verbi in parentesi. 用括号中动词的近过去时完成句子。

1. "Tuo fratello _____ a Palermo?" - "Sì, ed _____ là fino a quando _____ in pensione?" (*nascere/vivere/andare*)
2. "(tu) _____ ora dall'autobus?" - "Sì, l'autobus _____ traffico in centro!" (*scendere/incontrare*)
3. "Come _____ l'esame CILS?" - "Penso bene: _____ a tutte le domande!" (*andare/rispondere*)
4. "Maria, _____ la telefonata?" - "No, _____ la porta!" (*fare/aprire*)
5. "(tu) _____ l'ultimo racconto di Camilleri?" - "Sì, ed _____ bello come gli altri!" (*leggere/essere*)
6. "Dora, non _____ per Venezia?" - "No, non mi andava e _____ in città." (*partire/rimanere*)

XVIII Completa con la forma corretta dei verbi riflessivi in parentesi. 用括号中自反动词的正确形式完成句子。

1. Stamattina (io) _____ tardi e _____ in fretta per uscire. (*svegliarsi/prepararsi*)
2. Mario e Paola _____ a Capri e dopo pochi mesi _____. (*conoscersi/sposarsi*)
3. Anna e Maria _____ una settimana a Parma. (*fermarsi*)
4. Andrea e Alberta _____ molto in crociera. (*divertirsi*)
5. Alice, _____ quest'anno in campeggio? (*stancarsi*)
6. Paolo non _____ di Maria ma dopo _____ con lei! (*accorgersi/scusarsi*)

XIX Rileggi la conversazione telefonica tra Anna e sua madre e riassumine il contenuto. Inizia in questo modo: 再读Anna和她母亲的通话，概述内容。这样开始：

"Anna telefona a sua madre e le racconta del suo viaggio a Milano. Lei e Olga, una sua amica, non hanno potuto prendere il treno perché..."

XX Metti in ordine i disegni, abbinali ai verbi e aggiungine altri per descrivere la giornata della signora Bianchi. 将图片排序，与动词连线，并补充其他动词来描述Bianchi女士的一天。

"Come ogni mattina, anche oggi la signora Bianchi si è svegliata presto..."

alzarsi con fatica ☐   sedersi davanti al televisore ☐   farsi la doccia ☐
vestirsi con calma ☐   truccarsi con cura ☐   addormentarsi ☐

XXI Riempi gli spazi con le forme appropriate secondo l'esempio. 仿照例句，用适当的形式填空。

Esempio: *"Mario si è fatto la doccia!" - "Luisa si è tagliata i capelli!"*

1. I miei genitori _____ una macchina nuova. (*comprarsi*)
2. Gianni _____ la barba e sembra più giovane. (*togliersi*)
3. Anna, _____ la colazione da sola? (*prepararsi*)
4. I nostri amici _____ una vacanza in crociera. (*regalarsi*)
5. Aida _____ i capelli in uno chignon ed è andata alla festa. (*raccogliersi*)
6. Ieri mattina Enrico _____ le valigie per andare in vacanza. (*farsi*)

XXII Lavoro di coppia. A turno, chiedete al vostro compagno/alla vostra compagna che cosa ha fatto ieri. Fate domande del tipo "*si/no*", o introdotte da "*che cosa*", "*chi*", "*come*", "*quando*", "*a che ora*", "*dove*". Usate il maggior numero possibile di verbi riflessivi. 2人练习。互相问对方昨天做了什么。可以问用 "*si/no*" 回答的问题，或用 "*che cosa*"，"*chi*"，"*come*"，"*quando*"，"*a che ora*"，"*dove*" 提问。尽可能多地用自反动词。

XXIII Lavoro di gruppo. Formate un nuovo gruppo di 4/5 persone e dite della vostra giornata ieri. 小组练习。4人或5人组成新小组，讲述你们昨天一天的生活。

Esempio: *"Ieri mi sono alzato/a tardi/presto, alle..."*

XXIV Leggi le descrizioni degli alberghi e le esigenze di queste persone e di' qual è la loro vacanza ideale e perché. 读旅馆的描写和这些人的需要，说出哪里是他们理想的度假之地，并给出理由。

- I Rossi hanno bambini piccoli e vogliono passare un periodo di relax in montagna. ☐
- Anna è una donna sportiva. Vuole fare una vacanza in un posto speciale, in un ambiente familiare, e imparare a cucinare i piatti della cucina tradizionale. ☐
- La dottoressa Arnone vuole mantenersi in forma e fare una vacanza su un'isola. ☐
- I Bianchi vogliono giocare a tennis e andare a cavallo ma possono partire solo in autunno. ☐
- Un gruppo di amici desidera andare in un residence ben attrezzato per fare tennis e pesca. ☐

1. **Case Corboli.** La residenza ha quattro appartamenti e due villette indipendenti, tutti con ingresso-salone con camino, angolo-cottura, due camere con bagno, TV satellitare e riscaldamento autonomo. Aperta tutto l'anno, dispone di un maneggio, un campo di tennis e un campo di calcio. È possibile praticare la pesca sportiva (il Tevere dista solo 300 m.) e seguire corsi di restauro e di pittura. E-mail: info@casecorboli.it - Tel.: 0758987716

2. **Hotel Fontanella.** Albergo a conduzione familiare, in posizione tranquilla nel centro di Antermoia, nelle Dolomiti. Ampio terrazzo, ideale per prendere il sole o per gustare piatti tipici e specialità di selvaggina. Comoda sala TV, sala da biliardo e ping-pong, parcheggio privato, parco-giochi. Servizio di baby-sitting

3. **Sicilia. Massalargia, sotto il vulcano.** A Massalargia, sotto il vulcano, Marco, Desirèe e Fabrizio vogliono accogliervi non come clienti o ospiti ma come amici. Il bed & breakfast "Etna Massalargia" si trova a Mascalucia in provincia di Catania. Climatizzatore, riscaldamento, TV, balcone, parcheggio. Corsi di cucina tradizionale siciliana e di pasticceria. Si possono fare anche escursioni sino al cratere centrale o trekking lungo i sentieri del Parco dell'Etna.

4. **Hotel Alexander-Ischia.** Situato sul mare, circondato da un ampio parco privato vicino all'elegante centro commerciale di Ischia Porto, l'albergo vanta un centro-benessere tra i migliori dell'isola e offre il massimo confort: una piscina esterna e una interna collegate al reparto termale. Massaggi, sauna, ginnastica e fangoterapia compresi nel pacchetto-vacanza.

XXV Ascolta la conversazione telefonica e di' chi ha preso le ferie: Simona o Laura? Quale vacanza ha scelto e perché? 听电话中的对话，判断谁休假了：Simona还是Laura？她选择了什么样的假期？为什么？

XXVI Leggi le frasi e segna con una X le affermazioni vere e correggi quelle errate. 读句子，用"X"标出正确的判断，修改错误的判断。

	Vero	Falso
1. Laura ha telefonato a Simona solo una volta.	☐	☐
2. Simona ed Elio sono andati in ferie.	☐	☐
3. Anche Laura è andata in vacanza.	☐	☐
4. Hanno passato le vacanze al mare.	☐	☐
5. Sono stati via di casa per una decina di giorni.	☐	☐
6. Simona ed Elio si sono annoiati tanto.	☐	☐

XXVII Ascolta di nuovo la conversazione e completa la tabella con le informazioni mancanti. 再听对话，填出缺少的信息。

Dove sono andati in vacanza?	Quale tipo di vacanza hanno scelto?	Quanto tempo sono stati in vacanza?	Cosa gli è piaciuto di più?/ Come gli è sembrata la zona?
		2 settimane	

👁 Grammatica: "piacere" e "sembrare" al passato prossimo 语法："piacere" 和 "sembrare" 的近过去时

> Osserva le seguenti frasi, rifletti e rispondi alle domande. 观察下面的句子，思考并回答问题。
> "E come vi è sembrata la zona?"   "Ci è sembrata tranquilla e rilassante..."
> "Che cosa vi è piaciuto di più?"   "Ci sono piaciute l'atmosfera e la gente!"
>
> - Questi verbi seguono le regole dell'accordo grammaticale? Sì/No
>   这些动词遵守语法一致性规则了吗？
> - Che cosa si accorda? ....
>   与什么一致？

XXVIII Esprimi pareri e trasforma le seguenti frasi dal presente al passato prossimo. 表达看法，将下列句子从现在时变成近过去时。

1. Tua sorella non mi sembra felice di vedermi. _____.
2. Ad Alberta piace moltissimo la gente del posto. _____.
3. Non le piacciono le spiegazioni della guida. _____.
4. I bar sul lungomare mi sembrano un po' squallidi. _____.
5. Le sue colleghe gli sembrano molto serie. _____.
6. Il personale dell'albergo ci sembra molto cortese. _____.

XXIX Trasforma le frasi dal singolare al plurale e viceversa. 将句子从单数变为复数，从复数变为单数。

Esempio: Mi è piaciuta l'attrice del film. - "Mi sono piaciute le attrici del film."

1. Mi è piaciuto il regalo di Natale! _____.
2. Le ragazze italiane ci sono sembrate simpatiche! _____.
3. Il costo dell'albergo a Cortina gli è sembrato caro. _____.
4. Vi è piaciuta la città sul mare? _____.
5. Come ti sono sembrati i suoi amici? _____.
6. Il ristorante non le è piaciuto affatto! _____.

XXX Lavoro di coppia. A turno, chiedete al vostro compagno/alla vostra compagna pareri o giudizi sulla sua ultima vacanza. Chiedete delle seguenti cose: 2人练习。问同学对于最近一个假期的看法或评价。问下面几个方面：

- il viaggio
- i compagni di viaggio
- il personale dell'albergo
- la gente conosciuta
- i prezzi dei bar e dei ristoranti
- altro..........................

XXXI Lavoro di coppia. Immaginate di avere fatto una delle vacanze sopra e, a turno, fate domande e rispondete. Fate riferimento alla tabella dell'attività "xxvii". 2人练习。想象你们去上面的一个地方度假，互相提问并回答。参照练习27中的表格。

Esempio: ◊ Dove sei andato/a in vacanza?
● Sono andato/a a San Martino in Badia, nelle Dolomiti.

Grammatica: il superlativo assoluto irregolare 语法：不规则的绝对最高级

Osserva le espressioni contenute nel testo del dialogo dell'attività "xxv" e la tabella sotto, e leggi la nota grammaticale. 观察对话中包含的表达方式和下面的表格，阅读语法注释。

● Oltre al superlativo assoluto con le desinenze "-issimo, -issima, -issimi, -issime", (cfr. Modulo 6) esistono anche superlativi irregolari che hanno radici diverse dall'aggettivo di grado positivo.

除了带有词尾"-issimo, -issima, -issimi, -issime"的绝对最高级之外（见第6章），还有不规则的最高级，它们与原级形容词的词根不同。

"Ottima scelta"   "...e sono di pessimo umore."

buono	buonissimo	ottimo
cattivo	cattivissimo	pessimo
grande	grandissimo	massimo
piccolo	piccolissimo	minimo

XXXII Esprimere giudizi su fatti ed esperienze di viaggio: completa con i superlativi irregolari appropriati. 对旅行中的事件和经历表达看法：用适当的不规则最高级形式完成句子。

1. L'agenzia ha organizzato bene il tour dell'isola d'Elba. È stato un _____ viaggio!
2. Venezia è stata molto umida, afosa e affollata quest'estate: è stata una vacanza _____!
3. La signora Belli ci ha trattato tutti con gentilezza. È stata davvero una guida _____!
4. L'autista è stato molto bravo nella guida. Ha prestato _____ attenzione al traffico!
5. Il titolare del ristorante ci ha fatto uno sconto del 5%! È stato un risparmio _____!
6. L'albergatore ci ha dato le camere più piccole. È stato un _____ trattamento!

XXXIII Lavoro di gruppo. In gruppi di 4/5: immaginate di avere fatto una gita o un viaggio insieme e, a turno, dite le vostre impressioni o date giudizi su alcuni aspetti di quest'esperienza. 小组练习。4人或5人一组：想象你们一起做了一次远足或旅行，围绕这次经历的某些方面，轮流谈谈你们的印象或给出评价。

"Finalmente si parte!"
"总算要出发了!"

Costiera amalfitana- Tour guidato in pullman GT- 6 giorni e 5 notti (4/9 agosto)
PROGRAMMA

1° giorno-lunedì 4 agosto: Augusta(Sicilia)-Cosenza-Sorrento. Ore 05.30: incontro dei sigg. partecipanti con la ns guida. Sistemazione in pullman e partenza per Cosenza. Pranzo in ristorante. Arrivo in hotel a Sorrento e sistemazione nelle camere riservate. Cena e pernottamento.

2° giorno-martedì 5 agosto: Sorrento-Napoli. Prima colazione in hotel. Partenza per Napoli e visita guidata della città: piazza del Plebiscito, la Galleria, il Palazzo Reale, il Maschio Angioino, il Duomo, ecc. Pranzo in ristorante. Pomeriggio: visita della collina di Posillipo, una delle zone più incantevoli della città. Dopo cena: spettacolo folkloristico in un teatro di Sorrento. Pernottamento.

3° giorno-mercoledì 6 agosto: Sorrento-Isola di Capri. Prima colazione in hotel. Partenza per Capri in battello. Visita guidata di Anacapri e della Villa San Michele. Pranzo in un ristorante tipico. Pomeriggio: visita di Capri, sosta nella pittoresca piazza Umberto I. Tempo libero per passeggiate, relax e shopping negli eleganti negozi del centro. Cena in hotel e pernottamento.

4° giorno-giovedì 7 agosto: Sorrento/Caserta/Scavi di Pompei. Prima colazione in hotel e partenza per Caserta. Visita guidata del maestoso Palazzo Reale. Pranzo in ristorante. Pomeriggio: escursione guidata della città di Pompei, vittima dell'eruzione del Vesuvio nel 79 d. C. Rientro in hotel. Dopo cena: serata libera. Pernottamento.

5° giorno-venerdì 8 agosto: Sorrento/Postano/Amalfi/Vietri sul Mare. Prima colazione in hotel e partenza per la Costiera Amalfitana. Sosta panoramica al belvedere di Positano. Visita di Amalfi: l'Albergo Cappuccini, il Duomo. Giro della Conca dei Marini, visita della Grotta dello Smeraldo. Pranzo in ristorante. Pomeriggio: visita di Vietri sul Mare, nota per la ceramica. Rientro in hotel. Dopo cena: serata libera. Pernottamento.

6° giorno-sabato 9 agosto: Sorrento/Cosenza/Augusta. Prima colazione in hotel, partenza per Cosenza. Sosta lungo il percorso per il pranzo. Arrivo ad Augusta in tarda serata.

Quota individuale di partecipazione: 430 euro.
Supplemento camera singola: 20,00 euro a persona
Sconto bambini: 0/3 anni gratis; 3/9 anni riduzione del 20% in camera con i genitori.
Quota d'iscrizione: 30,00 euro a persona.
Per ulteriori informazioni contattate la nostra agenzia: tel. 0931/971545 - fax 0931/971237

I Leggi il programma sopra e rispondi alle domande. 读上面的行程安排，回答问题。

1. Dove pernottano i turisti la prima sera del viaggio?
2. Per quale città partono il secondo giorno?
3. Che cosa possono fare a Capri nel tempo libero?
4. Che cosa fanno dopo la visita di Pompei?
5. Dove si fermano durante il viaggio nella Costiera Amalfitana?
6. Quando arrivano ad Augusta?

II Lavoro di coppia. Immaginate di avere fatto il viaggio sopra indicato: a turno, fate domande sull'itinerario. 2人练习。想象你们完成了上述的旅游行程：互相询问对方的旅程。

Esempio: ◊ *Che cosa hai fatto il 1° giorno? A che ora sei partito/a?*
● *Sono partito/a alle 5.30...*

"Buon viaggio!" Modulo 7

III Ecco il resoconto della tua vacanza sulla Costiera Amalfitana: inserisci questi verbi al passato prossimo. 这是你在阿马尔菲海岸度假经历的叙述：用动词的近过去时填空。

> essere(3)   partire(2)   viaggiare   fare(2)   tornare   potere   costare
> trascorrere   andare   visitare   vedere (2)   piacere(2)   sedersi

Io e i mei amici 1. _____ in vacanza sulla Costiera Amalfitana. Abbiamo trascorso 2. _____ quasi una settimana fuori: 3. _____ il 4 agosto e 4. _____ il 9 agosto la sera tardi. 5. _____ un bel viaggio! 6. _____ tanti posti diversi e 7. _____ tante nuove amicizie. 8. _____ pullman ed 9. _____ molto piacevole perché era un tour guidato. 10. _____ in molte località turistiche come Napoli, Sorrento, la splendida isola di Capri e Caserta dove 11. _____ il Palazzo Reale. Poi 12. _____ Pompei, la città sepolta, e subito dopo 13. _____ il giro di Positano, Amalfi e Vietri sul Mare, i luoghi più belli della Costiera Amalfitana. Capri ci 14. _____ moltissimo: per me 15. _____ la località più interessante e romantica! Lì 16. _____ passeggiare, comprare souvenir e 17. _____ negli eleganti bar della famosa piazzetta. Il tour, con l'alloggio e i tre pasti inclusi, 18. _____ molto, soltanto 430 euro a persona, ed 19. _____ a tutto il gruppo!

IV Con quali espressioni di tempo si usa il passato prossimo? Riscrivi le frasi con l'espressione data. 哪些时间表达方式用近过去时？用所给表达方式重写句子。

1. Domenica prossima Simona parte per le vacanze. Domenica scorsa _____.
2. Stasera usciamo con Milo a mangiare una pizza. Ieri sera _____.
3. Antonella e Carla arrivano lunedì sera. _____ lunedì scorso.
4. Mario e Licia si sposano l'anno prossimo. _____ l'anno scorso.
5. Oggi non sono all'università. Ieri _____.
6. Il prossimo mese Giulio si trasferisce a Milano. Il mese scorso _____.

V Metti in ordine cronologico le seguenti locuzioni di tempo e completa gli scambi. 将下列短语按时间先后顺序排列，填空完成对话。

> l'anno scorso ☐   stamattina ☐   venerdì scorso ☐   stanotte ☐   quindici giorni fa ☐   ieri sera ☐

1. "Sono passato da te alle 9.30 e ho bussato tante volte!" - "Ah... _____ sono andato fuori a cena."
2. "Come mai _____ sei arrivato tardi in ufficio?" - "Non ho sentito la sveglia!"
3. "_____ hai dato l'esame di italiano?" - "No, non l'ho più dato perché non mi sentivo preparato."
4. "Marina, _____ sei riuscita a dormire con il rumore dei tuoni?" - "No, non ho chiuso occhio!"
5. "Silvia, sei tornata dal mare?" - "Sì, sono tornata da un po', _____!"
6. "Quando siete andati in Sardegna?" - "_____ in luglio. Ci è piaciuta tantissimo!"

VI Lavoro di coppia. Create conversazioni su quello che avete fatto di recente e usate locuzioni di tempo come *stamattina, ieri mattina, ieri pomeriggio, ieri sera, la scorsa settimana, ecc.* 2人练习。设计对话，谈谈你们最近做的事，使用时间短语，例如stamattina, ieri mattina, ieri pomeriggio, ieri sera, la scorsa settimana 等。

Esempio: ◊ Che cosa hai fatto stamattina?
● Sono andato/a all' ufficio postale e poi al supermercato.

VII Come scrivere una pagina di diario? Osserva questo esempio. 怎样写一篇日记？观察这个例子。

10 luglio

La data

Caro diario,

oggi sono riuscita a superare la paura, anche grazie a quello che mi hanno detto Sara, Elisa e Mara, e sono riuscita a dimostrare a me stessa che sono cambiata.

Sono venuti a fare un giro a casa nostra Giorgio e tutta la sua famiglia. Appena li ho visti ho pensato: "Ecco, è arrivato il momento! Sai quanto l'ho aspettatto".

Io e Giorgio siamo rimasti soli, a parlare nel salone.

È stato difficile confessargli tutto ma è stato meglio! Ora mi sento una persona diversa, più sicura di me!

si scrive per se stessi:
annotazioni brevi e riflessioni personali

ordine cronologico dei fatti
narrazione di fatti appena accaduti

si scrive nella prima persona singolare

VIII Scrivi una pagina di diario dopo una giornata piacevole e movimentata di un tuo viaggio. Segui il modello sopra. 仿照上面的例子，写一篇日记，记述你旅行中愉快而又生动的一天。

Inizia in questo modo: 这样开始:

"*Caro diario,*

  oggi è stata una giornata molto ...."

 I verbi servili seguiti dai riflessivi 带有自反动词的辅助动词

IX Leggi la conversazione, sottolinea le forme del passato prossimo di potere, volere e dovere seguite dai verbi riflessivi e completa la tabella. 读对话，划出带有自反动词的potere，volere和dovere的近过去时形式，填表。

◊ Ehi, Marco, che cosa ti è successo? Ti vedo un po' distrutto stamattina!

● Questo fine settimana, come sai, sono stato fuori in gita con Sara.

◊ E allora? Che cos'è? Non ti sei potuto divertire, vero? Sara non è un tipo semplice!

● Proprio così! Non è certo la "compagna di viaggio ideale": troppo esigente!

◊ Perché? Che cosa ti ha combinato?

● Sai che detesto le mattinate...ebbene, per lei mi sono dovuto alzare alle 6.00, perché ha voluto prendere il primo treno per Stresa.

◊ Dai! È sempre meglio partire un po' presto quando si va a fare una gita o un'escursione.

● Sì, certo... ma ascolta cosa ha fatto!

◊ Che cosa ha fatto? Una delle sue solite, immagino!

● Bravo, indovinato! A pranzo non si è voluta accontentare di mangiare in una trattoria e abbiamo dovuto sederci in un ristorante carissimo, così la sera per dormire, naturalmente per mancanza di soldi, ci siamo dovuti sistemare in una stanza in famiglia!

◊ Così almeno hai potuto risparmiare!

● Vuoi fare lo spiritoso?

◊ No, no! Comunque... com'è andata a finire?

● Lei si è comportata sempre allo stesso modo! Bene, per il ritorno ha voluto prendere il treno delle 5.00, l'ora di punta, e abbiamo dovuto metterci in fila e aspettare per più di mezz'ora per comprare i biglietti. Poi, quando siamo arrivati in città, ci siamo salutati a stento.

◊ Sicuramente ti è andata meglio di me! Sai della mia lite con la mia ragazza?

● Sergio, per caso vi siete messi di nuovo assieme?

◊ Macché! Lei non si è voluta scusare con me quando le ho telefonato giorni fa, e ancora oggi non ci sentiamo!

● Mi dispiace per te! So quanto ti sei dovuto abituare al suo caratterino!

I verbi servili seguiti dai verbi riflessivi   带有自反动词的辅助动词

pronome atono + essere + servile + infinito 非重读代词 + essere + 辅助动词 + 不定式	avere + servile + infinito + pronome atono avere + 辅助动词 + 不定式 + 非重读代词
Non ti sei potuto divertire	

 Grammatica: "potere", "volere", "dovere" con i verbi riflessivi
语法："potere"，"volere"，"dovere" 和自反动词

> **Osserva le frasi sotto, confronta e rispondi alla domanda.** 观察下面的句子，对比并回答问题。
> "...abbiamo dovuto metterci..."   "...ci siamo dovuti accontentare..."
> "...non si è voluta accontentare..."   "...ti sei dovuto abituare al suo caratterino."
> - Viene sempre osservata la regola della concordanza? Sì/No.
>   总是遵守性、数一致的规则吗？
>   Se no, quando? 如果不是，什么时候不用一致？

X   Leggi di nuovo la conversazione e rispondi alle domande.   再读对话，回答问题。

1. Perché Marco non ha potuto divertirsi?
2. Quando ha dovuto alzarsi per prendere il treno? Perché?
3. Dove hanno dovuto sistemarsi per dormire la sera? Perché?
4. Perché hanno dovuto mettersi in fila alla stazione?
5. La ragazza di Sergio ha voluto scusarsi con lui dopo la lite?
6. Sergio non ha potuto abituarsi al difficile carattere della sua ragazza?

**XI   Trasforma le seguenti frasi e usa l'ausiliare *essere* o *avere* in maniera appropriata.
用助动词essere或avere的适当形式，变换下列句子。**

Esempio: Non ho potuto svegliarmi presto - "*Non mi sono potuto svegliare presto.*"

1. Paola ha voluto vestirsi per la laurea in modo sportivo. _____
2. Katie e Josh hanno dovuto adattarsi alle abitudini italiane. _____
3. Mario, come mai non hai potuto presentarti all'esame? _____
4. Ci siamo dovuti pentire del viaggio fatto. _____
5. Elsa si è dovuta rivolgere ad un'altra agenzia di viaggio. _____
6. Non abbiamo potuto metterci in contatto con la guida. _____

XII   Leggi le frasi e trova gli errori: solo due frasi sono corrette.   读句子，找错误：只有两个句子是正确的。

1. Anche Lei, signora Vullo, si è dovuto riposare dopo il viaggio? _____
2. Silvia ed Elena si sono potuti incontrare con il gruppo alla stazione! _____
3. Ragazzi, vi siete potuti prenotare per la prossima gita? _____
4. Io mi ho dovuto alzare presto tutte le mattine! _____
5. Daniele non si ha voluto preparare la valigia! _____
6. Il gruppo si è voluto fermare nella piazzola di sosta. _____

XIII Riempi gli spazi nel riassunto della conversazione. 填空，完成对话的概述。

> Questo fine settimana Marco e Sara sono andati in gita a Stresa. Marco 1. _____ distrutto in ufficio e non 2. _____ divertire perché Sara non 3. _____ una buona compagna di viaggio. Lei 4. _____ la capricciosa tutto il tempo! Per lei Marco 5. _____ alzarsi molto presto perché lei 6. _____ partire con il treno delle 6.00. A pranzo Sara non 7. _____ sedersi in trattoria, così Marco 8. _____ spendere molto per mangiare. Proprio per questo, 9. _____ accontentare di passare la notte in una stanza in famiglia. Infine, Sara 10. _____ tornare in città alle 5,00 , nell'ora di punta, e Marco 11. _____ fare la fila per più di mezz'ora. Poi, quando 12. _____ dal treno, Sara e Marco 13. _____ a stento. Ma anche Sergio, il collega di Marco, non 14. _____ molto fortunato con la sua ragazza: 15. _____ di recente con lei e, quando lui le 16. _____, lei non 17. _____ scusarsi! Peccato che Sergio 18. _____ sopportare il suo caratterino!

XIV Lavoro di gruppo. Avete fatto una gita o un viaggio con un compagno/una compagna non proprio "ideale". In gruppi di 4/5, a turno, fate domande su questa esperienza e rispondete. 小组练习。你们跟一位不太理想的旅伴进行了一次远足或旅行。4人或5人一组，就这次经历提问并回答。

XV Leggi il testo di questa famosa canzone del cantautore Adriano Celentano, riempi gli spazi, ascolta e controlla. 读这首著名歌曲的歌词，出自自编自唱的歌手阿德里亚诺·塞兰塔诺，填空，听歌并检查。

AZZURRO

Cerco l'estate tutto l'anno
e all'improvviso eccola qua.
Lei 1. _____ per le spiagge
e sono solo quassù in 2. _____
sento fischiare sopra i tetti
un aeroplano
che se ne va.
Azzurro il pomeriggio è
troppo azzurro e
3. _____ per me
Mi accorgo
di non avere più risorse
senza di 4. _____
e allora
io quasi quasi 5. _____ il treno e
vengo, vengo da te
ma il treno
dei desideri,
nei miei pensieri all'incontrario 6. _____
Sembra quand'ero all'oratorio
con tanto sole
tanti 7. _____ fa,

quelle domeniche da 8. _____
in un cortile
a 9. _____
Ora mi annoio più di allora
neanche un prete
per 10. _____

XVI Leggi di nuovo il testo e rispondi alle domande. 再读歌词，回答问题。

1. Di quale stagione parla la canzone?
2. Perché lui è rimasto solo?
3. Come si sente?
4. Dove vuole andare con il treno?
5. Come sono le città italiane in estate?
6. Come si vive se si resta in città?

FERRAGOSTO A ROMA

Agosto è arrivato e, con esso, le vacanze estive. Tg e giornali parlano di fine settimana da bollino nero tra afa, traffico intenso, code e blocchi autostradali.

A causa dell'aumento dei prezzi un italiano su due è rimasto in città. Proprio per chi resta in città molte città hanno pensato di offrire ai cittadini tante opportunità di svago: Milano, Torino e Roma, sotto il solleone, sembrano quasi tranquille città di provincia. Ma vediamo come la capitale si è organizzata per l'estate.

Quest'estate Roma è diventata particolarmente piacevole da visitare: molti romani sono andati in vacanza e il traffico, di solito molto intenso, è diventato quasi normale. Il fenomeno delle città vuote e deserte è un lontano ricordo! Quest'anno per il Ferragosto il Comune di Roma ha preparato un ricchissimo programma di eventi: incontri speciali con attori e registi famosi, serate con proiezioni di film sul Lungotevere, serate di musica sudamericana alle Capannelle, il celebre ippodromo della capitale e, infine, le "Letture d'Estate", sul Lungotevere. Grazie a questa iniziativa culturale la gente ha potuto passeggiare, comprare libri, curiosare e anche mangiare tra le tante bancarelle. Un'altra iniziativa interessante "Vacanze Romane a Tempo di Musica" ha messo in scena spettacoli di canto, musica e danza nelle piazze più belle della capitale: piazza del Popolo, piazza di Spagna, piazza Farnese e piazza Navona. I romani e i turisti hanno assistito al concerto di un quartetto di archi al ritmo della celebre "*Carmen*" di Bizet e del brindisi della "*Traviata*" sulla bellissima scalinata di piazza di Spagna.

Anche in questa estate 2010 i musei sono rimasti aperti a Ferragosto grazie all'iniziativa "Ai Musei". Molti romani hanno potuto attraversare secoli d'arte tra una mostra su Correggio e un'altra su Mario Schifano. Insomma, trascorrere il Ferragosto a Roma è diventata l'alternativa migliore al solito tuffo in mare!

testo adattato tratto dal sito "*www.estateromana.comune.roma.it*"

XVII Leggi l'articolo sopra e rispondi alle domande. 读上面的文章，回答问题。

1. Perché molti italiani sono rimasti in città?
2. Che eventi ha organizzato il Comune di Roma?
3. Che cosa ha potuto fare la gente sul Lungotevere, oltre a comprare libri?
4. Che eventi ci sono stati nelle più belle piazze di Roma?
5. Che cosa hanno visto i romani e i turisti sulla scalinata di piazza di Spagna?
6. Che cosa hanno potuto vedere i romani nei musei?

XVIII Completa la tabella con le informazioni mancanti tratte dal testo. 根据文章内容，填出表格的缺项。

Iniziative	Che cosa	Dove
• serate di film...............	• film del passato.............	• Lungotevere.................
•	•	• ....
•	•	• ....
•	•	• ....
•	•	• ....
•	•	• ....

XIX Lavoro di gruppo. In gruppi di 3/4: rileggete il testo della canzone e l'articolo e discutete i seguenti punti: 小组练习。3人或4人一组：再读歌词和文章，讨论下面几点：

- differenze e somiglianze tra i due testi
- immagine delle città italiane in estate
- differenze e somiglianze tra il tuo Paese e l'Italia

XX Mario e Chiara stanno partendo per Parigi. Leggi il dialogo, sottolinea i verbi al passato prossimo e completa la tabella. Mario和Chiara正要出发去巴黎。读对话，划出近过去时动词，填表。

◊ Allora, Chiara, hai fatto le valigie?
● Certo che le ho fatte! Se non le faccio io, chi le fa?
◊ Va bene! Ma io sono andato a ritirare i biglietti!
● Ah, sì…li hai ritirati tu? Pensavo di andare io in agenzia.
◊ Passavo lì davanti…, ma vediamo un po'… hai messo la cinepresa in valigia?
● Sì, l' ho messa. E, naturalmente, ho anche messo la macchina fotografica! Lo so che non puoi fare a meno di scattare foto quando sei in viaggio!
◊ E il cellulare? L'hai caricato?
● Certo che l'ho caricato, e ho comprato la Tim Card per l'estero!
◊ E hai preso la guida di Parigi?
● Sì, l'ho comprata nell'edicola sotto casa proprio oggi.
◊ Perfetto! Allora abbiamo tutto?
● Mi sembra di sì! Sono stata brava, no?

I pronomi diretti di III persona singolare e plurale e il passato prossimo
第三人称单数和复数直接宾语代词与近过去时

lo + participio passato in-...	la + participio passato in-...	li + participio passato in-...	le + participio passato in-...

N.B. 注意

I pronomi diretti "lo" e "la" di fronte al verbo "avere" perdono la vocale finale e mettono l'apostrofo. 直接宾语代词 "lo" 和 "la" 在动词 "avere" 之前，去掉元音，加上省音撇。

Esempio: *"l'ho comprato" - "l'ho vista" ma "li ho comprati" - "le ho viste"*

 Grammatica: l'accordo con i pronomi diretti 语法：与直接宾语代词的性数一致

Osserva le frasi e rispondi alle seguenti domande. 观察句子，回答下面的问题。
"E hai preso la guida di Parigi?" - "Sì, l'ho comprata..." - "Chiara, hai fatto le valigie?" - "Certo che le ho fatte!"
- Qual'è la posizione del pronome in queste frasi: prima o dopo l'ausiliare? ....
  句子中代词在什么位置？助动词之前还是之后？
- Quando si fa l'accordo dell'oggetto con il participio? ....
  什么时候宾语和过去分词要性数一致？

Ricorda che 注意
- l'accordo <u>non</u> avviene quando il pronome è indiretto. 间接宾语代词不用与过去分词性数一致。

Esempio: *"Hai telefonato <u>a Sara</u>?" - "No, non <u>le</u> ho telefonato!"*

XVI Completa le frasi con il pronome e il verbo al passato prossimo. 用代词和近过去时动词完成句子。

1. "Tina, hai comprato il rullino?" - "Sì, _____."
2. "Dove hai messo i passaporti?" - "_____ nella borsa."
3. "Hai salutato mia madre?" - "Sì, _____ ieri mattina."
4. "Hai portato il computer?" - "Sì, certo che _____."
5. "Hai portato le carte da gioco?" - "No, _____."
6. "Hai preso la scheda per il cellulare?" - "Certo che _____!"

XVII L'accordo con il passato prossimo: completa questi mini-dialoghi. 与近过去时的性数一致：完成这些小对话。

1. "Dove avete preso il treno per Chiusi?" - "_____ alla stazione di Siena."
2. "Avete scritto all'agente di viaggio per il rimborso?" - "No, _____!"
3. "Hai risposto alla nostra guida?" - "Sì, _____ ieri sera."
4. "Carlo ha prenotato i biglietti per il viaggio?" - "Certo che _____!"
5. "Hai parlato con i tuoi genitori prima di partire?" - "No, _____!"
6. "Anche i tuoi colleghi hanno pagato la quota intera?" - "No, _____!"

 pronomi diretti e indiretti atoni e tonici: sintesi 非重读和重读直接、间接代词：概括

pronomi diretti		pronomi indiretti	
pronomi atoni	pronomi tonici	pronomi atoni	pronomi tonici
mi	me	mi	me
ti	te	ti	te
lo, la	lui, lei	gli, le	lui, lei
ci	noi	ci	noi
vi	voi	vi	voi
li, le	loro	gli	loro

Ricorda che 记住

- quando il pronome è in funzione di complemento oggetto o complemento di termine si usa sia la forma atona che quella tonica. La forma tonica, però, si usa per dare maggiore rilievo al pronome. 当代词起直接宾语作用时，可以使用非重读形式，也可以使用重读形式。而重读形式对代词有强调作用。

Esempio: *"Mario mi ha chiamato." - "Mario ha chiamato me."*
 "Mario mi ha telefonato ieri." - "Mario ha telefonato a me ieri."

- quando il pronome è preceduto dalla preposizione, la forma tonica è <u>obbligatoria</u>. 当代词在前置词之前时，需要使用重读形式。

Esempio: *"Ho fatto tutto questo per te."*

XXIII Leggi il dialogo e completa con i pronomi tonici o atoni e la preposizione, ove necessario. Ascolta e controlla. 读对话，用重读或非重读代词填空。需要时，填入前置词。听录音，检查。

◊ Carla, è da tempo che non _____ vedo! Sei andata poi a trovare i tuoi amici a Roma?

● Sì, certo! _____ sapevi, no? Sono stata fuori 3 settimane.

◊ Da sola, vero?

● No, con Luisa.

◊ _____ ?! Ma non _____ dicevi sempre che era un po' antipatica?

● Sì, è vero! Invece _____ ho conosciuta e _____ è sembrata solo un po' riservata.

◊ Siete andate in albergo?

● No, abbiamo trovato un ostello vicino a piazza Navona.

◊ Che bello! _____ è piaciuta Roma ?

● _____ è piaciuta molto ma _____ no: _____ è sembrata molto caotica. E poi _____ sentiva un po' depressa perché è piovuto tutto il tempo.

◊ Sei uscita spesso con i tuoi amici?

● _____ ho incontrati un paio di volte a cena. Erano sempre impegnati, purtroppo!

◊ Hai scattato molte foto?

● Si, abbastanza. Sono molto belle! _____ vuoi vedere?

◊ Certo!

● Bene. Perché non _____ incontriamo questo fine settimana, così passiamo una serata insieme?

◊ Ottima idea! Ma dove, a casa tua o a casa di tua madre?

● _____, non _____! _____ sai che non _____ piace avere gente a casa sua! Allora, _____ chiamo uno di questi giorni. Senti, chiami tu Luisa?

◊ Sì, _____ telefono io. Tu, invece, puoi telefonare a Matteo e Sonia? Non _____ sento da un po' di tempo.

● No, _____ dispiace! Non _____ va di telefonare _____! Guarda, _____ ho chiamati giorni fa perché volevo invitare a vedere una mostra ma _____ hanno detto che avevano un altro impegno. Forse non sentono a loro agio _____. Senti, invece posso venire _____ con il mio nuovo collega?

◊ Chi, Stefano? Vieni pure _____! _____ è sembrato molto simpatico quando _____ ho conosciuto!

● D'accordo.

◊ Allora, _____ vediamo presto!

XXIV Completa con il pronome appropriato e scegli tra. 选词，并用适当的代词填空。

senza di	*con*	*da*	*per*	*in*	*di*

1. Se volete, potete stare _____: abbiamo una stanza libera per gli ospiti.
2. Simona, perché non vieni in viaggio _____? Sai quanto mi annoio da sola!
3. Ricordati di prenotare i biglietti anche _____! Mi hanno telefonato adesso.
4. Ho sempre viaggiato con Luca e non riesco a immaginare una vacanza _____!
5. Laura mi è mancata tanto! Ho sempre nostalgia _____ quando vado fuori!
6. Sta' tranquilla per il viaggio in Cina: ci sono stato tante volte! Abbi fiducia _____!

XXV Che cosa fai prima di partire in vacanza? Associa le immagini ai verbi. 出发去旅行之前你要做什么？连接图片和动词。

1   2   3   4   5   6

a. fare il cambio dei soldi ☐   b. prelevare i soldi ☐   c. prendere le medicine ☐   d. prendere il passaporto/documento d'identità ☐   e. prendere la crema antisolare ☐   f. portare lo stradario ☐

XXVI Lavoro di coppia. Decidete chi siete - Studente A/Studente B - e, a turno, fate domande e rispondete sulle cose da fare prima di partire in vacanza. Lo Studente A rimane in questa pagina e lo Studente B va all'Appendice a pag 249. 2人练习。决定你们谁是学生A，谁是学生B，互相提问并回答，谈谈出发去旅行之前要做的事。学生A看本页信息，学生B看附录249页。

Esempio: ◊ *Hai preso la guida di Roma?*
● *Sì, l'ho presa!/ No, non l'ho presa. La prendo oggi pomeriggio!*

Studente A: Promemoria

portare lo stradario	x sì	
prelevare i soldi	x sì	
comprare le medicine	x sì	
prendere la crema antisolare		--no
fare il cambio dei soldi		
prendere i passaporti		
portare la cinepresa		
preparare le valigie		

XXVII Pensate al vostro viaggio più recente e, in plenaria, dite quali delle cose sopra avete/non avete fatto prima della partenza. 想想你们最近的一次旅行，集体讨论，说出上面提到的事情中，你们出发前做了哪些事，没做哪些事。

XXVIII Abbinate le immagini ai nomi e discutete in classe quali di questi oggetti avete portato con voi nelle vostra ultima vacanza e perché. 连接图片与名词，并在班上讨论，你们最近的一次旅行中带了下列物品中的哪些？为什么？

1   2   3   4   5   6

a. foto dei genitori ☐   b. libro da leggere ☐   c. portafortuna ☐
d. crema antizanzare ☐   e. diario ☐   f. agenda ☐   altro...

XXIX Lavoro di coppia. Tu e il tuo compagno/la tua compagna volete fare una vacanza insieme. Discutete dove andare e cosa portare con voi. 2人练习。你和同学想一起旅行。讨论一下你们去哪里，带什么东西。

"SENTA, VORREI PRENOTARE..."
"您听我说，我想预订……"

I Come prenotare una camera? Ascolta la conversazione tra il signor Muti e l'addetto alla ricezione dell'albergo e segna con una X le informazioni presenti nel testo. 如何预订一个房间？听Muti先生与饭店接待员的对话，用 "X" 标出文中出现的信息。

- **Il signor Muti vuole:**
  a. prenotare una doppia e una tripla. ☐
  b. prenotare una doppia e una quadrupla. ☐
  c. fermarsi in albergo per 4 sere da giovedì a domenica. ☐
  d. fermarsi in albergo per 3 sere da venerdì a domenica. ☐
- **Il signor Muti prenota:**
  a. una camera matrimoniale con un lettino e una tripla. ☐
  b. una camera matrimoniale con un lettino e una doppia con 2 letti. ☐
- **La camera doppia con la mezza pensione costa:**
  a. 60 euro a persona al giorno. ☐
  b. 50 euro a persona al giorno. ☐
- **Il signor Muti sceglie:**
  a. la mezza pensione con la colazione e il pranzo a buffet. ☐
  b. la pensione completa. ☐
- **L'albergo gli fa lo sconto del 25% perché ha:**
  a. bambini sotto i 10 anni. ☐
  b. tre figli. ☐
- **Il signor Muti deve:**
  a. fare una telefonata di conferma. ☐
  b. mandare un fax di conferma. ☐

II Ascolta di nuovo e completa con altre informazioni. 再听对话，填入其他信息。

1. Il signor Muti prenota una doppia con un lettino in più e una doppia con due letti perché _____ e la matrimoniale non sono nello stesso _____.
2. La camera doppia con 1 lettino _____ al signor Muti. _____ al giorno perché l'albergo non gli _____ pagare il bambino.
3. L'albergo non ha il _____ ma ha il _____ esterno _____.
4. Il signor Muti chiede all'addetto alla ricezione se l'albergo _____ tutte le _____ di credito o se deve pagare in _____.
5. Il signor Muti deve _____ la _____ di 100 euro con vaglia _____ o con bonifico _____.
6. Il signor Muti chiede le _____ bancarie dell'albergo.

III A quale dei due alberghi di Roma ha telefonato il signor Muti? 在两个罗马的饭店中，Muti先生给哪一个打了电话？

"*Hotel della Torre*" ★★★ **(3 stelle)**

-pernottamento in camera singola: 40,00 euro a persona con la 1ª colazione

-pernottamento in camera singola: 60,00 euro a persona con trattamento di ½ pensione (colazione + pranzo o cena a buffet)
-pernottamento in camera doppia: 50,00 euro con la colazione
-pernottamento in camera doppia: 80,00 euro a persona con trattamento di ½ pensione
Sconti per bambini sotto i 10 anni: 25%

"*I Giardini del Quirinale*" ★★★★ (4 stelle)

Pernottamento e 1ª colazione	Mezza pensione	Pensione completa
(prezzo a camera)	(prezzo a persona)	(prezzo a persona)
singola 60,00 euro	singola 75,00 euro	singola 70,00 euro
doppia 98,00 "	doppia 120,00 "	doppia 60,00 "
tripla 98,00 "	tripla 35,00 "	tripla 50,00 "
quadrupla 110,00"	quadrupla 40,00 "	quadrupla 55,00 "
cani di piccola taglia ammmessi	parcheggio riservato	

IV **Ascolta di nuovo e annota nella tabella cosa dice il signor Muti per.** 再听一遍，在表中记录Muti先生说的话。

chiedere della possibilità di sistemazione in albergo	chiedere del costo delle camere	chiedere altro	chiedere dei servizi	ringraziare e salutare
			vorrei sapere se...	grazie e arrivederLa

V **Ascolta la conversazione e completa la coniugazione di "volere".** 听对话，写"volere"的变位。

💬 Condizionale Presente 条件式现在时

io	_____	noi	_____
tu	vorresti	voi	vorreste
lui, lei, Lei	vorrebbe	loro	vorrebbero

👁 Grammatica: il condizionale del verbo "volere" 语法：动词"volere"的条件式

> **Osserva le frasi e rifletti.** 观察句子并思考。
> "*Vorrei la colazione in camera, per favore!*" "*Vorrebbe una camera doppia con un lettino in camera?*"
> Con il condizionale presente di "*volere*" esprimiamo un desiderio o una richiesta d'informazione.
> 通过"volere"的条件式现在时，我们表达愿望或需要知道什么信息。

VI **Come esprimere un desiderio o una richiesta? Completa.** 如何表达愿望或需要？完成句子。

1. (io) _____ quanto costa la camera con la pensione completa, per favore.
2. Il cliente _____ se può pagare con la carta di credito.
3. _____ se dobbiamo pagare la caparra o paghiamo tutto quando arriviamo.
4. Ingegner Martini, _____ una doppia al posto della singola per stasera?
5. Per il pagamento (io) _____ le coordinate bancarie dell'albergo, se possibile!
6. Carlo, _____ prenotare adesso per la settimana bianca? Non c'è lo sconto-famiglia!

VII I confort di un buon albergo: abbina le immagini ai servizi sotto. 一个好饭店的便利条件：连接图片与服务内容。

1   2   3   4   5   6

a. ascensore ☐   b. cambio valuta ☐   c. TV satellitare ☐   d. servizio in camera ☐   e. fax ☐   f. cassaforte ☐

7   8   9   10   11   12

g. noleggio ☐   h. lavanderia ☐   i. animali domestici ☐   j. asciugacapelli ☐   k. Internet ☐   l. frigobar ☐

VIII Leggi i seguenti mini-dialoghi e riempi gli spazi. 读下列小对话，填空。

1. "Vorrei sapere se in albergo sono ammessi _____." - "Mi dispiace, è vietato."
2. "Mi sa dire a che ora è disponibile il servizio di _____?" - "Purtroppo in questo momento non funziona."
3. "Mi può dire quando è disponibile il servizio di _____?" - "Dalle 9.00 alle 16.00 tutti i giorni, esclusi il sabato e la domenica."
4. "Mi scusi, vorrei sapere quanto costa _____ di una Fiat." - "Dipende dal tipo di Fiat!"
5. "Senta, può dirmi se per usare _____ si paga extra?" - "Sì, Lei paga quanto consuma."
6. "Sa dirmi se _____ funziona anche la domenica?" - "No, la domenica il personale è libero."

IX Sottolinea nei dialoghi sopra le espressioni per fare richieste e usale per avere informazioni su. 划出上面对话中提要求的表达方式，并运用这些表达方式来获得与下面几点相关的信息。

1. servizio cambio valuta:..
2. costo noleggio auto: ....
3. orario servizio di cassaforte: ....
4. costo Internet all'ora: ....
5. asciugacapelli:...
6. costo servizio in camera:..

X Lavoro di coppia. Decidete chi siete - Studente A/Studente B - e fate la parte del cliente e del ricezionista. Sviluppate la conversazione secondo le indicazioni sotto. Lo Studente A rimane in questa pagina e lo Studente B va all'Appendice a pag 249. 2人练习。决定你们谁是学生A，谁是学生B，一个扮演顾客，另一个扮演接待员。根据下面的提示进行对话。学生A用本页的信息，学生B见附录249页。

Studente A: Cliente

- animali domestici
- asciugacapelli
- colazione in camera
- orario servizio lavanderia

XI In coppia leggete le seguenti battute e completate il dialogo. 两人一组读下面的对话，填空。

◊ Hotel San Michele, buongiorno. Prego, 1. _____?
● Buongiorno. Sono il signor Marini e 2. _____ da Genova. 3. _____ prenotare una camera doppia e una singola.
◊ Per quando, signor Marini?
● Per questo 4. _____.
◊ Un attimo, prego...mi dispiace, ma adesso siamo al completo.

- Allora, può 5. _____ per il prossimo fine settimana?
◊ Sì, 6. _____ una doppia e una singola libere la settimana prossima, dal 20 al 23 luglio.
- Perfetto! 7. _____ prenotare per tre notti.
◊ Allora, per tre notti, da venerdì a domenica sera. Va bene?
- Sì, esatto. Può 8. _____ quanto 9. _____ - al giorno la doppia e la singola?
◊ La doppia costa 80 euro, e la singola viene 45 euro con la 1ª colazione inclusa.
- Benissimo! Ancora una domanda: 10. _____ sapere se l'11. _____ ha il parcheggio riservato o il 12. _____.
◊ No, mi 13. _____, ma non abbiamo né il parcheggio riservato 14. _____ il garage. Però, se vuole, può 15. _____ la macchina nella traversa accanto. L'albergo si trova in una zona tranquilla.
- 16. _____ dare la conferma per fax?
◊ Sì, certo. La può 17. _____ a questo numero: 06 8535 6532
- 18. _____ pagare anche la 19. _____?
◊ No, basta solo la 20. _____.
- Grazie tante. Ci 21. _____ il prossimo venerdì!
◊ Grazie e arrivederLa!

XII Lavoro di coppia. Decidete chi siete - Studente A/Studente B - e, a turno, fate la parte del turista/viaggiatore e del ricezionista. Sviluppate la conversazione secondo le indicazioni sotto. Lo Studente A rimane in questa pagina e lo Studente B va all'Appendice a pag 250. 2人练习。决定你们谁是学生A，谁是学生B，轮流扮演游客（旅行者）和接待员。根据下面的提示进行对话。学生A用本页的信息，学生B见附录250页。

Studente A: Cliente

- nome: Aldo Rossi / Anna Bianchi
- camera singola + 1/2 pensione
- periodo: 1 settimana in agosto
- (dire i giorni)
- prezzo
- parcheggio riservato/ garage
- caparra
- coordinate bancarie

XIII Fare il check-in: completa la tabella con le espressioni sotto. 办入住手续：用下面的表达方式填表。

l'addetto alla ricezione	il facchino	il cliente
dare il benvenuto	portare i bagagli in camera	mettere i vestiti nell'armadio

portare i bagagli in camera   prendere le valigie   dare la chiave della camera   dare il benvenuto
chiedere i documenti   mettere i vestiti nell'armadio   chiedere al facchino di prendere i bagagli
registrare i nomi dei clienti   disfare le valigie   restituire i documenti

XIV Il signor Muti racconta del suo arrivo a Roma: completa in maniera appropriata.
Muti先生讲述他到达罗马后的经历：用适当的形式填空。

> Siamo arrivati alla stazione di Roma Termini nel tardo pomeriggio e siamo subito andati all'Hotel della Torre. Appena siamo entrati nell'albergo, l'addetto alla ricezione _____ _____ _____ _____ il _____. Prima ci _____ _____ i documenti e _____ i nostri nomi. Subito dopo ha _____ al facchino di _____ le nostre valigie e gli _____ _____ la chiave della nostra camera. Dopo che il facchino ha _____ i bagagli nella camera, siamo saliti, abbiamo _____ le valigie e _____ i nostri _____ nell'armadio. Poi, abbiamo fatto una doccia veloce e siamo scesi giù nella hall dell'albergo. Appena l'addetto alla ricezione ci _____ _____, ci ha _____ i nostri documenti e ci ha augurato una buona serata!

XV Lavoro di gruppo. In gruppi di 3/4: mettete in scena la situazione sopra descritta.
小组练习。3人或4人一组：将上面描述的情景表演出来。

◇ **Forum Italia** ◇ **Generi di Vacanza** ◇ **Vacanza da 1 o 5 stelle?** ◇

La discussione della settimana: *"Voi, che vacanza preferite? Gli hotel a 5 stelle con il tutto incluso, o a 1 stella dove dormire soltanto?"*

1. Avete mai provato il campeggio? Io l'ho già provato al liceo e l'adoro. Non ho mai fatto una vacanza migliore xché mi fa sentire libero e a contatto con la natura! (*ecologico '80*)

2. Beh...diciamo una via di mezzo! Un 3 stelle x me può bastare. Non sono mai stata in un hotel di lusso! Che barba! E non ho ancora fatto una vacanza in campeggio come tanti miei colleghi! x loro il campeggio vuol dire libertà. x me, invece, significa sofferenza: zanzare, formiche...(*in medio stat virtus!*)

3. Piccoli hotel, b&b, pensioncine e similari: quindi confort, ma anche servizio + personale! Gli albergoni proprio non fanno x noi. Ma non abbiamo ancora provato i villaggi-vacanza! Sembrano la soluzione + adatta per chi ha bambini piccoli come noi! (*famiglia Brambilla*)

4. Ho mai provato il campeggio? Sì, 1 volta e x 20 giorni consecutivi...un vero inferno! Musica accesa anche di notte, vicini rumorosi, e un caldo da morire! Preferisco l'ostello: un letto e un tetto! (*chi si contenta, gode!*)

5. Che dire? In fatto di vacanze sono sempre andata controcorrente! La vacanza è relax, ma anche divertimento: un buon libro da poter finalmente finire, posti nuovi da visitare, gente da incontrare! Tutto senza un vero programma! Avete mai fatto una vacanza così? Io sì! E la sensazione è stata unica! Provare per credere! (*la piccola snob*)

XVI Leggi i messaggi e fai un piccolo quiz al tuo compagno/alla tua compagna. Completa gli spazi con le sue risposte. 读短信，对同学进行一个小测试。用他（她）的回答填空。

Che cosa	Chi
1. Ha fatto vacanze in completo relax e di puro divertimento.	_____
2. Non ha provato né gli hotel di lusso né i campeggi.	_____
3. Preferisce l'ostello al campeggio.	_____
4. Una volta ha fatto una vacanza in campeggio ma è stata orribile.	_____
5. Non sono mai stati nei grandi alberghi ma in pensioncine.	_____
6. Ha sempre fatto belle vacanze in campeggio.	_____

XVII Completa la tabella con le forme di passato prossimo presenti nei messaggi e nell'attività sopra. 用短信中和上面练习中出现的近过去时的形式填表。

ausiliare + già/mai/sempre + participio passato 助动词 + già/mai/sempre + 过去分词	non + ausiliare + mai/ancora + participio passato non + 助动词 + mai/ancora + 过去分词

Grammatica: "già", "sempre", "mai", "non...mai/ancora" + passato prossimo
语法："già"，"sempre"，"mai"，"non...mai/ancora" + 近过去时

> **Osserva le frasi nelle colonne sopra e leggi la regola.** 观察上面栏中的句子，读下面的规则。
> - quando gli avverbi di tempo si trovano con i verbi al passato prossimo, si collocano sempre tra l'ausiliare e il participio passato del verbo, sia nelle frasi affermative che interrogative e negative.
> 当时间副词跟近过去时动词一起时，时间副词总是在助动词和动词的过去分词之间，无论是在肯定句中，还是疑问句、否定句中。
> - nelle frasi negative la particella "non" si trova sempre tra l'ausiliare e "mai" o "ancora".
> 在否定句中，小品词"non"总是在助动词和"mai"或"ancora"之间。

Ricorda che 记住
- *già* indica qualcosa che era previsto e che è successo prima del momento in cui si parla. già指的是预见到的，并在谈论之前就发生的事情。
- *non... ancora/ancora* si riferiscono a qualcosa che è previsto ma non è ancora successo. non...ancora/ancora 指的是预见到的，但还未发生的事。

XVIII Rispondi negativamente a queste frasi e usa *ancora*. 用ancora，以否定的形式回答下列句子。

1. "Avete già comprato i biglietti?" - "No, li dobbiamo _____."
2. "Hanno già visto i monumenti di Firenze?" - "No, _____."
3. "È già partita la corriera per Verona?" - "No, deve _____."
4. "Hai già provato l'Hotel Excelsior?" - "No, _____."
5. "Hai già finito di fare le valigie?" - "No, _____."
6. "Il direttore è già tornato dalle ferie?" - "No, deve _____."

XIX Cambia le frasi nella forma negativa e sostituisci *sempre/spesso* con *non mai*. 用non mai代替sempre/spesso，将句子改成否定形式。

1. Sono sempre andata in vacanza da sola. _____
2. Anna ha viaggiato spesso in 1ª classe. _____
3. Ha spesso dimenticato il passaporto a casa. _____
4. I nostri amici hanno sempre scelto piccoli hotel. _____
5. Si sono sempre divertiti al mare. _____
6. Gli è sempre piaciuto andare in vacanza in Italia. _____

XX Completa le frasi con il verbo in parentesi e usa l'avverbio appropriato. Scegli tra: 用括号中的动词完成句子，并使用恰当的副词。从这些词中选择: già, sempre, mai, non...mai, non...ancora。

1. "(voi) _____ in città a Ferragosto?"- "Sì, quasi sempre. La città è più vivibile!" (*rimanere*)
2. "_____ una vacanza in crociera?" - "No, ma la vorrei fare a Pasqua." (*fare*)
3. "_____ una pensioncina centrale?" - "Noi sì! Abbiamo prenotato al "Sole"!" (*trovare*)
4. "I Rossi _____ di andare all'estero!" - "Neanche noi! In Italia c'è tanto da vedere!" (*pensare*)
5. "_____ dove trascorrere il fine settimana?" - " Non ancora! Ci sto pensando." (*decidere*)
6. "_____ di portare con te il passaporto?"- "No, mai. Controllo sempre tutto!" (*dimenticare*)

Chiedere e dire di fatti ed esperienze recenti

1. _____ 2. _____ 3. _____ 4. _____ 5. _____ 6. _____

a. viaggiare in moto ☐   b. fare l'autostop ☐   c. perdere il passaporto ☐
d. viaggiare senza biglietto ☐   e. perdere i bagagli ☐   f. fare una vacanza-studio ☐

XXI Lavoro di coppia. Abbinate le immagini alle espressioni verbali e chiedete al vostro compagno/alla vostra compagna se hai mai fatto le esperienze sopra indicate. Se sì, cercate di saperne di più e fate domande con *chi, che cosa, quando, come, perché*. 2人练习。连接图片和动词表达方式，问你们的同学有没有过上述的经历。如果有的话，尽量多了解一些，用chi，che cosa，come，perché提问。

Esempio: ◊ *Hai mai viaggiato in moto?*
● *No, mai! Ho paura della velocità. / Sì, una volta/un paio di volte...*

XXII Partecipa alla discussione della settimana del "Forum Italia". Usa anche tu le forme abbreviate del linguaggio degli SMS. (40/50 parole) 参与"意大利论坛"周的讨论。你也用短信用语中的缩写形式。（40至50个词）

XXIII Abbina le attività alle foto, ascolta la conversazione e segna quelle presenti nel testo d'ascolto: 连接活动和照片。听对话，标出在听力课文中出现的活动：

1   2   3   4   5   6

a. prendere il sole ☐   b. fare un giro con il pedalò ☐   c. noleggiare l'ombrellone e la sdraio ☐
d. giocare a pallavolo ☐   e. fare i castelli di sabbia ☐   f. fare i falò ☐

"BAGNI RICCI" a RIMINI

SERVIZIO A = ombrellone + 1 sdraio   SERVIZIO B = ombrellone + 1 sdraio + 2 lettini   SERVIZIO C = ombrellone + 1 sdraio + 3 lettini

LISTINO PREZZI 2011

SECONDO SETTORE (dalla terza fila in poi)   SECONDO SETTORE (dalla terza fila in poi)
ALTA STAGIONE dal 16/06 al 31/08   ALTA STAGIONE dal 16/06 al 31/08

	Servizio A	Servizio B	Servizio C	Lettino
giornaliero	15,00	18,00	21,00	5,50
settimanale	77,00	100,00	123,00	29,00
quindicinale	138,00	184,00	232,00	56,00
mensile	198,00	285,00	381,00	92,00

	Servizio A	Servizio B	Servizio C	Lettino
giornaliero	13,00	16,00	18,00	3,50
settimanale	72,00	84,00	97,00	25,00
quindicinale	120,00	156,00	185,00	50,00
mensile	168,00	250,00	310,00	85,00

XXIV Ascolta di nuovo, guarda il listino prezzi dello stabilimento balneare "*Bagni Ricci*" e completa la tabella. 再听录音，看公共浴场"Ricci浴场"的价目表，填写下表。

	servizio	fila	durata	costo totale in euro
Paola e Giorgio				
Olga				

XXV Ascolta di nuovo la conversazione e rispondi alle domande. 再听对话，回答问题。

1. Perché Paola e Giorgio sono dovuti rimanere a Rimini quest'anno?
2. Dove hanno deciso di passare le tradizionali ferie di agosto?
3. Perché Olga non è voluta partire quest'anno?
4. Che cosa hanno noleggiato i tre amici?
5. Perché Paola e Giorgio hanno dovuto prendere la terza fila?
6. Anche Paola e Giorgio sono riusciti ad avere lo sconto? Sì/No? Perché?

XXVI Ascolta la conversazione, leggi le domande sopra e completa la tabella con le forme del passato prossimo di *potere, volere e dovere*. 听对话，读上面的问题，用 potere，volere和dovere的过去分词形式填表。

ausiliare "essere" 助动词essere	participio passato servile 辅助动词的过去分词	infinito del verbo principale 主要动词的不定式
• non siamo	potuti	partire

 Grammatica: "essere" con il passato prossimo dei verbi servili 语法："essere"和辅助动词的近过去时

> **I verbi servili vogliono l'ausiliare "essere" al passato prossimo quando sono seguiti da.**
> 当辅助动词后是以下动词时，需要使用助动词为"essere"的近过去时。
> • verbi di movimento 表移动的动词 (*andare, tornare, venire, arrivare, ecc.*)
> • verbi di stato 表状态的动词 (*stare, rimanere, restare, ecc.*)
> • verbi di cambiamento di stato 表状态变化的动词 (*diventare, succedere, capitare, ecc.*)
> • verbi particolari 特殊动词 (*bastare, piacere, sembrare, parere, riuscire, ecc.*)

• Ricorda che 记住
  • l'ausiliare "*essere*" richiede sempre l'accordo tra il soggetto e il participio passato. 助动词"essere"总是要求主语和过去分词的性数一致。

XXVII Riformula le frasi al passato prossimo con i verbi servili in parentesi. 用括号中的辅助动词的近过去时重写句子。

1. Myriam torna in Egitto durante le vacanze estive. (*volere*)
2. Mio marito parte per un convegno e io vado a trovare i miei! (*dovere , potere*)
3. Non esco con Stefano stasera perché i miei amici vengono da me. (*potere, volere*)
4. Mina rimane dalla sua amica al mare perché il suo ragazzo non viene a trovarla. (*volere, potere*)
5. Dopo il bagno Alex ritorna in albergo per stare lontano dalla folla dei bagnanti. (*volere*)
6. Partiamo con tre ore di ritardo per uno sciopero dei conducenti di treno. (*dovere*)

XXVIII I verbi servili e gli ausiliari *essere* e *avere*. Cambia i verbi sottolineati. 辅助动词与助动词essere和avere。改变划线的动词。

Esempio: Elena <u>ha festeggiato</u> il suo compleanno con un grande falò e tanta musica. (*volere*)
  "*Elena ha voluto festeggiare il suo compleanno...*"
  Mario e Luisa <u>non sono venuti</u> al mare perché non hanno ferie! (*potere*)
  "*Mario e Luisa non sono potuti venire al mare...*"

1. Ieri mattina i nostri vicini <u>sono usciti</u> presto per prenotare l'ombrellone e le sdraio. (*dovere*)
2. La piccola Alba non è stata molto in acqua, così <u>ha nuotato</u> poco. (*volere, potere*)
3. Invece di nuotare, <u>siamo rimasti</u> al sole tutto il giorno per prendere l'abbronzatura! (*volere*)
4. Quest'anno Alberta <u>non ha preparato</u> gli esami, così <u>ha preso</u> il sole sulla spiaggia! (*dovere, potere*)

5. Mario ha noleggiato il pedalò perché il piccolo Fabio faceva i capricci! (*dovere*)
6. 400 euro non ci sono bastati per fare una settimana di vacanza a Firenze! (*potere*)

XXIX Completa le seguenti frasi e fai affermazioni vere per te. 根据你的真实情况，完成下列句子。

1. L'altra mattina sono dovuto/a ....
2. Questo mese non sono potuto/a ....
3. L'estate scorsa i miei amici sono voluti...
4. Per Capodanno non sono dovuto/a ....
5. Ieri sera non sono voluto/a..
6. Per il mio compleanno sono potuto/a..

 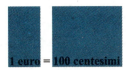 

1 euro = 100 centesimi

XXX Lavoro di coppia. Hai un budget di 160 euro per la tua vacanza ai "Bagni Ricci". Telefona alla ricezione e prenota. 2人练习。你有160欧元去"Ricci浴场"度假。给前台打电话预订。

- 2 settimane con una tua amica
- 1 ombrellone e 2 lettini

XXXI Abbina le immagini ai nomi sotto, ascolta la conversazione tra la signora Ferrara e l'impiegato alla biglietteria e di' quale treno prende. 连接图片与下面的名词，听Ferrara女士与售票处职员的对话，说出她乘哪一列火车。

1   2   3   4   5   6

a. binario ☐   b. biglietto ☐   c. controllore ☐   d. vagone letto ☐   e. cuccetta ☐   f. biglietteria ☐

Stazione/Fermata		Ora	Durata	Cambi	Prodotti	Prezzo
						Prezzo base
Milano Centrale:	da	15:00	13:35	1 Napoli	Ⓡ ES, E	Informazione sul prezzo non disponibile
Messina Centrale:	a	04:35				
Milano Centrale:	da	16:35	15:25	0	E	Informazione sul prezzo non disponibile
Messina Centrale:	a	08:00				
Milano Centrale:	da	17:00	12:55		Ⓡ ES, E	Informazione sul prezzo non disponibile
Messina Centrale:	a	05:55				

XXXII Ascolta di nuovo e rispondi alle seguenti domande. 再听对话，回答问题。

1. Perché la signora Ferrara non prende il treno delle 8.00?
2. Prende la cuccetta o il vagone letto? Sì/No. Perché?
3. Sceglie la 1ᵃ o la 2ᵃ classe?
4. Vuole biglietti di sola andata o di andata e ritorno?

5. Quanto costa ogni biglietto? Quanto spende in tutto?
6. Perché nel biglietto è incluso il supplemento?

XXXIII Abbina le domande alle relative risposte. 将问题与相关的回答连线。

1. Vorrei due biglietti di andata e ritorno per Bologna. ☐
2. Quanto costa il supplemento rapido? ☐
3. Da quale binario parte il treno? ☐
4. Il treno è in orario? ☐
5. 1 biglietto di sola andata per Palermo, per favore! ☐
6. Vorrei prenotare 2 cuccette in 1ª classe. Ci sono posti? ☐
7. Devo cambiare a Napoli? ☐
8. I bambini pagano il biglietto ridotto? ☐

a. Parte dal binario 11.
b. Sì, è puntuale!
c. Mi dispiace, ma non ci sono più posti liberi.
d. Sì, deve prendere il rapido delle 14.55.
e. Ecco a Lei: 8 euro e 50.
f. Fino a 4 anni non pagano. Pagano il biglietto intero dopo i 14 anni.
g. Per quando?
h. È il 20% del costo del biglietto.

XXXIV Abbina le espressioni a sinistra ai relativi opposti. 将左边的表达方式与右边相对的说法连线。

1. la partenza
2. essere in arrivo
3. prendere il treno
4. essere in ritardo
5. portare ritardo
6. perdere la coincidenza

a. portare anticipo
b. perdere il treno
c. essere in anticipo
d. prendere la coincidenza
e. essere in partenza
f. l'arrivo

XXXV Leggi i mini-dialoghi e riempi gli spazi in maniera appropriata. 读小对话，以适当方式填空。

1. "Il treno è in _____ dal binario 5." - "Dai, facciamo presto!"
2. "Quando si prevede _____ del treno?" - "Sul sito di *Trenitalia* ho letto che arriva alle 19.15."
3. "Come mai sei arrivato così tardi?" - "Purtroppo ho perso _____!"
4. "È questo il treno per Genova?" - "Sì, ha portato 10 minuti di _____!"
5. "Dai, sbrighiamoci! Stiamo _____ il treno!" - "Non ti agitare! Prendiamo il prossimo!"
6. "Ma quanto dobbiamo aspettare?" - "Guardiamo il tabellone: il treno arriva con 1 ora di _____!"

XXXVI Leggi questi mini-dialoghi e riempi gli spazi con le seguenti parole. 读这些小对话，用下列词汇填空。

| *sportello* | *scompartimento* | *finestrino* | *deposito bagagli* | *capostazione* | *facchino* |

1. "Vada _____ 3 per le prenotazioni!" - "Ah! Sapevo il 2!"
2. "In quale _____ si trova il nostro vagone letto?" - "L'ho preso in 1ª classe!"
3. "Mi puoi dare una mano a portare la valigia?" - "Mi dispiace, sono stanco! Chiama _____!"
4. "Dove posso lasciare queste valigie?" - "Vada _____ vicino al binario 1."
5. "Le dispiace se mi siedo accanto _____?" - "Prego... io scendo alla prossima stazione!"
6. "Ma che si aspetta a partire?" - "Se _____ non dà il segnale di via libera, il treno non può partire!"

Viaggiare per l'Italia in treno

Il treno è il mezzo di trasporto più usato dagli italiani. A seconda del tempo a disposizione e della distanza, ci sono diversi tipi di treno da scegliere.

Tipi di treno

I treni si distinguono per velocità, raggio d'azione e numero di fermate in:

- **Treno Locale o Regionale** (senza supplemento): copre brevi percorsi all'interno di una regione e con fermate in tutte le stazioni. Di solito è solo di seconda classe.
- **Treno Diretto o Espresso** (senza supplemento): è un treno a media e lunga percorrenza, con molte carrozze, sia di prima che di seconda classe. Non fa molte fermate ed ha diverse destinazioni.
- **Treno Interregionale**: collega località situate in regioni diverse, può circolare anche solo il fine settimana o in determinati periodi dell'anno e ha vetture di 1^a e 2ª classe. È un treno molto veloce e con poche fermate.
- **TAV** (Treno Alta Velocità detto "PENDOLINO"): treno superveloce in funzione in Italia sulle tratte est-ovest (Torino-Milano-Venezia) e nord-sud (Torino/Milano-Bologna-Firenze-Roma-Napoli-Bari), rappresenta un mezzo concorrenziale e alternativo all'aereo.
- **Treno Rapido**: viaggia ad elevata velocità ed è sempre necessario acquistare un biglietto con il disupplemento. I rapidi possono essere:
- **Rapidi Ordinari; Intercity** (alcuni senza supplemento); **Rapidi a prenotazione obbligatoria** come **l'Eurostar**.

Dove si acquistano i biglietti

Tutti i biglietti, tessere e riduzioni si possono acquistare nelle stazioni o, in alternativa, presso le **agenzie di viaggi**. Nelle grandi stazioni ferroviarie ci sono anche i **distributori automatici** di biglietti. I passeggeri possono acquistare il biglietto direttamente **sul treno** se la stazione, in genere piccola, non ha la biglietteria e, da poco, anche **on line**.

Convalida dei biglietti

È obbligatorio **obliterare** tutti i biglietti. Prima di iniziare il viaggio, all'andata e al ritorno, bisogna timbrare i biglietti alle macchinette, gialle o arancioni, disposte vicino ai binari. Se abbiamo dimenticato di obliterare, bisogna avvertire il personale del treno appena saliamo, altrimenti dobbiamo pagare al controllore la **multa** di 15.45 euro.

testo adattato tratto da "*www.vacanzopoli.it*"

XXXVII Leggi il testo, segna con una X le affermazioni vere e correggi quelle sbagliate. 读文章，用"X"标出正确的判断，修改错误的判断。

1. In Italia non ci sono molti tipi di treno.
2. Se viaggiamo con un treno espresso, non dobbiamo pagare il supplemento.
3. Il "Pendolino" è un treno ad alta velocità e raggiunge ogni parte d'Italia.
4. Se si viaggia con l'Intercity, si spende più che con altri treni.
5. In Italia possiamo comprare i biglietti sul treno.
6. Se non timbriamo il biglietto, dobbiamo pagare la multa.

XXXVIII Leggete di nuovo il testo e discutete in classe i seguenti punti. 再读文章，跟全班讨论以下几点内容。

- se il treno è il mezzo di trasporto più diffuso nel tuo Paese
- dove puoi comprare i biglietti e se ci sono differenze di prezzo (sconti per studenti/famiglie)
- quali regole devono seguire i passeggeri
- se esistono treni ad alta velocità e quali città collegano
- qual è la qualità del servizio dei treni
- in quale periodo dell'anno il treno diventa il mezzo di trasposto più usato e perché

XXXIX Lavoro di coppia. Decidete chi siete - Studente A/Studente B - e, a turno, fate la parte del turista/viaggiatore e dell'impiegato. Sviluppate la conversazione secondo le indicazioni sotto. Lo Studente A rimane in questa pagina e lo Studente B va all'Appendice a pag 250. 2人练习。决定你们谁是学生A，谁是学生B，轮流扮演游客（旅行者）和职员。根据下面的提示展开对话。学生A看本页，学生B看附录250页。

Studente A: Viaggiatore

Sei alla stazione di Roma. Devi essere a Bologna entro le 18,00. Chiedi: 2 biglietti A/R - Intercity/ II classe - costo - binario

 La differenza tra imperfetto e passato prossimo   未完成过去时与近过去时的区别

Imperfetto 未完成过去时	passato prossimo 近过去时
• azione <u>abituale</u> nel passato 过去习惯性动作 *La domenica andavo dai nonni in campagna.* • azione <u>ripetitiva</u> nel passato 过去重复性动作 *Mia nonna mi leggeva Pinocchio.* • azione <u>durativa</u> 延续性动作 *Ieri pioveva!*	• azione <u>non abituale</u>, fatta una sola volta 不是习惯性的、只是发生一次的动作 *Sono stata in campeggio una sola volta.* • azione <u>puntuale</u>, fatta una volta 精确的、一次性的动作 *Ieri sono andata al mare.* • azione <u>momentanea</u>, breve, durata poco 瞬时的、短暂的、持续很短的动作 *Ieri è piovuto un po'!*

 La contemporaneità delle azioni nel passato: la frase complessa   过去同时发生的几个动作：复合句

imperfetto + imperfetto 未完成过去时 + 未完成过去时	passato prossimo + passato prossimo 近过去时 + 近过去时	imperfetto + passato prossimo 未完成过去时 + 近过去时
• due azioni durative 两个有延续性的动作 *Quando studiavo a Milano, abitavo da una mia zia.*	• due azioni puntuali e momentanee 两个精确的、瞬间的动作 *Quando siamo saliti sul treno, abbiamo comprato i biglietti.*	• azione durativa interrotta da un'altra azione momentanea 一个延续性的动作被另一个瞬间动作打断 *Mentre andavo al cinema, ho incontrato Mara.*

XL Leggi questo messaggio su "*Forumalfemminile.com*", segna con una X le affermazioni vere e correggi quelle sbagliate.   读这则在"*Forumalfemminile.com*"上的消息，用"X"标出正确的判断，修改错误的判断。

Cari amici e amiche,

è vero che le vacanze non sono sempre come noi le abbiamo immaginate. Doveva essere una vacanza da sogno e invece è stata un disastro! Vi racconto cosa mi è successo nell'ultima vacanza di Pasqua. Appena io e Rosario, mio marito, siamo scesi dal treno, ci siamo accorti che le nostre valigie non c'erano più! Eravamo disperati! Nelle valigie c'erano i nostri vestiti, le nostre cose personali e le carte di credito. Non abbiamo perso tempo e siamo subito andati all'ufficio reclami della stazione. L'impiegato ci ha dato il modulo da compilare e ci ha chiesto di fare la descrizione delle valigie. Mentre io riempivo il modulo, Rosario si accorgeva che gli mancava anche il portafoglio. Insomma, abbiamo dovuto fare un'altra denuncia! La nostra vacanza era proprio rovinata e siamo rimasti in albergo per quasi tre giorni. Una mattina, mentre ci preparavamo per andare a colazione, abbiamo sentito bussare alla porta: era un agente della polizia con le nostre valigie e il portafoglio. Non credevamo ai nostri occhi! Finalmente cominciava la vera vacanza! Avete avuto esperienze simili? Che avete fatto? Sono curiosa di sapere.

Sara

	Vero	Falso
1. Sara e Rosario hanno perso i bagagli sul treno.	☐	☐
2. Nelle valigie c'erano solo vestiti.	☐	☐
3. Hanno fatto la denuncia di smarrimento dopo un po' di tempo.	☐	☐
4. All'ufficio reclami hanno descritto le loro valigie.	☐	☐
5. Si preparavano per andare a cena quando hanno bussato.	☐	☐
6. Un agente della polizia ha portato loro solo le valigie.	☐	☐

XLI **Rileggi il testo, sottolinea i verbi al passato prossimo e all'imperfetto e completa la tabella.** 再读文章，划出近过去时的动词和未完成过去时的动词，完成表格。

stati permanenti nel passato 过去永久的状态	azione completa nel passato 过去完成的动作	azione che interrompe un'altra azione 一个动作打断另一个动作
	appena siamo scesi	

XLII **Leggi le seguenti frasi e scegli il tempo più appropriato.** 读下列句子，选择最适当的时态。

1. L'altro giorno c'era/c'è stato bel tempo, perciò siamo partiti/partivamo per il mare.
2. L'anno scorso Luca andava/è andato in campagna tutti i giorni per fare un po' di jogging.
3. Ieri abbiamo prenotato/prenotavano i biglietti del treno/quando abbiamo saputo/sapevamo che i Rossi Rossi non sono venuti/venivano più con noi.
4. Di solito siamo andati/andavamo in un campeggio vicino al fiume perché a nostro padre piaceva/è piaciuto pescare.
5. Dormivo/ho dormito quando è suonata/suonava la sveglia.
6. Fabio faceva/ha fatto la denuncia di smarrimento del suo passaporto, quando si accorgeva/si è accorto che gli mancava / è mancata anche la ventiquattrore.

XLIII **Completa le frasi con i verbi al passato prossimo o all'imperfetto.** 用动词的近过去时或未完成过去时完成句子。

1. Mentre io _____ in treno, _____ gente simpaticissima. (*essere/conoscere*)
2. Anni fa noi _____ il Natale in montagna perché _____ una baita. (*trascorrere/avere*)

3. Mentre Pietro _____ il pullman per Milano, _____ che _____ sciopero. (*aspettare/sentire/esserci*)

4. Mentre mia madre _____ doccia, io le _____ la colazione. (*farsi/preparare*)

5. I nostri amici ci _____ non appena _____ in albergo. (*telefonare/arrivare*)

6. Vito _____ partire durante il fine settimana anche se il tempo non _____ buono, così non _____ in città. (*volere/essere/rimanere*)

XLIV **Esperienze di vita: inserisci negli spazi i verbi al passato prossimo o all'imperfetto.** 生活的经历：用动词的近过去时或未完成过去时完成句子。

1. L'anno scorso (io) _____ (*essere*) in vacanza in Italia per un mese. Ogni sera _____ (*cenare*) fuori e _____ (*fare*) lunghe passeggiate. _____ (*comprare*) tanti oggetti di artigianato nei negozi delle sue piazze e _____ (*vedere*) molti musei. _____ (*essere*) una bellissima vacanza ma, mamma mia, quanti soldi (*spendere*)!

2. Io e Franco _____ (*sapere*) solo ieri che Carlo non vuole più studiare. Che peccato! _____ (*volere*) tanto diventare professore e _____ (*amare*) tanto lo studio! Che cosa _____ (*succedere*) a quel bravo ragazzo?

3. Due settimane fa, un mio amico di Torino mi _____ (*fare*) una bella sorpresa. Mi _____ (*mandare*) un bellissimo orologio Dolce & Gabbana! Lo _____ (*volere*) da tempo e lo _____ (*cercare*) per mesi ma _____ (*essere*) introvabile qui a Palermo!

4. Ieri _____ (*esserci*) l'esame d'italiano e _____ (*arrivare*) in classe in ritardo. Appena il professore _____ (*iniziare*) a leggere il test, _____ (*capire*) subito che _____ (*essere*) difficile. Mentre lo _____ (*fare*), _____ (*sentirsi*) molto nervoso! "Che disastro!", (*pensare*) mentre _____ (*scrivere*), ma poi _____ (*prendere*) un ottimo voto!

XLV **Completa questa pagina di diario con i seguenti verbi e scegli tra passato prossimo e imperfetto.** 用下列动词完成这篇日记，选择使用近过去时或未完成过去时。

| ballare | uscire | stare | continuare | andare | fare (2) | riuscire | chiedere |
| suonare | divertirsi | avvicinarsi | esserci | cantare | essere (3) | conoscere | finire |

Domenica 31 agosto
Caro diario,
1. _____ proprio una bella vacanza, ma purtroppo 2. _____ presto! Soltanto due settimane fantastiche da Paola e Sandro a Viareggio! Tutte le mattine 3. _____ al mare e di pomeriggio, dopo pranzo, anche se 4. _____ caldo, 5. _____ sempre: giri in motorino, chiacchierate al bar, lunghissime partite di ping-pong. Paola e Sandro 6. _____ ospiti veramente indimenticabili! Come non ricordare il giorno del mio compleanno? Mi 7. _____ una festa bellissima nella discoteca più alla moda di Viareggio! Quanta gente simpatica 8. _____! Poi 9. _____ l'incontro con Giorgio, il ragazzo più carino della festa! Proprio mentre 10. _____ sulla pista da ballo, lui 11. _____ a me e mi 12. _____ di ballare con lui. La festa 13. _____ molto bene e 14. _____ fino a tarda notte. 15. _____ tutti: chi 16. _____, chi 17. _____ e chi 18. _____ in spiaggia. 19. _____ una vacanza stupenda! E ora, invece? Eccomi qui, a casa, con il solito trantran di tutti i giorni!

XLVI **Lavoro di coppia. A turno, scegliete una di queste situazioni e raccontate al vostro compagno/alla vostra compagna la vostra esperienza.** 2人练习。选择下列情境中的一个，互相讲述你们的经历。

- Il lavoro nell'hotel di una città italiana è stato faticoso ma hai conosciuto gente nuova e hai migliorato il tuo italiano.

- Hai trascorso davvero un bel periodo in Italia anche se ti sono mancati molto la tua famiglia, gli amici e la cucina del tuo Paese.

Viaggiare per mare

XLVII Ascolta la telefonata tra l'ingegner Trenta e l'impiegata di un'agenzia di viaggi e completa la tabella. 听Trenta工程师和旅行社职员的通话，完成表格。

compagnia traghetti	tratta	sistemazione	veicolo	passeggeri	costo
	Napoli-Palermo				

Partenza	Arrivo	Com	M 1	M 2	G 3	V 4	S 5	D 6	L 7	M 8	M 9	G 10	V 11	S 12	D 13	L 14	M 15	M 16	G 17	V 18	S 19	D 20	L 21	M 22	M 23	G 24	V 25	S 26	D 27	L 28	M 29	M 30	G 31
09:00	19:00	SNA																															
21:00	07:30	SNA																															
20:00	06:30	SNA																															
20:15	06:35	TIR																															

Mese di Agosto: Traghetto Napoli – Palermo/legenda: SNA=SNAV TIR=Tirrenia

Le compagnie dei traghetti accettano i seguenti sistemi di pagamento:

XLVIII Ascolta di nuovo, segna con una X le affermazioni giuste e correggi quelle errate. 再听一遍，用"X"标出正确的判断，修改错误的判断。

	Vero	Falso
1. L'ingegner Trenta vuole partire tra due settimane.	☐	☐
2. Prenota per sabato, 29 agosto.	☐	☐
3. Si imbarca con il camper, la moglie e i figli.	☐	☐
4. Preferisce prendere la poltrona.	☐	☐
5. Decide di partire con il traghetto delle 21.00.	☐	☐
6. Non può pagare con la carta di credito.	☐	☐

XLIX Ascolta di nuovo e unisci le seguenti frasi con il pronome relativo "*che*". 再听一遍，用关系代词"che"连接下列句子。

1. Allora... può prendere il traghetto delle 21.00 ☐
2. Vorrei sapere se ci sono posti disponibili sulle navi della Tirrenia ☐
3. Con il camper ☐
4. È il camper mansardato ☐

a. lei già conosce
b. ha comprato prima di partire
c. da Napoli vanno in Sicilia
d. arriva a Palermo alle 7.30

👁 Grammatica: il pronome relativo "che" 语法：关系代词 "che"

> Osserva le frasi sopra e rispondi alle seguenti domande. 观察上面的句子，回答下面的问题。
>
> • A quali parole delle frasi si riferisce il pronome relativo "*che*"? 关系代词che在各句分别指哪些词？
>   Frase 1:.................... Frase 2:...................... Frase 3: .... Frase 4:...................
>
> • Il pronome relativo "*che*" cambia in genere e numero? Sì/No 关系代词"che"有性数的变化吗？
>
> • Quale funzione ha "*che*" nelle frasi sopra: di soggetto, di complemento o di tutti e due?............
>   在上面的句子中"che"的作用是什么？作主语、宾语或两者都有？

Ricorda che 记住

- il pronome relativo "*che*" è invariabile, cioè non cambia né nel genere né nel numero, e corrisponde ai quattro relativi variabili "*il quale*", "*la quale*", "*i quali*", "*le quali*". 关系代词 "che" 不可变, 也就是性数不变, 对应四个可变的关系代词是 "il quale"、"la quale"、"i quali"、"le quali"。

L. Unisci le frasi con il pronome relativo *che* in funzione di soggetto. 用作主语的关系代词 "che" 连接句子。

1. Il centralinista era davvero gentile. Il centralinista mi ha risposto al telefono.
2. Il treno è un Pendolino. Il treno è appena arrivato.
3. L'agenzia di viaggi "*Turisti non per caso*" è la più affidabile. L'agenzia di viaggi si trova in piazza.
4. Può lasciare il camper nel parcheggio riservato. Il parcheggio è a pochi metri dall'albergo.
5. L'ostello è molto confortevole. L'ostello è nella guida.
6. Vorrei sapere se il treno cambia a Roma. Il treno va a Venezia.

LI. Collega le frasi con il relativo *che*. 用关系代词che连接句子。

Esempio: La gita è stata molto divertente. Abbiamo fatto la gita ieri.
"*La gita, che abbiamo fatto ieri, è stata molto divertente.*"

1. Le camere danno sul lungomare. Noi abbiamo preso le camere.
2. Vorrei sapere se il treno cambia a Napoli. Tu prendi il treno.
3. Il treno era un Eurostar. Mario prendeva il treno ogni venerdì.
4. La matrimoniale è abbastanza silenziosa. L'albergatore ci ha riservato la matrimoniale.
5. I turisti erano molto felici di essere in Italia. Noi abbiamo incontrato i turisti in piazza Navona.
6. Le valigie sono in ottimo stato. Noi abbiamo ritrovato le valigie.

LII. Completa le frasi con il pronome relativo *che* in funzione di oggetto. 用作宾语的关系代词 "che" 连接句子。

1. La guida, _____, era molto preparata!
2. Ti ricordi i dipinti _____?
3. I bagagli, _____, sono spariti.
4. Hai visto il passaporto _____?
5. Il poliziotto, _____, era un tipo alto e bruno, intorno ai 30 anni.
6. Dove hai messo i biglietti _____?

LIII. Leggi l'e-mail e, quando incontri *che*, metti "*P*" se è un pronome relativo e "*C*" se è una congiunzione. 读电子邮件, 看到 "che" 时, 如果是关系代词标上 "P", 如果是连词标上 "C"。

Da:	benedict@hotmail.it	☐ Spunta	ⓘ Header	💾 Salva	⊖ Blocca
A:	michelesapi@gmail.it				
Oggetto:	Invito a Venezia		Data: 30/08/09 20:05		

Caro Michele,
 mi trovo a Venezia da una settimana e ho iniziato il mio stage come addetto alla ricezione in un albergo che [ ] tu sicuramente conosci. È il famoso Hotel Danieli, l'albergo più elegante della città! Appena sono arrivato, ho conosciuto due ragazze tedesche, di Berlino, che [ ] vogliono imparare l'italiano. Infatti, mi hanno detto che [ ] sono venute in Italia proprio perché amano la lingua e l'arte italiane. Sono due ragazze molto in gamba, forse più simpatiche che [ ] belle. La più grande, che [ ] si chiama Ingrid, parla molto bene sia l'italiano che [ ] l'inglese e il francese; Marlene, invece, che [ ] è un po' timida, parla pochissimo in italiano. L'altro giorno sono uscito con lei e siamo andati al bar per un caffè ma è stata zitta tutto il tempo! Ho capito, poi, che [ ] preferisce non parlare piuttosto che [ ] fare errori. Credo che stasera usciamo per una pizza! Perché non vieni a trovarmi? Ti prometto che [ ] ti presento la sua amica!

 A presto,
 Benedetto

LE VACANZE DEGLI ITALIANI

Il Natale e i mesi estivi, in particolare agosto, sono i due momenti dell'anno delle vacanze degli italiani In agosto, 1. _____ uffici, scuole e negozi restano chiusi e chi rimane nelle città ha difficoltà anche a fare la spesa!

Gli italiani, in generale, vanno in vacanza con le loro famiglie e con il loro gruppo di amici, fatta eccezione per moltissimi giovani 2. _____.

Le stazioni sciistiche di montagna, 3. _____, si trovano nelle parti più suggestive delle Alpi e degli Appennini; al contrario, d'estate sono di solito le località di mare del Sud o delle isole 4. _____.

Anche se lasciare la città è una tradizione 5. _____, la maggior parte non ama cambiare le proprie abitudini, così l'affitto di un appartamento e la "seconda casa" al mare o in montagna, 6. _____, sono la sistemazione migliore e più economica per molti italiani.

Per la scelta del luogo di villeggiatura i giovanissimi e le persone cosiddette "alla moda" preferiscono Rimini e Riccione sulla costa adriatica, o Viareggio sulla costa tirrenica. La Sardegna, le Isole Eolie, Capri o Portofino sono le località di vacanza 7. _____ perché offrono ottimi punti di approdo per le loro barche. Al contrario, posti più tranquilli, con spiagge e pinete, sono i preferiti da chi ha bambini piccoli o delle persone 8. _____.

testo adattato tratto dal sito "www.italica.rai.it"

LIV Leggi l'articolo e completa gli spazi con il pronome relativo *che* e le seguenti frasi. 读文章，用关系代词che和下面的句子填空。

a. grandi industriali, politici e uomini dello spettacolo scelgono - b. gli italiani non abbandonano c. da un pò di anni fanno viaggi da soli o con i loro coetanei - d. è il mese delle ferie - e. hanno bisogno di riposo - f. gli italiani affollano durante le vacanze di Natale - g. preferiscono come luogo di vacanza - h. vogliono fare vita mondana - i. molte famiglie possiedono

LV Completa questi brevi dialoghi in maniera appropriata e fa' i cambiamenti necessari. 以适当方式填写这些短对话，进行必要的变化。

| adulto | viaggiare | traghetto | compagnia | disponibile | cabina | imbarcarsi |

1. ◊ "Signora D'Anna, Le posso prenotare la _____ o preferisce la poltrona?"
   ● "È meglio la poltrona: è molto comoda ed è più economica."
2. ◊ "Mi scusi, con quale mezzo vuole _____?"
   ● "Con un camper mansardato."
3. ◊ "In quanti siete?"
   ● "Viaggiamo in 6: 4 _____ e due ragazzini di 9 e 11 anni."
4. ◊ "Mi sa dire a che ora arriva il _____ da Genova?"
   ● "Può vedere gli orari sul nostro sito: www.directferries.it/genova_traghetto."
5. ◊ "Mi scusi, signorina, ci sono posti _____ sul traghetto per Olbia?"
   ● "Mi dispiace, ma adesso siamo al completo!"
6. ◊ "Con quale _____ vuole viaggiare?"
   ● "Preferisco la Tirrenia: la prendo tutti gli anni."

LVI Lavoro di coppia. A turno, fate la parte del viaggiatore e dell'impiegato dell'agenzia di viaggi e sviluppate le conversazioni secondo queste indicazioni. Decidete: 2人练习。轮流扮演旅行者和旅行社职员，根据提示展开对话。你们要决定下面几点：

- compagnia di traghetti
- mezzo di trasporto da portare
- numero di persone
- tipo di sistemazione sul traghetto
- tipo di pagamento

L'angolo della pronuncia
发音角

f, v (labiodentale sorda e sonora 唇齿音、清音和浊音)

I Ascolta le parole con la labiodentale "f" e ripeti. 听带有唇齿音 "f" 的单词，跟读。

fata   fetta   fine   foto   futuro   giraffa   difetto   infinito   sfortuna   paffuto

II Ascolta le parole con la labiodentale "v" e ripeti. 听带有唇齿音 "v" 的单词，跟读。

vaso   vento   televisore   voglia   vulcano   bevanda   svenire   invitare   avvocato   piovuto

III Ascolta le parole e distingui i due suoni consonantici: "f" o "v"? Poi inseriscile nella colonna appropriata e associale alle immagini sotto. 听单词，区分两个辅音的发音：是 "f" 还是 "v"？然后填入适当的栏内，并连接下面的图画。

labiodentale sorda "f" 清唇齿音 "f"	labiodentale sonora "v" 浊唇齿音 "v"

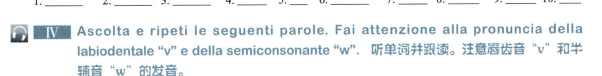

1. _____ 2. _____ 3. _____ 4. _____ 5. _____ 6. _____ 7. _____ 8. _____ 9. _____ 10. _____

IV Ascolta e ripeti le seguenti parole. Fai attenzione alla pronuncia della labiodentale "v" e della semiconsonante "w". 听单词并跟读。注意唇齿音 "v" 和半辅音 "w" 的发音。

vuole   unico   avvenire   urlare   vano   ultimo   evviva   uva

Scheda grammaticale riassuntiva 语法概要卡片

- **Il passato prossimo: forma e uso**
  1. Queste sono le forme regolari del participio passato:
     verbi in *-are*→ ato ; verbi in *-ere*→ uto ; verbi in *-ire*→ ito
  2. Molti verbi della II coniugazione hanno il participio passato irregolare.
  3. I verbi servili, irregolari al presente indicativo, hanno il participio passato regolare.
  4. Il passato prossimo può indicare:
     -un'azione finita nel passato, ma che ha qualche relazione con il presente
     -un'azione avvenuta in un periodo di tempo passato, ma non completamente trascorso
     -un'azione avvenuta in un passato recente
- **Il passato prossimo e gli ausiliari**
  A. "Finora abbiamo visto piazza della Signoria..." - "Al ritorno abbiamo cenato in una trattoria tipica..."- "...ma non abbiamo potuto visitarli..." - "...abbiamo dovuto sederci in un ristorante..."- "Ha vissuto una vita serena."

- Usiamo l'ausiliare *avere* con:
1. tutti i verbi usati transitivamente (con l'oggetto diretto)
2. molti verbi intransitivi come *pranzare, cenare, camminare, correre*, ecc.
3. i verbi servili seguiti da un verbo transitivo o da un verbo riflessivo
4. i verbi usati transitivamente (*salire, scendere, vivere, cominciare, iniziare, crescere*, ecc.)
B. *"Ieri c'è stato lo sciopero dei treni..."* - *Che cosa vi è piaciuto di più?"* - *"È vissuto serenamente."* - *"Marcello si è ingrassato un po'..."* - *"... alla fine ci siamo riusciti..."* - *"Perché anche Olga non è voluta partire quest'anno?"* - *"... non si è voluta accontentare..."*
- Usiamo l'ausiliare *essere* con:
1. molti verbi intransitivi, i verbi di movimento e di stato come *essere, stare, esistere, rimanere, piacere, sembrare*, ecc.
2. i verbi usati intransitivamente (*salire, scendere, vivere, cominciare, iniziare, crescere*, ecc.)
3. tutti i verbi riflessivi
4. alcuni verbi intransitivi come *costare, morire, nascere, succedere, diventare, riuscire, cadere* e altri
5. i verbi servili seguiti da un verbo intransitivo o da un verbo riflessivo quando il pronome riflessivo precede il verbo servile

- **Il passato prossimo e l'accordo**

  "Ci siamo informate degli orari dei pullman..." - *"Allora, Chiara, hai fatto le valigie?"* - *"Certo che le ho fatte!"* - *"...la signora Bianchi si è svegliata presto..."* - *"Hai telefonato a Sara?"* - *"No, non le ho telefonato!"*

  1. Il participio passato concorda <u>sempre</u> con il soggetto in genere e numero quando ha l'ausiliare *essere*.
  2. L'accordo tra soggetto e participio passato non avviene quando c'è l'ausiliare *avere*.
  3. Il participio passato, quando ha l'ausiliare *avere*, concorda <u>sempre</u> con i complementi diretti rappresentati dai pronomi atoni *lo, la, li, le*.
  4. L'accordo del participio passato con il pronome <u>non avviene</u> quando questo è un complemento indiretto.

- **La posizione degli avverbi di tempo "già", "sempre", "mai", "non...mai/ancora"**

  "Io l'ho già provato al liceo e l'adoro." - *"...sono sempre andata controcorrente..."* - *"Avete mai fatto una vacanza così?"* - *"Non sono mai stata in un hotel di lusso."* - *"Ma non abbiamo ancora provato i villaggi-vacanze!"*

  - Questi avverbi, in genere, occupano una posizione intermedia tra l'ausiliare e il participio passato e possono esprimere:
  1. azioni previste e accadute prima del momento in cui si parla
  2. azioni fatte abitualmente
  3. esperienze mai fatte
  4. azioni previste ma non ancora accadute

- **L'uso dell'ausiliare "essere" con il passato prossimo dei verbi servili**

  "Beh, quest'anno non sono voluta partire..." - *"...così siamo dovuti rimanere in città!"*

  1. I verbi servili richiedono l'ausiliare *essere* quando sono seguiti dai verbi di movimento, di stato e di cambiamento di stato e da verbi particolari (*bastare, piacere, sembrare, riuscire*, ecc.).
  2. Se seguiti dai suddetti verbi, i verbi servili al participio passato vogliono <u>sempre</u> l'accordo con il soggetto nel genere e nel numero.

- **L'alternanza tra "passato prossimo" e "imperfetto"**

  "Doveva essere una vacanza da sogno e invece è stata un disastro!" - *"...mentre ci preparavamo per andare a colazione, abbiamo sentito bussare..."* - *"Finalmente cominciava la nostra vera vacanza!"* - *"Mentre mia madre si faceva la doccia, io le preparavo la colazione."*

  - In una frase complessa l'azione *"perfetta"*, cioè finita, richiede il passato prossimo; al contrario, l'azione in corso, durativa, o due azioni che avvengono contemporaneamente vogliono l'imperfetto.

- **Espressioni di tempo usate con il passato prossimo**

  la scorso sabato/l'anno scorso/la settimana scorsa/ieri/ieri mattina/ieri pomeriggio/ieri sera/ieri notte/ questa mattina/stanotte/una settimana fa/un anno fa/quando/appena

- **Il superlativo assoluto irregolare**

  "Ottima scelta!" - *"L'albergatore ci ha dato le camere più piccole. È stato un pessimo trattamento!"*

- Oltre a formare il superlativo con il suffisso in *issimo/a/i/e*, gli aggettivi *buono, cattivo, grande, piccolo* hanno le seguenti forme speciali di superlativo assoluto: *ottimo, pessimo, massimo, minimo*.

- **Il pronome relativo "che"**
  "Vorrei sapere se ci sono posti disponibili sulle navi della Tirrenia che da Napoli vanno in Sicilia." - "Con il camper che lei già conosce." - "Le camere, che abbiamo preso, danno sul lungomare."
  - Il pronome relativo *che* è invariabile, si riferisce a persone, animali e cose e può avere funzione di soggetto e di complemento. Sostituisce, inoltre, i pronomi relativi *il quale, la quale, i quali, le quali*.

- **I pronomi diretti e indiretti atoni e tonici**
  "Sì, l'ho comprata..." - "Certo che le ho fatte!" - "No, non le ho telefonato!" - "Ma non mi dicevi sempre che era un po' antipatica?" - "Vieni pure con lui." - "Signorina, posso dare a Lei la quota?"
  1. Il pronome si accorda sempre con il participio passato tranne quando è indiretto.
  2. La posizione del pronome è sempre prima dell'ausiliare o del verbo nei tempi semplici.
  3. La forma tonica del pronome è obbligatoria con le preposizioni o per ragioni di enfasi.

Per comunicare: sintesi delle funzioni 交际用语：功能梗概

chiedere/dire di azioni passate recenti	"Che hai fatto di bello ieri sera?" - "Io e Michele abbiamo passato una bella serata a casa mia. E tu?" - "Come è andata la vostra vacanza in montagna?" - "Benissimo...ci siamo divertiti."
raccontare avvenimenti passati: routine quotidiana, resoconti di viaggi, ecc.	"Ieri mi sono alzato/a tardi/presto, alle..." - "...Lei e Olga, una sua amica, non hanno potuto prendere il treno..."
chiedere/dire dei particolari di una vacanza: località, tipo di vacanza, attività, durata	"Dove siete andati in vacanza?" - "Siamo andati in un bed & breakfast nella zona attorno all'Etna!" - "Ma quanto tempo siete stati via?" - "Una quindicina di giorni."
sollecitare opinioni ed esprimere giudizi su fatti ed esperienze di viaggio	"E come vi è sembrata la zona?" - "Ci è sembrata tranquilla e rilassante..." - "Che cosa vi è piaciuto di più?" - "Ci sono piaciute l'atmosfera e la gente!"
chiedere/dire dei particolari di un itinerario	"Che cosa hai fatto il Igiorno? A che ora sei partito/a?" - "Sono partito/a alle 5.30..."
invitare a raccontare/dire di esperienze negative di viaggio	"Ehi, Marco, che cosa ti è successo? Ti vedo un po' distrutto!" - "Sai che detesto le mattinate. Ebbene, per lei mi sono dovuto alzare alle 6.00..."
fare i preparativi per la partenza: controllare le cose da fare e da portare	"Chiara, hai fatto le valigie?" - "Certo che le ho fatte." - "Hai preso la guida di Roma?" - "No, non l'ho presa. La prendo oggi pomeriggio!"
informarsi/dire di esperienze recenti	"Avete mai provato il campeggio?" - "Io l'ho già provato al liceo e l'adoro." - "Hai mai viaggiato in moto?" - "No, mai! Ho paura della velocità."
raccontare azioni contemporanee nel passato	"Proprio mentre stavo sulla pista da ballo, ho conosciuto il ragazzo più carino della festa." - "Mentre io riempivo il modulo, Rosario si accorgeva che..."
saper viaggiare: prenotare/comprare biglietti/chiedere informazioni	"Vorrei prenotare una camera doppia e una singola." - "Vorrei due biglietti di andata e ritorno per Bologna." - "Vorrei sapere gli orari dei treni per Messina." - "È incluso il supplemento per l'Eurostar?"
chiedere/dare informazioni sui servizi in un albergo	"Vorrei sapere se in albergo sono ammessi i cani?" - "Mi dispiace, è vietato." - "Mi sa dire a che ora è disponibile il servizio di fax?" - "Purtroppo in questo momento non funziona."

Laboratorio 实验室

1. Completa le frasi con il passato prossimo e scegli l'ausiliare giusto. 选择正确的助动词，用近过去时完成句子。

a. Questa mattina Chiara e Danilo _____ un giro in barca. (*fare*)
b. Quando _____ i tuoi genitori per la crociera nel Mediterraneo? (*partire*)
c. Scusa...Clelia, _____ a Roma e non _____ il Vaticano? (*andare/vedere*)
d. Anche se in campeggio, Ada non _____ e _____ molto! (*stancarsi/divertirsi*)
e. Come mai tuo fratello non _____ alla mia festa? _____ a casa? (*venire/rimanere*)
f. Questa estate le mie zie _____ lasciare la città e _____ al mare. (*preferire/trasferirsi*)

2. Fai frasi complesse con i verbi in parentesi al tempo passato. 用括号中动词的过去时造复合句。

a. Lucia ....(*crescere*)
b. Leonardo da Vinci ....(*morire*)
c. Noi ....(*vivere*)
d. Le lezioni ....(*cominciare*)
e. La camera singola ....(*costare*)
f. I tuoi amici ....(*sembrare*)

3. Inserisci negli spazi il passato prossimo dei verbi sevili in parentesi. 用括号中辅助动词的近过去时填空。

a. Ieri mio fratello _____ partire per Milano per un'importante riunione d'affari. (*dovere*)
b. Questa settimana non _____ raggiungere i nostri amici al mare. (*potere*)
c. Il mese scorso il nostro professore _____ fare un paio di riunioni con noi. (*volere*)
d. Finora l'impiegata dell'agenzia di viaggi non _____ prenotare il nostro volo. (*potere*)
e. La mia collega _____ trasferire nella sua città perché le mancava la famiglia. (*volere*)
f. Per lo sciopero degli autobus _____ spostarci in taxi per visitare Roma. (*dovere*)

4. Il seguente testo, per errore, ha verbi al presente ed espressioni di tempo al passato. Riscrivilo. 下面的文章有错误：同时有现在时动词和表示过去的时间表达方式。重写文章。

Ieri, mentre esco dall'università, incontro Alba con il suo nuovo ragazzo. Lei, imbarazzata, mi dice che è dispiaciuta di non essere venuta in campeggio con noi lo scorso fine settimana. Allora mi racconta una storia che non sta in piedi. Mi dice che l'affitto della casa e l'acquisto dei libri le costano molto ogni mese e che non può permettersi di andare in vacanza anche se in campeggio. Io, allora, le ricordo che fa molte traduzioni il mese scorso e che i suoi genitori le mandano anche il denaro quando le manca. Infine le dico che, in ogni caso, deve avvertire, magari con una telefonata o un'e-mail. Allora lei si sente offesa e, dopo un po' d'incertezza, risponde che da un po' di tempo non ha né il cellulare né il computer! Tutte scuse per stare con il suo ragazzo!

5. Completa le frasi e rispondi in maniera personale. 完成句子，根据个人情况回答。

a. Hai _____ deciso dove passare le _____ vacanze?
b. Sei mai stato _____ Italia o in un altro _____ straniero?
c. I tuoi genitori hanno mai _____ un viaggio organizzato?
d. Ti _____ mai perso-a in una città _____ non conoscevi?
e. Hai _____ smarrito un tuo _____ d'identità o oggetti?
f. Hai mai fatto da _____ ad amici in visita nella tua _____?

6. Unisci le due frasi con il pronome relativo *che*. 用关系代词che连接两个句子。

a. Devi timbrare il biglietto. Io ti ho dato il biglietto. ....
b. Questo è il conto dell'albergo. La società deve pagare il conto. ....
c. I bagagli sono nella camera 29. Il facchino ha appena salito i bagagli. ....
d. Il treno arriva al binario 5. Il treno è il rapido da Torino. ....
e. Ecco la ventiquattrore. Lei ha smarrito la ventiquattrore! ....
f. Il controllore mi ha fatto la multa. Il controllore è un mio parente. ....

7. Collega le frasi nelle due colonne in maniera appropriata. 用适当的方式连接句子。

a. La cucina e il servizio al "*Gambrinus*" sono stati impeccabili! ☐   1. Alle 6.30 dal binario 3.
b. Mi scusi, vorrebbe per caso una singola senza bagno? ☐   2. Viene 50 euro a persona.
c. Mi può dire se qui vicino c'è la fermata della metro? ☐   3. Sì, è un ottimo ristorante!
d. Cara, che ne dici di andare in montagna quest'anno? ☐   4. No, per carità! Meglio il mare!
e. Vorrei sapere a che ora parte il primo Intercity per Roma. ☐   5. Va bene! Tanto è per una sera!
f. Sa dirmi quanto costa la pensione completa in
   bassa stagione? ☐   6. No. Ci sono autobus che
   partono ogni 15 minuti.

"In che cosa posso servirLa?"

"我可以为您做什么？"

In questo modulo imparerai a   在本章你将学到

- sapere acquistare in un negozio di alimentari
  如何在食品店买东西
- chiedere e dire della quantità e del peso
  询问和说出数量和重量
- chiedere il conto, il costo e come pagare
  结账、询问花费以及如何付账
- interagire al bar/ristorante: ordinare, offrire, rifiutare, chiedere altro
  在酒吧、餐馆的交流用语：点餐、请客、拒绝及要其他东西
- parlare di gusti, abitudini a tavola, stili alimentari, ricette
  谈论口味、餐桌上的习惯、饮食风格、食谱
- interagire in un negozio di abbigliamento e di pelletteria (taglia, numero, materiali, ecc.)
  在服装店及皮革店的交流用语（尺寸、号码、材料等）
- parlare di feste e ricorrenze, e fare auguri nelle più diverse occasioni
  谈论节日、纪念日，在不同场合的祝愿

Unità 1

"FARE LA SPESA"
"买东西"

I Quali di questi negozi conosci? Abbina le immagini al tipo di negozio. 这些商店你认识哪些？连接图片和商店种类。

1   2   3   4

5   6   7   8

a. negozio di abbigliamento ☐   b. negozio di elettrodomestici ☐   c. negozio di calzature ☐
d. negozio di arredamento ☐   e. fioraio ☐   f. negozio di articoli sportivi ☐
g. negozio di generi alimentari ☐ h. supermercato ☐

II Associa i mestieri al tipo di negozio. 连接职业名称和商店种类。

1. macellaio ☐   2. panettiere ☐   3. pasticciere ☐   4. salumiere ☐   5. fruttivendolo ☐   6. tabaccaio ☐
a. tabaccheria   b. frutteria   c. macelleria   d. panetteria   e. pasticceria   f. salumeria

III Dove compri queste cose? Completa le frasi. 你在哪里买这些东西？完成句子。

1. Se devo comprare la carne, vado dal _____.
2. Se voglio una torta, devo andare in _____.
3. Per comprare il pane devo andare dal _____.
4. Se voglio il parmigiano, vado in _____ o al supermercato.
5. Se non ho la frutta nel mio frigorifero, vado dal _____.
6. Se devo comprare le sigarette o l'accendino, vado dal _____.

👁 Grammatica: le preposizioni di luogo "da", "in" 语法：地点前置词 "da"， "in"

> **Osserva le frasi sotto e rispondi alle seguenti domande.** 观察下面的句子，回答下列问题。
> "Se devo comprare la carne, vado dal macellaio." "Se voglio una torta, devo andare in pasticceria."
> • Quando usiamo la preposizione "da" + l'articolo: davanti al nome del mestiere o del negozio?
>   当我们用前置词 "da" + 冠词时，是在职业名词前还是在商店的名词前？
> • Quando usiamo "in"? 我们什么时候用 "in"？

IV Completa con le parole sotto e le preposizioni *da* o *in*. 用下面的单词和前置词da或in填空。

libreria   gelataio   falegnameria   gioielleria   profumiere   pescivendolo

1. Oggi vorrei andare _____. Voglio comprare l'ultimo libro di Umberto Eco.
2. Se vai _____, trovi il regalo giusto per la mamma: un anello o una collana!
3. Marco, andiamo _____ dell'angolo! Ho voglia di un gelato al cioccolato!

116

"In che cosa posso servirLa?" **Modulo 8**

4. Ti va di venire con me _____ qui vicino? Devo comprare lo shampoo.
5. Il venerdì vado sempre _____ per comprare un po' di pesce fresco.
6. Sandro, dobbiamo portare queste sedie _____. Sono tutte da riparare!

V Completa con i seguenti nomi di mestieri. 用下列职业名词完成句子。

giornalaio   fornaio   gommista   barbiere   parrucchiere   gioielliere

1. Sono stata _____ per fare il colore e la messa in piega.
2. Perché non vai _____? Hai barba e capelli troppo lunghi!
3. Se passi _____, non dimenticare di comprare l'ultimo numero del corso d'inglese!
4. _____ sotto casa trovo anche biscotti e dolci.
5. Sono stato _____ perché la ruota della macchina era bucata.
6. Il suo ragazzo le ha comprato un bellissimo paio di orecchini _____ in piazza.

VI Ascolta le conversazioni e di' dove si trovano le persone. Scegli tra. 听对话并说出这些人在什么地方。从下列词中选择。

farmacia   cartoleria   edicola   parrucchieria

	che cosa chiede?	in quale negozio si trova?
I Conversazione	un taglio corto...	
II Conversazione		
III Conversazione		

VII Guarda le liste della spesa, abbina le immagini ai nomi e completa la tabella. 看购物清单，连接图片和名词，填表。

promemoria
- pomodori ☐
- lattuga ☐
- prosciutto ☐
- salame ☐
- grissini ☐
- pane ☐
- formaggio ☐
- uova ☐
- patate ☐

lista della spesa
- cipolla+aglio ☐☐
- mele ☐
- pere ☐
- riso ☐
- crostata ☐
- melanzane ☐
- vino+acqua ☐☐
- tiramisù ☐
- arance ☐
- limoni ☐☐

da comprare oggi
- bistecca ☐
- burro+latte ☐☐
- cornetto ☐
- tè+caffè ☐☐
- zucchero+sale ☐☐
- uva/banane ☐☐

memo
- peperoni ☐
- aceto+olio ☐☐
- lasagne ☐
- spaghetti ☐
- tonno ☐
- gamberi ☐
- melone ☐
- pollo ☐

1   2   3   4   5
6   7   8   9   10
11 12 13 14 15

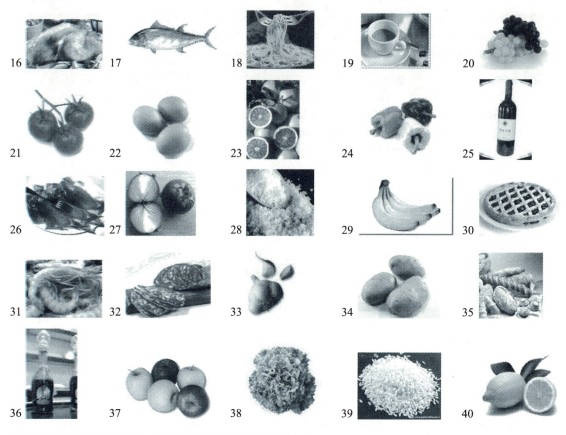

frutta e verdura	salumeria	pescheria	macelleria	panetteria	pasticceria
lattuga					

👁 Grammatica: nomi con il plurale irregolare   语法：复数形式不规则的名词

> **Tra le tante particolarità dei nomi ricordiamo in questo modulo:** 在许多特殊名词中，本章我们记住以下名词：
>
> 1. i nomi maschili→ plurale femminili (in -a): *uovo, migliaio, paio, miglio, centinaio.*
>   阳性名词→ 阴性形式的复数（-a）
> 2. i nomi invariabili (in genere nomi stranieri): *tè, caffè, ananas, hamburger*
>   单复数同形的名词（通常是外来名词）
> 3. i nomi difettivi, cioè non numerabili: *riso, pane, sale, pepe, carne, ecc.*
>   缺项名词，即不可数名词

VIII Inserisci i nomi sopra nella sezione appropriata e usa l'articolo determinativo. 将上面的名词填入适当的类别中，并使用定冠词。

1. maschile singolare: il prosciutto, ...
   ....
2. maschile plurale: i pomodori, ...
   ....

3. femminile singolare: la lattuga, ...

....

4. femminile plurale: le uova, ...

Le misure: solidi e liquidi

Solidi	1 g = un grammo	1 hg = un etto/100 g	250 g = 2 etti e mezzo/un quarto di chilo
		500 g = mezzo chilo	1 kg = un chilo
Liquidi	¼ l = un quarto di litro	½ l = mezzo litro	1 l = un litro

IX Scrivi per intero le quantità delle cose da comprare. 完整地写出要买东西的数量。

1. 5 l olio d'oliva toscano: cinque litri di ....
2. ½ kg pane casereccio: ....
3. 1 ½ l vino Chianti: ....
4. ¾ kg patate americane: ....
5. 3 hg caciocavallo ragusano: ....
6. 2 ½ hg prosciutto di Parma: ....
7. 500 g sale del Mediterraneo: ....
8. ¼ l latte intero: ....

X Associa le immagini ai nomi dei contenitori, segna con una X gli abbinamenti giusti e correggi quelli sbagliati. 连接图片与表示容器的名词，用"X"标出正确搭配，改正错误搭配。

A
a. barattolo ☐   b. scatoletta ☐   c. scatola ☐   d. pacco ☐   e. lattina ☐
f. cartone ☐   g. pacchetto ☐   h. barretta ☐   i. bottiglia ☐   j. vasetto ☐

1   2   3   4   5

6   7   8   9   10

B
a. un pacchetto di cioccolato ☐   b. una lattina di caffè ☐   c. un vasetto di yogurt ☐
d. un cartone di cioccolatini ☐   e. un barattolo di marmellata ☐
f. una bottiglia di vino ☐   g. una scatola di latte ☐
h. due pacchi di birra ☐   i. una lattina di pomodori ☐   j. una scatola di spaghetti ☐

XI Completa con la forma appropriata del nome dato e l'articolo, ove necessario. 用所给名词的适当形式填空，需要时用冠词。

1. Mi piace andare al McDonald's: _____ con il ketchup costano poco! (*hamburger*)
2. Di solito la mattina prendo due _____ ristretti! E tu? (*caffè*)
3. Ci sono ancora tre _____ alla frutta nel frigorifero. (*yogurt*)
4. Non comprare _____ intero! Non mi piace! (*latte*)
5. Ti ho chiesto solo _____ e non ½ dozzina di _____ per fare la pasta! (*uovo*)
6. Nella cucina italiana esistono _____ di tipi diversi di _____. (*centinaio/pasta*)

XII Lavoro di coppia. A turno, fate le seguenti domande al vostro compagno/alla vostra compagna. 2人练习。同学间互相问下列问题。

- quanta acqua bevi in una giornata?
- compri il latte nel cartone o in bottiglia?
- quali bevande in lattina compri di solito?
- con quale frutta ti prepari una spremuta?
- quale tipo di carne mangi di solito?
- di quali alimenti non puoi fare a meno ogni giorno?

XIII Che spesa fa la signora Covito? Ascolta la conversazione e rispondi. Covito女士买什么东西？听对话，并回答。

1. La signora Covito è una cliente abituale del negozio? Sì/No. Perché?
2. Compra frutta e verdura?
3. In che tipo di negozio va a fare la spesa?
4. La cliente paga con la carta di credito?

XIV Leggi le frasi, segna con una X le affermazioni vere e correggi quelle false. 读句子，用"X"标出正确的判断，修改错误的判断。

	Vero	Falso
La cliente:		
1. vorrebbe comprare del prosciutto di Parma.	☐	☐
2. chiede al negoziante di affettare il prosciutto grosso.	☐	☐
3. vuole della mozzarella fresca.	☐	☐
4. vorrebbe mangiare il parmigiano.	☐	☐
5. chiede del latte scremato.	☐	☐
6. è molto ghiotta di gianduiotti.	☐	☐
Il negoziante:		
1. dice che il prosciutto non è buono.	☐	☐
2. dice che la mozzarella è arrivata due giorni fa.	☐	☐
3. taglia 200 gr. di formaggio.	☐	☐
4. ha i cioccolatini di Perugia.	☐	☐
5. fa il conto alla cliente.	☐	☐
6. dà alla cliente la ricevuta.	☐	☐

XV Ascolta di nuovo la conversazione e completa. 再听对话，完成表格。

CHE COSA?	QUANTO?
• prosciutto	• 2 etti e mezzo (2 ½ hg)
....	....
....	....
....	....
....	....
....	....
....	....

XVI Chi dice cosa? Completa con le frasi sotto. 谁说了什么话？用下面的句子填表。

prendere ordini	chiedere cosa si vuole	chiedere la quantità	dire la quantità	chiedere se si vuole altro
	Ha della mozzarella fresca?			

Prego, cosa desidera?   Me ne faccia 2 etti e mezzo   Ha della mozzarella fresca?
Desidera altro?   Ha per caso dei cioccolatini?   Altro?   Quanto ne vuole?
Vorrei del prosciutto crudo S. Daniele   Mi dia 2 cartoni di latte intero...   Ne voglio 3 etti...

XVII Associa le frasi alle persone. 连接句子和说话人。

	Negoziante	Cliente
1. Mi fa il conto, per favore?	☐	☐
2. In totale viene 27 euro e cinquanta.	☐	☐
3. Ecco a Lei 30 euro.	☐	☐
4. Ecco a Lei il resto e lo scontrino.	☐	☐

Grammatica: la preposizione "di" + l'articolo con valore partitivo 语法：前置词"di" + 定冠词表部分

> **Osserva le frasi sotto e rispondi alle domande.** 观察下面的句子，回答问题。
> 1. *"Vorrei del prosciutto S.Daniele"   "Poi, vediamo un po'... ah... ha della mozzarella fresca?"*
> ● Che cosa indicano le preposizioni articolate "del" e "della": specificazione o quantità indeterminata di qualcosa? Possono essere sostituite da "un po' di"? 缩合前置词"del"和"della"指什么？表确指还是某物的不确定的数量？可以被"un po' di"代替吗？
> 2. *"Ha per caso dei cioccolatini?"   "Solo alcune fettine, tagliate un po' grosse, però!"*
> ● Il partitivo "dei" e l'aggettivo indefinito "alcune" hanno lo stesso valore? Sì/No
> 表示部分的词"dei"和不定形容词"alcune"有相同的作用吗？

Ricorda che 记住
● gli aggettivi indefiniti "alcuni, alcune" si usano solo con i nomi al plurale; "un po' di", invece, è seguito sia dai nomi singolari che dai nomi plurali. 不定形容词"alcuni，alcune"只能跟复数名词一起使用，而"un po' di"可以跟单数也可以跟复数名词搭配。

uso del determinante partitivo 限定性部分词的用法

	Singolare 单数	Plurale 复数
Maschile 阳性	del latte dello zucchero dell'aglio	dei limoni degli spaghetti degli ananas
Femminile 阴性	della carne dell'acqua	delle mele delle arance

XVIII Completa le frasi con i nomi in parentesi e il determinante partitivo. 用括号中的名词和限定性部分词完成句子。

1. C'è da comprare _____: vai tu in panetteria? (*pane*)
2. Mi dia anche _____, per favore. (*lattuga*)
3. Se vai dal fruttivendolo, mi compri _____ maturi? (*pomodori*)
4. Giuseppe, ha _____ fresco stamattina? (*aglio*)
5. Devo andare dal salumiere a prendere. _____. (*olio extravergine d'oliva*)
6. Per favore, puoi scendere al supermercato? Ci mancano _____! (*melanzane*)

XIX Sostituisci il determinante partitivo con *un po' di*. 用un po' di代替限定性的部分词。

1. A colazione vorrei il latte con dei biscotti! _____
2. Ti preparo delle verdure invece della pasta? _____
3. Signora Dora, ha del sale, per favore? _____
4. Metti dello zucchero nel caffè? _____

5. Perché non vai a prendere dell'uva? _____

6. Ti va il tè con del limone? _____

XX Completa il paragrafo con l'aggettivo indefinito adatto. Scegli tra. 选择适当的不定形容词，完成段落。

> alcuni/e   poco/a   pochi/e   troppo/a   troppi/e   molto/a   molti/e   tanto/a   tanti/e

Quando mi sono trasferita a Roma 1. _____ anni fa, la mattina passavo dal mercatino prima di entrare in ufficio. Che tempi! Riuscivo a comprare 2. _____ cose con 3. _____ euro. Adesso faccio la spesa al supermercato ma non è la stessa cosa. Si spendono 4. _____ soldi per comprare soltanto 5. _____ cose necessarie come latte, pasta, pane, frutta e verdura.

Mi piace l'atmosfera del mercatino: 6. _____ gente, 7. _____ colori, 8. _____ odori! Lì i venditori provenienti da diversi paesi - marocchini, cinesi, romeni -, mettono sulle loro bancarelle 9. _____ varietà di cibi a 10. _____ prezzo. C'è 11. _____ differenza con la merce che vendono le altre bancarelle: a volte è davvero costosa e 12. _____ gente preferisce il piccolo mercato rionale al moderno supermercato!

XXI Lavoro di gruppo. In gruppi di 5/6, a turno, fate queste domande. 小组练习。5人或6人一组，轮流问下列问题。

- dove vai a fare la spesa di solito: al mercatino o al supermercato?
- che cosa puoi comprare in un mercato rionale della tua città?
- dove preferisce la gente fare la spesa nella tua città e perché?
- dove trovi la qualità migliore: al mercatino o al supermercato?

Grammatica: la particella pronominale partitiva "ne"   语法：部分代词小品词 "ne"

> **Confronta le seguenti frasi e rispondi alle domande.** 对比下面的句子，回答问题。
> *"C'è dell'ottimo parmigiano. Ne vuole un po'?"*
> - Che cosa sostituisce la particella pronominale partitiva "ne" nella seconda frase? ....
>   第二句的部分代词小品词 "ne" 代替什么？
> - Quale posizione occupa la particella "ne" nella frase: prima o dopo il verbo? ....
>   小品词 "ne" 在句子中处于什么位置？动词之前还是之后？

XXII Parliamo di quantità: leggi le domande e usa ne nelle risposte. 我们来谈谈数量：读问题，在答案中用ne。

1. Quanti anni fai quest'anno? _____ 21.
2. Quanto tè bevi al giorno? _____ 3, 4 tazze.
3. Quanti filoni di pane consumi al giorno? _____ solo 1.
4. Quanti euro spendi al giorno per la spesa? _____ circa 10.
5. Quanta pizza prendi di solito? _____ poca, solo un pezzo.
6. Quanta frutta mangi a colazione? _____ molta.

XXIII Lavoro di coppia. A turno, chiedete al vostro compagno/alla vostra compagna le domande sopra. 2人练习。互相问上面的问题。

"In che cosa posso servirLa?" Modulo 8

XXIV Leggi i mini-dialoghi, riempi gli spazi, ascolta e controlla. 读小对话，填空，听录音并检查。

A ◊ Senti, Paolo... vuoi _____? (*caffè*)
   ● Sì, _____ solo un po'. Non mi va molto a quest'ora!

B ◊ Mi hai comprato le uova?
   ● Mi dispiace, ma _____! (*trovare*)

C ◊ Sono rimasto senza soldi! Puoi prestarmi 30 euro?
   ● _____ solo 10. Uso sempre la carta di credito! (*avere*)

D ◊ Antonietta, mi puoi comprare della carne, per favore?
   ● Quanta _____? _____ un chilo? (*prendere/comprare*)

Grammatica: la particella pronominale partitiva "ne" e i pronomi indiretti
语法：部分代词小品词"ne"和间接宾语代词

> **Confronta le seguenti frasi dal testo d'ascolto dell'attività "xvi" e completa la regola sotto.** 对比练习16听力对话中的句子，填空，完成下面的规则。
> "Mi dia 2 cartoni di latte intero." - "Me ne faccia 2 etti e mezzo."
>   verbo   cambia   pronome atono (2)
> ● Quando la particella pronominale "ne" è unita al _____, questo _____ la i in e; al contrario usiamo il _____ in assenza del partitivo "ne". Ricorda che il partitivo "ne" si trova sempre tra il pronome e il _____.

I pronomi combinati con *ne* 带有ne的结合代词

I e II persona singolare e plurale 第一、第二人称的单复数	III persona singolare e plurale 第三人称的单复数
mi + ne → me ne ci + ne → ce ne	le + ne → gliene
ti + ne → te ne vi + ne → ve ne	gli + ne → gliene

Ricorda che 记住

● i pronomi combinati si usano con tutti i tempi finora studiati e all'imperativo soltanto nella terza persona singola e plurale. 结合代词用于到现在为止我们学过的所有时态，命令式中只适用于第三人称单数和复数的情况。

● "gli" e "le" si trasformano in "glie" formando un'unica parola con la particella "ne". "gli"和"le"变成"glie"，和小品词"ne"构成一个词。

XXV Leggi i mini-dialoghi, riempi gli spazi con i pronomi combinati, ascolta e controlla. 读小对话，用结合代词填空，听录音并检查。

A ◊ Sei già tornata dalla pescheria? Hai comprato il pesce che volevo?
   ● Sì. Era freschissimo!
   ◊ E quanto _____? (*prendere*)
   ● _____ ¾, quanto ne volevi.

B ◊ Mi può dare dei pomodori maturi, per favore?
   ● Quanti _____? Un chilo basta? (*pesare*)
   ◊ _____ due chili, per piacere. Sa, in questi giorni di festa si consuma di più! (*fare*)

C ◊ Alberta, stai andando a comprare il latte?
   ● Sì, sto scendendo ora.

◊ Allora, se non ti dispiace, _____ un litro? (*prendere*)
● Certo!

D ◊ Ci può tagliare della mozzarella fresca, per favore?
● Quanta _____? (*fare*)
▼ Due etti vanno bene.

E ◊ Piero, se passi dalla pasticceria, ricordati di far fare la torta per i tuoi genitori.
● Quanta _____? (*ordinare*)
◊ Una da 1 kg e ½ mi sembra giusta.

F ◊ Marco è rimasto senza sigarette. _____ un pacchetto? (*comprare*)
● Se vuole, _____ una delle mie. (*dare*)
◊ No, è meglio se scendi, così _____ un pacchetto anche a me. (*portare*)

XXVI Completa gli spazi con i verbi dati e aggiungi i pronomi. 用所给动词填空并加上代词。

1. Mi dispiace, Maria, non ho tanto olio ma _____ dare un po' per l'insalata. (*potere*)
2. Paolo non ha ancora visto le foto ma oggi _____ un paio per e-mail. (*spedire*)
3. Anche se Luca ha fatto gli inviti, _____ soltanto uno! Vado da sola senza Mario! (*mandare*)
4. I ragazzi hanno voglia di un cappuccino. _____ una tazza? (*preparare*)
5. Mario, ora che viene mia figlia, le dia del parmigiano, ma _____ solo 1 etto. (*fare*)
6. Senta, di questo salame qui _____ un paio di etti, ma molto sottile! (*affettare*)

XXVII Lavoro di coppia. Decidete chi siete - Studente A/Studente B -, guardate le cose da comprare per una festa tra amici e, a turno, fate la parte del cliente e del commesso/a. Lo Studente A rimane in questa pagina e lo Studente B va all'Appendice a pag 250. 2人练习。决定你们谁是学生A，谁是学生B。看看你们要为一次朋友聚会买的东西，轮流扮演顾客和售货员。学生A看本页，学生B看附录250页。

Studente A

| 2 ½ hg | 2 kg | 2 | ½ kg | ½ kg | 1 dozzina | 2 |

Unità 2 — "CHE COSA C'È NEL PIATTO?"

"盘子里有什么？"

La piramide della dieta mediterranea: cibo per vivere bene e a lungo!

Secondo uno studio scientifico americano i popoli che seguono la dieta mediterranea vivono in media più degli altri Europei. La dieta mediterranea non è una dieta nel senso stretto del termine, ma un insieme di abitudini alimentari che seguono gli abitanti dei 16 Stati che si affacciano sul Mediterraneo. Molti studi hanno analizzato le abitudini alimentari delle popolazioni dell'Italia meridionale e delle isole che, in genere, consumano cereali, frutta di stagione, legumi, olio d'oliva, verdura, formaggi, carni bianche, poco pesce, vino ai pasti e hanno uno stile di vita attivo ed equilibrato. Da questi studi è nata la cosiddetta "piramide alimentare" che indica le regole per nutrirsi bene. Una giornata di dieta mediterranea prevede, ad esempio, i seguenti alimenti:

Colazione: spremuta d'arancia, pane e olive.
Spuntino: frutta di stagione.
Pranzo: pasta e fagioli, un piatto di verdura di stagione, un po' di vino.
Spuntino pomeridiano o merenda: frutta fresca.
Cena: pane, legumi, verdure, olio di oliva e un po' di vino.

La piramide raffigura come funziona l'alimentazione di tipo mediterraneo: gli alimenti alla base sono di largo consumo mentre, man mano che si sale verso il vertice, si riduce la quantità dei cibi indicati nelle varie zone.

testo adattato tratto da "www.cibo360.it"

1 Leggi l'articolo, segna con una X le affermazioni vere e correggi quelle false. 读文章，用 "X" 标出正确的判断，修改错误的判断。

	Vero	Falso
1. Gli Europei vivono più a lungo delle popolazioni del Mediterraneo.	☐	☐
2. Nell'Italia meridionale e insulare la gente segue la dieta mediterranea.	☐	☐
3. Nella dieta mediterranea consumiamo soprattutto carne e alcolici.	☐	☐
4. Ogni giorno la dieta mediterranea prevede quattro pasti e uno spuntino.	☐	☐
5. Secondo la dieta mediterranea si fa colazione con pane, burro e marmellata.	☐	☐
6. Gli alimenti presenti in questo modello alimentare sono i più adatti per vivere in salute.	☐	☐

II Osserva la piramide alimentare e associa le parole in "*A*" ai relativi significati in "*B*". 观察食物金字塔，将A中的词汇与B中的相关意思连线。

A
1. carni bianche ☐
2. ortaggi ☐
3. legumi ☐
4. fibre ☐
5. fibre vegetali ☐
6. grassi ☐

B
a. residui dei farinacei
b. fagioli, lenticchie, fave, ecc.
c. pollo, tacchino, coniglio
d. residui di frutta e verdura
e. verdure
f. nutrienti che forniscono calorie

III Secondo lo schema sopra, che cosa dobbiamo mangiare? Segna con una X le affermazioni vere. 根据上面的示意图，我们应当吃什么？用"X"标出正确的判断。

	Vero	Falso
1. Bisogna consumare meno fibre e più dolci.	☐	☐
2. Occorre consumare ogni giorno carne e pesce.	☐	☐
3. Bisogna mangiare spesso uova e carni bianche.	☐	☐
4. È necessario bere due bicchieri di acqua al giorno.	☐	☐
5. Non bisogna mangiare cereali ogni giorno.	☐	☐
6. Bisogna fare del movimento tutti i giorni.	☐	☐

IV Quali regole dobbiamo seguire? Completa gli spazi in maniera appropriata. Scegli tra. 我们应当遵循哪些准则？选择适当的词汇填空。

formaggio   dieta   vino   sport   cereali   frutta

1. Bisogna consumare pochissima carne e più _____ e verdura.
2. Occorre mangiare _____ tutti i giorni.
3. È necessario fare un po' di _____ ogni giorno.
4. Non bisogna bere più due bicchieri di _____ al giorno.
5. Non bisogna fare una _____ monotona.
6. È necessario consumare anche del _____ tutti i giorni.

Grammatica: i verbi impersonali   语法：无人称动词

> Osserva le seguenti frasi e rispondi alle domande. 观察下列句子，回答问题。
> "*Bisogna* consumare meno carne e più frutta e verdura."
> "*Occorre* mangiare cereali tutti i giorni." "*È necessario* fare del movimento."
> 1. In quale persona sono le forme sottolineate?......................... 划线动词是第几人称？
> 2. Che cosa segue ad esse? .... 这些动词后跟着什么？
> 3. Che cosa esprimono? .... 这些词表达的是什么？

V Riformula le frasi con *bisogna* e *occorre* e usa il verbo in parentesi. 用bisogna和occorre以及括号中的动词，重组句子。

1. Sono finiti il latte e i biscotti per i bambini. _____. (*prendere*)
2. Mancano le arance e lo zucchero per fare la marmellata. _____. (*comprare*)
3. Il prezzo della frutta aumenta sempre di più! _____ al mercatino. (*fare la spesa*)
4. Non c'è più olio in casa e non posso cucinare. _____ subito da Pino! (*scendere*)
5. Molte ragazze non mangiano la mattina. _____ tutte le mattine. (*fare colazione*)
6. Molti ingrassano di molti chili durante le feste. _____ i dolci e i grassi. (*evitare*)

VI Fai frasi nella forma impersonale con i verbi dati. 用所给动词的无人称形式造句。

1. comprare le mele: _____ (*occorrere*)
2. bere molto alcol: _____ (*bisognare*)

3. consumare pochi grassi d'estate: _____ (*essere necessario*)
4. mangiare molta frutta in estate: _____ (*essere necessario*)
5. escludere i legumi dalla dieta mediterranea: _____ (*bisognare*)
6. praticare dello sport all'aperto: _____ (*essere necessario*)

> ### Lo sapevate che?
> - non consumate gli zuccheri (frutta, miele, dolci) a fine pasto.
> - consumate gli agrumi in genere, cioè la frutta acida, solo a digiuno e non assieme ad altra frutta o cibi.
> - completate il pasto con pane integrale tostato oppure con grissini integrali.
> - fate attenzione alle corrette associazioni degli alimenti per una buona alimentazione.
> - mangiate la frutta un'ora o mezz'ora prima dei pasti oppure 2 o 3 ore dopo.
> - non associate le proteine animali (uova, formaggi, pesce, carne) alle proteine vegetali (cereali, legumi, noci, ecc.). assumete le proteine assieme a insalate miste di verdure e ortaggi crudi.
> - evitate di bere quando si mangia poiché i liquidi rallentano la digestione.
> - evitate di mangiare il formaggio la sera perché non è digeribile.
> - mangiate in stato di tranquillità e serenità d'animo.
> - masticate molto il cibo poiché la prima digestione avviene in bocca.
>
> testo adattato tratto da "*www.scuolanaturopatia.org*"

VII Sostituisci l'imperativo nei suggerimenti sopra con i verbi impersonali. 用无人称动词代替上面建议的命令式形式。

VIII Adesso rispondi alle seguenti domande: 现在回答下列问题：

1. Quali delle indicazioni sopra conoscevi?
2. Quali consideri utili o efficaci?
3. La tua alimentazione è simile al modello della dieta mediterranea o diversa?
4. Fai un'alimentazione semplice? Mangi particolari cibi per stare bene?
5. Preferisci variare la tua dieta o seguire piuttosto le abitudini alimentari della tua famiglia?
6. Sei più per le verdure e la frutta, per i farinacei, o per la carne e il pesce? Perché?

IX Lavoro di coppia. Avete consigli per un'alimentazione sana? Conoscete dei segreti per vivere bene? A turno, date suggerimenti al vostro compagno/alla vostra compagna. 2人练习。对于健康饮食你们有什么建议吗？你们知道好好生活的秘诀吗？同学之间互相给建议。

Esempio: ◊ *Secondo me, per stare in forma, è necessario mangiare spesso e non fare i tre pasti principali. Bisogna anche...*
● *Sono d'accordo. / Non sono d'accordo. / Per me non bisogna mangiare fuori pasto! Occorre, invece,...*

X Scrivi le "*Dieci Regole d'Oro*" per vivere in buona salute. 写出健康生活的"十条黄金准则"。

XI Leggi i paragrafi e annota nella tabella sotto le abitudini alimentari di queste persone. 读段落，在下面的表格中记录这些人的饮食习惯。

"I miei pasti? Sono regolari: colazione alle 7.00 - un espresso caldo e uno yogurt oppure un paio di biscotti; pranzo alle 13.00 - un piatto di spaghetti con pomodoro oppure una piadina; cena, finalmente a casa, con verdure e del formaggio o del pesce. Non sono vegetariana ma detesto la carne; non bevo vino ma solo acqua minerale!"

"Come molti miei compagni non faccio una vera colazione. La mattina bevo soltanto un po' di latte e poi...di corsa a scuola. Durante l'intervallo, prendo delle patatine o una merendina. A pranzo mangio la pasta e poi carne o pesce. Quando esco con i miei amici, nel pomeriggio, prendo una pizzetta o un panino con wurstel e ketchup. Non mi piacciono le verdure e la frutta e questo fa arrabbiare molto i miei genitori!"

"Adoro cucinare per la mia famiglia. La mattina facciamo colazione seduti a tavola, con fette biscottate, burro, miele o marmellata. Io prendo del latte ma mio marito e i ragazzi bevono il tè.

A pranzo di solito mangio un panino o bevo del tè con dei biscotti. Il pasto principale è la sera quando tutti ritornano a casa; allora ceniamo con carne o pesce e molte verdure oppure preparo delle torte alla frutta. Quando sono stanca e non ho fame, salto la cena!"

	che cosa prendono a:		
	la segretaria	lo studente	la casalinga
colazione?			
pranzo?			
cena?			
altro...			salta la cena

 XII Che cosa mangiate e bevete nei tre pasti principali? Parlatene in plenaria. 你们一日三餐吃什么、喝什么？集体讨论。

 XIII Lavoro di coppia. Rileggete i paragrafi sopra e scambiatevi informazioni. Dite: 2人练习。再读上面的段落，交流信息。说出：

- a quale dei tre stili alimentari si avvicina di più il vostro modo di mangiare e perché.
- quale alimentazione non vorresti fare e perché.

XIV Scrivi un paragrafo sulle tue abitudini alimentari secondo i modelli sopra. 仿照上面的例子，写一段话，谈谈你的饮食习惯。

 XV Lavoro di gruppo. In gruppi di 4/5: fate un sondaggio sulle abitudini alimentari della vostra classe. Ogni capogruppo fa le domande, raccoglie le risposte e riferisce in plenaria. 小组练习。4人或5人一组：做一个关于全班同学饮食习惯的调查。每一个组由组长提问，收集组员的答案，然后告诉全班。

1. fa sempre la prima colazione - 2. fa la colazione come te - 3. mangia la pasta o il riso ogni giorno - 4. mangia carne o pesce a cena - 5. mangia la frutta a merenda e quale - 6. pranza e cena sempre alla stessa ora - 7. pranza o cena qualche volta con un panino - 8. prende del dolce o del gelato a fine pasto - 9. prende il cappuccino a pranzo o a cena - 10. salta uno o più dei tre pasti.

 XVI Discutine in plenaria: 集体讨论：

- Com'è l'alimentazione del tuo Paese?
- Ci sono cibi che detesti?
- Preferisci mangiare in casa o fuori ? Con la famiglia o con gli amici?
- Quando mangi fuori casa, dove vai di solito?
- Scegli il posto dove mangiare in base al costo o alla qualità?

XVII. Parliamo di sapori: abbina i contrari e riempi gli spazi secondo l'esempio sotto. 我们来谈谈味道：连接反义词，仿照例句填空。

1. amaro ☐ 2. secco ☐ 3. aspro ☐ 4. piccante ☐ 5. salato ☐ 6. duro ☐ 7. caldo ☐ 8. saporito ☐

a. insipido   b. dolce   c. morbido   d. freddo   e. croccante   f. dolce   g. dolce   h. insapore

1   2   3   4   5   6   7   8

a. La bruschetta è croccante.
b. I ....
c. I ....
d. _____ peperoncino ....
e. _____ panino ....
f. _____ torta ....
g. Il ....
h. _____ cioccolatini ....

XVIII. Ascolta i dialoghi e completa la tabella. 听对话，填表。

	Che cosa mangiano e bevono?	Com'è?
1. Paola		
2. Andrea Maria	pizza al peperoncino con verdure	
3. Pietro Silvia Monica		
4. Mario Laura		È squisita.

XIX. Completa le seguenti espressioni di apprezzamento con l'aggettivo appropriato. 用适当的形容词完成下列表示评价的表达方式。

Esempio: "Che squisito questo cioccolatino!" - "Come sono aspre queste arance!"

1. Che _____ questo caffè! L'hai tenuto in frigorifero?
2. Come sono _____ questi gnocchi! Hai esagerato un po'con il sale!
3. _____ _____ la torta che ho preso al "Caffè Italia"! Per me, è il miglior dolce di quel bar!
4. Come _____ _____ questo pesce! Non ha gusto!
5. Che _____ questo pane! Per caso, è di ieri o dell'altro ieri?
6. _____ sono _____ questi limoni! Ora mi preparo una spremuta!

XX. Lavoro di coppia. A turno, fate domande sui vostri gusti in fatto di bevande e cibi secondo le indicazioni sotto. 2人练习。根据下面提示，与同学互相询问对饮品和食物的喜好。

- cibi piccanti/cibi dolci/quali? (*piacere*)
- quali cibi/perché? (*preferire*)
- quali bevande/come? (*avere voglia di*)
- tè/caffè/come? (*bere volentieri*)

XXI. Posso offrirvi qualcosa al bar? Leggi la conversazione e riempi gli spazi con i verbi e le frasi sotto. 我能给你们在酒吧买点什么吗？读对话，用下面的动词和短语填空。

in tutto paga   prendo un aperitivo   che cosa prendi   cosa desiderano?   vorrei   cosa vuoi da bere?
preferisco   vuole   preferisce   che cosa prende   quant'è in tutto?   ho voglia di   per me invece   prendo volentieri

Paolo: Ragazze, vi posso offrire qualcosa? Andiamo al bar?
Noemi e Maria: Grazie, molto gentile.
(*al bar*)
Cameriere: I signori, 1. _____?
Paolo: 2. _____, Maria?
Maria: Vorrei qualcosa di fresco.

Cameriere: 3. _____ un tè freddo, un caffè freddo oppure un succo di frutta?
Maria: Un succo di frutta all'albicocca, per favore. Ben fresco, mi raccomando!
Cameriere: Non si preoccupi, signorina.
Paolo: E tu Noemi? 4. _____?
Noemi: Mah... niente da bere per me. Invece 5. _____ qualcosa da mangiare. A quest'ora ho sempre un po' di fame.
Cameriere: 6. _____? Una pizzetta, un panino imbottito oppure...
Noemi: Non voglio nulla di pesante. 7. _____ qualcosa di leggero.
Cameriere: Posso farLe un toast oppure un tramezzino leggero...
Noemi: 8. _____ un toast al prosciutto.
Paolo: 9. _____ niente da mangiare. 10. _____ qualcosa da bere...
Cameriere: 11. _____ un aperitivo, un cocktail, oppure una spremuta d'arancia?
Paolo: Visto che è quasi mezzogiorno 12. _____ ma non alcolico!
Paolo: 13. _____? Quanto pago?
Cameriere: Allora...un succo di albicocca, un toast al prosciutto e un cocktail non alcolico.
14. _____ 3 euro e 50.

XXII Lavoro di gruppo. In gruppi di 3: prendete le parti e rileggete la conversazione sopra. Cambiate i ruoli. 小组练习。3人一组：分角色，重读上面的对话。然后互换角色。

XXIII Leggi di nuovo la conversazione e riempi gli spazi in maniera appropriata. 再读对话，以适当的方式填空。

- Come...

invitiamo al bar?	....
chiediamo agli altri cosa vogliono ordinare?	
esprimiamo un desiderio?	
ordiniamo?	
rifiutiamo un'offerta?	
chiediamo di pagare?	
diciamo quanto pagare?	

👁 Grammatica: i pronomi indefiniti "qualcosa" e "niente/nulla"
语法：不定代词 "qualcosa" 和 "niente/nulla"

> **Osserva le seguenti frasi e rispondi alle domande.** 观察下面的句子，回答问题。
> *"Vorrei qualcosa di fresco."* *"Vuoi qualcosa da bere?"*
> *"Non voglio nulla di pesante."* *"Non voglio niente da mangiare."*
>
> - Quali preposizioni precedono l'aggettivo e il verbo? ....
>   形容词和动词前是哪些前置词？
> - Qual è l'ordine delle parole nella frase con gli indefiniti "niente" e "nulla"? Completa.
>   带有不定词 "niente" 和 "nulla" 的句子中的词序是什么样的？填空。
>   _____ + verbo + _____/_____ + di/da + aggettivo/_____
> - Questi pronomi indefiniti si usano solo al singolare e si riferiscono solo a cose.
>   这些不定代词只用于单数，只能指代东西。

XXIV Come esprimere un desiderio? Leggi i dialoghi e riempi gli spazi con l'opzione giusta. 如何表达一个需要？读对话，选择适当的词汇填空。

◊ Ho voglia di _____ di fresco e dolce! (*qualcosa/niente*)
● Perché non prendi ___ _____? (*cornetto/coca cola/gelato*)
◊ Hai ragione! È proprio la cosa giusta con questo caldo!

B. ◊ _____ qualcosa di soffice e dolce!(*vorrei/mi piace*)
 • Le posso dare ___ _____. (*tiramisù/cappuccino/crostata*)
 ◊ Sì, grazie... Mmh... è davvero soffice!

C. ◊ Prendo qualcosa di _____. Che cosa mi consigli? (*fresco/dolce/piccante*)
 • Puoi prendere ___ _____. Io ne ho preso un pezzo al peroncino. (*pizza/patatine/torta*)

D. ◊ Vuoi qualcosa da _____? (*mangiare/bere*)
 • Sì, _____ di qualcosa di fresco e dissetante. (*ho voglia di/ho sete di*)
 ◊ Allora prendi ___ _____! (*spremuta di arance/caffè/cappuccino*)

XXV Leggi i dialoghi e riempi gli spazi in maniera appropriata. 读对话，以适当的方式填空。

A. ◊ Cosa prendi da bere?
 • Per me niente da _____. Vorrei solo qualcosa da _____.

B. ◊ Vuoi della torta?
 • No, grazie! Non voglio _____ da mangiare. Magari prendo un succo di frutta

C. ◊ Dai! _____ hai preso niente. La crostata di mele è veramente squisita!
 • Mi dispiace, ma non mi va _____ adesso. Ho già mangiato.

D. ◊ Vorrei qualcosa da _____. Maria, non hai nulla di _____ da offrirmi?
 • Mi dispiace, ma nel frigorifero non abbiamo neanche l'acqua!

XXVI Ripresa della posizione dei pronomi con i verbi servili: cambia i pronomi tonici in atoni. 复习带有辅助动词的代词位置的规则：把重读代词变成非重读代词。

Esempio: Può dare a me una coca cola? - "*Può darmi una coca cola?*"
1. Vuole consigliare a noi che cosa prendere? _____
2. Non devi cucinare a lui le solite cose piccanti! _____
3. Per favore, puoi prendere a me del prosciutto crudo? _____
4. Vuole portare a noi lo zucchero, per favore? _____
5. Silvia, se sei libera, vorrei offrire a te qualcosa al bar. Ti va? _____
6. Può portare a lei qualcosa di leggero, per piacere? _____

XXVII Che cosa dici in queste situazioni? 你在这些场合中说什么?

1. Chiedi alla tua amica se può fare a te un tè caldo.
2. Di' al barista se può preparare 2 pizzette per te e la tua amica/il tuo amico.
3. Chiedi al salumiere se può tagliare un pezzo di formaggio per te.
4. Chiedi a tua sorella se devi preparare un panino imbottito per lei.
5. Chiedi al tuo direttore se devi prendere a lui qualcosa di caldo al bar.
6. Chiedi ai tuoi genitori se puoi fare la spesa per loro?

XXVIII Lavoro di gruppo. In gruppi di 4: a turno, prendete le parti del barista e dei clienti. Leggete il menu del "*Bar del Borgo*", ordinate e pagate il conto. 小组练习。4人一组：轮流扮演酒吧老板和顾客。读"Borgo酒吧"的菜单，点餐、结账。

Bar del Borgo   Caffetteria   Bar del Borgo
Listino Prezzi
"Bevande calde e fredde"

Caffè espresso	0,70 Cappuccino	1,00
Caffè macchiato	0,90 Latte e caffè	1,00

Decaffeinato	0,90	Cioccolata calda	1,00
Caffè freddo	0,80	Tè caldo	0,80
Caffè freddo con panna	1,00	Tè freddo	0,80

"Dolci e Tavola Calda"

Cornetto al cioccolato	0,80	Tramezzino	1,00
Cornetto alla crema	0,70	Toast	1,10
Panino al prosciutto	1,00	Gelato al torrone	1,30
Pastierina	1,20	Trancio di torta	1,20

"Bibite"

Acqua minerale naturale - bottiglietta	1,00	Coca cola/light -lattina/Fanta-Sprite/lattina	1,00
Tè al limone-Gassosa/Aranciata	0,80	Estatè al limone-lattina	0,80
Spremuta di arance/di limoni	1,30	Sciroppo alla menta/all'amarena	1,30

Unità 3

"BUON APPETITO!"
"祝您胃口好！"

I Leggi i dialoghi e riempi gli spazi con i nomi delle cose nelle immagini sopra. 读对话，用上面图片对应的名称填空。

A ◊ Il caffè lo vuoi con ___ _____ o senza _____?
  ● Con lo zucchero. Il caffè mi piace dolce.
  ◊ Eccoti la zuccheriera.
  ● Grazie.

B ◊ Due panini e dell'acqua, per piacere.
  ● L'acqua la preferisce con o senza _____?
  ◊ ___ ___ _____: è più dissetante!
  ● E i panini li volete con o senza _____?
  ◊ Ci piacciono con il formaggio.

C ◊ Mi scusi, signore, la birra la vuole con ___ _____ o senza?
  ● Con ___ _____, naturalmente. È tutta un'altra cosa!

D ◊ Allora... noi prendiamo 2 tè e 2 crostatine, grazie!
  ● Il tè lo volete con _____ o senza _____?
  ◊ Io lo prendo con ___ _____!
  ▼ Niente _____ per me. Non mi piace il tè aspro!
  ● E le crostatine le preferite con ___ _____ o senza?
  ▼ Per me con ___ _____ ma per la mia amica, credo, senza: è troppo dolce!

👁 Grammatica: l'uso del pronome come rafforzativo del complemento oggetto
语法：对直接宾语表强调的代词的用法

> **Osserva le seguenti frasi dai dialoghi precedenti e rispondi alle domande.** 观察前面对话中出现过的的句子，回答问题。
>
> "Il tè lo volete con limone o...?"   "L'acqua la preferisce con...?"
> "E i panini li preferite con...?"   "E le crostatine le volete con...?"
>
> ● Che cosa noti di diverso rispetto al normale costrutto "soggetto + verbo + oggetto diretto"?
> 与正常的句子构成"主语＋动词＋直接宾语"相比，你注意到什么不同吗？
> ....
> ● Che posizione occupa il pronome oggetto e con che cosa concorda? ....
> 宾语代词在什么位置，与什么词的性数一致？

II Completa gli spazi con il pronome oggetto appropriato. 用适当的宾语代词填空。

1. Il gelato _____ vuole con la panna o senza?
2. Stasera la cena _____ prepara tuo padre: io sono troppo stanca!
3. I toast _____ faccio con il prosciutto e il formaggio?
4. Le mele _____ vuoi cotte con un po' di zucchero, o senza?
5. Il tè _____ hai già ordinato o no?
6. I biscotti _____ abbiamo comprati dal fornaio. Sono davvero croccanti!

III Rileggete le conversazioni, sottolineate le espressioni di commento e completate gli spazi. 再读对话，划出有关评价的表达方式，填空。

1. _____ _____ mi piace _____. 2. È più _____! 3. _____ _____ un'altra cosa!
4. Non mi _____ _____ _____ aspro! 5. È troppo _____!

IV Lavoro di coppia. Sviluppate dialoghi con i suggerimenti sotto e fate un breve commento. Fate riferimento alle attività precedenti come modello. 2人练习。用下面的提示展开对话，做出简短的评价。参考前面的练习。

1. caffè freddo? panna? /sì -   2. cocktail? alcol? /no -   3. latte? caffè? /sì -
4. cioccolata? cacao? /sì -   5. aperitivo? fettina di arancia? /no -   6. caffè? gin? /no -

V Che cosa ordinare? Abbina le immagini ai contenitori, fai espressioni nominali con i nomi dei contenitori e delle bevande. 点什么呢？连接图片和表容器的词汇，用表示容器和饮品的名词写名词短语。

Esempio: *"un boccale di birra"*

1. boccale ☐   2. tazzina ☐   3. bicchiere ☐   4. coppa ☐   5. tazza ☐   6. bicchierino ☐
a. limoncello   b. gelato   c. caffè   d. tè   e. acqua   f. birra

VI Lavoro di coppia. A turno, fate le parti del cliente e del cameriere, prendete gli ordini e ordinate cosa bere. Usate queste espressioni: 2人练习。轮流扮演顾客和服务员，点喝的东西并记下点的东西。用这些表达方式：

Mi dà ...?   Prendo...   Vorrei...   Mi può dare ...?

VII Il dottor Luca Rossi è al ristorante con i suoi colleghi per festeggiare il suo compleanno. Ascolta la conversazione e numera i piatti nell'ordine in cui li senti. Luca Rossi医生跟同事在餐馆庆祝他的生日。听对话，按听到的顺序给各道菜标上数字。

Menu   del   giorno

	Antipasti	Contorni

Antipasti
affettato misto
prosciutto e melone
pesce spada marinato con agrumi
mozzarelline e pomodori

Contorni
insalata mista
patate al forno
insalata di rucola e cipolla
verdure lesse/fritte

Primi piatti
risotto alla milanese
linguine con pesto alla genovese
ravioli con ragù alla bolognese
spaghetti alla Norma

Dolci
torta alla crema
coppa di gelato ai frutti di bosco
cassata siciliana

Secondi piatti
triglie alla livornese
frittura mista di pesce
grigliata di carne
bistecca alla fiorentina

Bevande
acqua minerale naturale
acqua minerale gassata
vino rosso della casa
vino bianco
spumante

VIII Ascolta di nuovo la conversazione e completa la tabella. 再听对话，填表。

	Luca	Marta	Teresa	Piero
Antipasto			affettato misto	
Primo				
Secondo				
Contorno		insalata mista		
Dessert				
Bevande	vino rosso della casa			

IX Riascolta la conversazione e completa gli spazi. 再听对话，填空。

1. prendere le ordinazioni: ....
2. chiedere che cosa si vuole prendere: ....
3. chiedere un consiglio: ....
   ....
4. ordinare: ....
   ....
5. dire le proprie preferenze: ....
6. chiedere come sono i piatti: ....
7. dire di prendere la stessa cosa di un'altra persona: ....
   ....
8. chiedere di portare anche altro: ....

X Ascolta ancora una volta e segna con una X chi dice le seguenti espressioni. 再听一遍对话，用"X"标出是谁说的下列表达方式。

	cameriere	Luca	Marina	Teresa	Piero
Un tavolo per quattro.					
Ecco a voi il menu!					
Veramente non saprei...					
Per me qualcosa di leggero...					

Il pesce non mi piace molto!					
Da bere cosa vi porto?					
Gassata o naturale?					
Ecco la torta e lo spumante!					
Adesso facciamo un brindisi al nostro direttore!					

XI Al ristorante chiedi al cameriere informazioni su alcuni piatti del menu. Riempi gli spazi con le seguenti parole. 在餐厅向服务员询问菜单上一些菜肴的信息。用下列单词填空。

    ravioli   cioccolato   cipolla   pesce   pasta   pomodoro
    torta   prezzemolo   riso   aglio   carne   basilico

1. Il risotto alla milanese è _____ soffritto con _____ e zafferano. È un piatto tipico di Milano.

2. La bistecca alla fiorentina è una grossa fetta di _____ con l'osso cucinata alla griglia. È una specialità della cucina toscana.

3. Le linguine con pesto alla genovese sono un tipo di _____ che assomiglia agli spaghetti, con una salsa di _____, olio d'oliva e formaggio.

4. I ravioli con ragù alla bolognese sono _____ con sugo di carne e _____. Sono una specialità di Bologna.

5. La cassata siciliana è un tipo di _____ con crema di ricotta dolce, _____ e canditi. È un dolce tradizionale della Sicilia.

6. Le triglie alla livornese sono un piatto a base di _____ cucinato con pomodoro, _____, cipolla e _____.

XII Lavoro di gruppo. In gruppi di 3/4: scegliete alcuni piatti dal menu, chiedete e date informazioni. 小组练习。3人或4人一组：选择菜单上的几道菜，询问并给出信息。

XIII Lavoro di coppia. A turno, fate domande al vostro compagno/alla vostra compagna sui suoi gusti secondo questi suggerimenti. 2人练习。根据提示，互相询问同学的口味。

1. acqua minerale? (naturale/gassata) - 2. vino? (rosso/bianco)
3. spumante? (dolce/secco) - 4. verdure? (lesse/crude/fritte)
5. bistecca? (ben cotta/al sangue) - 6. gli spaghetti? (al dente/a cottura media)

    Esempio: ◊ *Come ti piace/la preferisci l'acqua: naturale o gassata?*
               ● *Mi piace/La preferisco gassata, con le bollicine!*

XIV Lavoro di gruppo. In gruppi di 3/4: ordinate dal menu della "Trattoria 4 Leoni". Fate le parti del cameriere e dei clienti. 小组练习。3人或4人一组：从"4 Leoni餐馆"的菜单上点菜。你们分别扮演服务员和顾客。

XV Leggi la ricetta di questo piatto della cucina italiana e sottolinea le istruzioni. 这是意大利餐的一道菜，读食谱，并划出烹制说明。

La ricetta del giorno: "Penne alla mediterranea"

Ingredienti per 4 persone:
400 g di penne
1 kg di melanzane
400 g di passata di pomodoro
1 cipolla; 2 spicchi d'aglio; 200 gr di mozzarella; olio extravergine d'oliva; burro
1/2 bicchiere di vino bianco; origano; sale e pepe.

Preparazione:
Fare bollire abbondante acqua salata in una pentola alta. Quando l'acqua bolle, mettere giù le penne, cuocerle al dente, scolarle e lasciarle raffreddare. Tagliare due terzi delle melanzane a fette e il resto a cubetti e friggerle in abbondante olio d'oliva caldo. Versare dell'olio in una padella e scaldarlo. Tritare finemente l'aglio e la cipolla e rosolarli dolcemente nella padella. Aggiungere i cubetti di melanzana, mettere il sale, un po' di pepe e poco origano, continuare a rosolarli lentamente e mescolare. Sfumare leggermente con il vino bianco e aggiungere al composto il pomodoro passato. Cuocere il sugo lentamente per circa un'ora. Mettere del burro in una teglia e fare uno strato con le fette di melanzana. Versare sopra parte delle penne, cospargere abbondantemente di mozzarella e aggiungere una parte della salsa di pomodoro. Continuare a fare strati di melanzane, di pasta e di mozzarella e terminare con la salsa. Mettere la teglia in forno caldo a 200 gradi e lasciarla per circa 20 minuti. Servire il piatto caldo o tiepido. In estate è squisito anche freddo.

testo adattato tratto da "*www.pastamediterranea.it*"

XVI Lavoro di coppia. Abbinate il maggior numero di istruzioni alle figure e confrontatevi con un'altra coppia. Chi ha fatto più abbinamenti corretti? 2人一组。连接大部分的烹制说明与图片，并与另一组同学对照。哪一组找出更多的正确搭配？

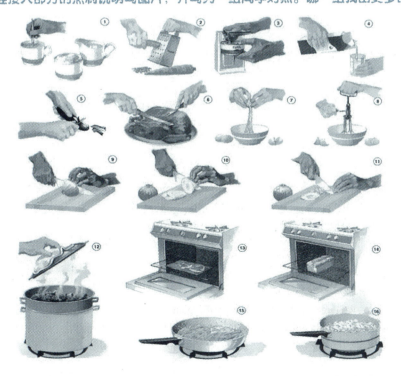

XVII Abbina alle immagini sopra le seguenti istruzioni non presenti nella ricetta. 下面是食谱中没出现的烹制说明，与上面的图片连接。

a. sbucciare ☐   b. montare a neve ☐   c. rompere le uova ☐
d. cuocere al vapore ☐   e. grigliare ☐   f. grattugiare ☐

XVIII Conosci questi utensili da cucina? Abbina i nomi alle immagini. 你认识这些厨房用具吗？连接名称与图片。

1   2   3   4   5   6
7   8   9   10   11   12

a. mestolo ☐   b. teglia ☐   c. grattugia ☐   d. insalatiera ☐   e. pentola ☐   f. colapasta ☐
g. padella ☐   h. casseruola ☐   i. bilancia ☐   j. tostapane ☐   k. sbattitore ☐   l. frullatore ☐

XIX Completa gli spazi in maniera appropriata. 以适当的方式填空。

1. La _____ è indispensabile per cucinare al forno ma non è adatta per cucinare al vapore.
2. Mettiamo l'acqua nella _____ e, quando l'acqua bolle, buttiamo giù la pasta.
3. È necessario pesare gli ingredienti con la _____ quando si prepara un piatto.
4. Nella _____ friggiamo la carne, il pesce, le verdure e, a volte, anche la pasta.
5. Il _____ è molto utile in cucina per preparare frullati e salse.
6. Con lo _____ si possono montare a neve gli albumi delle uova.
7. Non possiamo fare a meno del _____ per servire il brodo e i minestroni.
8. Nell'_____ serviamo in genere l'insalata o la pasta fredda.

👁 Grammatica: l'infinito + il pronome diretto atono   语法：不定式 + 非重读直接宾语代词

> **Osserva le seguenti frasi dalla ricetta e completa la regola.** 观察食谱中的句子，完成规则。
> *"Versare dell'olio in una padella e scaldarlo."*   *"Tritare finemente l'aglio e la cipolla e rosolarli"*
>   sola   procedimento   perde   istruzioni
>
> ● Usiamo l'infinito, oltre che l'imperativo, per dare _____ o descrivere un _____. Con i pronomi diretti atoni, l'infinito _____ la vocale finale e forma con essi una _____ parola.
> 除了用命令式之外，我们用不定式来给出_____或描写一个_____。带有非重读直接宾语代词时，不定式_____词尾元音，跟代词构成一个_____的词。

XX Metti in ordine le frasi della ricetta del *"Risotto alla milanese"* e confrontati con il tuo compagno/la tua compagna. 将"米兰式烩饭"食谱中的句子排序，跟同学对照。

- Per un buon risotto alla milanese scegliamo riso a chicchi grossi {1}
- e lo portiamo ad una cottura al dente { }
- Facciamo cuocere il riso con un po' di brodo di carne e un pizzico di zafferano { }
- Prendiamo del parmigiano e lo grattugiamo fresco sul risotto { }
- perché più adatta alla cottura del risotto alla milanese { }
- Poi serviamo a tavola ben caldo { }
- Mettiamo nella padella una cipolla a pezzi e la soffriggiamo con un po' di burro { }
- perché il classico risotto alla milanese si gusta meglio se non è troppo cotto { }
- Usiamo una padella di rame { }

XXI Riscrivi la ricetta e sostituisci l'infinito al presente. Fa' attenzione ai pronomi. 重写食谱，用动词不定式形式替换现在时。注意代词的用法。

● Inizia così: 这样开始：
"Per un buon risotto alla milanese scegliere riso a chicchi grossi..."

XXII Leggi le conversazioni e sottolinea le forme di imperativo formale e informale. 读对话，划出命令式的正式和非正式形式。

Conversazione 1
◊ Paola, non mangiare la pasta così in fretta e non inghiottirla come stai facendo, altrimenti ti senti male. Mangiala con calma!
● Ho un appuntamento con Patrizio e non voglio farlo aspettare!
◊ Hai ragione. Non lo fare aspettare! Però, prendi almeno un po' di frutta!
● No, non mi va. E poi non ho tempo.
◊ Dai! Mangia almeno una mela! Tieni! Mangiala per strada e non buttarla!
● Per favore, mamma, non insistere. La mangio quando torno!

Conversazione 2
◊ Signore, ecco qui il Suo caffè!
● Mi porti anche dello zucchero, per favore.
◊ Prego, signore, si serva pure!
● Senta, mi dia anche due cornetti con la crema.
◊ Ha preso anche il giornale?
● Sì, ho preso 2 quotidiani oltre al caffè e ai cornetti. Li pago a Lei?
◊ No, non li paghi a me. Li paghi alla cassiera.

 Grammatica: imperativo + pronome 语法：命令式 + 代词

> **Osserva le frasi sotto e rispondi alle seguenti domande.** 观察下面的句子，回答下列问题。
> 1. Imperativo informale 非正式的命令式: *"Mangiala per strada e non buttarla."*
> ● Quale posizione occupa il pronome "la" nell'imperativo affermativo e negativo?
>   在肯定和否定命令式中，代词 "la" 在什么位置？
> 2. Imperativo formale 正式的命令式: *"No, non li paghi a me. Li paghi alla cassa."*
> ● Quale posizione occupa il pronome nelle frasi: prima o dopo il verbo?
>   代词在句子中处于什么位置？动词前还是动词后？

XXIII Completa le frasi con l'imperativo e con i pronomi appropriati. 用命令式和适当的代词完成句子。
1. "Possiamo mangiare un po' di questa torta?" - "Sì, _____ pure! È freschissima!"
2. "Maria, non bere questo latte! _____! È in frigorifero da mesi."
3. "Signora Baldini, assaggi questi gnocchi! _____! Sono ottimi!"
4. "Sara, posso prendere un po' della tua pizza?" - "No, _____! È troppo piccante!"
5. "Ragazze, non mangiate troppi dolci! _____ se non volete ingrassare!"
6. "Prenda queste arance, signora Muti! _____! Sono davvero squisite!"

XXIV Trasforma le frasi dall'imperativo informale all'imperativo formale e viceversa. 将非正式的命令式变成正式的命令式，并将正式的命令式变成非正式的命令式。
1. Francesca, non cuocere troppo gli spaghetti! Cuocili solo per 7, 8 minuti.
2. Prego, signora Frattini, la pizza è pronta. La porti via e si accomodi alla cassa.
3. Nadia, non ordinare questo antipasto! Non prenderlo! È disgustoso!
4. Signor Venturi, Lei e il suo amico bevano del vino con il pesce, ma lo bevano secco!
5. Signora, per le lasagne usi la pirofila di vetro ma non la metta sul fornello!
6. Dottor Rossi, non Le consiglio questa frutta. Non la compri! Non è ancora matura.

XXV Come? In che modo? Leggi di nuovo la ricetta delle "*Penne alla mediterranea*" e completa gli spazi sotto. 怎么样？用什么方式？再读"地中海式通心粉"的食谱，填空。

che cosa   come / in che modo
1. _____ finemente
2. farli rosolare _____
3. _____
4. _____ _____
5. _____ _____

tavola di riferimento 参照表

Aggettivo 形容词	Formazione dell'avverbio 副词的构成	Avverbio 副词
serio	(*dal femminile*) seria+mente	seriamente
felice	felice+mente	felicemente
difficile	difficil+mente	difficilmente
particolare	particolar+mente	particolarmente
buono		bene
cattivo		male
leggero	legger+mente	leggermente
violento *	violent+e+mente	violentemente

Grammatica: formazione degli avverbi con il suffisso "mente" 语法：带有后缀"mente"的副词构成

Completa lo schema secondo la tavola sopra. 根据上表填空。
- Con gli aggettivi della I classe: aggettivo _____ + suffisso "mente"
  第一类形容词
  Esempio: lento → _____; allegro → _____
- Con gli aggettivi della II classe: _____ + suffisso "mente"
  第二类形容词
  Esempio: veloce → _____; _____ → dolcemente
- Con gli aggettivi in -le o -re, cade la lettera _____ prima di aggiungere il suffisso "_____".
  Esempio: _____ → facilmente; regolare → _____

XXVI Forma gli avverbi dagli aggettivi in parentesi e completa. 用括号中的形容词构成副词，填空。

1. Di solito mia madre cucina _____ perché non ha molto tempo. (*veloce*)
2. Se vuoi fare una buona frittata, devi sbattere le uova _____. (*energico*)
3. Fate sobbollire la salsa molto _____ per ottenere un buon ragù. (*lento*)
4. Fare soffriggere _____ la cipolla fino a farla indorare. (*leggero*)
5. Paolo è davvero ghiotto di ravioli. Guarda come li sta mangiando _____! (*avido*)
6. Non abusare con i salumi e i formaggi: i grassi sono _____ digeribili! (*scarso*)

XXVII Forma gli avverbi dai seguenti aggettivi e completa gli spazi in maniera appropriata. 用括号中的形容词构成副词，以适当的方式填空。

piacevole   attento   notevole   duro   allegro   gentile

1. Bisogna prendere la vita _____ se si vuole vivere bene in salute e a lungo.
2. I prezzi della frutta e delle verdure sono aumentati _____ in questi ultimi mesi.
3. Questo pompelmo ha un sapore _____ aspro! È davvero squisito!

4. Ha dovuto studiare _____ per superare l'esame CILS, livello A2.
5. Senta, mi può _____ tagliare anche 2 etti di bresaola molto sottile?
6. Cerca di curare _____ la tua alimentazione quando mangi fuori casa.

XXVIII Lavoro di coppia. A turno, chiedete al vostro compagno/ alla vostra compagna: 2人练习。互相询问：
- se gli/le piace cucinare
- se ha mai cucinato e che cosa
- chi è il più bravo in cucina nella sua famiglia
- se conosce dei piatti italiani e li ha mai assaggiati
- se può darvi la ricetta del suo piatto preferito

XXIX Abbina i nomi sotto alle immagini. 连接名称与图片。

1   2   3   4   5   6

coltello ☐   cucchiaio ☐   cucchiaino ☐   forchetta ☐   piatto piano e piatto fondo ☐   forchettina ☐

> **Il galateo a tavola**
>
> Quando sei ospite a pranzo, ricordati che non devi sederti a tavola prima del padrone di casa. A tavola si sta seduti senza appoggiare i gomiti sul tavolo. Non offrire cibo dal tuo piatto e non prenderlo dal piatto degli altri commensali. Usa le posate per ordine quando sono molte, e inizia sempre dalle posate più esterne. Non infilzare mai il pane con la forchetta. Sbuccia la mela, la pera e la pesca con il coltello, mentre la forchetta le tiene ferme. Non tagliare uva e ciliegie. Taglia il caco a metà e mangialo con il cucchiaino; invece, quando mangi il fico, devi tagliarlo in quattro e usare la forchettina. Inoltre, devi servire il pesce prima della carne, le pietanze fredde con salse fredde e le pietanze calde con salse calde. Servi sempre il dolce prima della frutta e il salato prima del dolce.
>
> testo adattato tratto da: "*www.donnad.it*"

XXX Leggi l'articolo e correggi le seguenti affermazioni, ove necessario. 读文章，需要时改正下面的判断。

1. Il padrone di casa si siede a tavola dopo gli ospiti.
2. Bisogna stare seduti con i gomiti appoggiati sul tavolo.
3. Se vuoi essere gentile dai del cibo agli altri ospiti.
4. Usiamo le posate per ordine, a cominciare dalle più esterne.
5. Bisogna servire la carne prima del pesce e i piatti salati dopo i piatti dolci.
6. Portiamo in tavola la frutta prima del dolce e serviamo i piatti freddi con le salse calde.

XXXI Leggi di nuovo il testo e completa le frasi in maniera appropriata. 再读文章，以适当的方式完成句子。

1. Tagliamo il pane con _____ e lo prendiamo con le mani e non con la forchetta.
2. Usa _____ e _____ per togliere la buccia alla mela, alla pera e alla pesca.
3. Bisogna mangiare l'uva soltanto con _____. Non occorre usare le posate.
4. Usiamo _____ per tagliare i cachi e _____ per mangiarli.
5. Tagliamo i fichi con _____ e poi li mangiamo con _____.
6. Non tagliare le ciliegie ma mangiale con _____.

XXXII Come mangiamo i seguenti cibi? Scegli tra le parole in parentesi. 我们进餐时，用什么样的餐具？选择括号中的词填空。

1. Se mangiamo il riso, gli spaghetti o i ravioli, usiamo _____. (*forchetta/cucchiaio*)
2. Per il minestrone, la pastina in brodo e i legumi bisogna usare _____. (*forchetta/cucchiaio*)

3. Mangiamo il pollo, il pesce e la salsiccia con _____. (*forchetta e coltello/forchetta*)
4. Per la torta è necessario usare _____. (*cucchiaino/forchettina/cucchiaio*)
5. In genere sbucciamo le arance con _____. (*coltello e forchetta/mani*)
6. Sbuccia le banane con le mani ma, se sei ospite, usa _____. (*coltello e forchetta/cucchiaio*)

XXXIII Lavoro di coppia. Discuti con il tuo compagno/la tua compagna del galateo a tavola e delle abitudini del tuo Paese in fatto di cibo. In particolare, di': 2人练习。
跟同学讨论你们国家餐桌上的礼仪和饮食习惯。特别要说出：

- quali sono le somiglianze tra i due Paesi
- in che cosa sono diverse le due culture
- con quale ordine si servono le pietanze nel tuo Paese
- se segui la tradizione del tuo Paese quando ordini al ristorante

Senza la grande abbuffata il Natale non è Natale!

Quando, a seconda delle culture e delle religioni, o nasce Gesù o arriva Babbo Natale, il momento "magico" che festeggia l'evento è sempre il pranzo. Il Natale italiano vede da sempre le famiglie riunirsi a tavola per condividere la gioia della festa. La tradizione c'è e resiste ma con una differenza: al Sud la cena della vigilia è il momento più importante della festa, mentre al Nord è il pranzo del 25.

La cena della vigilia, che nel Sud si vuole "di magro", dell'antico digiuno rispetta solo una regola: niente carne. Sulle tavole della vigilia non può mancare il pesce: capitone fritto e filetti di baccalà, anch'essi fritti, sono il piatto forte. E poi spigola e gamberoni, sogliole, totani e triglie, e insalate di "rinforzo" con cavolfiori, peperoni, acciughe e olive. Ma la tradizione della cena della vigilia è presente anche nel Nord dove si è gradatamente diffusa dagli anni '50 e '60, a seguito del fenomeno dell'emigrazione verso il triangolo industriale.

Al contrario, il pranzo di Natale nel Nord comincia con le irrinunciabili tagliatelle all'uovo o i cappelletti in brodo e continua con il piatto forte: il cappone lesso o la tacchina al forno con patate e, come intermezzo, i crostini di fegatini di pollo e la faraona arrosto. Ma in fatto di dolci è il panettone o "panetun", tipico dolce milanese, che unisce tutti, sia al Nord che al Sud, nel celebrare il Natale. A base cilindrica e a forma di cupola, lievitato con acqua, farina, burro, e uova, con l'aggiunta di frutta candita-arancio, cedro e uvetta-, il panettone si mangia tagliato a fette e si serve con il tradizionale spumante italiano. In questi ultimi anni sono state numerose le variazioni sul tema "panettone": glassato, senza canditi e uvetta, ripieno di crema, gelato o cioccolato. Ed è grazie anche a queste varianti che è diventato il dolce-simbolo del Natale in moltissimi Paesi, oltre che in Italia.

testo adattato tratto da "*www.repubblica.it*"

XXXIV Segna con una X le affermazioni vere e correggi quelle false. 用 "X" 标出正确的判断，修改错误的判断。

	Vero	Falso
1. Sia al Nord che al Sud, la cena della vigilia è il momento più importante della festa di Natale.	☐	☐
2. Gli italiani fanno il digiuno la vigilia di Natale.	☐	☐
3. Per Natale gli italiani preferiscono piatti a base di carne e di pesce.	☐	☐
4. Solo a Milano si festeggia il Natale con il panettone.	☐	☐
5. Il classico panettone di Milano è ripieno di crema, gelato o cioccolato.	☐	☐
6. Il titolo dell'articolo suggerisce che a Natale gli italiani non mangiano molto.	☐	☐

XXXV Rispondi alle seguenti domande. 回答下列问题。

1. Come celebra il tuo Paese la festa più importante dell'anno?
2. Trovi le tradizioni del tuo Paese molto diverse dalle tradizioni italiane?
3. Quali sono i piatti tradizionali della festa? Quali le bevande e i dolci?
4. Ci sono differenze tra il Nord e il Sud del tuo Paese nel celebrare le feste?
5. Hai mai fatto un'abbuffata nelle feste o hai mangiato come sempre?
6. Che valore hanno le feste per te? Sono necessarie o superflue e inutili?

 XXXVI Lavoro di gruppo. In gruppi di 4/5: a turno, dite come avete festeggiato la festa più importante dell'anno. 小组练习。4人或5人一组：轮流说说你们如何庆祝一年中最重要的节日。

Unità 4

"ANDARE IN GIRO PER I NEGOZI"
"去逛商店"

I In quale di questi negozi puoi trovare questi articoli? Abbina le immagini agli articoli e completa gli spazi sotto. 将图片和下面动词连接起来，跟老师确认答案：你在哪个商店可以找到这些商品？连接图片和商品，并填空。

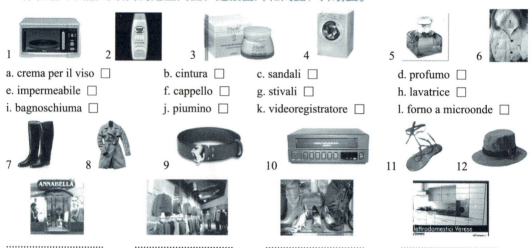

a. crema per il viso ☐   b. cintura ☐   c. sandali ☐   d. profumo ☐
e. impermeabile ☐   f. cappello ☐   g. stivali ☐   h. lavatrice ☐
i. bagnoschiuma ☐   j. piumino ☐   k. videoregistratore ☐   l. forno a microonde ☐

....

II Conosci le misure italiane? La tabella sotto si riferisce alle calzature: trova il tuo numero. 你认识意大利的尺寸吗？下面的表格指的是鞋的号码：找出你的鞋号。

donna	35	36	37	38	39	40	41	42
uomo	38	39	40	41	42	43	44	45

III Ecco i materiali più usati per questi accessori: abbina le descrizioni alle foto. 下面是这些配饰最常用的材料：连接描述和照片。

1   2   3   4    5   6

a. mocassini di/in camoscio ☐   b. portafoglio di/in pelle ☐   c. stivali di/in cuoio ☐
d. ballerine di/in vernice ☐   e. infradito di/in plastica ☐   f. borsa di/in stoffa ☐

IV Leggi il dialogo e di' in quale negozio si trova Laura Rossi, che cosa prova, che cosa compra e quanto paga. 读对话，说出Laura Rossi在什么商店？她试穿什么？买什么？付多少钱？

◊ Buongiorno. Prego, mi dica...

● Vorrei vedere quel paio di scarpe nere con il tacco medio che è in vetrina.

(La cliente e il commesso escono dal negozio e vanno a guardare in vetrina.)

◊ Quali voleva vedere? *Quelle* a sinistra?

● No, non *quelle* a sinistra. *Queste* in basso a destra.

◊ Che numero porta, signorina?

● Porto il 37. *(dopo un po')*

◊ Ecco a Lei, signorina! Si accomodi e *le* provi! (*dopo un po'*) Come vanno? Vanno bene?
● Mah... mi stanno un po' *strette*. Ha *il 37 ½ o il 38*?
◊ Mi dispiace... con questi saldi le abbiamo *vendute tutte*. Non ne è rimasto neanche un paio!
● Posso dare di nuovo un'occhiata in vetrina?
◊ Certamente!
● Posso provare *quei mocassini bianchi*?
◊ Purtroppo *di quelli bianchi* non c'è più la Sua misura. *Li* abbiamo in *marrone*. *Li* può provare se vuole. Le porto il 38, va bene?
● Vediamo come vanno. Li provo. Mah... *questi mocassini* mi stanno un po' *larghi*. Non c'è il 37 ½?
◊ Sì, controllo un attimo. Ecco a Lei! (*la cliente li prova*)
● *Ah... questi* sono veramente *comodi* e mi stanno bene! Quanto costano?
◊ Vengono *110 euro*, con lo sconto del *15%*.
● Ma non fate lo sconto del *50%* come per *le scarpe*?
◊ *I mocassini* sono di questa stagione e non li mettiamo in saldo. Sono molto di moda!
● A proposito, *quella cintura marrone* accanto alla valigetta è pure *scontata*?
◊ Sì, facciamo *il 30%* di sconto. Viene *45 euro*. Le interessa?
● *La* vorrei prendere *per il mio fidanzato*. È veramente bella!
◊ Le serve altro?
● Mah... vorrei fare un regalo a *mio padre* per il suo compleanno. Che cosa mi consiglia?
◊ Le piace *quel portafoglio di cuoio* vicino alla valigetta? Facciamo lo sconto del *50%* perché è della scorsa stagione. Viene *30 euro*. È un vero affare!
● Ah, è *perfetto* per *mio padre*! *Lo* prendo insieme *ai mocassini e alla cintura*. Quanto pago in tutto?
◊ Paga *185 euro*.
● Ecco a Lei.
◊ Grazie e arrivederLa! L'aspettiamo presto!
● Arrivederci.

V Leggi di nuovo la conversazione e rispondi alle domande. 再读对话，回答问题。

1. Che numero di scarpe porta la cliente?
2. Che tipo di scarpe vuole vedere e dove si trovano?
3. Perché non compra i mocassini bianchi?
4. Quali mocassini compra?
5. Perché compra anche una cintura? Per chi è?
6. Perché nel negozio di scarpe fanno così tanti sconti?

 VI Lavoro di gruppo. In gruppi di 5/6: a turno, chiedete e dite il vostro numero di scarpe. 小组练习。5人或6人一组：轮流问鞋号并回答。

Esempio: ◊ *Che numero di scarpe porti?*
● *Porto il 36 ½. E tu? ...*

 Grammatica: gli aggettivi e pronomi dimostrativi "quello/i", "quella/e"
语法：指示形容词和指示代词 "quello/i"，"quella/e"

> Osserva le frasi e leggi la regola sotto. 观察句子，读下面的规则。
> "Vorrei vedere <u>quel</u> paio di scarpe nere." "Posso provare <u>quei</u> mocassini bianchi?"
> "<u>Quella</u> cintura marrone è scontata?" "<u>Quelle</u> a sinistra?" - "Purtroppo di <u>quelli</u> bianchi non c'è la Sua misura!" "No, non <u>quelle</u> a sinistra! <u>Queste</u> in basso a destra."
> ● I dimostrativi (aggettivi e pronomi) si riferiscono a persone o cose lontane da chi parla e si accordano con il nome cui si riferiscono.
> 指示词（形容词和代词）指离说话人远的人或事物，其性、数与所指的名词一致。

Ricorda che 记住
- gli aggettivi dimostrativi seguono le stesse regole dell'articolo determinativo davanti al sostantivo.
指示形容词的变化规则与名词前的定冠词的变化规则相同。

LA FORMA 词形

Aggettivi 形容词				Pronomi 代词			
Singolare 单数		Plurale 复数		Singolare 单数		Plurale 复数	
maschile 阳性	femminile 阴性	maschile 阳性	femminile 阴性	maschile 阳性	femminile 阴性	maschile 阳性	femminile 阴性
quel dolce	quella borsa	quei dolci	quelle borse	quello	quella	quelli	quelle
quello studente		quegli studenti					
quell'abito		quegli abiti					
	quell' arancia	quelle arance					

VII Completa le frasi con il dimostrativo appropriato. 用适当的指示词完成句子。

1. _____ cellulare non è molto economico! Questo è meno caro!
2. Mi può fare vedere _____ zaino in vetrina? Quale? _____ rosso?
3. Sbucciami _____ arancia che è nella ciotola, _____ più piccola, per favore!
4. Posso darti _____ libri che mi hai prestato, se vuoi. Li ho già letti.
5. _____ stivali rossi in vetrina non mi piacciono affatto! Sono troppo eccentrici!
6. _____ maglietta che hai messo ieri è molto di moda in questo momento!
7. Mi faccia provare _____ scarpe con il tacco medio: queste non mi stanno bene.
8. _____ anello che abbiamo visto poco fa dal gioielliere è veramente stupendo!

VIII Inserisci negli spazi il dimostrativo giusto 用正确的指示词填空: *questo o quello*?

1. Mi piace molto _____ portafoglio di pelle e non _____ qui sullo scaffale.
2. Preferisco _____ scarpe bianche di camoscio a _____ nere qui di cuoio.
3. Prendo _____ borsa colorata di stoffa se di _____ di pelle non ne ha più!
4. _____ mocassini le stanno meglio di _____ che ha provato poco fa.
5. Mi faccia provare _____ infradito, non _____ qui di cuoio.
6. Le ho chiesto il prezzo di _____ scarpe da ginnastica e non di _____ fuori in vetrina.

IX Lavoro di coppia. A turno, prendete le parti e sostituite le parole in corsivo nel dialogo dell'attività "*iv*" con le seguenti informazioni. 2人练习。轮流扮演角色，用下列信息代替练习4对话的斜体部分。

I scambio	II scambio
sandali rossi / tacco alto	mocassini neri
numero: 38	numero: 36
ballerine blu-gialle	scarpe rosa/ tacco alto - tacco medio
sconto 20% / 40%	sconto 30% / 50%
+	+
guanti di pelle blu/ valigia di pelle-30%	borsa di cuoio viola/ borsone di camoscio-20%

X Lavoro di gruppo. In gruppi di 4/5, parlate dei vostri gusti in fatto di calzature e pelletteria. In particolare dite: 小组练习。4人或5人一组，谈谈你们对于鞋类和皮革制品的喜好。特别要谈:

- che tipo di calzature portate a seconda delle stagioni

- quali materiali preferite
- tra gli articoli di pelletteria quale non può mancare nel vostro armadio
- quanto spendete per le scarpe e gli accessori

XI Leggi la tabella delle taglie italiane e trova la tua. 读表格中意大利的尺码，找到你的号。

Taglie uomo e donna

| donna | 38 | 40 | 42 | 44 | 46 | 48 | 50 |
| uomo | 44 | 46 | 48 | 50 | 52 | 54 | 56 |

XII Abbina le descrizioni alle immagini: 连接描述与图片：

1   2   3   4

a. tuta di/in lycra ☐   b. calzini di/in cotone ☐   c. berretto di/in lana ☐   d. foulard di/in seta ☐

XIII Ascolta il dialogo, segna con una X le espressioni che senti e abbinale a questi capi d'abbigliamento. 听对话，用 "X" 标出你听到的表达方式，并连接这几件服装。

camicia a maniche corte ☐   vestito da donna ☐   pantaloncini da mare a righe ☐
gonna ☐   maglietta senza maniche ☐   pullover con collo a V ☐   giubbotto a un petto ☐
pantaloni stretti ☐   pantaloni larghi ☐   giacca a doppio petto ☐   cappotto a un petto ☐
vestito gessato ☐   sciarpa a quadri ☐   soprabito double face ☐   golfino a collo alto ☐
giacchino di pelliccia ☐

1   2   3   4   5   6   7   8

XIV Ascolta di nuovo e completa la tabella. 再听一遍，完成表格。

	capi d'abbigliamento	materiale	stile	taglia	prezzo	sconto
Valeria	pantaloni		aderenti			
Enrico						

XV Ascolta di nuovo, segna con una X le affermazioni vere e correggi quelle false. 再听对话，用 "X" 标出正确的判断，修改错误的判断。

	Vero	Falso
1. Valeria e Enrico vogliono comprare qualcosa di sportivo.	☐	☐
2. Valeria chiede dei pantaloni larghi a zampa d'elefante.	☐	☐
3. Valeria dice che i pantaloni costano poco.	☐	☐
4. Il vestito che compra Enrico non passa mai di moda.	☐	☐
5. Valeria non prende la giacca a doppio petto perché non le piace.	☐	☐
6. Enrico vuole pagare con la carta di credito perché ha lasciato i soldi a casa.	☐	☐

XVI Completa gli spazi con le espressioni usate nel dialogo. 用对话中使用的表达方式填空。

1. dire che cosa si desidera comprare: ....
2. dire che qualcosa non è più in vendita: ....
3. suggerire qualcosa di diverso: ....
4. chiedere la taglia: ....
5. informarsi sul tipo di materiale usato: ....
6. esprimere dubbi: ....
7. chiedere parere: ....
8. esprimere parere positivo su quello che si prova: ....

XVII Lavoro di gruppo. In gruppi di 3: sviluppate un dialogo in un negozio d'abbigliamento. Fate riferimento all'attività d'ascolto "xiii". 小组练习。3人一组，在一家服装店展开一段对话。参考听力练习13。

"Che _bella_ sciarpa!"   "Che _bel_ vestito!"   "Che _bei_ colori!"

Particolarità dell'aggettivo *bello*   形容词bello的特殊变化

MASCHILE 阳性

singolare	plurale		esempi	esempi
bel	bei	+ consonante	bel ragazzo	bei ragazzi
bell'	begli	+ vocale	bell'uomo	begli uomini
bello	begli	+ *gn, pn, ps, s* + *cons, z*	bello zio	begli zii

FEMMINILE 阴性

singolare	plurale		esempi	esempi
bella	belle	+ consonante	bella ragazza	belle ragazze
bell'	belle	+ vocale	bell'amica	belle amiche

XVIII Completa la regola: scegli l'opzione giusta. 完成规则：选出正确选项。

● Se l'aggettivo "*bello*" precede/segue il nome, si comporta/non si comporta come il dimostrativo "*quello*" e l'articolo determinativo. Se, invece, segue/non segue il nome, ha le stesse terminazioni di un aggettivo della 1ª classe.

XIX Inserisci nelle seguenti frasi la forma corretta di *bello*. 在下列句中填入bello的正确形式。

1. È stata una _____ festa con tanti _____ ragazzi e _____ ragazze!
2. I nostri amici hanno preparato proprio un _____ pranzo con tante _____ portate!
3. Carlo ha comprato dei _____ mocassini di cuoio marrone ad un prezzo molto conveniente!
4. Guarda quel _____ ragazzo con quei _____ capelli biondi! Secondo me, deve essere straniero!
5. Ieri c'è stata una _____ giornata: né troppo calda né troppo fredda. C'è stato proprio _____ tempo!
6. Ho visto dei _____ zoccoli rossi in un negozio di calzature in centro.

XX Completa gli spazi con la forma appropriata di *bello*. 用bello的适当形式填空。

1. Il pullover a V, che Maria ha comprato ieri al mercatino, è proprio _____!
2. Ieri alla conferenza la professoressa Martini indossava una _____ gonna di seta verde.
3. Voglio provare quelle ballerine di vernice: sono davvero _____!
4. Guarda Marina e il suo fidanzato! Non sono _____ con quei maglioni?
5. Quel cappotto a doppio petto in vetrina è molto _____. Voglio provarlo!
6. Gli zoccoli che portava Marina stamattina in spiaggia sono veramente _____!

XXI Esprimi apprezzamento per queste cose e usa la forma corretta di *bello*. 用bello 的正确形式表达对这些东西的喜爱。

Esempio: foulard di seta - *"Che bel foulard di seta!"*

pullover rosso   arancia succosa   soprabito di pelle   ombrello colorato   sandali bianchi
camicetta di seta   stivali di vernice   piatto di ravioli   tavola apparecchiata   zaini grandi

Grammatica: gli aggettivi indefiniti: "qualche", "nessuno/a"
语法：不定形容词："qualche"，"nessuno/a"

> Osserva le seguenti frasi dal testo d'ascolto e rispondi alle domande sotto.
> 观察下列听力课文中的句子，回答下面的问题。
>
> *"Sì, vorrei vedere <u>qualche</u> giacca a righe grigie e nere"* *"Sulle sciarpe e sulle camicie non facciamo <u>nessuno</u> sconto."* *"Mi dispiace, ma non è rimasta <u>nessuna</u> giacca di questo tipo!"*
>
> - Quale posizione ha l'aggettivo indefinito negli esempi sopra: prima o dopo il nome?
>   上面例子中的不定形容词在什么位置？名词之前还是之后？
> - Che cosa richiede l'aggettivo indefinito "nessuno/a"?
>   不定形容词"nessuno/a"在句子中需要什么词配合？
> - Questi aggettivi hanno il plurale? Sì/No 这些形容词有复数吗？

Ricorda che 记住

- "*qualche*", aggettivo invariabile, sostituisce gli aggettivi indefiniti "*alcuni/e*".
  不变形的形容词，"qualche"，代替不定形容词"alcuni/e"。
- "*nessuno*" e "*alcuno*" perdono, per troncamento, la vocale finale davanti a parola che inizia con vocale o con consonante diversa da *gn, pn ps, s + consonante, z*.
  "nessuno" 和 "alcuno" 后面跟以元音开头的单词，或跟非 "gn，pn，ps，s+辅音，z" 开头的单词时，由于断音，失去最后一个元音。
  Esempio: "*nessun amico*", "*nessun libro*", ma "*nessuno studente*"

XXII Completa gli spazi con *qualche, nessuno, nessun, nessuna*. 填空。

1. In vetrina c'era _____ paio di scarpe che mi piaceva ma _____ paio di stivali.
2. Solo _____ studente va al bar all'angolo perché è un po' caro.
3. Per fare l'insalata mia madre mette, oltre alla lattuga, _____ pomodoro fresco.
4. Non abbiamo trovato _____ giornale straniero ma solo _____ DVD in inglese.
5. Peccato! Non ci hanno fatto _____ riduzione sui vestiti che abbiamo preso.
6. Oggi Marco è molto nervoso perché ha bevuto _____ caffè di troppo.

XXIII Sostituisci *qualche* con *alcuni/e* e viceversa. Fa' attenzione alla concordanza. 用alcuni/e代替qualche，或用qualche代替alcuni/e。注意性、数配合。

Esempio: Ho comprato qualche regalo per i ragazzi - *"Ho comprato alcuni regali per i ragazzi."*

1. Sara ha provato alcuni sandali ma non le stavano bene. _____
2. Ho qualche maglione della scorsa stagione che è ancora di moda. _____
3. Siamo rimasti seduti al bar per qualche ora. _____
4. In qualche trattoria italiana puoi ancora trovare la cucina casereccia. _____
5. Il sabato gli piace cenare fuori con alcuni amici intimi. _____
6. Alcuni negozi d'abbigliamento fanno sconti tutto l'anno. _____

XXIV Ci sono 5 errori in queste frasi: trovali e correggili. 这些句子中有5个错误：找错并改错。

1. A Siena hai conosciuto nessuno studente italiano? _____
2. Al bar abbiamo ordinato qualche bibite. _____

3. Ho imparato a cucinare qualche piatto della cucina regionale toscana. _____
4. Il cameriere non mi ha portato qualche menu. _____
5. Non gli piace nessuno piatto di quelli che gli cucina Maria. _____
6. Mi dispiace, ma non abbiamo potuto prelevare da nessuno bancomat. _____

XXV Lavoro di gruppo. In gruppi di 4/5: fate queste domande e rispondete. 小组练习。4人或5人一组：提问并回答。

- Qual è il tuo abbigliamento preferito: quello sportivo o quello un po' elegante?
- Che cosa indossi per andare al lavoro, all'università, ecc...?
- Quale abbigliamento scegli per una cerimonia, una festa, una cena tra amici, un colloquio di lavoro o un esame?
- Ti sei mai sentito/a fuori luogo per il tuo abbigliamento? Se sì, racconta.

Shopping tecnologico e regali utili per il Natale 2010

Per il Natale 2010 niente spese folli per gli italiani! Quest'anno lo shopping si è orientato verso pochi regali personali per i parenti e gli amici intimi. Ma non si è risparmiato per i bambini che hanno avuto i loro giochi preferiti sotto l'albero: le barbie e le macchinine ma anche moltissimi giochi interattivi come playstation 2, Psp, x-box o nintendo cube. Con l'aumento del costo della vita le famiglie italiane hanno imparato a spendere in maniera intelligente: dal regalino simpatico ma inutile e dal "pensierino", che dura lo spazio di una festa, sono passate ai beni durevoli che rimangono nel tempo. Rispetto al 2009 sono aumentati del 2,1% gli acquisti per la casa e la famiglia: mobili e oggetti di arredamento ma soprattutto lettori di musica digitale Mp3, dispositivi per la TV mobile, telefonini. Sono diminuite, invece, le vendite di videofonini, computer portatili e TV al plasma. Altra importante novità: gli italiani hanno preferito fare gli acquisti nei mercatini (+5%) e in Internet piuttosto che nei negozi. L'acquisto on line ha registrato un aumento del 2% rispetto agli anni passati e ha fatto risparmiare agli italiani non solo tempo, ma anche gli inevitabili problemi come traffico, parcheggio e file nei negozi. Secondo un'indagine di PublicaRes Swg-Confesercenti, molti consumatori italiani in questo Natale 2010 hanno impiegato la tredicesima in beni "rifugio". Si spende ancora sull'anello con il brillantino, sul braccialetto da tennis in platino, sull'orologino d'oro da regalare alla fidanzata o alla moglie, su un quadro o l'ultimo modello della quattroruote preferita, ma con l'idea che si spende in cose che acquistano valore nel tempo. E allora... addio a vestiti, borse e scarpe firmati e allo shopping di lusso!

testo adattato tratto da "*www.key4biz.it*"

XXVI Abbina le espressioni in "*A*" con le corrispondenti definizioni in "*B*". 将"A"的表达方式与"B"中对应的定义连接起来。

A		B
1. spese folli	☐	a. con la firma o il marchio di noti stilisti
2. pensierino	☐	b. 13° stipendio dato agli impiegati a Natale
3. tredicesima	☐	c. la persona che fa acquisti
4. firmati	☐	d. piccolo regalo di poco prezzo
5. consumatore	☐	e. acquisti esagerati
6. beni "rifugio"	☐	f. beni sicuri (immobili, gioielli, quadri, ecc.)

XXVII Leggi il testo e segna con una X le affermazioni vere e correggi quelle false: 用 "X" 标出正确的判断，修改错误的判断。

	Vero	Falso
1. Per il Natale 2010 gli italiani hanno fatto molti regali.	☐	☐
2. Sotto l'albero i bambini hanno trovato solo barbie e macchinine.	☐	☐
3. Gli acquisti più comuni sono stati per la famiglia e la casa.	☐	☐
4. Gli italiani hanno preferito acquistare nei mercatini e non on line.	☐	☐
5. Molti italiani hanno speso la tredicesima in regali inutili.	☐	☐
6. È più intelligente spendere nello shopping di lusso.	☐	☐

XXVIII Lavoro di coppia. Leggete l'articolo sopra e scambiatevi opinioni sulle somiglianze e sulle differenze tra il vostro Paese e l'Italia riguardo a. 2人练习。读上面的文章，交换看法，谈谈你们国家和意大利相关方面的异同点。

- l'abitudine di fare shopping in occasione delle feste
- il genere di spese
- la tendenza a comprare regali "utili"

XXIX Questi sono i risultati di un sondaggio di opinione sui regali che gli italiani hanno ricevuto a Natale. Ecco le risposte alla domanda. 意大利人对于收到的圣诞礼物有什么样的看法呢？这是一次调查的结果。下面是相关的回答。

"Ha gradito il regalo che ha trovato sotto l'albero di Natale? Sì/No. Perché?"

1. "Non mi è piaciuto e non era adatto a me!" (54%)
2. "Era inutile: non ne avevo bisogno!" (10%)
3. "Non mi piaceva il colore!" (6%)
4. "Non era un regalo originale, ma molto banale!" (4%)
5. "Desideravo un'altra cosa!" (3%)
6. "L'avevo già: era proprio uguale a quello ricevuto lo scorso Natale!" (23%)

XXX Lavoro di coppia. Leggete le frasi sopra e, a turno, raccontate in che occasione ne avete detta qualcuna. 2人练习。读上面的句子，说出在什么场合你们用过这些句子。

XXXI Cosa ne pensate? Leggete le seguenti affermazioni e discutetene in plenaria: 你们怎么看？读下列判断，集体讨论：

- È più conveniente comprare nei negozi che nei grandi magazzini.
- Quando compro, faccio più attenzione al prezzo che alla qualità degli articoli.
- Chiedo sempre lo sconto prima di comprare.
- Quando devo fare acquisti, aspetto sempre i saldi di fine stagione.
- Se una cosa mi piace, la compro senza pensarci troppo.
- Cerco di sapere che cosa piace ad una persona prima di farle un regalo.

XXXII Feste e ricorrenze. Quali di queste festività conoscete? Quali festeggiate nel vostro Paese e quando? 节日和纪念日。这些节日你们了解哪些？在你们国家庆祝哪些节日？什么时候？

1   2   3   4   5   6

Festa degli innamorati ☐   Festa della donna ☐   Festa della Repubblica ☐
Festa della mamma ☐   Ognissanti ☐   Pasqua ☐

XXXIII Leggi la seguente conversazione, completa gli spazi, ascolta e controlla. 读下面的对话，填空，听录音并检查。

◊ Irene, da quando sono in Italia c'è sempre _____ da festeggiare. Nel mio Paese non è così!
● È vero: noi celebriamo sia le feste religiose che _____ civili e nazionali.
◊ Ma toglimi _____ curiosità: la Pasqua, quando la festeggiate esattamente? Non c'è una data fissa, _____?
● Infatti! Quest'anno, _____, la Pasqua è alta: viene il 12 aprile.
◊ Hai già fatto _____ progetti di viaggio insieme ai tuoi?
● Ancora no! Conosci il detto: "Natale con i tuoi, Pasqua con chi vuoi"? Bene, per le vacanze pasquali vorrei andare a _____ i miei amici a Rimini: penso di rimanere con _____ fino a Pasquetta, il giorno successivo alla Pasqua, _____ dedicato alle gite "fuori porta".
◊ E poi, ancora un'altra curiosità: la festa di Ognissanti, il giorno seguente al nostro Halloween, 31 ottobre, possiamo dire che è una festa sacra e profana allo stesso tempo, no?
● Certamente, Katie! Hai proprio _____ perché le due feste hanno origini comuni! Ho letto da _____ parte che la festa di Halloween era già in uso in era precristiana e che successivamente si è identificata con la religiosa di Ognissanti.
◊ Sai che cosa _____ dire Halloween?
● No, non ne ho la minima idea!
◊ "All Hallows Even", cioè la _____ di tutti i santi!
● Interessante! Non lo sapevo davvero. E naturalmente non è festa se non mangiamo _____ di speciale!
◊ A proposito, mangiate anche voi la zucca e i dolcetti come _____ in America per Halloween?
● Non esattamente. In molte regioni c'è l'usanza di _____ ai bambini colorati dolci di marzapane a forma di frutto.
◊ E a Pasqua, _____ sono le vostre specialità?
● Sulle tavole italiane non possono _____ la colomba, l'agnello al forno e le uova di cioccolato.
◊ Che meraviglia! È proprio vero che _____ è il Belpaese!

XXXIV Rileggi la conversazione e spiega il significato delle seguenti espressioni. 再读对话，解释下列表达方式的意思。

1. ... noi celebriamo sia le feste religione che quelle civili e nazionali. 2. ... la Pasqua è alta: viene il 12 aprile 3. "Natale con i tuoi, Pasqua con chi vuoi." 4. ... giorno dedicato alle gite "fuori porta." 5. Possiamo dire che è una festa sacra e profana allo stesso tempo. 6. È proprio vero che l'Italia è il Belpaese!

XXXV Riempi gli spazi con i nomi sotto. 用下面的名词填空。

il 14 febbraio - la 2ª domenica di maggio - il 2 giugno - l'8 marzo - il 1° novembre - di domenica

1. S.Valentino è _____: gli innamorati cenano fuori, brindano e si scambiano regali.
2. _____ gli italiani festeggiano la nascita della Repubblica Italiana: nelle città sfilano le parate militari.
3. _____, Festa della donna, è usanza regalare bei mazzi di mimose alle donne.
4. La Festa della mamma quest'anno viene il 9, naturalmente sempre _____.
5. La Pasqua, può essere bassa o alta, cade tra marzo e aprile, ma sempre _____.
6. Non confondere la festa religiosa di Ognissanti con Halloween: la prima è _____.

XXXVI Lavoro di gruppo. In gruppi di 4/5, rispondete alle seguenti domande. 小组练习。4人或5人一组，回答下列问题。

● Quali sono le feste nazionali più importanti nel vostro Paese?
● Quando e come le festeggiate?
● Ci sono feste che non hanno una data precisa? Se sì, perché?
● Fate distinzione tra feste religiose, civili e nazionali? Quali sono e come le celebrate?
● Quali delle usanze italiane o di altri Paesi avete adottato nel festeggiare alcune ricorrenze?
● Fate regali in occasione delle feste? Che genere di regali?
● Quali sono le specialità delle feste? Quali cibi non possono mancare sulla vostra tavola?

"In che cosa posso servirLa?" Modulo 8

XXXVII Auguri! Congratulazioni! Complimenti! Associa le immagini alle ricorrenze e agli eventi sotto. 祝福！恭喜！祝贺！连接图片和下面的纪念日和事件。

1   2   3   4   5   6

a. nascita ☐   b. diploma ☐   c. laurea ☐   d. matrimonio ☐   e. compleanno ☐   f. onomastico ☐

XXXVIII Abbina le situazioni alle frasi di augurio e aggiungi accanto la data e il nome della ricorrenza. 连接情景与祝贺的语句，在旁边加上日子和纪念日的名字。

A Di mamma ce n'è una sola. Tanti auguri!

B Complimenti! Ce l'hai fatta!   C Il tempo per te non passa mai! Cento di questi giorni!

D *La cerimonia è stata davvero commovente! Vi auguro di essere sempre così felici!*

E Buon anno! Mille auguri per un anno fortunato!

F Un bacio grandissimo al bimbo più grazioso del mondo e ai genitori più felici del pianeta!

G Sono orgoglioso di te. Complimenti, dottore!

H Buon Natale a Lei e ai Suoi!   I Buon onomastico, cara!

J Per me ogni giorno con te è una festa. Ti amo!

1. Il tuo migliore amico/la tua migliore amica ha finalmente superato l'esame d'italiano. ☐
2. Oggi è il 14 febbraio ed è anche l'anniversario di matrimonio di Sandro e Maria. ☐
3. È il 26 dicembre, S. Stefano, e la tua migliore amica si chiama Stefania. ☐
4. Una tua zia ti ha invitato alla festa del suo cinquantesimo compleanno. ☐
5. Il professor Rizzo è alla festa di laurea di un suo nipote. ☐
6. Oggi 12 maggio, Festa della mamma, Sara manda un SMS a sua madre. ☐
7. I tuoi vicini di casa hanno appena avuto un bambino: scrivi un biglietto di auguri. ☐
8. Sei alla cerimonia di nozze di due tuoi colleghi. ☐
9. È il 25 dicembre e scrivi un'e-mail al direttore del tuo ufficio. ☐
10. È la vigilia dell'anno nuovo e incontri per strada i genitori di una tua amica. ☐

XXXIX Il tuo migliore amico/La tua migliore amica ti ha invitato al suo matrimonio ma tu non puoi parteciparvi: scrivi loro un biglietto. 你最好的朋友邀请你参加他（她）的婚礼，但你不能参加：给他们写一张贺卡。

L'angolo della pronuncia
发音角

le nasali 鼻音: m [m], n[n]

I Ascolta le seguenti parole e ripeti. 听下列单词，跟读。

mela nutriente mamma anno economico brindisi mousse nazionale innamorati cono

II Ascolta le seguenti parole e scrivile nella colonna appropriata secondo il suono. 听下列单词，根据发音，将单词写入适当的栏内。

suono "m"	suono "n"
1. maglione	1. numero
2.	2.
3.	3.
4.	4.
5.	5.

III Ascolta le seguenti parole e scrivile nella colonna appropriata secondo le sequenze consonantiche "mb" e "mp". 听下列单词，根据辅音组合"mb"和"mp"，将单词写入适当的栏内。

suono "mb"	suono "mp"
1. dicembre	1. complimenti
2.	2.
3.	3.
4.	4.
5.	5.

N.B. 注意

La lettera "m" si trova sempre nelle sequenze "mb" e "mp". Non esistono, dunque, le sequenze "nb" e "np".
字母"m"总是出现在组合"mb"和"mp"中。不存在组合"nb"和"np"。

IV Ascolta le seguenti frasi e completa le parole con le lettere mancanti. Scegli tra: 听下列句子，给单词填上缺少的字母。从这些组合中选择：

mm   nn   gn   mb   mp   nd   nt   nf   nv

1. Dopo che hai i____anato le fettine di carne, mettile nella padella con olio ben caldo.
2. Co____ividiamo le tue i____ressioni sugli in____oltini della cena in quel ristora____te: erano orribili!
3. Ci co____lime____iamo con i fortunati partecipa____i al progra____a "*Cuochi d'Italia*"!
4. I____ilati questa giacca a ve____o e portati l'o____rello: oggi c'è un te____o i____ossibile!
5. Vorre____o vedere qualche minigo____a nera e qualche i____ermeabile di taglia 44.
6. Ve____iamo una appartame____o a____obiliato in campa____vicino a Ca____obasso.
7. I____orare le crocchette per alcuni seco____i e servirle a tavola con vino rosso d'a____ata.
8. Mi puoi dare delle i____ormazioni sul corso di spa____olo? Ho bisogno di i____ararlo al più presto!

Scheda grammaticale riassuntiva 语法概要卡片

- **Le preposizioni "da", "in"**

  "Se devo comprare la carne, vado dal macellaio." - "Se voglio una torta, devo andare in pasticceria."

  - *da* + *articolo* si usa davanti al nome del mestiere; *in* davanti al nome del negozio.

- **La preposizione "di + articolo" con valore partitivo**

  "Vorrei del prosciutto S. Daniele" - "Poi, vediamo un po'... ha della mozzarella fresca?"

  - Il determinante partitivo può essere sostituito da *alcuni/e* con i sostantivi plurali e da *un po' di*, sia con i sostantivi singolari che plurali.

- **I verbi impersonali "bisogna", "occorre", "è necessario"**

  "Bisogna consumare meno fibre e più dolci." - "Occorre mangiare cereali tutti giorni." - "È necessario fare del movimento."

  - Le forme verbali sopra indicate esprimono necessità e obbligo e sono seguiti dall'infinito.

- **La particella pronominale "ne" e i pronomi indiretti**

  "Quanto tè bevi al giorno?" - "Ne bevo 3, 4 tazze" - "Me ne dia 2 etti e mezzo." - "Ho del prosciutto che è la fine del mondo! Quanto ne vuole?" - "Me ne faccia 2 etti e mezzo."

  - Il pronome *ne* indica una parte di un tutto e sostituisce il nome se preceduto da un numero o un'espressione di quantità.

- **Il pronome oggetto come rafforzativo**

  "Il te lo volete con...o senza?" - "L'acqua la preferisce con...?" - "E i panini li preferite con...?" - "E le crostatine le volete con...?"

  - Il pronome si accorda con il complemento diretto e precede il verbo.

- **I pronomi indefiniti "qualcosa", "niente/nulla"**

  "Vorrei qualcosa di fresco." - "Vuoi qualcosa da bere?" - "Non voglio nulla di pesante." - "Non voglio niente da mangiare."

  - I pronomi indefiniti vogliono la preposizione *di* prima dell'aggettivo e la preposizione *da* prima del verbo. La particella negativa *non* precede i pronomi *niente* e *nulla*.

- **Gli aggettivi e i pronomi dimostrativi "quello/i", "quella/e"**

  "Vorrei vedere quel paio di scarpe nere." - "Posso provare quei mocassini neri?" - "Quella cintura marrone è scontata?" - "Quelle a sinistra?"

  - Gli aggettivi e i pronomi dimostrativi indicano cose o persone lontane da chi parla e concordano in numero e genere con i nomi cui si riferiscono. Usati come aggettivi, hanno le stesse desinenze dell'articolo determinativo.

- **L'infinito + il pronome diretto atono**

  "...mettere giù le penne, cuocerle al dente, scolarle e lasciarle raffreddare." - "Versare dell'olio in una padella e scaldarlo." - "Tritare finemente l'aglio e la cipolla e rosolarli..."

  - Il pronome segue l'infinito che perde la vocale finale e forma con esso un'unica parola.

- **L'imperativo + il pronome**

  "Mangiala per strada e non buttarla!" - "No, non li paghi a me. Li paghi alla cassa."

  - Nell'imperativo affermativo e negativo informale il pronome oggetto atono segue il verbo; nell'imperativo formale lo precede.

- **Particolarità dell'aggettivo "bello"**

  "Che bella sciarpa!"- "Che bel vestito!" - "Che bei colori!"

  - Se *bello* precede il nome, si comporta come il dimostrativo *quello* e l'articolo determinativo; se lo segue, ha le stesse desinenze di un aggettivo della I classe.

- **Gli aggettivi indefiniti "qualche", "nessuno/a"**

  "Sì, vorrei vedere qualche giacca a righe grigie e nere." - "Mi dispiace, ma non è rimasta nessuna giacca di questo tipo!"

- Questi aggettivi sono sempre seguiti dai nomi al singolare; *nessuno/a* vuole la particella negativa *non*; *qualche* è invariabile e può sostituire *alcuni/e*.
- **La formazione degli avverbi con il suffisso "mente"**
    "Tritare finemente l'aglio e la cipolla e rosolarli dolcemente nella padella."
- Con gli aggettivi della I classe l'avverbio si forma dal femminile in *-a* seguito da *-mente*; se l'aggettivo termina in *-le* o *-re*, cade la vocale finale prima del suffisso.

Per comunicare: sintesi delle funzioni 交际用语：功能梗概

prendere ordini, chiedere consiglio, ordinare	"I signori, che cosa desiderano?" - "Che cosa mi consiglia?" - "Le specialità del giorno sono le linguine con pesto alla genovese oppure gli spaghetti alla Norma" - "...vorrei del prosciutto crudo S. Daniele."
chiedere e dire la quantità e chiedere se si vuole altro	"Quanto/a ne vuole?" - "Me ne faccia 2 etti e mezzo." - "Ne voglio 3 etti." - "Desidera altro?" - "Altro?"
dare suggerimenti su cosa mangiare per stare bene	"Secondo me, per stare in forma, è necessario mangiare spesso e non fare i tre pasti principali" - "Per me, non bisogna mangiare fuori pasto! Occorre, invece, evitare i grassi."
chiedere e dire delle proprie abitudini alimentari e dei propri gusti	"Io prendo una pizza al peperoncino con verdure. La prendi anche tu?" "Non mi piacciono i cibi piccanti! Preferisco la pizza Margherita che ha un gusto dolce." - "Come ti piace l'acqua: naturale o gassata?" - "La preferisco gassata, con le bollicine!"
chiedere e dire informazioni su un piatto	"Come sono gli spaghetti alla Norma?" - "Sono spaghetti con salsa di pomodoro, melanzane fritte e formaggio grattugiato."
descrivere la preparazione di un piatto	"Facciamo cuocere il riso con del brodo di carne..." - "Fare bollire abbondante acqua salata... Quando l'acqua bolle, mettere giù le penne."
invitare qualcuno a prendere qualcosa, offrire e rifiutare	"Posso offrirvi qualcosa al bar?" - "Cosa vuoi da bere?" - "Mah... Niente da bere per me."
ordinare la stessa cosa di un'altra persona	"Anch'io prendo l'antipasto e salto il primo." - "Anche per me l'insalata mista."
esprimere giudizi, sia positivi che negativi, sul cibo	"Che squisito questo cioccolatino!" - "Come sono aspre queste arance!"
chiedere di vedere o provare qualcosa	"Vorrei vedere quel paio di scarpe nere con il tacco medio che è in vetrina." - "Posso provare quei mocassini bianchi?"
chiedere e dire la taglia e il numero	"Che taglia porta, signore?" - "Porto la 48" - "Che numero porta, signorina?" - "Il 37."
chiedere e dare pareri su cosa si sta indossando e fare apprezzamenti	"Enrico, come mi sta?" - "Ti sta benissimo e si abbina bene ai pantaloni che hai preso!" - "Che bei pantaloni! Il colore ti dona molto!" - "Che bella sciarpa! Che bei colori!"
chiedere e dare informazioni sul tipo di materiale usato	"Di che stoffa è, signorina?" - "È un misto di lana e seta ma di ottima qualità." - "Signorina, di che tessuto è? È di seta?" - "Non è di seta. È di lycra e seta."
dire che cosa non va in quello che si sta provando	"Vanno bene... forse sono un po' lunghi." - "Mah...mi stanno un po' strette. Ha il 37½ o il 38?"
dire che manca quello che chiede il cliente e suggerire qualcosa di diverso	"Mi dispiace ma non è rimasta nessuna giacca di questo tipo." - "C'è ancora qualche vestito gessato a righe grigie e blu. Vuole vederlo?" - "Purtroppo di quelli neri non c'è più la sua misura. Li abbiamo in marrone."

chiedere e dare informazioni sugli sconti	"Sono tutti con lo sconto?" - "No, sulle sciarpe e sulle magliette non facciamo nessuno sconto." - "Quella cintura marrone accanto alla valigetta è pure scontata?" - "Sì, facciamo il 20% di sconto."
chiedere e dire il conto o il costo e come pagare	"Mi fa il conto, per favore?" - "In totale viene 27 euro e 50." - "…che prezzo hanno?" - "Costano 120 euro con lo sconto…" - "Posso pagare con un assegno? Mi scusi, ma ho lasciato la carta di credito a casa."
congratularsi, fare gli auguri e festeggiare	"Complimenti! Ce l'hai fatta!" – "Buon Natale a te e ai tuoi!" - "Tanti auguri! Buon compleanno!" - "Buon onomastico!" - "Adesso facciamo un brindisi al nostro direttore!"

Laboratorio 实验室

1. Riempi gli spazi con gli aggettivi e i pronomi dimostrativi. 填入指示形容词和指示代词。

a. _____ scarpe da tennis non mi stanno. Vorrei provare _____ blu là in vetrina, per favore?
b. _____ vestito viola non mi piace affatto! Non mi dona! Preferisco mettermi _____ di prima.
c. Mi faccia provare _____ jeans in vetrina, _____ firmati Valentino oppure _____ qui di Gucci!
d. Mi puoi dare un consiglio? Metto gli stivali con i tacchi alti o _____ là con il tacco basso?
e. Che bei gioielli! Come ti sembrano _____ orecchini là? E _____ collana qui?
f. Mi tagli _____ pezzo di formaggio, non _____ grande là, _____ più piccolo qui davanti!
g. Roberto Benigni è _____ attore che fa ridere tutti, _____ che ha fatto il film "La vita è bella".
h. Il caffè, che ho preso ieri in _____ bar, è carissimo: mi è costato quasi 3 euro!

2. Completa le frasi con l'aggettivo o il pronome indefinito. 用不定形容词或代词完成句子。

a. Alle loro nozze d'oro i Martini non hanno invitato _____ loro parente ma solo _____ amico.
b. Ti va di fare _____ di diverso stasera? Che ne dici di andare a trovare _____ nostro collega?
c. Se non sai _____ di preciso sui master della "Bocconi", chiedi a _____ impiegato di "Uni-Italia".
d. Mi puoi prestare _____ euro? Non mi va di chiedere soldi a _____ amico eccetto che a te!
e. Ai saldi non ho trovato _____ cravatta carina e alla moda per Mario! Non c'era _____ di bello!
f. Sabato scorso non abbiamo fatto _____ gita. Hai _____ idea per questo fine settimana?

3. Completa il dialogo con il partitivo adatto 用适当的部分词完成对话: *alcuni/e, di + articolo, un po' di*。

◊ Maria, ho sentito alla televisione 1. _____ brutte notizie sul tempo!
● Le ho sentite pure io! Per questo sto mettendo in valigia 2. _____ cose pesanti: maglioni, felpe, calzettoni e 3. _____ sciarpe di lana.
◊ Secondo me, sei un po' esagerata! Portati anche qualcosa di leggero e cerca di vestirti "a cipolla", cioè a strati! Sono stata sul Lago di Como una settimana fa e il tempo era com'è ora: 4. _____ persone portavano 5. _____ felpe leggere; altre avevano addosso 6. _____ giubbotti pesanti. Dipende dai gusti!
● Mah! Però, vorrei portarmi 7. _____ vestiti di seta per le serate in discoteca. A proposito, hai 8. _____ scarpe in vernice nera con i tacchi a spillo?
◊ Mi dispiace, ma non ne ho. Ho 9. _____ ballerine in vernice nera, se vuoi.
● Va bene, non fa niente! Chiedo a Ornella. So che ha comprato ai saldi 10. _____ scarpe eleganti!

4. Rispondi alle seguenti domande e usa l'imperativo con i pronomi. 回答下列问题，使用带有代词的命令式。

a. "Posso mangiare <u>questa fetta</u> di torta?" - "Sì, _____! Ce n'è ancora molta!"
b. "Possiamo invitare <u>i nostri colleghi</u> a cena?" - "No, _____! Non mi sono simpatici!"
c. "Le dispiace se provo io <u>questo vestito</u>?" - "No, _____ pure! Non è quello che cercavo."
d. "Mi fa vedere <u>delle giacche estive</u>?" - "Prego, si accomodi. _____ con calma! Sono di là."

e. "Dottor Spinelli, posso mandare un fax?" - "No, _____! Meglio un'e-mail."

f. "Mamma, posso bere la coca cola che è in frigo?" - "No, _____! Le bibite fredde fanno male!"

5. Trasforma le frasi dall'informale al formale e dalla forma affermativa a quella negativa e viceversa. 将句子由非正式变成正式语气，由肯定句变为否定句，或做相反的变化。

Esempio: Accomodati qua! / *Non accomodarti qua! - Non provi questo! / Provi questo!*

a. Michele, preparami il solito espresso! _____

b. Ci porti degli analcolici senza ghiaccio! _____

c. Non sedetevi ai tavolini fuori! _____

d. Si metta in coda! _____

e. Per favore, non tagli a pezzi il parmigiano! _____

f. Paga il cappuccino alla cassa! _____

6. Abbina le descrizioni ai capi d'abbigliamento e fai le due mancanti. 连接服装的描述和图片，写出缺少的两件服装的描述。

a. Un cappotto elegante, da uomo, di lana, a doppio petto, grigio scuro.

b. Un pigiama maschile, di cotone a tinta unita, con una sottile linea bianca sui bordi con maniche e pantaloni lunghi e il taschino sulla giacca.

c. Una canottiera di cotone, da donna, a fiori, con la scollatura tonda.

d. Un paio di pantaloni classici verde militare, di velluto a coste.

e. Una giacca invernale a un petto da uomo, a quadri, con tre bottoni e taschino.

f. Una camicetta a righe sottili, a maniche lunghe, con collo e polsini bianchi e scollatura a V.

g. ....

h. ....

7. Completa le seguenti frasi con *ne* e i pronomi. Usa le espressioni date. 使用给出的表达方式，用ne和代词完成下列句子。

Esempio: Mi fa vedere una camicia a tinta unita? Mi dispiace ma non ne abbiamo!
  Gliene faccio vedere una a fiori. (*camicia a tinta unita/a fiori*)

a. "Ci hai prenotato _____?" - "No, _____!" (*ristorante in collina/in centro*)

b. "Mamma, mi prepari _____?" - "No, manca il cioccolato: _____!" (*crostata di pere e cioccolato/di pere e amaretti*)

c. "Mi può fare _____, per favore?" - "Purtroppo non ho i canditi: _____!" (*panettone con i canditi/con il cioccolato*)

d. "Fa assaggiare alla signora Russotti _____!" - "Il marsala è finito! _____!" (*bicchierino di marsala/di limoncello*)

e. "Puoi comprare a Saro _____?" - "Mah... mi sembrano un po' fuori moda: _____!" (*paio di pantofole in velluto a righe grigie/in cotone a righe rosse*)

f. "Senta, mi ha fatto vedere _____ ma non mi piace. _____, per favore?" (*tuta da ginnastica in cotone/in lycra*)

8. Leggi le istruzioni sul distributore di caffè e riformula le frasi secondo i suggerimenti. Usa la forma impersonale. 读自助咖啡机的说明，根据提示重组句子。用无人称形式。

a. Bisognare/inserire/moneta da 1 euro/banconota da 5 o 10 euro/fessura
b. Occorrere/premere/tasto/prima di/scegliere/bevanda
c. Essere necessario/premere/tasto "con zucchero"/avere /zucchero
d. Bisognare/aspettare/qualche secondo
e. Essere necessario/alzare/sportello/prendere/bicchierino
f. Se mettere/banconota/bisognare/aspettare/resto

9. Che cosa dici in queste situazioni? 在下列情况中你说什么呢？

a. Sei al bar con un tuo amico/una tua amica e gli/le offri da bere e da mangiare.
b. Uno studente italiano vuole la ricetta di una specialità del tuo Paese.
c. Sei nel negozio di generi alimentari e stai facendo la spesa per preparare un piatto italiano.
d. Per la tua laurea ricevi in regalo:
   (1) degli orecchini/un orologio;
   (2) una borsa firmata Prada/un'agenda elettronica;
   (3) un golfino di cashmere/una giacca di cashmere.
   Esprimi apprezzamento per questi regali.
e. Sei in un negozio di abbigliamento dove hai fatto spese. Non hai contanti e chiedi come pagare.
f. Provi delle scarpe in un negozio di calzature ma non ti stanno bene. Spiega al commesso/alla commessa che cosa non va.

10. Leggi i nomi di questi piatti e di' se sono antipasti, primi, secondi, contorni, dolci o frutta. 读下列菜肴的名字，说出它们是前餐、第一道菜、第二道菜、配菜、甜点还是水果？

Esempio: penne alla mediteranea - *primo*

a. gelato alla fragola: _____
b. bruschetta: _____
c. risotto con asparagi: _____
d. ananas e melone: _____
e. zucchine ripiene: _____
f. crème caramel: _____
g. fagiolini lessati: _____
h. coniglio alla cacciatora: _____
i. spaghetti alla carbonara: _____
j. anguria a fette: _____
k. calamari grigliati: _____
l. arancini di riso: _____

MODULO 9

"Ci sarà un futuro migliore!"

"会有一个更好的未来！"

In questo modulo imparerai a   在本章你将学到

- parlare di progetti futuri e intenzioni, fare ipotesi e promesse
  谈论将来的计划和打算，做出推测和许诺
- chiedere e dire come ci si sente
  询问和说出身体感觉如何
- parlare della salute
  谈论健康状况
- descrivere sintomi e disturbi
  描述身体的不适和症状
- chiedere e dare consigli su cure e dosi
  询问和建议治疗方法和（药物）用量
- esprimere condizioni e spiegare fatti
  表达状况和解释事件
- prevedere scenari futuri
  预见未来的情景

Unità 1

"Dottore, che sarà?"
"医生，会是什么呢？"

1. a. mal d'orecchio
2. b. mal di gola
3. c. torcicollo
4. d. mal di pancia
5. e. mal di piedi

I Lavoro di coppia: associate i malesseri sopra indicati alle immagini e dite se ne avete mai sofferto. 2人练习：将上面指出的身体不适与图片连接，说出你们是否经历过。

II Ascolta il dialogo e riempi gli spazi. Scegli tra: 听对话，填空。从下列单词中选择：

mal di stomaco   febbre   tosse   raffreddore   influenza   mal di schiena   mal di denti   mal di testa

◊ Buongiorno, dottore!
● Prego, si accomodi, signora Rossini! Che cos'ha? Che cosa si sente? Mi dica...
◊ Senta, dottore, è da una settimana che sto male: ho continui _____ __ _____ e ho la _____.
● Quando ha misurato la temperatura l'ultima volta?
◊ L'ho misurata stamattina e avevo 38 gradi. Finora il termometro non è mai sceso sotto e ho anche perso l'appetito. Che sarà? Sarà qualcosa di grave?
● Stia tranquilla, signora, sarà l' _____. Oltre alla _____ e al _____ __ _____, ha altri disturbi?
◊ Sì, ho anche un po' di _____ __ _____ e una _____ fortissima, specialmente di notte.
● Non si preoccupi! Penso che se si cura bene, starà subito meglio.
◊ Non potrò andare in ufficio?
● Certo che no! Dovrà rimanere a casa e stare ben coperta! Adesso le prescrivo dei medicinali che saranno davvero efficaci: una pomata per il _____ __ _____, uno sciroppo calmante per la _____, che prenderà dopo i pasti e la sera, prima di addormentarsi, una compressa di tachipirina che abbassa la _____. E poi beva molta acqua! Ci vorrà un po' di riposo ma servirà!
◊ Ho capito. Prenderò lo _____ e la tachipirina, metterò la _____ e berrò tanta acqua! Ma come farò con tutti i miei impegni di lavoro? Proprio ora doveva capitarmi quest' _____?
● Si ricordi che la salute è più importante del lavoro!

◊ Lo so! Allora... domani chiederò una settimana di congedo per motivi di salute e Le prometto che rimarrò a letto, come ha detto Lei, e che cercherò di curarmi bene!
● Ah, dimenticavo... l' _____ quest'anno è molto contagiosa: dunque, cerchi di stare lontana dai bambini!
◊ Per forza che cercherò di stare lontana da loro! Ci mancherebbe altro!

III Leggi di nuovo il dialogo, segna con una X le affermazioni vere e correggi quelle false. 再读对话，用"X"标出正确的判断，修改错误的判断。

	Vero	Falso
1. La signora Rossini va dal medico perché ha mal di stomaco.	☐	☐
2. Il termometro non hai mai segnato 38 gradi.	☐	☐
3. Il medico le dice che forse sarà un leggero raffreddore.	☐	☐
4. Non dovrà curarsi solo con le medicine.	☐	☐
5. La signora Rossini andrà lo stesso al lavoro.	☐	☐
6. La signora Rossini potrà stare vicino ai bambini.	☐	☐

IV Osserva le desinenze del futuro della 1a coniugazione e completa le altre. 观察第一组动词将来时变位的词尾，完成其他组动词的变位。

Futuro semplice dei verbi regolari

Verbi in:	-ARE	-ERE	-IRE
modello	cant-are	legg-ere	fin-ire
io	cant-erò	legg-erò	fin-irò
tu	cant-erai	legg-____	fin-irai
lui, lei, Lei	cant-erà	legg-____	fin-____
noi	cant-eremo	legg-eremo	fin-____
voi	cant-erete	legg-____	fin-irete
loro	cant-eranno	legg-eranno	fin-____

V Leggi la tabella, cerca nel dialogo tutti i verbi al futuro e inseriscili nei disegni sotto. 看表，在对话中找出所有的将来时的动词，填入下图中。

verbi regolari

prenderò

verbi irregolari: I gruppo

berrò

verbi irregolari: II gruppo

dovrà

VI Leggi di nuovo il dialogo e abbina le espressioni sotto ai vari usi del futuro. 再读对话，将下列表达方式与将来时的不同用法连接起来。

1. fare promesse ☐
2. fare ipotesi riferite al presente ☐
3. esprimere una condizione posteriore rispetto al presente ☐
4. fare programmi e esprimere intenzione di fare qualcosa ☐

a. "...penso che se si cura bene, starà subito meglio."
b. "...domani chiederò una settimana di congedo..."
c. "Che sarà? Sarà qualcosa di grave?" - "...sarà l'influenza."
d. "Le prometto che rimarrò a letto..."

Grammatica: il futuro semplice 语法：简单将来时

Osserva le frasi tratte dal dialogo e completa la regola. 观察对话中的句子，完成规则。

posteriore　　　presente　　　probabile　　　futuro　　　futura

- Il futuro si usa per indicare azioni che avverranno nel _____, per esprimere un fatto _____ e per fare ipotesi e supposizioni riferite al _____. Dopo i verbi di opinione (*credo, penso, spero, prometto*), indica un'azione _____ rispetto alla principale o esprime una condizione _____.

Ricorda che 记住

- i verbi in -care e -gare inseriscono la "h" fra la radice e la desinenza 以-care和-gare结尾的动词，在词根和词尾间插入"h"。(cerc-are/cercherò; pa-gare/pagherò)
- i verbi in -ciare e -giare, perdono la "i" della radice 以-ciare和-giare结尾的动词，词根失去"i"。(comin-ciare/comincerò; man-giare/mangerò)

Eccezione: i verbi con la radice in "gli" 特殊：词根以"gli"结尾。(scegli-ere/sceglierò)

- la 1ª e la 3ª persona del singolare hanno l'accento segnato sulla vocale finale 第一和第三人称单数的末尾元音标有重音
- spesso usiamo il presente per parlare di azioni future. 我们经常用现在时谈论将来动作。

Esempio: "Il mese prossimo partiamo per le ferie."

I gruppo: verbi che perdono la -*e* della desinenza 第一组：动词失去词尾的-e

viver-e	io vivr-ò		cader-e	io cadr-ò
dover-e	io dovr-ò		andar-e	io andr-ò
poter-e	io potr-ò		veder-e	io vedr-ò
saper-e	io sapr-ò		goder-e	io godr-ò

II gruppo: verbi che inseriscono -*rr* all'interno del tema 第二组：动词在词干内插入-rr

tener-e	io terr-ò		voler-e	io vorr-ò
rimaner-e	io rimarr-ò		venir-e	io verr-ò
morir-e*	io morr-ò		bere	io berr-ò

III gruppo: verbi in -*orre* e -*urre* della 2ª coniugazione che hanno la forma contratta
第三组：以-orre和-urre结尾的第二组动词变位有缩短形式

porre	io porr-ò		condurre	io condurr-ò

Altri verbi irregolari 其他不规则动词

1.

fare	io far-ò	dire	io dir-ò
dare	io dar-ò	stare	io star-ò

2.

Essere		Avere	
io sarò	noi saremo	io avrò	noi avremò
tu sarai	voi sarete	tu avrai	voi avrete
lui, lei, Lei sarà	loro saranno	lui, lei, Lei avrà	loro avranno

"Ci sarà un futuro migliore!" **Modulo 9**

VII Esprimere azioni probabili nel futuro: riformula le frasi. 表达在未来可能的行为：造句。

Esempio: Domani Sonia non può partire: ha la febbre. (*penso*)
"*Penso che domani Sonia non potrà partire: ha la febbre.*"

1. Ho un terribile mal di testa! Oggi vado dal medico per una visita. (*credo*)
2. Paolo non sta bene e ha brividi di freddo! Non può uscire con me stasera. (*penso*)
3. Se non vuoi andare al pronto soccorso, non è facile trovare un medico a quest'ora! (*temo*)
4. Bevo del tè caldo e non esco di casa tutto il giorno! (*ti prometto*)
5. Maria cerca di curarsi come le ha detto il medico. Non può assentarsi dalle lezioni! (*penso*)
6. Con questa influenza in giro teniamo i bambini a casa per le vacanze di Natale! (*credo*)

VIII Fai ipotesi su possibili malesseri: usa *essere* o *avere*. 对可能会有的身体不适做出推测，用essere和avere完成句子。

Esempio: Ha camminato tutto il giorno con quelle scarpe scomode! - "*Oggi avrà il mal di piedi.*"

1. "Sono tutta dolori, ho la febbre e sento freddo!" - "Probabilmente _____!"
2. "Ieri sera hanno bevuto molto e sono andati a letto tardi!" - "Forse _____!"
3. "Sono distrutto: ho dormito male e non posso muovere la testa!" - "Per caso _____?"
4. "È stata al computer fino a tarda notte e ora non riesce ad alzarsi. Oggi _____!"
5. "Pioveva, si è bagnata la testa e ora non sente tanto bene." - "Forse _____!"
6. "Hanno mangiato gelati e cioccolatini tutto il giorno e ora stanno male!" - "_____!"

IX Esprimere ipotesi: che cosa dici in queste situazioni? 表达推测：在这些情况下你说什么？

Esempio: Aspetti un tuo amico al bar da più di un'ora. "*Ma quando arriverà?*"

1. Il tuo computer improvvisamente si blocca mentre stai lavorando.
2. È mezzanotte e senti che bussano alla porta di casa.
3. Un passante vuole sapere che ore sono ma tu non hai l'orologio.
4. Il tempo sta cambiando: è nuvoloso, c'è vento e l'aria è più fresca.
5. Non vedi un tuo amico da un po' di tempo e non sai il suo indirizzo.
6. Vedi delle belle scarpe nella vetrina di un negozio ma non c'è il prezzo.

X Che cosa hanno intenzione di fare queste persone? Usa i verbi dati. 这些人打算做什么？用所给的动词填空。

1. Sono troppo grasso: _____ e _____ molto sport. (*mettersi a dieta, fare*)
2. Vuole cambiare lavoro: _____ a studiare le lingue e _____ all'estero. (*cominciare, andare*)
3. Ho una casa piccola e scomoda: ne _____ una più grande e comoda. (*cercare*)
4. La nostra macchina è vecchia: la _____ e _____ una macchina italiana. (*cambiare, scegliere*)
5. Vogliono andare a studiare in Italia: _____ un corso d'italiano e _____ da soli. (*fare, vivere*)
6. È stressato e vuole riposarsi: _____ un mese di ferie e _____! (*chiedere, viaggiare*)

XI Lavoro di gruppo. In gruppi di 4/5: preparate un elenco di cose da fare per risolvere un vostro problema o realizzare un vostro progetto. Parlatene e riferite in plenaria. 小组练习。4人或5人一组：为了解决一个问题或实现一个计划，准备一个清单，记下你们需要做的事。集体讨论并向全班介绍。

Esempio: "*Sono un po' ingrassato/a e non mi sento bene.*"

- smetterò di mangiare fuori pasto
- eviterò di prendere l'ascensore
- non berrò alcol
- mangerò più frutta e meno dolci
- cercherò di rilassarmi

XII Che programmi hai per domani? Elencane almeno 5. 你明天有什么安排？至少列出5件事。

> *Esempio:* "*Domani mi alzerò alle 7.00 e partirò per Milano.*"

XIII Lavoro di coppia: a turno, chiedete al vostro compagno/alla vostra compagna che programmi ha per. 2人练习：互相问同学下面时间的计划。

| stasera | il prossimo fine settimana | quest'estate | l'anno prossimo |

XIV Lavoro di gruppo. In gruppi di 4: scegliete una di queste situazioni e, a turno, provate a fare il maggior numero di ipotesi. 小组练习。4人一组：选择这些情景中的一个，轮流试着做出尽可能多的推测。

Usate 用这些词: *forse, chissà se, secondo me*
- non hai studiato abbastanza per l'esame PLIDA
- vuoi andare in vacanza ma il tuo capoufficio non ti ha ancora dato le ferie
- non sei soddisfatto del tuo lavoro e hai messo un annuncio su un sito Internet
- studi all'università, ti mancano 5 esami e vuoi laurearti entro l'anno

XV Rileggi il dialogo nell'attività ii e completa. 再读练习2中的对话，完成短语。

misurare la _____ / la _____; stare a _____; prescrivere dei _____;
prendere _____ / _____; mettere _____

XVI Completa le frasi in maniera appropriata. 用适当的方式完成句子。

1. Signora Naso, _____ questa _____ per il mal di schiena e cerchi di riposare!
2. Mi puoi prestare il termometro? Devo _____ la _____ a Lisa: mi sembra un po' calda!
3. Se hai il mal di testa, ti consiglio di _____ una _____ di tachipirina. Funziona davvero!
4. Per il mal d'orecchio il dottore mi ha _____ alcuni _____: antibiotici e antidolorifici
5. Non dimenticare di _____ un cucchiaio di _____ per calmare la tosse. È ottimo!
6. Per curare l'influenza occorre bere tanta acqua, non prendere freddo e _____ a _____!

XVII Collega i verbi ai nomi e completa le frasi in maniera appropriata. 连接动词和名词，用适当的形式完成句子。

A
1. fare ☐   2. fissare ☐   3. prenotare ☐
a. degli esami   b. un appuntamento   c. una visita   d. una radiografia   e. un'iniezione   f. un massaggio

B
1. Devo _____ una _____ dal medico per mia madre: soffre spesso di mal di testa.
2. Ho _____ un _____ con l'oculista perché da tre giorni ho un forte bruciore agli occhi.
3. Anche se mette la pomata, ha bisogno di _____ qualche _____ per il mal di schiena.
4. Ieri ho avuto un fortissimo mal di stomaco e ho dovuto _____ un' _____.
5. Dopo quel brutto incidente il medico gli ha prescritto di _____ una _____ al piede.
6. Mi ha promesso che domani andrà all'ASL e _____ tutti gli _____ per sapere che cos'ha.

L'assistenza sanitaria in Italia: come funziona?

Per la legge italiana ogni cittadino ha diritto alla tutela della propria salute e, di conseguenza, alla scelta del medico di famiglia. Ma come scegliere la persona che diventerà il punto di riferimento per la salute della propria famiglia? Oltre al passaparola di familiari o amici, tutti i cittadini residenti in Italia -dunque, anche gli stranieri extracomunitari con permesso di soggiorno- possono scegliere il medico di famiglia e il medico pediatra per i propri figli, dagli elenchi dei medici convenzionati con il Sistema Sanitario Nazionale, disponibili negli uffici del distretto sanitario della propria città. Il medico di famiglia o medico di base, dà gratuitamente al suo paziente l'assistenza medica di base: fa le visite a domicilio, visita nell'ambulatorio secondo un orario di 5 giorni alla settimana, prescrive farmaci, rilascia ricette e certificati medici e fa le impegnative per le visite specialistiche. Per i casi di emergenza di notte e nei giorni prefestivi e festivi, ci si può rivolgere, invece, alla guardia medica o al pronto soccorso. La scelta del medico di base è valida per un anno e si rinnova automaticamente o si può revocare. Tuttavia, anche il medico di base ha la facoltà di non volere più assistere un proprio paziente e, per farlo, deve mandare una comunicazione con le sue motivazioni all'ASl, cioè l'Azienda Sanitaria Locale, l'ente pubblico autonomo che fa parte del Servizio Sanitario Nazionale e che comprende distretti sanitari di base, dipartimenti, ospedali, cliniche e consultori.

testo adattato tratto da "www.intrage.it"

XVIII Leggi l'articolo e segna con una X se queste informazioni sono presenti nel testo. 读文章，用"X"标出在文中出现的信息。

1. Tutti hanno diritto ad avere il medico di base. ☐
2. Il medico di famiglia visita i pazienti nel suo ambulatorio. ☐
3. Per fare una visita specialistica non occorre rivolgersi al medico di famiglia. ☐
4. I bambini non hanno diritto ad avere un medico pediatra. ☐
5. Per le visite urgenti il medico di famiglia può andare a casa del proprio paziente. ☐
6. Bisogna pagare il medico di famiglia per la visita domiciliare. ☐
7. Il medico di famiglia informa l'ASL della sua decisione di non volere più un suo paziente. ☐
8. Per le emergenze nei fine settimana ci si rivolge alla guardia medica o al pronto soccorso. ☐

 XIX Scrivi una breve relazione sulle somiglianze e le differenze tra il sistema sanitario nel tuo Paese e quello italiano e presentala in plenaria. 写一篇简短的报告，向大家介绍你们国家和意大利的医疗体系的异同。

Curarsi in modo naturale va diventando sempre più "di moda" tra gli italiani perché, secondo l'opinione di molti, le cure convenzionali della medicina ufficiale, così poco sicure quando sono a lungo termine, intossicano l'organismo.

Rimedi naturali
Curarsi con i rimedi naturali vuol dire non fare uso di medicinali o sostanze chimiche ma di erbe officinali, oli essenziali, tisane e altri metodi come l'omeopatia e l'agopuntura. Le erbe officinali trovano largo impiego nella fitoterapia, che utilizza estratti di piante e di erbe per la cura e la prevenzione delle malattie. Più che in farmacia è facile trovarle in erboristeria.

Curarsi con le erbe
Con le erbe officinali possiamo curare molti disturbi, sempre su consiglio del medico o di un erborista qualificato perché, anche se naturali, questi rimedi non sono totalmente privi di rischi. Ecco quelli più sicuri ed efficaci:

Acerola- Si chiama anche ciliegia delle Indie Occidentali, è originaria del Centro-America ed è una pianta che dà un succo ricchissimo di vitamina C. È indicata nel trattamento e nella prevenzione degli stati febbrili e per curare problemi di circolazione del sangue.

Ananas- Dessert a fine pasto, questo frutto trova

Artiglio del diavolo- Se soffrite di reumatismi, mal di testa o mal di schiena, forse questa è l'erba officinale che cercate. È una pianta di origine sudafricana che non trova tradizione nel nostro Paese perché importata dai tedeschi dalla Numidia.

Bardana- La "lappa", nome popolare della bardana, è utile nel trattamento delle impurità della pelle. La sua azione disinfettante e cicatrizzante aiuta a mantenere la pelle in buono stato.

Fieno greco- Grazie alla presenza di minerali (ferro, calcio e manganese in particolare), di vitamine del gruppo B e di proteine, il fieno greco svolge un'azione stimolante del metabolismo ed è efficace contro l'anemia e la magrezza eccessiva.

Salvia officinalis- Nota fin dall'antichità non tanto per insaporire pietanze quanto per curare diversi disturbi, questa pianta è un aiuto prezioso per i nostri denti, soprattutto per curare le gengivite. Efficace anche nei casi di indigestione, di infezione della gola e delle vie respiratorie.

Valeriana- Per molti fitoterapeuti è il sonnifero naturale per eccellenza. L'estratto secco di questa pianta contiene un'alta concentrazione di principi

applicazione in fitoterapia. Il succo estratto dal gambo contiene preziosissimi enzimi che svolgono una buona azione antinfiammatoria. L'ananas è anche utile per chi ha problemi di digestione e di cellulite. Da prendere in pastiglie e come succo.

Arnica- Sia per via orale o locale come pomata, questa pianta combatte i dolori alle ossa tipici dell'influenza ed è utilissima in caso di frattura. Molto efficace il decotto.
testo adattato tratto da "*www.erbenaturali.it*"

attivi. Utilissima contro l'insonnia e gli stati d'ansia, bastano 10/20 gocce la sera prima di andare a letto per ottenere un sonno sereno e leggero.

La farmacia verde: curarsi con le erbe e i metodi naturali

XX Leggi l'articolo e rispondi alle domande. 读文章，回答问题。

1. Perché sempre più italiani scelgono i rimedi naturali?
2. Che cosa comprendono?
3. Che cosa utilizza la fitoterapia?
4. Dove possiamo trovare le erbe medicinali?
5. Il testo suggerisce che possiamo curare tutte le malattie con le erbe?
6. Oltre alla fitoterapia, quali altri metodi della medicina alternativa menziona l'articolo?

XXI Leggi di nuovo e completa gli spazi nelle due colonne. 再读文章，在两栏中填空。

Disturbi

1. febbre, circolazione del sangue, influenza
2. fratture, dolori alle ossa,
3. _____
4. anemia, magrezza, metabolismo
5. _____
6. reumatismi, mal di schiena, mal di testa
7. pelle impura, cicatrici, infezioni cutanee
8. _____

Rimedi

a. _____
b. _____
c. **Valeriana** (10, 20 gocce)
d. _____
e. **Ananas**
f. _____
g. _____
h. **Salvia**

XXII Quali dosi e quali rimedi? Riempi gli spazi in maniera opportuna. Scegli tra. 多少用量？什么样的治疗方法？从以下单词中选择，用适当的方式填空。

| decotto | infuso | camomilla | tazza di tisana |
| gocce di collirio | | bicchierino di collutorio | impacco di erbe |

◊ Vorrei farLe delle domande sulla Sua salute: è stata mai intollerante alle medicine? Ha mai avuto qualche malessere o disturbo dopo che ha preso pillole o altri medicinali?

● Sì. Anni fa soffrivo d'infiammazione alla bocca e prendevo gli antibiotici. Poi, mi sono accorta che avevo tutta la bocca gonfia e rossa e non li ho più presi, così ho cominciato a fare degli sciacqui con un

1._____, tre volte al giorno dopo ogni pasto. La mia bocca non è stata più gonfia e rossa!
◊ Altri casi d'intolleranza?
● Sì, da ragazza, a causa della mia congiuntivite, mettevo alcune 2._____ agli occhi ma, stranamente, gli occhi cominciavano a lacrimare e non riuscivo a tenerli aperti. Su consiglio di una mia amica ho fatto un 3._____ e delle cure omeopatiche e non ho più avuto alcun disturbo.
◊ Probabilmente avrà un sistema immunitario un po' debole.
● Credo di sì. Dottoressa, ma per la mia insonnia c'è qualche rimedio naturale?
◊ Certamente! Può fare un 4._____ di valeriana e berne tre tazze nel corso della giornata.
● Non un 5._____ di valeriana?
◊ No, è troppo forte. La valeriana è quasi un sonnifero, certamente più efficace della comune 6._____. Stia tranquilla! Anche se faccio il medico da più di 20 anni, per me la medicina alternativa può essere una valida risposta a moltissime malattie!

 XXIII Lavoro di gruppo. In gruppi di 4/5, rispondete alle seguenti domande. 小组练习。4人或5人一组，回答下列问题。
● avete mai sentito parlare di medicina alternativa?
● preferite i rimedi della medicina ufficiale a quelli naturali?
● quali disturbi avete curato con metodi naturali e perché?
● curarsi con la medicina alternativa è diffuso nel vostro Paese? Quanto?

XXIV Leggi il dialogo e sottolinea l'imperativo positivo e il pronome. 读对话，划出肯定命令式和代词。

◊ Come sei pallida! Non ti senti bene?
● No, non ho dormito tutta la notte.
◊ Come mai? Hai avuto un po' d'insonnia?
● No, macché! Saro è stato male: ha avuto un fortissimo mal di denti e ora ha le gengive infiammate e non può masticare! Dimmi, che cosa gli posso dare?
◊ Dagli una tazza di tisana di bardana che è un ottimo disinfettante e cicatrizzante. Poi, digli di mangiare leggero, magari qualche minestra di verdure, e di non bere e di non fumare. Sono sicura che gli passerà subito!
● Farò come mi dici. Tu sei sempre piena di buoni consigli! A proposito, da un po' di giorni anche la piccola non sta tanto bene: ha una tosse molto forte che aumenta soprattutto la sera e le fa male il petto. Che cosa mi consigli di fare?
◊ Senti, per la tosse falle un decotto di camomilla, limone e salvia e dille di berlo al primo colpo di tosse. Vedrai!
● Grazie, mamma! Speriamo bene!

 Grammatica: l'imperativo irregolare seguito dal pronome 语法：后面跟有代词的不规则命令式

> **Osserva le seguenti frasi e leggi la regola sotto.** 观察下列句子，读下面的规则。
>
> "...*falle* un decotto di camomilla, limone e salvia..." "*Dagli* una tazza di tisan di bardana..."
> ↓ ↓
> *fa' a lei* *da' a lui*

● **Con i verbi irregolari** andare, dare, dire, fare e stare **si raddoppia la consonante iniziale del pronome atono solo all'imperativo affermativo di 2a persona singolare. Con il pronome "gli" non c'è raddoppiamento.** 不规则动词 andare, dare, dire, fare和stare的第二人称单数命令式的肯定式与非重读代词配合使用时，非重读代词的首个辅音字母双写。跟代词"gli"时，不双写。

Esempio: andare → va' → vacci (va' là); dire → di' → dille/dimmi/dicci/ (di' a lei, a me, a noi) ma di' → digli (a lui, a loro)

XXV Riempi gli spazi con il verbo all'imperativo e il pronome appropriato. 用动词命令式和适当的代词填空。

1. Maria ha 38 di febbre. _____ 40 gocce di succo di acerola in un bicchiere d'acqua! (dare)
2. Ma quanti capelli ti cadono? _____ un impacco di ortiche e lascialo in posa per un'ora. (fare)
3. _____ che cosa ti è successo. Possiamo fare qualcosa per te? (dire)
4. Oggi non posso accompagnarti dal medico. _____ da solo! L'ambulatorio è qui vicino! (andare)
5. _____ un favore! _____ a comprare uno sciroppo per il mal di gola! (fare, andare)
6. Rossano soffre ancora di depressione: _____ un po' accanto, per favore! (stare)

XXVI Leggi il dialogo e trasformalo nello stile informale immaginando che i due interlocutori siano amici. 读对话，设想两位对话者是朋友，将对话变为非正式语气。

◊ Prego, signor Serra, mi dica!
● Da una settimana mia moglie sta molto male: non riesce a stare né a letto né in piedi ed ha dolori in tutto il corpo. Che cosa può darmi? Non ho la ricetta, però.
◊ Saranno sicuramente i reumatismi: purtroppo ne soffre molta gente oggi! In attesa di prenotare la visita da uno specialista, le faccia queste iniezioni per calmare il dolore e le dia queste pillole antifiammatorie da prendere tre volte al giorno a stomaco pieno. Può anche farle un decotto di arnica da bere tutte le mattine per quindici giorni. Mi faccia sapere come va.
● La ringrazio, dottor Venti. Comincerò la cura da oggi!

XXVII Rileggi i due dialoghi e annota le espressioni usate per. 再读两段对话，记下相关的表达方式。

1. **chiedere consigli:** _____
2. **dare consigli:** _____

XXVIII Lavoro di coppia. Simulate due situazioni in cui chiedete e date consigli per la salute di qualcuno. Alternate il registro. 2人练习。扮演两个情景对话中的角色，对于某人的健康给出建议。变换语体。

XXIX Associa i contrari: riempi gli spazi nella tabella e completa le frasi. 连接反义词：填表，并完成句子。

1. ammalarsi	a. stare _____
2. stare meglio	b. _____ ammalato
3. soffrire di...	c. _____
4. essere guarito	d. guarire
5. migliorare	e. guarire da...

1. Non vedo Stefano da una settimana: forse _____ di nuovo _____!
2. Laura per anni ha _____ di forti mal di testa ed è _____ con la medicina cinese.
3. Quando faceva le cure omeopatiche la sua salute _____ di giorno in giorno. Davvero ottime!
4. Se continuerà a fumare 40 sigarette al giorno, _____ di cancro!
5. Marisa è _____ dall'intolleranza al latte con una cura a base di vitamine A e C e vaccino.
6. La sua colite _____ per il caldo e l'alimentazione disordinata che ha fatto in vacanza.
7. _____ di prima! Si è curato con delle erbe strane senza il parere del medico.
8. Adesso Alba _____ molto _____! Un ciclo di 10 sedute di agopuntura ha _____ la sua insonnia!

Fino ad alcuni anni fa le malattie alle gengive erano molto diffuse ed erano spesso la causa della perdita dei denti per la maggior parte della popolazione. Oggi possiamo evitare queste malattie con una corretta igiene orale, capace di eliminare la placca batterica dalla bocca. Ma attenzione a queste regole:

1. **Scegliete bene lo spazzolino da denti,** lo strumento principale per l'igiene orale: deve avere il manico diritto, una testina di dimensioni adeguate, e setole sintetiche.

2. **Spazzolate in maniera corretta:** uno spazzolamento errato può portare più danni che benefici. Spazzolare da sinistra a destra, come spesso si vede in televisione, è inefficace; per pulire i denti superiori usate lo spazzolino con un movimento dall'alto verso il basso, mentre per pulire l'arcata inferiore il movimento corretto è dal basso verso l'alto.

3. **Scegliete un dentifricio al fluoro,** sostanza che favorisce la rimineralizzazione dei denti e ha una azione antibatterica.

4. **Sottoponetevi a visite periodiche dal dentista** e ad una completa pulizia orale almeno una volta ogni sei mesi.

testo adattato tratto da "*www.cibo360.it*"

XXX Leggi l'articolo, riassumi oralmente e completa le frasi. 读文章，口头概述并完成句子。

1. In passato molti p_____ i denti perché avevano d_____ e g_____ malati.
2. Per combattere la _____ b. _____ bisogna curare l'igiene della _____.
3. La scelta _____ un buono _____ è indispensabile per curare i denti.
4. _____ i denti in maniera s_____ può causare _____ e non _____.
5. Se fate il m_____ da sinistra a _____ non serve a niente.
6. È utile usare un _____ al _____ e _____ dal dentista per _____ la pulizia dei _____.

XXXI Ripresa dell'imperativo con i pronomi: cambia le frasi con l'imperativo e il pronome adatto. 复习带有代词的命令式：用适当的命令式和代词变句子。

Esempio: Pulisci bene i denti dopo i pasti! - "*Puliscili bene!*"

1. Scegli con attenzione lo spazzolino da denti! - "_____ con attenzione!"
2. Non devi spazzolare i denti da sinistra a destra! - "_____ in maniera scorretta!"
3. Dobbiamo pulire l'arcata inferiore dal basso verso l'altro. - "_____ correttamente!"
4. Non deve comprare un dentifricio normale! - "_____!"
5. Dovete andare spesso dal dentista per una visita. - "_____ ogni 2, 3 mesi!"
6. Devi fare una completa pulizia orale ogni sei mesi. - "_____ ogni 2 anni!"

XXXII Lavoro di gruppo. In gruppi di 5/6: a turno, dite di avere uno dei seguenti problemi mentre gli altri danno consigli appropriati. Usate l'imperativo. 小组练习。5人或6人一组：轮流说出你们有下列问题之一，其他人给出适当的建议。用命令式。

- hai problemi di digestione e hai sonnolenza dopo pranzo
- sei molto nervoso/a anche senza un vero motivo
- più mangi e più dimagrisci
- soffri spesso di mal di denti
- ti bruciano gli occhi e non vedi bene

XXXIII Questi sono i sintomi: qual è la malattia? Inserisci la parola giusta e scegli tra. 这些是症状：是什么病呢？从下列单词中选择，填空。

| allergia | irritazione | congiuntivite | varicella | intossicazione | insolazione |

▼ Studio medico della dottoressa De Luca. La dottoressa riceve per appuntamento il mercoledì e il venerdì dalle 8.00 alle 13.00. Lasciate un messaggio e vi richiamerà.

● Dottoressa, sono Lucilla Neri. Le telefono perché da due giorni ho dei disturbi: mi lacrimano gli occhi, sono rossi e non riesco a stare al sole. Un mio collega, che ha avuto gli stessi sintomi, mi ha detto che sarà una _____. Vorrei sapere che cosa devo fare. Può richiamarmi? Grazie.

▼ Studio medico del dottor De Gregori. Il dottore non è in ambulatorio. Lasciate un messaggio e riceverete una sua telefonata.

● Buonasera, dottore. Sono Adele Maraini. Sono appena tornata dal mare e ho il corpo tutto pieno di macchie e la pelle rossa come un peperone. Ho un terribile bruciore. Sarà sicuramente un'_____. Che cosa mi consiglia di mettere sulla pelle? La prego, mi richiami appena possibile. Grazie.

▼ Risponde l'ambulatorio del dottor Naso. In questo momento il dottore non è in sede. Potete lasciare un messaggio o richiamare domani mattina dalle 10.00 alle 12.00.

● Buonasera, dottore. Sono Daniela Migliacci. La chiamo perché da ieri il mio bambino ha 38 di febbre, delle piccole macchie rosse sulla pancia e sulle braccia e anche il mal di testa. Sarà, per caso, la _____. Sono preoccupata! Può venire a casa a visitarlo? Non credo che potrò portarlo nel Suo ambulatorio. Abito in viale Lazio n.12. Grazie.

XXXIV Lavoro di coppia. A turno, descrivete al vostro compagno/alla vostra compagna i disturbi delle altre malattie nell'attività "*xxxiii*" e usate le informazioni date. 2人练习。互相描述练习33中的其他病症。使用所给的信息。

Esempio: ◊ *Che cos'hai? Stai male?*

● *Sì, non lo vedi? Ho mangiato qualcosa che mi ha fatto male!*

◊ *Che disturbi hai?*

● ....!

◊ *Sarà un'intossicazione!*

macchie pelle/nausea/vomito - starnutire/occhi rossi/naso chiuso - prurito/macchie pelle/bruciore

XXXV Non ti senti bene e hai dei disturbi: lascia un messaggio nella segreteria telefonica del tuo medico. 你感觉不舒服，有些身体上的不适：给你的医生的电话留言机上留言。

Chiamiamo **"fumo passivo o involontario"** il fumo di sigaretta che respiriamo quando ci troviamo a contatto con chi fuma. Esso è causa di inquinamento al chiuso e provoca danni all'ambiente e alle persone e, secondo stime ufficiali in Italia, nel 2009 è stato responsabile di migliaia di morti perché altamente cancerogeno.

Lavorare fianco a fianco o vivere con un fumatore è estremamente pericoloso. Tra gli adulti che hanno un coniuge con il vizio del fumo, 221 morti per tumore polmonare e 1.896 morti per malattie di cuore sono da attribuire al fumo passivo. A causa dell'esposizione della madre al fumo passivo sul posto di lavoro, 2.033 bebè nascono con un peso inferiore ai 2,5 Kg. E sempre all'esposizione sul lavoro si attribuiscono altri 324 morti per tumore polmonare e 235 per malattie al cuore.

testo adattato tratto da " *www.fumo.it*"

**L'obesità infantile** è un fenomeno in crescita nella società odierna. Secondo i dati del Ministero della Salute, in Italia 15 ragazzi su 100, tra i 6 e i 14 anni, soffrono di eccesso di peso. Spesso non si tratta di semplice sovrappeso e, in alcuni casi, ci troviamo di fronte a bambini o adolescenti decisamente obesi. Quasi il 30% di loro già soffre d'ipertensione e colesterolo, malattie che un tempo colpivano solo gli adulti. Tra i fattori di rischio dell'obesità sono la familiarità (sia nella sua componente genetica che in quella ambientale), lo stile di vita e lo status socio-economico, in particolare, il livello di istruzione della madre. Nel caso dell'obesità infantile, i genitori devono educare i figli a corrette abitudini alimentari e renderli consapevoli di ciò che fa bene o male alla loro salute. Fare amare frutta e verdura ai bambini, convincerli a ridurre dolci e grassi, e abituarli a mangiare in maniera moderata, sono uno sforzo necessario che occorre fare per insegnare loro a non compromettere la loro salute.

testo adattato tratto da "*www.salute.gov.it*"

XXXVI Leggi i due articoli e segna con una X quali di queste informazioni sono presenti nei testi. 读两篇文章，用X标出在文中出现的信息。

1. Il fumo è dannoso solo alla salute di chi fuma. ☐
2. Il fumo passivo è responsabile delle malattie di cuore. ☐
3. Chi ha un coniuge fumatore può ammalarsi di tumore ai polmoni. ☐
4. La maggior parte dei ragazzi italiani ha problemi di obesità. ☐
5. L'educazione ad un corretto stile alimentare dipende dal livello d'istruzione della madre. ☐
6. Bisogna educare i bambini a non esagerare con i dolci e grassi e a mangiare sano. ☐

XXXVII Riflettete su quanto avete letto e, in plenaria, rispondete alle seguenti domande. 想一想你们读过的内容，集体回答下列问题。

1. Esiste nel vostro Paese il problema del fumo passivo? Se sì, dove: nei luoghi pubblici, negli uffici, tra le mura domestiche?
2. C'è una legge che vieta di fumare? Da quando?
3. Ci sono più fumatori tra i giovani che tra gli adulti? Chi fuma di più: le donne o gli uomini?
4. L'obesità infantile è soltanto un problema dei paesi più industrializzati?
5. Nel vostro Paese ci sono campagne contro l'obesità?
6. In che modo la famiglia e la scuola possono aiutare a risolvere questi due problemi?

"AHI! MI SONO FATTA MALE AL GINOCCHIO!"
"哎哟！我弄疼膝盖了！"

I Scrivi accanto al numero il nome della corrispondente parte del corpo e abbina i seguenti nomi alle altre parti. Aggiungi l'articolo. 在数字旁写出身体部位对应的名称，连接下列名称与其他部位。加上冠词。

braccio	ginocchio	petto	mano

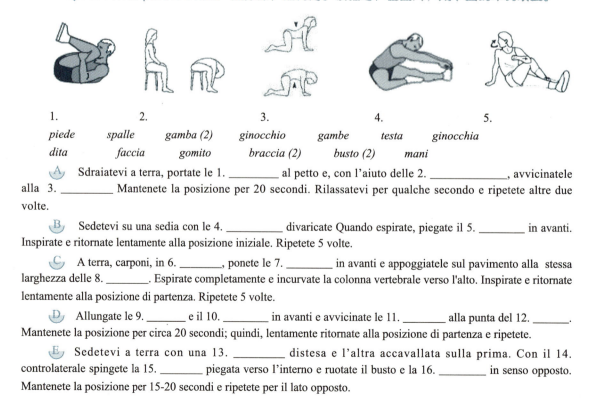

II Ginnastica per il mal di schiena. Leggi le istruzioni, guarda i disegni e riempi gli spazi con le parole sotto. 做体操，治背疼。读指令，看图片，用下面的单词填空。

1. 2. 3. 4. 5.

piede   spalle   gamba (2)   ginocchio   gambe   testa   ginocchia
dita   faccia   gomito   braccia (2)   busto (2) mani

Ⓐ Sdraiatevi a terra, portate le 1. _____ al petto e, con l'aiuto delle 2. _____, avvicinatele alla 3. _____ Mantenete la posizione per 20 secondi. Rilassatevi per qualche secondo e ripetete altre due volte.

Ⓑ Sedetevi su una sedia con le 4. _____ divaricate Quando espirate, piegate il 5. _____ in avanti. Inspirate e ritornate lentamente alla posizione iniziale. Ripetete 5 volte.

Ⓒ A terra, carponi, in 6. _____, ponete le 7. _____ in avanti e appoggiatele sul pavimento alla stessa larghezza delle 8. _____. Espirate completamente e incurvate la colonna vertebrale verso l'alto. Inspirate e ritornate lentamente alla posizione di partenza. Ripetete 5 volte.

Ⓓ Allungate le 9. _____ e il 10. _____ in avanti e avvicinate le 11. _____ alla punta del 12. _____. Mantenete la posizione per circa 20 secondi; quindi, lentamente ritornate alla posizione di partenza e ripetete.

Ⓔ Sedetevi a terra con una 13. _____ distesa e l'altra accavallata sulla prima. Con il 14. controlaterale spingete la 15. _____ piegata verso l'interno e ruotate il busto e la 16. _____ in senso opposto. Mantenete la posizione per 15-20 secondi e ripetete per il lato opposto.

III. **Lavoro di gruppo.** In gruppi di 4/5: a turno, date istruzioni per fare ginnastica. Usate l'imperativo o l'infinito. 小组练习。4人或5人一组：轮流给出指令来做体操。用命令式或不定式。

Esempio: *Sdraiatevi a terra.../ Sdraiarsi a terra...*

Grammatica: Parti del corpo con il plurale irregolare 语法：表示身体部位的名词的不规则复数形式

il ginocchio-le ginocchia   la mano-le mani   il dito-le dita   il braccio-le braccia

maschile singolare -o → femminile plurale -a / femminile singolare -o → femminile plurale -i
阳性单数 -o → 阴性复数 -a / 阴性单数 -o → 阴性复数 -i

- I sostantivi indicanti le parti del corpo non seguono regole precise nella formazione del plurale.
表示身体部位的名词构成复数时，没有确定的规则。

Ricorda che   记住

- hanno anche il plurale irregolare le seguenti parole. 下列单词也有不规则的复数形式。
l'orecchio-le orecchie, il labbro-le labbra, il ciglio-le ciglia, il sopracciglio-le sopracciglia, l'osso-le ossa.

"Che ti sei fatto/a? Che ti è successo?"

"Mi fa male la pancia! Ho mal di pancia!" - "Ahi! Mi sono fatta male al ginocchio!"

IV. **Completa le frasi in maniera appropriata: scegli tra *far male* e *farsi male*.** 选择适当的方式完成句子：在far male和farsi male之间选择。

1. Pietro è caduto mentre giocava a calcio e ora _____ il _____!
2. Ho giocato a tennis tutto il pomeriggio e ora _____ i _____!
3. Mia madre è scivolata sul pavimento e _____ alle _____!
4. Alice ha suonato la chitarra per ore e ora _____ le punte delle _____!
5. Mario si è scontrato con un'altro motorino e _____ a tutte e due le _____.
6. Le ragazze hanno fatto una brutta caduta dalla bici e _____ alle _____.

V. **Guarda le immagini e di' cosa è successo a queste persone. Usa i seguenti verbi:** 看图片，说出这些人身上发生了什么。用下列动词：

scottarsi   tagliarsi   ferirsi   rompersi   fratturarsi   slogarsi

1   2   3   4   5   6

VI. **Un rimedio per ogni problema. Abbina le frasi in "A" alle frasi in "B".** 每个问题用一个治疗方法。连接A和B的句子。

A
1. Mara si è storta una caviglia mentre ballava. ☐
2. Mi sento debole e sto quasi svenendo! ☐

B
a. Prendi un po' di acqua e zucchero!
b. Metti del ghiaccio e spalmati della pomata.

3. Si è bruciata la mano con il ferro da stiro. ☐   c. Dagli subito un cerotto! Fa' presto!
4. È caduto dalle scale e ha sbattuto la testa. ☐   d. Portiamolo al pronto soccorso!
5. Si è ferito il dito con il coltello. ☐   e. Credo che domani andrà in ospedale!
6. Soffre di tonsillite e ha dolori alla gola. ☐   f. Dovrà tenere la gamba sollevata e mettere un antidolorifico.

VII   **Lavoro di gruppo. In gruppi di 4/5: a turno, dite quale incidente vi è capitato o quale malessere avete e suggerite un rimedio.** 小组练习。4人或5人一组：轮流说出在你们身上发生过的事情或有什么不适，给出治疗的建议。

Esempio: ◊ *Mi sono rovesciata sul petto l'acqua calda della pentola!*
         ● *Metti subito del ghiaccio!*
         ◄ *No, è meglio se ti spalmi un po' di pomata!*
         ecc...

VIII   **Leggi il dialogo, riempi gli spazi, ascolta e controlla.** 读对话，填空，听录音并检查。

◊ Sonia, lo sai che ieri mattina c'è stato un incidente vicino al nostro palazzo?
● Davvero? E com'è successo?
◊ Un'Alfa Romeo _____ a tutta velocità quando un giovane a bordo di uno scooter _____ da un parcheggio.
● Dio mio! E che è _____?
◊ L'Alfa ha investito lo _____ e il giovane è _____ a terra privo di sensi. _____ chi c'era al volante dell'Alfa? La professoressa Santini!
● Non mi dire! L'inquilina del 3° piano? E che _____ _____ _____?
◊ Si è fratturata il polso.
● Mamma mia! Era sola in macchina?
◊ No, era con dei colleghi.
● Allora, _____ _____ _____ altri feriti?
◊ Fortunatamente no.
● _____ _____ il 118?
◊ Naturalmente, Maria! In un lampo sono arrivati i carabinieri, e subito dopo è arrivata l'_____ che ha portato il giovane e la Santini al _____ _____.
● E adesso come _____?
◊ I medici hanno detto che la Santini dovrà tenere _____ _____ ingessato per almeno un mese. Invece, per il _____ dello scooter non è stato _____ _____ grave: ha riportato delle lesioni al _____ e alle gambe e starà in _____ solo tre giorni.
● Povera Santini! Mi dispiace veramente! L'_____ a trovare in ospedale in questi giorni. _____ _____ insieme?
◊ Sì, volentieri. Anche se non la _____, mi è simpatica. E poi è una nostra vicina di casa! Insomma, un po' di bon ton tra vicini di casa non guasta mai!

IX   **Sottolinea nel dialogo le frasi che descrivono come è avvenuto l'incidente e completa.** 划出对话中描写发生意外的语句并填写。

1. Un'Alfa Romeo _____
2. _____

"Ci sarà un futuro migliore!" Modulo 9

X Rispondi e completa. 回答并完成句子。

1. Che cosa ha causato l'incidente? _____.
2. Quali tra questi connettivi possiamo usare per esprimere una causa? Scegli tra: *se, quindi, mentre, perché*
_____
3. Completa il periodo sotto e confrontalo con quello nello schema. Il significato rimane lo stesso?

■ L'Alfa ha investito lo scooter _____ andava a tutta velocità e il ragazzo _____ a terra _____.

Il periodo: la proposizione causale 复合句：原因从句

1. "<u>Siccome/Dato che</u> l'Alfa andava a tutta velocità, ha investito lo scooter."
   ↓   ↓
   causa (proposizione subordinata) → **effetto** (proposizione principale)
   原因（从句）→ 结果（主句）

2. "L'Alfa ha investito lo scooter <u>dato che</u> andava a tutta velocità."
   ↓   ↓
   effetto (proposizione principale) **causa** (proposizione subordinata)
   结果（主句）→ 原因（从句）

👁 Grammatica: "siccome" e "dato che", connettivi causali
语法："siccome" 和 "dato che"，原因连词

> • Se nella proposizione causale indichiamo la causa di un evento, nella principale ne indichiamo l'effetto o la conseguenza. 如果在原因从句中指出一个事件的原因，那么在主句中指出结果或结论。
> • Se la causale è introdotta da "siccome", essa precede la frase principale; invece, se è introdotta da "dato che", essa può precedere o seguire la frase principale. 如果原因从句由"siccome"引出，则原因从句在主句之前；相反的，如果由"dato che"引出，则原因从句可以在主句之前或主句之后。

XI Leggi di nuovo il dialogo e completa. 再读对话，完成句子。

1. Dato che la Santini _____, dovrà tenerlo ingessato per un mese.
2. _____ per il giovane l'incidente _____ grave, _____ poco tempo in ospedale.
3. Maria andrà a _____ la Santini in ospedale, dato che _____.
4. Ieri mattina _____ il 118, _____ un incidente.
5. I carabinieri e l'ambulanza _____ subito sul posto _____ c'erano dei feriti.
6. _____ Sonia e Maria vogliono essere gentili, _____ a fare visita alla Santini.

XII Indicare causa ed effetto: abbina le frasi in "*A*" alle frasi in "*B*" e usa i connettivi.
指出原因和结果：连接"A"和"B"的句子，使用连词。

A	B
1. soffro di mal di gola ☐	a. non soffre più di mal di testa.
2. ha sbattuto il gomito ☐	b. il bambino si è scottato la mano.
3. si è schiacciato il dito ☐	c. non ha più la pancia.
4. si è messo a dieta ☐	d. il medico mi ha prescritto gli antibiotici.
5. ha fatto dei cicli di agopuntura ☐	e. è caduta malamente dalle scale.
6. siamo subito andati al pronto soccorso ☐	f. ha chiuso la porta di casa in fretta.

XIII Esprimi la causa di questi fatti e fai frasi vere per te. 表达这些事件的原因，根据你的真实情况造句。

1. mi sono trasferito/a in un piccolo appartamento lontano dal centro
2. (non) mi sono iscritto/a all'università
3. ho deciso di frequentare una palestra

4. (non) farò uso delle medicine alternative

5. dovrò cercare di risparmiare

6. (non) continuerò ad usare la bicicletta

XIV Ritorna al dialogo e scrivi negli spazi le domande fatte per sapere dell'incidente. 再回到对话，填空：发生意外的话，如何提问来了解情况呢？

1. E com'è successo? 2. _____ 3. _____ 4. _____
5. Ci sono stati altri feriti? 6. _____ 7. _____

XV Rileggi il dialogo e scrivi negli spazi le espressioni per indicare dispiacere. 再读对话，填出表达遗憾的说法。

1. _____ 2. _____ 3. _____ 4. _____

● Conosci anche queste? 你知道这些表达方式吗？

Che spavento!   Che disgrazia!   È terribile!

XVI Lavoro di gruppo. In gruppi di 4/5: a turno, raccontate di un incidente che avete visto o di cui avete sentito parlare. Fate domande per conoscere i fatti e commentate. 小组练习。4人或5人一组：轮流讲述你们看到或听说的一个意外事件。提问来了解事件，并评论。

Esempio: ◊ Lo sai che.........................?

● Davvero? Com'è successo?

XVII Lavoro di coppia. Decidete chi siete - Studente A/Studente B - e, a turno, raccontate un incidente secondo queste informazioni. Lo Studente A rimane in questa pagina e lo Studente B va all'Appendice a pag 251. 2人练习。决定你们谁是学生A，谁是学生B，根据这些信息轮流讲述一个意外事件。学生A留在本页，学生B看附录251页。

Lo Studente A inizia così: 学生A这样开始：

"L'altro giorno camminavo per le vie del centro..."

- camminare vie centro-uomo avvicinarsi
- scippare portafoglio-scappare
- io/inseguire/prendere
- avere portafoglio/ferita labbro-lividi faccia
- signore accompagnare P.S./dare punti labbro/pomata
- rimanere ricoverato/a 2 giorni

XVIII Rivedi quello che hai imparato finora e completa la mappa concettuale come meglio puoi. 回顾你到现在为止所学的东西，尽可能完成这幅概念图。

Unità 3

"Che domani avremo?"
"我们会有怎样的明天？"

I Conosci i segni dello zodiaco? Scrivi sotto ogni segno il nome corrispondente.
你们认识星座吗？在每一个星座下方写出对应的名称。

| Ariete | Sagittario | Cancro | Acquario | Vergine | Pesci |
| Capricorno | Toro | Gemelli | Leone | Scorpione | Bilancia |

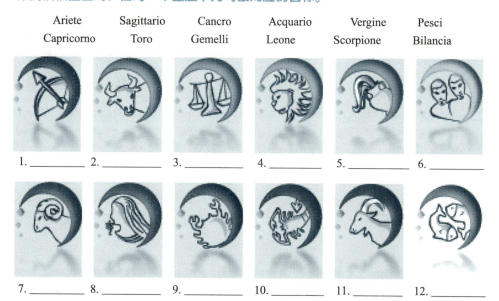

1. _____ 2. _____ 3. _____ 4. _____ 5. _____ 6. _____

7. _____ 8. _____ 9. _____ 10. _____ 11. _____ 12. _____

Oroscopo della settimana dal 15 al 22 Agosto

Ariete (21 marzo - 20 aprile): È il momento di fare qualcosa di importante per il vostro futuro. Ma attenzione! Senza determinazione forse non riuscirete nei vostri progetti ma l'importante è averci provato.

Toro (21 aprile - 20 maggio): In questa settimana sarete permalosi perché qualcuno molto vicino a voi si comporterà in maniera irrazionale, ma tutto cambierà quando, a sorpresa, un progetto a voi caro si realizzerà.

Gemelli (21 maggio - 21 giugno): Pensate un po' di più a voi stessi e partite alla conquista di quello che vi interessa, anche senza l'aiuto di qualcuno che vi è molto vicino.

Cancro (22 giugno - 22 luglio): Potrete andare avanti da soli perché non avrete bisogno di nessuno! Sostenete le vostre idee e raggiungete i vostri obbiettivi grazie alla vostra passione e alla vostra tenacia.

Leone (23 luglio - 23 agosto): Se sarete meno esuberanti, le persone che vi stanno accanto non vi lasceranno ed eviterete di restare da soli. Per realizzare il progetto che vi sta a cuore, dovrete chiedere aiuto a qualcuno a voi vicino.

Vergine (24 agosto - 22 settembre): Riconquisterete qualcuno molto importante per voi se gli parlerete con il cuore in mano e non lascerete più un "discorso a metà". In questo nessuno è più abile di voi.

Bilancia (23 settembre - 22 ottobre): Avrete dei problemi di comunicazione perché, per un malinteso, qualcuno potrà far saltare il vostro viaggio. Attenzione alle spese impreviste.

Scorpione (23 ottobre - 22 novembre): Avrete un vivace confronto tra voi e i vostri collaboratori e, probabilmente, potrà uscire fuori qualcosa di buono e interessante. Ma non esagerate e state attenti ad ogni parola che dite. Nessuno potrà dubitare del vostro buon senso!

Sagittario (23 novembre - 21 dicembre): Potrete abbattere qualunque ostacolo presente tra voi e il vostro progetto: oggi sarete competitivi e nessuno potrà fermarvi!

Capricorno (22 dicembre - 20 gennaio): Entusiasmo alle stelle e...chi vi ferma questa settimana! Un bel caffè e una doccia e via... inizia la vostra settimana e comincia per voi un periodo di successi e soddisfazioni, soprattutto se siete alla ricerca di qualcuno!

Acquario (21 gennaio - 19 febbraio): Ascoltare di più: questo è il motto di questa settimana! Non dovete avere la presunzione di avere ragione e cercate di non sottovalutare nessuno.

Pesci (20 febbraio - 20 marzo): Qualcuno che vi vuole bene vi sta aiutando a cambiare qualcosa in voi. Lasciatevi andare e non abbiate paura. testo adattato tratto da "www.leggilo.net"

"Sono pronta a fare ogni sacrificio per la mia carriera!"

"Per i miei collaboratori sono una persona che crede nelle proprie idee!"tenace

"Forse per colpa di Laurail mio direttore non mimanderà più all'estero!"

II Lavoro di gruppo. In gruppi di 3/4: leggete le riflessioni delle persone nelle foto e abbinatele alle previsioni dell'oroscopo. A quali segni si riferiscono? Discutetene. 小组练习。3人或4人一组：读照片中人的想法，与星座的预测连接。与哪些星座有关？讨论一下。

III Prova ad indovinare dalle previsioni il segno zodiacale di qualche compagno/a della classe e dai spiegazioni. 试着通过预测来猜想班上几位同学的星座，并给出解释。

Esempio: ◊ *Secondo me, tu sei del segno del Capricorno?*
● *Perché? Come fai a dirlo?*
◊ *Sei...(dai spiegazioni)*
● *Sì, indovinato!/ No, ti sbagli! Sono del segno dei Gemelli.*

IV Girate per la classe e cercate qualcuno del vostro stesso segno. Vi assomigliate nel carattere? Se no, in che cosa siete diversi? 在班上找一找跟你的星座一样的同学。你们的性格相似吗？如果不同，不同在哪儿？

V Rileggi le previsioni, sottolinea le frasi con *qualcuno* e *nessuno* e scegli nella tabella l'opzione giusta. 再读预测，划出带有qualcuno和nessuno的句子，选出表中正确的选项。

I pronomi indefiniti 不定代词

qualcuno	nessuno
● indica persone/ persone e cose	● indica persone/ persone e cose
● ha il plurale/ non ha il plurale	● ha il plurale/ non ha il plurale
● è pronome/ pronome e aggettivo	● nelle frasi negative vuole/ non vuole "non"
	● è pronome/ pronome e aggettivo

"Ci sarà un futuro migliore!" Modulo 9

👁 Grammatica: i pronomi indefiniti "qualcuno" e "nessuno"   语法：不定代词"qualcuno"和"nessuno"

Osserva le seguenti frasi e completa con le parole date. 观察下列句子，用所给单词填空。
"...dovrete chiedere aiuto a qualcuno a voi vicino."   *"...non avrete bisogno di nessuno!"*

      numero anch'esso genere indica (2) persone

- "qualcuno" _____ una quantità indeterminata, in genere esigua, di _____. È invariabile nel numero ma non nel _____. Esempio: *"Qualcuna di voi si iscriverà all'università?"*
- "nessuno" _____ negazione. _____ è invariabile nel _____ ma non nel _____.
  Esempio: *"Nessuna delle sue amiche vorrà stare con lei."*

Ricorda che   记住
- "nessuno" con valore di aggettivo, per troncamento, al maschile diventa "nessun".
  "nessuno"作形容词，由于断音，其阳性形式变成"nessun"。
(cfr. "Modulo 8")

VI Completa le frasi con *qualcuno* o *nessuno*. 用qualcuno或nessuno完成句子。
1. _____ al balcone ha visto come è avvenuto l'incidente.
2. La macchina è a pezzi ma fortunatamente _____ si è fatto niente!
3. Non dimenticare che _____ potrà aiutarti all'esame, perciò studia di più!
4. A Ferragosto non troverai _____ dei nostri amici in città. Sono tutti in vacanza!
5. _____ ha bussato alla porta. Chi sarà a quest'ora?
6. Sono stata per più di un'ora nella sala d'attesa dell'ambulatorio ma non ho visto _____!

VII Completa le frasi e scegli tra 完成句子，选词填空: *qualcuno, qualcuna, nessuno, nessuna.*
1. Credo che alla festa incontrerà _____ dei suoi colleghi d'università.
2. Ragazze, sentite: _____ di voi ha preso per sbaglio il mio dizionario d'italiano?
3. Penso che non accetteranno _____ delle proposte di lavoro fuori Pechino.
4. Quando tornerò in Italia, andrò a trovare _____ delle mie compagne di classe.
5. _____ delle mie amiche vorrebbe tornare nella sua città natale!
6. _____ dei medici che l'ha visitato ha saputo dire qual è la sua malattia!

VIII Ripassiamo gli indefiniti! Completa con *qualcuno, qualcosa, nessuno, niente*. 我们来复习不定词！用这些单词完成句子：qualcuno, qualcosa, nessuno, niente。
1. Da piccolo non soffrivo di _____: stavo benissimo e mangiavo di tutto!
2. Nell'armadietto dei medicinali non ho trovato _____ sciroppo al propoli contro la tosse.
3. _____ di molto importante cambierà la tua vita e tu non lo dirai a _____!
4. Dammi _____ di caldo, per favore! Ho dei brividi di freddo: avrò l'influenza!
5. _____ che ha fiducia in te ti chiamerà per un progetto molto interessante.
6. Non è successo _____ di grave: non c'è stato _____ ferito!

Il periodo ipotetico di I tipo (2)
第一类条件句（2）

se + presente / futuro | + futuro

1. *"...penso che se si cura bene, starà subito meglio!"* (cfr. unità 1, attività i.)
      ↓   ↓
    ipotesi 假设 conseguenza 结果

2. *"Riconquisterete qualcuno molto importante per voi, se gli parlerete con il cuore in mano..."*
   ↓   ↓
 conseguenza 结果   ipotesi 假设

Grammatica: "se" e il periodo ipotetico di I tipo con il futuro 语法："se"与带有将来时的第一类条件句

- Con il "periodo ipotetico di I tipo", possiamo fare ipotesi reali non solo nel presente, come già anticipato nel "Modulo 3", ma anche nel futuro. 用"第一类条件句"，我们不仅可以做现在的现实的假设（正如我们在"第3章"讲到的那样），也可以做将来的假设。
- Gli esempi sopra indicano condizioni certe e reali nel futuro. 上面的例子指在将来确定的、现实的状况。

IX. Unisci le frasi in "A" alle frasi in "B". 连接"A"和"B"的句子。

A
1. se s'impegna nello studio.
2. Viaggeremo per l'Europa
3. Non soffrirai di insonnia
4. Se hai bisogno di me,
5. Se vuoi la ricetta medica,
6. se domani non pioverà.

B
a. mi troverai in ufficio tutti i giorni.
b. se avremo abbastanza soldi.
c. dovrai andare dal tuo dottore.
d. Prenderà ottimi voti questo trimestre
e. se la sera prenderai una tazza di valeriana.
f. Andremo a fare un giro per i negozi

X. Forma frasi ipotetiche al futuro secondo i suggerimenti. 根据提示组成将来时条件句。

1. nascere qualche malinteso/(tu) dovere chiarire
2. (tu) avere paura - esame/non essere facile superarlo.
3. (lei) non potere avere molte amiche/non smettere di essere permalosa
4. (tu) non essere tenace e lavorare sodo/non ottenere quel posto
5. loro progetti - riuscire - /essere determinati
6. raggiungere - nostri obbiettivi/mettere passione - nostro lavoro

XI. Lavoro di coppia. A turno, chiedete al vostro compagno/alla vostra compagna di fare ipotesi reali per il futuro. 2人练习。互相提示同学造句，对将来做出现实的假设。

"continuare a piovere"

Esempio: ◊ Senti, se domani continua/continuerà a piovere, che farai?
● Non uscirò e leggerò un bel libro!

- avere tanti soldi tra un paio d'anni
- lasciare gli studi
- volere migliorare il tuo italiano
- decidere di cambiare vita
- volere cambiare look
- decidere di aiutare gli altri

Come vivremo nel 2030: realtà o fantascienza?

Nei prossimi vent'anni, secondo le 1. _____ del Censis, l'Italia diventerà sempre più "vecchia", seconda solo al Giappone. Se i posti di lavoro non 2. _____ di 480.000 unità l'anno, gli anziani saranno un quarto della popolazione italiana, i giovani meno di un milione e molti di loro lasceranno il Sud per trasferirsi al Centro-Nord. Secondo i dati della Fondazione Ismu il numero degli immigrati in Italia raddoppierà da oggi

"Ci sarà un futuro migliore!" Modulo 9

al 2030, se consideriamo solo gli immigrati regolari e questo contribuirà a formare una società 3. _____ E la famiglia cambierà? Sì: ci saranno più convivenze, matrimoni provvisori e matrimoni misti; inoltre il numero dei "single" aumenterà e supererà quello delle famiglie - nella sola Milano su 687.401 nuclei familiari il 50,6 % è composto da una sola persona. Le cause di questo fenomeno? Non è solo la disoccupazione ma anche il suo opposto, la "lavorolatria", ovvero l'eccessivo 4. _____ per il lavoro. Per molti manager e professionisti sarà difficile trovare il tempo per la propria vita privata, dato che il lavoro li 5. _____ completamente. La donna italiana sarà sempre più dedita alla carriera: per questo, tenderà sempre più a rimandare figli e matrimonio e, se si sposerà, lo farà intorno ai 30 anni e avrà il suo primo figlio a 31.

Ma che cosa porteremo in 6. _____ nel 2030? Diventeremo più responsabili e critici e compreremo cibo sano, sicuro ed economico. La casalinga italiana metterà nella borsa della spesa prodotti di qualità e di origine controllata, i tradizionali alimenti dei nostri 7. _____ e gli alimenti "funzionanti", cioè alimenti che aiutano a prevenire malattie come il diabete e le malattie cardiovascolari. E come sarà la casa del futuro? Probabilmente sarà in legno, immersa nel verde, 8. _____ da sé energia, e avrà ogni confort, compreso il robot dall'aspetto umano che ci porterà la colazione a letto e ci aiuterà nei lavori domestici, sempre che non decideremo di trasferirici su Marte, il pianeta rosso che, secondo fonti americane, nel 2030 riceverà la prima navicella dalla Terra e nel 2040 vedrà l'arrivo dell'uomo.

testo adattato tratto da "*www.repubblica.it*"

XII Leggi l'articolo e riempi gli spazi con le parole seguenti. 读文章，用下列单词填空。

produrrà   assorbirà   tavola   multietnica   amore   aumenteranno   previsioni

XIII Leggi di nuovo l'articolo e segna con una X le previsioni vere. 再读文章，用 "X" 标出真实的预测。

	Vero	Falso
1. L'Italia sarà un Paese di anziani e d'immigrati.	☐	☐
2. I giovani del Sud non troveranno un'occupazione.	☐	☐
3. Ci saranno meno single, più famiglie e la donna non lavorerà.	☐	☐
4. Mangeremo cibi poco sani e costosi.	☐	☐
5. Le case saranno in cemento e spenderemo molto per l'energia.	☐	☐
6. Nel 2040 l'uomo andrà a vivere su Marte.	☐	☐

XIV Lavoro di gruppo. In gruppi di 4/5: discutete le seguenti previsioni per i prossimi 30/40 anni e usate espressioni come: 小组练习。4人或5人一组：讨论下列预测内容，展望未来30年或40年，使用如下表达方式：

"*Non credo/Credo che... perché...*"/ "*È difficile dirlo ma...*"/
"*Credo che non potrà/potrà succedere: infatti...*"

- lavoreremo di meno e guadagneremo di più
- la Terra sarà così popolata che andremo a vivere su Marte
- il matrimonio scomparirà e ci saranno sempre più single
- mangeremo solo cibi pronti e prenderemo molte medicine
- in ogni casa ci sarà un robot che farà i lavori domestici
- le città non saranno più inquinate e useremo i mezzi pubblici
- scompariranno i piccoli negozi e compreremo nei centri commerciali
- prenderemo il diploma o la laurea con Internet

XV Lavoro di coppia. Come immagini la tua vita nel 2020, nel 2030 e nel 2040? Pensa a queste cose e parlane con il tuo compagno/la tua compagna. 2人练习。想象你在2020、2030和2040年的生活是怎样的？思考这几个方面，和同学讨论。

| la tua vita privata | il tuo lavoro | la tua casa | i tuoi amici | i tuoi interessi |

 XVI Lavoro di gruppo. In gruppi di 5/6: trovate chi l'anno prossimo farà queste cose. Scegliete un portavoce per riferire in plenaria. 小组练习。5人或6人一组：找出谁会在明年做这些事情。选一个发言人，向全班介绍。

- smettere di studiare e cercare un lavoro
- fare un viaggio in Italia
- studiare in un'università straniera
- trasferirsi in un'altra città
- sposarsi
- iniziare a fare sport

L'angolo della pronuncia
发音角

L'incontro delle vocali con "i" e "u" 元音"i"和"u"的组合

1. "i" [j] come in *ieri* [jeri] e "u" [w] come in uomo [womo] = semiconsonanti 半辅音
(inizio di parola/sillaba e prima di una vocale 在单词/音节开头并在一个元音前)

I Trova i contrari di queste parole, ascolta, controlla e ripeti. Devono avere il suono [j]. 找到这些单词的反义词，听录音、检查并跟读。这些词应当包含发音[j]。
- vuoto   occidente   ridere   svelto   meno   nero   giovane   notte

II Completa le frasi con parole con il suono [w]. Ascolta, controlla e ripeti. 用带有发音[w]的单词完成句子。听录音，检查并跟读。
1. Ricorderò sempre la nostra gioia al s_____ della campanella a s_____!
2. Mi sposerò con l'u_____ più b_____ del mondo perché voglio una vita serena!
3. Hai pagato molto q_____ valigie di c_____! Hai speso tutto q_____ che hai g_____, vero?

2. "i" [i] come in *sarai* [sar'ai] e "u" [u] come in *Laura* ['Laura] = semivocali 半元音
(quando seguono un'altra vocale 在另一个元音后时)

⚠ N.B. 注意
"i" e "u", quando sono semiconsonanti o semivocali, si pronunciano in modo più breve.
当"i"和"u"是半辅音和半元音时，它们的发音更短。

III Fai questo veloce quiz, ascolta, controlla e ripeti. 做快速测试，听录音、检查并跟读。
1. la 2a persona singolare del presente di "essere": _____; 2. Li facciamo a Natale.: _____;
3. Il plurale di bello in: "Che _____ capelli!"; 4. Per me il migliore è quello di Parma!: _____;
5. Sinonimo di "dopo": _____; 6. L'epidemia di questa febbre si è diffusa nel 2009. _____.

3. "i" [j] o "u" [w] + vocale forte / vocale forte + "i" [j] o "u" [w] / due vocali deboli
= dittongo [lieto] [au-to] [iunior]

"i" [j] 或 "u" [w] + 强元音 / 强元音 + "i" [j] 或 "u" [w] / 两个弱元音＝二合元音
"i" [j] e "u" [w] + vocale forte = trittongo [suoi] [guai]
"i" [j] 和 "u" [w] + 强元音＝三合元音
- vocali forti 强元音: "a", "e", "o"/ vocali deboli 弱元音: "i", "u"

⚠ N.B. 注意
Non si hanno dittonghi e trittonghi se la vocale debole ha l'accento tonico: [farmacia] [aiuto].
如果重音在弱元音上，就不能构成二合元音和三合元音。
I dittonghi e i trittonghi si pronunciano con una sola emissione di voce e formano un'unica sillaba.
二合元音和三合元音发同一个声，构成一个音节。

IV Ascolta le frasi e dividi nella tabella le parole con dittongo da quelle con trittongo. 听句子，在表中将带有二合元音和三合元音的单词分开。

	dittongo 二合元音	trittongo 三合元音
I. frase	....	
II. frase	....	....
III. frase	....	....
IV. frase	....	....
V. frase	....	....
VI. frase	....	

4. vocale debole accentata/2 vocali forti 重读的弱元音 / 2个强元音 = iato 元音重复 [zì-o], [ma-e-stra].

 V Leggi le frasi, sottolinea le parole che contengono lo iato, ascolta, controlla e ripeti. 读句子，划出包含元音重复的单词，听录音、检查并跟读。

1. Maria, non sai che tutto quel caffè ti fa male? La caffeina ti fa venire l'insonnia!
2. Andrea, sta' tranquillo! Hai paura di andare dal medico? Dai, ti ci porto io: deve farti solo una radiografia, niente di speciale!
3. Le tue vecchie zie hanno una strana mania: vanno ogni giorno in farmacia per pesarsi sulla bilancia e, se si accorgono di avere qualche chilo in più, si mettono subito a dieta. Che idea a quell'età!
4. Matteo non crede nell'astrologia: è l'unico dei miei amici a non leggere gli oroscopi perché, secondo lui, sono solo una sciocca superstizione.
5. Sai che i cibi surgelati sono un focolaio d'infezioni? Ebbene, Lia li compra sempre per risparmiare tempo!

Scheda grammaticale riassuntiva 语法概要卡片

- **Il futuro semplice**

  "Con questa influenza in giro credo che terremo i bambini a casa per le vacanze di Natale!" -
  "Penso che avranno il mal di testa!" - "Ti prometto che berrò del tè caldo e non uscirò di casa tutto il giorno." - "Vuole cambiare lavoro, comincerà a studiare le lingue e andrà all'estero!" -
  "Se avrai paura dell'esame, non sarà facile superarlo." - "Potrete andare avanti da soli perché non avrete bisogno di nessuno!"

  - Usiamo il futuro per esprimere: azioni future incerte (*penso, credo, forse...*); supposizioni e promesse; l'intenzione di fare qualcosa; condizioni reali o ipotesi nel futuro; previsioni (*oroscopo*).

  - Per quanto riguarda la forma esistono diverse particolarità:
    1. verbi irregolari (*sarò, avrò, darò, farò, ecc.*)
    2. verbi che perdono la vocale tematica (*andrò, potrò, dovrò, saprò, ecc.*)
    3. verbi che aggiungono -rr (*berrò, rimarrò, terrò, verrò, vorrò*)
    4. verbi in -*care* e -*gare* che inseriscono la -h (*cercherò, pagherò*)
    5. verbi in -*ciare* e -*giare* che perdono la -i (*comincerò, mangerò*)
    6. verbi in -*orre* e -*urre* che hanno la forma contratta (*porrò, condurrò, ecc.*)

- **L'imperativo irregolare seguito dal pronome**

  "...*falle un decotto di camomilla, limone e salvia.*" - "*Dagli una tazza di tisana di bardana...*"

-I verbi irregolari *andare, dare, dire, fare* e *stare* raddoppiano la consonante iniziale del pronome all'imperativo affermativo di II persona. Con il pronome *gli* non c'è raddoppiamento.

- **Il plurale irregolare dei nomi indicanti le parti del corpo**

  "Sdraiatevi a terra, portate le ginocchia al petto e, con l'aiuto delle braccia,..."

  - La maggior parte dei sostantivi che indicano le parti del corpo non seguono regole precise nella formazione del plurale: sono maschili al singolare e femminili al plurale (-o→-a) oppure femminili al singolare e maschili al plurale (-o→-i).

- **I connettivi causali "siccome" e "dato che"**

  "L'Alfa ha investito lo scooter dato che andava a tutta velocità." - *"Siccome soffro di mal di gola, il medico mi ha prescritto gli antibiotici."*

  - Introducono una proposizione causale che indica la causa di un evento, mentre la principale ne indica la conseguenza. La posizione di *siccome* è sempre all'inizio del periodo.

- **I pronomi indefiniti "nessuno" e "qualcuno"**

  "...qualcuno molto vicino a voi si comporterà in maniera irrazionale..." - *"Nessuno potrà dubitare del vostro buon senso."*

  - Sono invariabili nel numero ma non nel genere. L'indefinito *nessuno* può essere anche un aggettivo.

- **"Se" e il periodo ipotetico di I tipo con il futuro**

  "...penso che se si cura bene, starà subito meglio." - *"Riconquisterete qualcuno molto importante per voi, se gli parlerete con il cuore in mano..."*

  - Il periodo ipotetico di I tipo con il futuro esprime condizioni certe e reali nel futuro. La congiunzione *se* introduce una proposizione subordinata che può avere il presente o il futuro ed esprime un'ipotesi o una condizione.

Per comunicare: sintesi delle funzioni 交际用语：功能梗概

fare promesse ed esprimere azioni future probabili	"Le prometto che rimarrò a letto..." - "Penso che non potrà uscire con me stasera."
fare programmi, progetti e esprimere intenzione di fare qualcosa	"Mi alzerò alle 7.00 e partirò per Milano" - "...domani chiederò una settimana di congedo per motivi di salute..."
fare ipotesi riferite al presente	"Oggi avrà il mal di piedi." - "Chissà quanto costeranno!"
chiedere come ci si sente	"Che cos'hai? Stai male?" - "Come sei pallida! Non ti senti bene?"
descrivere sintomi e disturbi	"...ha avuto un fortissimo mal di denti e ora non può masticare!" - "...non riesce a stare né a letto né in piedi e ha dolori alle ossa!"
chiedere consigli sulla salute	"Dimmi, che cosa gli posso dare?" - "Che cosa può darmi?"
dare consigli e suggerire rimedi	"Dagli una tazza di tisana di bardana." - "...le faccia queste iniezioni per alleviare il dolore."
chiedere e dire di incidenti o piccoli infortuni	"Che ti sei fatto/a? Che ti è successo?" - "Mi sono fatto/a male al ginocchio!" - "E che si è fatta?" - "Si è fratturata il polso."
farsi raccontare un evento nei particolari	"Ci sono stati altri feriti?" - "Hanno chiamato il 118?"
reagire al racconto di un fatto spiacevole	"Mamma mia!" - "Dio mio!" - "Che spavento!" - "Che disgrazia!"
dare spiegazioni di un fatto e motivare	"I carabinieri e l'ambulanza sono arrivati subito sul posto dato che hanno chiamato il 118." - "Siccome si è messo a dieta, non ha più la pancia!"
dedurre il segno zodiacale di una persona	"Secondo me, tu sei del segno del Capricorno." - "Perché? Come fai a dirlo?"
esprimere condizioni certe e reali nel futuro	"Se domani continua/continuerà a piovere, che farai?" - "Non uscirò e leggerò un bel libro!"
prevedere scenari futuri	"Credo/Non credo che nel... lavoreremo di meno e guadagneremo di più perché..."

Laboratorio 实验室

1. **Trasforma al plurale le parole sottolineate e fai i cambiamenti opportuni.** 将划线单词变成复数，并进行适当变化。
   a. Non può camminare perché le fa male il <u>ginocchio</u>._____
   b. Ho un dolore <u>all'orecchio</u>: sarà infiammato!_____
   c. Alza <u>il braccio</u> e stendilo in avanti!_____
   d. Non riesco a muovere <u>il dito</u> dal dolore!_____
   e. Ho <u>un occhio</u> tutto rosso che mi lacrima!_____
   f. Ha sbattuto contro la porta e si è ferito <u>il labbro</u>!_____

2. **Come si usano i seguenti rimedi e con che dosi? Completa con le parole sotto indicate.** 下列治疗方法如何使用？用多大的剂量？用下列单词完成句子。

       cucchiai   pillole   seduta   bicchierini   compresse   ciclo   gocce

   a. Prendi due _____ di collutorio e fa' degli sciacqui alla bocca. Ti farà benissimo!
   b. Due _____ di aspirina effervescente sciolte in un bicchiere d'acqua bloccano l'influenza.
   c. Ti assicuro che con 20 _____ di novalgina sparisce subito il mal di testa.
   d. Ho letto che con una sola _____ di agopuntura si guarisce dal vizio del fumo. Sarà vero?
   e. Per la cellulite prendi tre _____ di decotto di betulla senza zucchero diluito in ½ litro d'acqua.
   f. Se hai ancora il mal di schiena ti consiglio di fare un _____ di 10 massaggi. Vedrai!

3. **Completa in maniera appropriata la descrizione di questi disturbi.** 用适当方式，完成这些对身体不适的描述。
   a. Se stai molto al sole, ti prendi _____: la pelle diventa _____ e piena di _____, e avrai _____!
   b. Ti verrà _____ alla pelle se metti sempre la sciarpa di lana: _____ è insopportabile e _____ orribili!
   c. In primavera soffro di _____: ho il naso _____, _____ arrossati e _____ continuamente!
   d. Se mangi cioccolatini, patatine e gelati, ti viene _____! I sintomi? _____, _____, e _____ sulla pelle.
   e. Se piove e ti bagni, ti viene _____. Come si manifesta? Con _____ di freddo e _____!
   f. Se sei stressato/a o depresso/a, ti verrà _____: non dormirai e avrai crisi di _____!

4. **Leggi l'e-mail e riempi gli spazi con i verbi dati. Che tempi e modi devi usare?** 读电子邮件，用所给动词填空。你应该用什么时态呢？

       badare   prescrivere   guarire   sbattere   avere   slittare   abbassare
       essere ammalato   cadere   fare   farsi   coprirsi
       essere ingessato   starnutire   telefonare   trascurare   essere   andare

   Da: irene.migliore@gmail.it
   A: marc.bellini@hotmail.it
   Oggetto: come va?   Data: 25/08/2010 ore 21.15

   Caro Marcello,
   scusami se non ti ho risposto subito ma 1. _____ per più di una settimana. Tutto è cominciato dopo la gita in montagna: al ritorno 2. _____ mal di testa e 3. _____ continuamente, poi mi è venuta la febbre. 4. _____ al mio medico di fiducia che è venuto a visitarmi a casa. Mi ha detto che era un'influenza e mi 5. _____ un analgesico per il mal di testa e delle supposte per fare 6. _____ la febbre. Ora, per fortuna, 7. _____ ma i problemi in famiglia non sono finiti! L'altro giorno mio padre 8. _____ dalla

bicicletta: pioveva e le ruote 9. _____ sul bagnato. Risultato? 10. _____ il braccio e il gomito e 11. _____ qualche grosso livido! Adesso 12. _____ e sta in ospedale. E tu come stai? Come 13. _____ la tua otite? Nonla 14. _____ se non vuoi perdere l'udito! 15. _____ bene quando fa freddo e, se le orecchie ti 16. _____ ancora male, prenota una visita da un otorinolaringoiatra. A Milano ce ne 17. _____ di bravi, no? Mi raccomando! 18. _____ alla tua salute e non pensare solo allo studio!

Un caro saluto,
Irene

5. Trasforma le frasi con l'imperativo dei verbi in parentesi seguito dal pronome. 使用括号中的动词的命令式加代词，变句子。

a. Abbiamo sete: (tu) _____ qualcosa da bere, per favore!
b. Se non ti dispiace, vorrei vedere la partita dell'Italia: _____ cambiare canale!
c. Papà cerca i cerotti nell'armadietto dei medicinali ma non li trova. _____ dove sono!
d. A Maria tremano le mani dal freddo: _____ i tuoi guanti di lana e anche la sciarpa!
e. Saro, _____ come mai non sei venuto alla nostra festa di fine anno! Non sei mai mancato!
f. "Olga, ora scendiamo a fare la spesa al supermercato, va bene?" - "_____ tu! Non sto bene."

6. Leggi, completa con i pronomi indefiniti e abbina le frasi in "A" alle frasi in "B". 读句子，用不定代词完成句子，连接A和B的句子。

A
a. Chi ha chiamato la polizia? □
b. Hai dei consigli da darmi? □
c. Avete ordinato voi la pizza? □
d. Come è potuta succedere questa disgrazia? □
e. Chi ha bussato alla porta poco fa? □
f. La ragazza ha riportato delle lesioni? □

B
1. No, _____ lesione, per fortuna!
2. Sì, perché? Non c'era _____ da mangiare!
3. Immagino _____ dei vicini.
4. Non si sa. È stato _____ di inspiegabile!
5. Non era _____. Succede spesso!
6. _____ consiglio! Devi andare dal medico.

7. Come indicare una causa? Riformula le frasi con i connettivi *dato che* e *siccome*. 怎样指出一个原因？用连词dato che和siccome重组句子。

a. Sono un po' preoccupato perché ho letto l'oroscopo del 2011. _____
b. Domani è il compleanno di mio padre, quindi gli farò una torta. _____
c. Non gli interessa lo studio, quindi si metterà a lavorare. _____
d. Si è rotto la gamba, quindi l'hanno dovuto ingessare. _____
e. Siamo andati subito a letto perché eravamo stanchi. _____
f. Abbiamo problemi economici, quindi dobbiamo risparmiare. _____

8. Abbina le frasi in "A" alle frasi in "B" per formare il periodo ipotetico di I tipo. 连接A和B的句子，构成第一类条件句。

A
a. io/non parlare a lui/più
b. qualcuno/cercare me
c. lei/mangiare così tanto
d. tu/non sbrigarsi
e. dovere prenotare/visita/specialista
f. io/non trovare/persona giusta
g. noi/sapere rispettare/ambiente
h. donne/essere interessate/carriera

B
1. non farsi/famiglia
2. noi/perdere treno
3. diventare/obesa
4. non sposarsi/rimanere single
5. lui/non venire/appuntamento
6. tu/dire a lui/non esserci
7. queste medicine/non fare niente a me
8. diminuire/inquinamento

9. Nel tempo massimo di 5 minuti fate questo test di riepilogo e controllate in plenaria. Chi ha risposto esattamente a tutte le domande? 最多用5分钟时间，做这个小结的测试，然后一起检查。谁答对了所有问题？

a. È il contrario della medicina ufficiale. ....

b. È un medico specializzato nella cura dell'otite. ....

c. Si va in questo posto quando si ha un brutto incidente. ....

d. È un antico trattamento efficace contro la dipendenza dal fumo. ....

e. Lo leggono in molti anche se non ci credono. ....

f. Se li abbiamo, sono la prova che siamo ammalati. ....

g. Questo connettivo occupa sempre il primo posto in una causale. ....

h. Se non l'abbiamo, non possiamo misurare la febbre. ....

i. Può fare ammalare anche chi non fuma. ....

j. Distendete, allungate e piegate queste due parti del corpo. ....

k. È un numero semplice ma molto importante in caso di emergenza. ....

l. Lo usiamo per fare progetti, ipotesi e promesse. ....

GLOSSARIO
词 汇 表

GLOSSARIO DEI LEMMI IN ORDINE DI APPARIZIONE
以词条出现的先后为序的词汇表

▶ Legenda delle abbreviazioni e dei segni usati in questo glossario
词汇表中的缩略语和符号说明

s. → sostantivo 名词
m. → maschile 阳性
f. → femminile 阴性
sing. → singolare 单数
pl. → plurale 复数
pers. → persona 人称
pres. → tempo presente 现在时
inv. → invariabile 词形不变化的
agg. → aggettivo 形容词
num. → numerale 数词
card. → cardinale 基数
ord. → ordinale 序数
v. → verbo 动词
v. cop. → copulativo 系动词
v. tr. → transitivo 及物动词
v. intr. → intransitivo 不及物动词
v. rifl. → riflessivo 自反动词
v. ind. → indiretto 间接动词
v. rec. → reciproco 互相自反动词
v. serv. → servile 辅助动词
v. imp. → verbo impersonale 无人称动词
v. pron. → verbo pronominale 代动词
v. fras. → verbo fraseologico 短语动词
v. caus. → causativo 使役动词
espr. idiom. → espressione idiomatica 习惯语
pron. → pronome 代词

pron. sogg. → pronome soggetto 主语代词
pron. ogg. → pronome oggetto 宾语代词
prep. → preposizione 前置词
loc. prep. → locuzione prepositiva 前置词短语
cong. → congiunzione 连词
cong. test. → congiunzione testuale 文中连词
avv. → avverbio 副词
loc. → locuzione 短语
loc. avv. → locuzione avverbiale 副词短语
inter. → interiezione 感叹词
spec. → specialmente 特别是
trattino _ 短横线 → segno di accento tonico
  重音标记
asterisco * 星号 → verbo irregolare al presente e/o al passato prossimo, all'imperfetto e al futuro 现在时、近过去时、未完成过去时和将来时的不规则动词

-isc → verbo che segue il modello di coniugazione di "*preferire*" 跟 "preferire" 相同的动词变位

⚠ N. B. Il trattino (-) segna solo l'accento sulla sillaba delle parole <u>sdrucciole</u> e <u>bisdrucciole</u>, delle parole straniere e di quelle che hanno le desinenze -io/ia come in *res_tio* e *farma_cia*.
用短横线标注下列单词的重音：
重音在倒数第三个音节上，重音在倒数第四个音节上的单词，外来词的重音，重音位置同 *restio* 和 *farmacia*，以-io/ia为词尾的单词。
（cfr. la sezione "*Appendice Grammaticale*" 参见"语法附录"部分）

Modulo 5

Unità 1

*andare a lavorare   v. fras.   去工作
finire-isc   v.tr. e intr.   完成，完结
finire di lavorare   v. fras.   完成工作
cenare   v.intr.   吃晚饭
pranzare   v.intr.   吃午饭
alzarsi   v. rifl.   起床
colazione   s.f.   早点，早饭
mattina   s.f.   早晨
pomeriggio   s.m.   下午
sera   s.f.   晚上
meno   avv.   差
in punto   loc. avv.   整点，正好
mezzogiorno   s.m.   正午
mezzanotte   s.f.   午夜
circa   avv.   大约
quasi   avv.   几乎
preciso   agg.   精确的，准确的
partire   v.intr.   出发
*rimanere   v.intr.   保持，处于
ritardo   s.m.   耽搁，延误，推迟
supermercato   s.m.   超市
aperto (*in servizio*)   agg.   开门的，营业的
tutto   agg., pron.   整个的，全部的；一切
consegna   s.f.   交，交付
domicilio   s.m.   住处，住所
consegna a domicilio   loc.   交货上门
disponibile   agg.   可使用的，可获得的
solo   avv.   只，仅仅
volo (*aereo*)   s.m.   飞机，航班
informare   v.tr.   告知，通知
passeggero-a   s.m./f.   乘客
diretto   agg.   驶向的
festivo   agg.   节日的，假日的
spettabile   agg.   尊敬的
clientela   s.f.   顾客
concerto   s.m.   音乐会，演奏会
lunedì   s.m.inv.   星期一
martedì   s.m.inv.   星期二
mercoledì   s.m.inv.   星期三
giovedì   s.m.inv.   星期四
venerdì   s.m. inv.   星期五
sabato   s.m.   星期六
domenica   s.f. [pl.-che]   星期日
*avere lezione   espr. idiom.   有课

giocare a tennis   espr. idiom.   打网球
*fare la spesa   espr. idiom.   买食品
fuori   avv.   外面
*fare lezione   espr. idiom.   教课
origine   s.f.   起源，由来
pianeta   s.m.   行星
Marte   s.m.   火星
Mercurio   s.m.   水星
Giove   s.m.   木星
Venere   s.m.   金星
Saturno   s.m.   土星
sole   s.m.   太阳
cristiano-a   agg., s.m./f.   基督教的，基督教徒
dedicare   v.tr.   献给，奉献
Signore   s.m.   上帝
latino s.m.   拉丁语
agenzia di viaggi   loc.   旅行社
impossibile   agg.   不可能的
pausa pranzo   loc.   午饭休息
sfruttare   v.tr.   利用
piscina   s.f.   游泳池
cliente   s.m. e f.   顾客，常客
trattoria   s.f.   餐馆
tipico   agg. [pl.-ci-che]   典型的
lavorativo   agg.   工作的
sedentario   agg.   坐着的，久坐的
moto (*movimento*)   s.m.   运动
regolarmente   avv.   定期地，经常地
atteso   agg.   等待的，期待的
studio (*luogo di registrazione*)   s.m.   演播室
affollare   v.tr.   挤，挤满
self-service   s.m.inv.   顾客自取的餐厅
derby (*partita*)   s.m.inv.
（同一城市或同一地区球队间的）比赛
aperitivo   s.m.   开胃酒，开胃饮料
apertura   s.f.   开门
chiusura   s.f.   关门
*aprire   v.tr.   开
*chiudere   v.tr.   关
chiuso (*non in servizio*)   agg.   关门的，不营业的
orario   s.m.   时间表
continuato   agg.   连续的，不断的
durare   v.intr.   持续，延续
spettacolo   s.m.   表演，节目
durata   s.f.   持续，持久，期间
amatoriale   agg.   爱好的
buffet   s.m.inv.   自助餐
chef   s.m.inv.   厨师

nuoto	s.m.	游泳	
da... a...	prep.	从……到……	
restauro	s.m.	重建，修复	
segreteria	s.f.	秘书处	
mensa	s.f.	食堂	
esattamente	avv.	准确地	
forma	s.f.	体质（体格）状况	
in forma	loc.	体质状况良好	
chitarra	s.f.	吉他	
suonare	v.tr.	弹	
ricambiare	v.tr.	回以，回报	
mancare (avere nostalgia)	v.intr.	想念	
tanto	avv.	很	
calendario	s.m.	日历	
onomastico	s.m. [pl. -ci]	命名日	
gita	s.f.	远足，游玩	
lago	s.m. [pl.-ghi]	湖	
ritorno	s.m.	回来，返回	
relax	s.m.	放松，松弛	
fuori porta	loc.	户外	
badante	s.f. e m.	护理	
infatti	cong. test.	实际上	
cominciare	v.tr. e intr.	开始	
solito	agg.	通常的	
routine	s.f.inv.	日常惯例	
cornetto	s.m.	牛角面包	
presto	avv.	早	
durante	prep.	在……期间，在……时候	
nido	s.m.	巢	
asilo	s.m.	幼儿园	
asilo nido	loc.	托儿所	
preparare	v.tr.	准备	
metronotte	s.m. e f. inv.	巡夜者	
pesante	agg.	沉重的，繁重的	
rinunciare	v.intr.	放弃，抛弃	
immaginare	v.tr.	想象，设想	
intanto	cong. test.	同时，与此同时	
riordinare	v.tr.	重新整理	
telegiornale	s.m.	电视新闻	
insomma	cong. test.	总之，总而言之	
riposo	s.m.	休息	
finalmente	avv.	终于，总算	
tradizionalista	agg.	传统主义者	
ritornare	v.intr.	回来，返回	
riposare	v.intr.	休息	
intorno a	loc. prep.	……左右，大约	
prima	avv.	先	
poi	avv.	然后	
atrio	s.m.	前厅，门厅，大厅	
quando	avv.	什么时候，何时	
mentre	cong.	而	
dopo	prep.	在……之后	
dopo	avv.	以后，后来	
aerobica	s.f.	有氧运动	
attualità	s.f.inv.	时事	
*rivedere	v.tr.	再看	
lavarsi	v. rifl.	（给自己）洗，洗澡	
*sedersi	v. rifl.	坐，就座	
vestirsi	v. rifl.	穿，穿衣	
*farsi il caffè	v. rifl. ind.	（给自己）做咖啡	
guardarsi	v. rifl.	看（自己）	
svegliarsi	v. rifl.	醒，睡醒	
pettinarsi	v. rifl.	梳头	
*farsi la doccia	v. rifl. ind.	洗淋浴	
truccarsi	v. rifl.	化妆	
asciugarsi	v. rifl.	擦干（自己）	
*farsi la barba	v. rifl. ind.	刮胡子	
lavarsi i denti	v. rifl. ind.	刷牙	
stancarsi	v. rifl.	疲劳，累	
rilassarsi	v. rifl.	放松	
addormentarsi	v. rifl.	入睡，睡着	
*vedersi	v. rifl. rec.	（互相）见面	
divertirsi	v. rifl.	玩得高兴	
annoiarsi	v. rifl.	厌烦	
riposarsi	v. rifl.	休息	
*scriversi	v. rifl. rec.	（互相）写信	
telefonarsi	v. rifl. rec.	（互相）打电话	
incontrarsi	v. rifl. rec.	（互相）见面	
abbracciarsi	v. rifl. rec.	（互相）拥抱	
arrabbiarsi	v. rifl.	生气	
salutarsi	v. rifl. rec.	（互相）问候	
fermarsi	v. rifl.	停止，逗留	
fermare	v.tr.	堵塞	
scherzo	s.m.	玩笑	
divertire	v.tr.	使消遣，使得到玩乐	
pedone	s.m.	行人	
alzare	v.tr.	抬起，举起	
domanda	s.f.	问题	
svegliare	v.tr.	叫醒	
controllare	v.tr.	检查	
guardarsi	v. rifl. rec.	（互相）凝视，看	
*sorridersi	v. rifl. rec.	（互相）微笑	
*darsi appuntamento	v. rifl. rec.	约会	
sentirsi	v. rifl.	感到	
rilassato	agg.	轻松的	
sorridente	agg.	微笑的，笑眯眯的	

scusarsi   v. rifl.   请求原谅
inginocchiarsi   v. rifl.   下跪
calmarsi   v. rifl.   平静，冷静
smarrirsi   v. rifl.   迷路，迷惑
avvicinarsi   v. rifl.   靠近
*accorgersi   v. rifl.   发觉，觉察到
*chiedersi   v. rifl.   自问
per favore   inter.   请
sbrigarsi   v. rifl.   赶忙，赶快
sentirsi (essere in contatto)   v. rifl. rec.
　（互相）联系
dai   inter.   快点
notizia   s.f.   消息
assente   agg.   不在的，缺席的
prepararsi   v. rifl.   （自己）准备
candidato-a   s.f./m.   应考者
laboratorio   s.m.   实验室
restare (prendere accordi)   v.intr.   （引申）约定为
*andare a ballare   v. fras.   去跳舞
musical   s.m.inv.   音乐剧

Unità 2

sempre   avv.   总是
di solito   avv.   通常
spesso   avv.   经常
qualche volta   avv.   有时
raramente   avv.   很少
(non) mai   avv.   从不
all'aperto   loc.   露天
acquisto   s.m.   购物
solo   agg.   单独的
fornello   s.m.   炉子
*mettersi   v. rifl.   开始
*mettersi ai fornelli   espr. idiom.   做饭，煮饭
tavola   s.f.   饭桌
telespettatore   s.m. [pl.-trice]   电视观众
a bruciapelo   loc.   突然地，猝然地
migliore   agg.   较好的，更好的
aiutare   v.tr.   帮，帮助
visita (medica)   s.f.   出诊
*andare a trovare   v. fras.   去找
posto (luogo)   s.m.   地方
picnic   s.m.inv.   野炊，野餐
tempo libero   loc.   空闲，有空的时候
sia...che...   cong.   既……又……
presente   agg.   出现的
quotidiano   agg.   日常的
maggiore   agg.   大部分的

volta   s.f.   次
passato   s.m.   以前，过去
per il resto   cong. test.   其他，除此之外，别的方面
conto (bancario)   s.m.   账户
fila   s.f.   排，列
*fare la fila   espr. idiom.   排队
sportello   s.m.   窗口
click   s.m.inv.   点击
certo   agg.   一定的
fascino   s.m.   吸引力
novità   s.f.inv.   新闻
editoriale   agg.   出版的，发行的
un paio di   loc.   两个，几个
ricevere   v.tr.   收到
direttamente   avv.   直接地
*tenersi   v. rifl.   保持，维持
aggiornato   agg.   更新的，与时俱进的
consultare   v.tr.   参考
forum   s.m.inv.   论坛
blog   s.m. [pl. inv. o -s]   博客
sito   s.m.   网址，网站
quotidiano (giornale)   s.m.   日报
alla moda   loc.   流行的，时髦的
firmato   agg.   由专门设计师设计的
optional   s.m. [pl. inv. o -s]   附加功能
web   s.m.   网络
modello   s.m.   款式
on line   agg. inv.   网上
una volta a   loc.   （多长时间）一次
casalinga   s.f. [pl.-ghe]   家庭主妇
ordine   s.m.   订货
notizia   s.f. [spec. pl]   新闻
telefonia   s.f.   电话系统
offerta   s.f.   提供
articolo (casa)   s.m.   物品，商品
scaricare   s.m.   下载
chat   s.f. [pl. inv. o -s]   网络聊天
messaggio   s.m.   消息，信件
ogni   agg. inv.   每个的
tutto   agg.   所有的
gratis   avv.   免费地，无偿地
può darsi!   inter.   也许吧！
TV   s.f.   电视
*fare a meno di   espr. idiom.   缺少
a stento   avv.   勉强地
interessare   v.intr.   感兴趣
*dispiacere   v.intr.   遗憾
*deludere   v.tr.   让……失望

un sacco	loc. 非常	utilizzo	s.m. 利用
*mettersi d'accordo	espr. idiom. 商量好	"usa e getta"	loc. 用完就扔，一次性
capitare	v.intr. （刚好）来到	*interrompere	v.tr. 打断
zapping	s.m.inv. 跳过广告节目	*rendere	v.tr. 使，让
questione	s.f. 问题	diffuso	agg. 传播广的
pigrizia	s.f. 懒，懒惰	commissario	s.m. 警长，警官
comandare	v.tr. 命令，指挥	genere	s.m. 种类
stretto	avv. 紧紧地	poliziesco	agg. [pl. chi-che] 侦探的，警察的
cantare	v.tr. 唱歌	confine	s.m. 边界
telecomando	s.m. 遥控	conoscenza	s.f. 知识
sigla	s.f. （电视）开始曲，结束曲	documentario	s.m. 纪录片
spettacolo	s.m. 节目	fantascientifico	agg. [pl.-ci-che] 科幻的
premio	s.m. 奖，奖品，奖金	*condurre	v.tr. （电视等）主持
a premi	loc. 有奖	investigativo	agg. 调查的
successo	s.m. 成功	reality show	s.m. [pl. inv. o -s] 真人秀
mente	s.f. 头脑，脑子	paranormale	agg. 超常的
scena	s.f. 景象	regia	s.f. 导演
comico	agg. [pl.-ci-che] 滑稽的，可笑的	commedia	s.f. 喜剧
*contendersi	v.rifl.ind. 互相争夺	avvenimento	s.m. 事件，大事
scettro	s.m. 权杖	politica	s.f. 政治
*introdurre	v.tr. 引入	recitare	v.tr. 扮演角色，演戏
pratica	s.f. [pl-che] 实行	passare (dare)	v.tr. 递给
canale	s.m. 频道	pizza	s.f. 比萨饼
conseguente	agg. 作为结果的	una pizza!	inter. 好无聊呀!
televisivo	agg. 电视的	modo	s.m. 方式
rappresentare	v.tr. 代表	strumento	s.m. 工具，器材
Stato	s.m. 国家	musicale	agg. 音乐的
satellitare	agg. 卫星的	pianoforte	s.m. [pl. pianoforti] 钢琴
decennio	s.m. 十年	indirizzare	v. tr. 指引
*accedere	v.intr. 进入	attività	s.f.inv. 活动
privato	agg. 私人的	educazione	s.f. 教育
regionale	agg. 大区的	ritrovarsi	v. rifl. rec. 相会，相逢
locale	agg. 地方的	compagnia	s.f. 伴随
digitale	agg. e s.m. 数字的，数字	pub	s.m. [pl. inv. o -s] 酒吧
terrestre	agg. 地球的，地面的	birreria	s.f. 啤酒屋
canone	s.m. 租金，租费	paninoteca	s.f. [pl.-che] 三明治吧
abbonamento	s.m. 订费	cosiddetto	agg. 所谓的
*trasmettere	v.tr. 转播	macchinata	s.f. 乘车出行
martellante	agg. 连续猛击的，不断打扰的	adolescente	s.m. e f. 青少年
spot	s.m. [pl. inv. o -s] 固定节目	maturità	s.f. 成熟
pubblicitario	agg. 广告的	esame di maturità	loc. 高中毕业考试
sponsor	s.m. [pl. inv.o -s] 赞助商	superiore	agg. 高等，高级的
significare	v.tr. 意味	scuola superiore	loc. 高中
disattenzione	s.f. 不专心，不经心	automobile	s.m. 汽车，机动车
iperattività	s.f.inv. 极度活跃	economia	s.f. 经济
sicuramente	avv. 一定，当然	*bere	v.tr. 喝
riflettere	v.tr. 反映，表现	sposare	v.tr. 娶，嫁，结婚
tendenza	s.f. 倾向	intensivo	agg. 强化的

seguire (*frequentare*)　v.tr.　上（课）
stage　s.m.inv.　实习
disturbare　v.tr.　打扰
ironico　agg. [pl. -ci-che]　讽刺的
beata te!　inter.　你真有福！
macché!　inter.　什么呀！（表否定）
verità　s.f. inv.　实话，真话
a dire la verità　espr.idiom.　说实话
cotta　s.f.　烧，煮，烹调
amore　s.m.　爱情
battuta　s.f.　调侃
radio　s.f.inv.　无线电广播
*porre　v.tr.　放
*tradurre　v.tr.　翻译
mentire　v.intr.　撒谎
*fare un giro　espr. idiom.　转悠
ristoratore　s.m [f.-trice]　餐馆老板
*proporre　v.tr.　提出，提议
itinerario　s.m.　路线
scattare　v.tr.　拍摄
turista　s.m. e f.　游客
piccione　s.m.　鸽子
souvenir　s.m.inv.　旅游纪念品
tre　num. card. inv.　三
passante　s.m. e f.　行人，过路人
in ritardo　loc.　迟到
portafoglio　s.m. [pl.-gli o inv.]　钱包
biliardo　s.m.　台球桌
vigneto　s.m.　葡萄园
ragnatela　s.f.　蜘蛛网
sbadiglio　s.m.　打哈欠
sveglia　s.f.　闹钟
premiare　v.tr.　奖励
medaglia　s.f.　奖章，奖牌
lasagna (*tipo di pasta*)　s.f. [spec. pl.]　一种面片
*correggere　v.tr.　修改
accompagnare　v.tr.　伴随，陪同
volentieri　avv.　乐意地
portare (*accompagnare*)　v.tr.　陪同
pasto　s.m.　一餐，一顿饭
pregare　v.tr.　请（表客气、礼貌）
contrario　s.m.　反义词
occuparsi　v. rifl.　关心，照料

Modulo 6

Unità 1

uomo d'affari　loc.　生意人

allora　avv.　那时候，当时
fa　avv.　（表示时间）……以前
ricercatore　s.m. [f.-trice]　研究员
confessarsi　v. rifl.　坦白
invecchiato　agg.　变老的，衰老的
capriccioso　agg.　任性的
studioso　agg.　用功的
attimo　s.m.　片刻，瞬间，刹那
scorso　agg.　过去的，已度过的
pittura　s.f.　画，绘画
proprietario-a　s.m./f.　所有人，物主
assieme　avv.　共同，一起
l'altro ieri　avv.　前天
*fare vedere　v. caus.　让……看
filmino　s.m.　自制影片
festeggiato-a　s.m./f.　受庆贺的人
in gamba　loc.　能干的
intimo　agg.　亲密的，隐秘的
paffutello　agg.　稍胖的
stress　s.m.inv.　紧张状态
formale　agg.　正式的
eccentrico　agg. [pl.-ci-che]　古怪的，奇特的
pettinatura　s.f.　发型
frangia　s.f.　刘海
chignon　s.m.inv.　发髻
chic　agg. inv.　有风度的，有品位的
*riconoscere　v.tr.　认出
abbigliamento　s.m.　穿戴，服饰
casual　agg. inv.　休闲的
occasione (*evento*)　s.f.　场合
*scommettere　v.tr. e intr.　打赌
assomigliare　v.intr.　相像
mèche　s.f. [pl. mèches]　挑染的头发
raffinato　agg.　精致的，讲究的
assicuratore　s.m. [f.-trice]　保险商
sociale　agg.　社团的
assistente　s.m. e f.　助理
straordinario (*lavoro extra*)　s.m.　加班
da ragazzo　loc.　从小，从儿童时代
sonno　s.m.　困，困倦
*avere sonno　espr. idiom.　困了
riposino　s.m.　小憩
paura　s.f.　害怕，恐惧
*avere paura　espr. idiom.　害怕
buio　s.m.　黑暗
sveglio　agg.　醒着的
reazione　s.f.　反应
per reazione　loc.　作为反应

fame   s.f.   饿
*avere fame   espr. idiom.   饿了
sete   s.f.   渴
*avere sete   espr. idiom.   渴了
voglia   s.f.   想，愿望
*avere voglia   espr. idiom.   想
dolce   s.m.   甜点，甜食
caramella   s.f.   糖果
da piccolo   loc.   从小时候
volare   v.intr.   飞，飞翔
rotella   s.f.   小轮子
pattino   s.m.   （滑）冰刀
pattino a rotelle   loc.   旱冰鞋
coccola   s.f.   抚摸，爱抚
ricordarsi   v. rifl.   记得，记住
granita   s.f.   刨冰
limone   s.m.   柠檬
vergognarsi   v. rifl.   感到惭愧
assonnato   agg.   困乏的，瞌睡的
vivace   agg.   活泼的
tartaruga   s.f. [pl.-ghe]   乌龟
occhiale   s.m. [spec. pl.]   眼镜
vista   s.f.   视力
occhiali da vista   loc.   近视眼镜
orrendo   agg.   非常难看的
compleanno   s.m.   生日
cane   s.m.   狗
aggressivo   agg.   爱挑衅的
annoiato   agg.   烦恼的，厌烦的，苦闷的
aspetto   s.m.   外表，面貌
gatto   s.m.   猫
affettuoso   agg.   深情的，温情的
permissivo   agg.   允许自由活动的
invidioso   agg.   嫉妒的，妒忌的
inutile   agg.   无用的
raccolto   agg.   束起的，束紧的
davvero   avv.   确实，真正地
eccezionale   agg.   出色的，不同一般的
*essere in grado di   espr. idiom.   能，能够
svago   s.m. [pl.-ghi]   消遣，娱乐
voto   s.m.   分数
raccontare   v.tr.   讲述

Unità 2

pedalare   v.intr.   （骑）自行车
*spingere   v.tr.   推
urlare   v.tr. e intr.   喊叫
risollevato   agg.   释然的

equilibrio   s.m.   平衡
*cadere   v.intr.   落下，跌倒
terra   s.f.   地上
finire-isc a terra   espr. idiom   摔倒
guardia   s.f.   守卫，看守
*ridere   v.intr.   笑
*mettersi a ridere   v. fras.   笑起来
sereno   agg.   平静的，宁静的，安详的
impaurito   agg.   惊恐的，害怕的
*rifare   v.tr.   重做
terrorizzato   agg.   感到恐怖的，吓坏了的
bosco   s.m. [pl.-chi]   树林
fuggire   v.intr.   逃跑，逃走
robot   s.m.inv.   机器人
ricordo   s.m.   回忆，记忆
Natale   s.m.   圣诞节
Dolomiti   s.f.pl.   多洛米蒂山脉
mattinata   s.f.   早晨，上午，上半天
sciare   v.intr.   滑雪
palla   s.f.   球
neve   s.f.   雪
passeggiata   s.f.   散步
quartiere   s.m.   地区，居民区
inseparabile   agg.   分不开的
fattoria   s.f.   农场
riunito   agg.   团聚的
merenda   s.f.   午后点心
biscotto   s.m.   饼干
risata   s.f.   大笑
Appennini   s.m.pl.   亚平宁山脉
sgridare   v.tr.   训斥，责骂
scontroso   agg.   难相处的，脾气暴躁的
*scoprire   v.tr.   发现
furbo   agg.   机灵的，狡猾的
*nascondere   v.tr.   藏
barzelletta   s.f.   笑话，玩笑
complimento   s.m.   恭维话，称赞的话
scoraggiarsi   v. rifl.   气馁，灰心
prenotazione   s.f.   订，预订
progetto   s.m.   计划
chattare   v.intr.   网络聊天
*vedere tutto rosa   espr. idiom.   看什么都是乐观的
da giovane   loc.   年轻时
vegetariano   agg.   素食的
insolito   agg.   不寻常的
esperienza   s.f.   经历，经验
abitudine   s.f.   习惯
sbattere   v.tr. e intr.   撞

*togliersi v. rifl. 去掉，摘掉
moscacieca s.f. 瞎子捉人游戏
comico-a s.m/f. [pl.-ci-che] 喜剧演员
bendato agg. 带着绷带的
ponte s.m. 桥
videocassetta s.f. 录像带
battimuro s.m. 打墙游戏
gioco s.m. [pl.-chi] 游戏
lampione s.m. 街灯，路灯
campo s.m. 田地，田野
benda s.f. 绷带，遮眼布条
ramino s.m. 一种扑克牌游戏
circolo s.m. 圈子，社团，俱乐部
carta (da gioco) s.f. [spec. pl.] 纸牌
spicciolo s.m. 零钱
vincitore s.m. [f.-trice] 获胜者
compaesano s.m. 同乡
umore s.m. 脾气，性格，情绪，心情
canticchiare v.tr. e intr. 低声唱
matrimonio s.m. 结婚，婚姻
ormai avv. 现今，如今
babbo s.m. 爸爸
mamma s.f. 妈妈
da grande loc. 成年时，长大时
quando cong. 当……时候
*accendere (televisione) v.tr. 开
arrossire- isc v.intr. 脸红，羞愧
ospitale agg. 好客的
impegnativo agg. 需要努力的
panino s.m. 夹心面包
pizzetta s.f. 小比萨饼
fatica s.f. [pl.-che] 辛劳，辛苦
una fatica! inter. 好累呀！
a presto! inter. 回头见！
ormai avv. 已经
scopa (gioco) s.f. 一种纸牌游戏
briscola s.f. 一种纸牌游戏
dama (gioco) s.f. 西洋跳棋
cavallina s.f. 跳马游戏
nascondino s.m. 捉迷藏
tamburello s.m. 用鼓形球拍打的球类运动
cartone s.m. （绘画）草图，底图
animato agg. 有生命的
cartoni animati loc. 动画片
fumetto s.m. [spec.pl.] 连环画
trenino s.m. 玩具火车
bambola s.f. 玩具娃娃，洋娃娃
totocalcio s.m. 足球博彩

grattare v.tr. 刮，擦
"gratta e vinci" loc. 刮奖
spostarsi v. rifl. 移动，调动
stressarsi v. rifl. 有压力
innervosirsi-isc v. rifl. 烦躁
accontentarsi v. rifl. 满意，满足
incarico s.m. [pl.-chi] 职务，任务
*ammettere v.tr. 承认
confronto s.m. 比较，对照
in modo diverso loc. avv. 以不同的方式
lira s.f. 里拉
mille num. card. [pl.f. mila] 千
piano bar s.m. 钢琴酒吧
carovita s.m.inv. 生活费用昂贵
pieno s.m. 加满
cifra s.f. 金额
usanza s.f. 风俗，习俗
differenza s.f. 差异
uso s.m. 习惯，风俗，风尚

Unità 3

meglio agg. 较好的，更好的
paragone s.m. 比较，对比
pallone s.m. 足球
raccontarsi v. rifl. 讲述自己（的经历）
DVD s.m.inv. 光碟
ricavato s.m. （从事活动）的收益
beneficenza s.f. 慈善，捐款，捐助物
a due passi da loc. prep. 离……很近
frequentato agg. 人多的，热闹的
scalinata s.f. 大台阶
più avv. 最
suggestivo agg. 迷人的，引人入胜的
interno s.m. 内部，里边
in occasione di loc. prep. 在……之时
uscita s.f. 出版，发行
*riesserci v. pron. 再次出现
lettura s.f. 阅读
festeggiare v.tr. 庆祝
meno avv. 较少地，更少地
precedente agg. 在前的，在先的
carriera s.f. 生涯，经历
contratto s.m. 往来，交往，联系
allenatore s.m. [f.-trice] 训练员，教练员
mondiale s.m. 世界杯
curiosità s.f.inv. 好奇心
palleggiare v.intr. 传球，接球
scattante agg. 敏捷的，轻快的

ragazzino-a s.m./f. 小男（女）孩
rione s.m. （城市中）的区，地区
tanto... quanto avv. 跟……一样……
rubare v.tr. 偷
*possedere v.tr. 拥有
collezione s.f. 收集，收藏
così avv. 如此，这么（表程度）
educazione s.f. 教育
fisico agg. [pl.-ci-che] 身体的，肉体的
educazione fisica loc. 体育
fortunato agg. 幸运的
attaccato agg. 依恋的，爱慕的
pronostico s.m. [pl.-ci] 预测
forte agg. 强大的
sodo avv. 努力地，勤奋地
competere v.intr. 比赛，竞争
ambizioso agg. 有雄心的，野心勃勃的
rassegnato agg. 屈从的，顺从的
sfortunato agg. 不幸的
debole agg. 弱的
cantautore s.m. [f.-trice] 自编自唱者
Colosseo s.m. 罗马斗兽场
Grande Muraglia s.f. 长城
conosciuto agg. 闻名的，知名的
fiaba s.f. 童话
Asia s.f. 亚洲
Europa s.f. 欧洲
opera s.f. 歌剧
opera di Pechino loc. 京剧
lirico agg. [pl.-ci-che] 抒情的
modo s.m. 方式
vestire v.intr. 穿衣，穿着
modo di vestire loc. 衣着方式
poker s.m. 扑克牌游戏，纸牌游戏
appassionante agg. 有趣的，动人的
piatto s.m. 一盘菜，一道菜
abile agg. 熟练的，灵巧的，能干的
assai avv. 十分，很
proprio avv. 确实
troppo avv. 太
considerarsi v. rifl. 自认为，自以为
scalino s.m. 台阶，梯级
innervosire-isc v.tr. 使激动，使烦躁
meglio tardi che mai espr. idiom. 迟做总比不做好
elettronico agg. [pl.-ci-che] 电子的
articolo s.m. 物品，商品
*dipendere v.intr. 取决于，靠
palmare s.m. 手掌电脑

portatile agg. 手提的，可携带的
lettore DVD s.m. DVD播放器
marca s.f. [pl.-che] 商标，标号
confezione s.f. 包装
confezione-regalo loc. 礼品包装
mente s.f. 头脑，脑子
avere in mente espr. idiom. 想做某事
caratteristica s.f. [pl. -che] 特点
elementare agg. 初级的，基础的
scuola elementare loc. 小学
scuola media loc. 中学
scuola materna loc. 幼儿园
materia s.f. 科目
chimica s.f. 化学
scienze s.f.pl. （一门）学科
latino s.m. 拉丁语
intervallo s.m. 课间
storia s.f. 历史
geografia s.f. 地理
educazione artistica loc. 美育
educazione musicale loc. 音乐教育
compiti s.m.pl. 作业，功课
rigore s.m. 严格的，严厉的
orale agg. 口头的
scritto agg. 笔头的
disciplina s.f. 纪律
punire-isc. v.tr. 惩罚
irrequieto agg. 不安静的
rispetto s.m. 尊敬
relazione s.f. 报告
studentesco agg. [pl. -chi -che] 学生的
atletica s.f. 体育运动，竞技运动
fama s.f. 名声，传闻
incredibile agg. 不可思议的
colpa s.f. 错误，过错
*essere colpa di espr. idiom. 是……的错
*distrarsi v. rifl. 分心，不专心
scolastico agg. [pl.-ci-che] 学校的
*intendere v.tr. e intr. 认为，理解
primario agg. 初步的，初级的
scuola primaria loc. 初级小学
ciclo s.m. 周期
istruzione s.f. 教育
successivo agg. 相继的，随后的
fase s.f. 阶段
grado s.m. 级，等级
suddiviso agg. 再分的
ordine s.m. 等级，种类

classico   agg. [pl.-ci-che]
liceo classico   loc.   文科高中
scientifico   agg. [pl-.ci-che]   科学的
liceo scientifico   loc.   理科高中
linguistico   agg. [pl.-ci-che]   语言的，语言学的
liceo linguistico   loc.   语言高中
magistrale   agg.   教师的，小学教师的
istituto   s.m.   学院
istituto magistrale   loc.   师范学院
istituto d'arte   loc.   艺术学院
tecnico   agg. [pl.-ci-che]   技术的
istituto tecnico   loc.   技术学院
equiparato   agg.   平等的
professionale   agg.   职业的
qualifica   s.f. [pl. -che]   资格，合格
termine   s.m.   结束
*ottenere   v.tr.   获得，取得，得到
*accedere   v.intr.   进入，达到
politecnico   s.m. [pl.-ci]   综合工科大学
accademia   s.f.   （高等）专科院校
conservatorio   s.m.   音乐学院
ammissione   s.f.   录取，入学
conseguire   v.tr.   取得，获得
specializzazione   s.f.   硕士
dottorato di ricerca   loc.   博士
sufficienza   s.f.   （学习成绩）及格
lode   s.f.   最优异的学习成绩
*comprendere   v.tr.   包括，包含
*iscriversi   v. rifl.   报考，报名参加
sorridente   agg.   愉快的，喜气洋洋的
pensiero (regalo)   s.m.   礼物，心意
migliore   agg.   较好的，更好的
peggiore   agg.   更坏的，更差的
maggiore   agg.   较大的，较多的
minore   agg.   较小的，较少的
superiore   agg.   较高的
inferiore   agg.   较低的
qualità   s.f.inv.   质量
associazione   s.f.   协会
rivelare   v.tr.   显示，表现
cittadina   s.f.   小城
laziale   agg.   拉齐奥大区的
vivibile   agg.   可居住的
punto   s.m.   分
conquistare   v.tr.   取得，获得
risultato   s.m.   结果，分数
metropolitano   agg.   大城市的
indice   s.m.   指数

primato   s.m.   首位，第一位
cibo   s.m.   食物，食品
sano (salutare)   agg.   健康的
inquinamento   s.m.   污染
interpersonale   agg.   人际的
posto (in classifica)   s.m.   位，位次
Centro-Nord   s.m.   中北部
apprezzato   agg.   被重视的，被欣赏的
opportunità   s.f.inv.   机会
pallavolo   s.f. [solo sing.]   排球
pallacanestro   s.f. [solo sing.]   篮球
paesino   s.m.   小（市）镇
medievale   agg.   中世纪的
vivibilità   s.f.inv.   可居住性
presidente   s.m. e f.   主席
filosofia   s.f.   哲学
reddito   s.m.   收入，收益，所得
dato   s.m.   数据，资料
recente   agg.   最近的
considerare   v.tr.   考虑
rispetto a   loc. prep.   与……相比
improvviso   agg.   突然的，意外的
in generale   loc. avv.   一般地，通常地
stipendio   s.m.   薪水，工资
poco   avv.   少，不多，一点儿
peggio   avv.   更坏，更糟
benissimo   avv.   太好了
malissimo   avv.   太糟了
moltissimo   avv.   很多
pochissimo   avv.   很少
superare (passare)   v.tr.   通过
dedicarsi   v. rifl.   专心于，致力于
ritmo   s.m.   节奏
frenetico   agg. [pl.-ci-che]   疯狂的
sperare   v.intr.   希望
estensione   s.f.   面积，范围
europeo   agg.   欧洲的
occasione   s.f.   机会，时机
dieta   s.f.   节食
comportarsi   v. rifl.   表现，举止

Unità 4

tempo   s.m.   天气
sole   s.m.   太阳
caldo   s.m.   热，热度
freddo   s.m.   冷
nuvoloso   agg.   多云的
vento   s.m.   风

GLOSSARIO

grandinare   v. imp.   下雹
nevicare   v. imp. 下雪
nebbia   s.f.   雾
temporale   s.m.   暴风雨，雷阵雨
lampo   s.m.   闪电
tuono   s.m.   雷
ombrello   s.m.   伞
tuonare   v. imp.   打雷
lampeggiare   v. imp.   打闪
odiare   v.tr.   恨，厌恶
corsa   s.f.   跑，奔跑
bianco   agg. [pl.-chi-che]   白色
settimana bianca   loc.   白色星期
matto   agg., s.m.   疯的，疯子
da matti   loc.   非常
*fare un freddo cane   espr. idiom.   严寒
terribile   agg.   可怕的
afa   s.f.   闷热
insopportabile   agg.   不可忍受的
tempo da lupi   espr. idiom.   恶劣的天气
piovere a dirotto   espr. idiom 下倾盆大雨
piovere a catinelle   espr. idiom 下倾盆大雨
*fare caldo da morire   espr. idiom.   热死了
lamentarsi   v. rifl.   抱怨，埋怨
buonumore   s.m.   好心情
maltempo   s.m.   坏天气
svogliato   agg.   无心思的，无兴趣的
*prendere in giro   espr. idiom.   嘲弄，开某人的玩笑
malumore   s.m.   坏心情
cielo   s.m.   天
coperto (*nuvoloso*)   agg.   阴天的
stranamente   avv.   奇怪地
meno male   inter.   幸好，幸亏
giù   avv.   在下面，向下面
sentirsi giù   espr. idiom.   情绪不好
influenzare   v.tr.   影响
primavera   s.f.   春天
estate   s.f.   夏天
autunno   s.m.   秋天
inverno   s.m.   冬天
gennaio   s.m.   1月
freddoloso   agg.   怕冷的，感到冷的
febbraio   s.m.   2月
dispettoso   agg.   捉弄人的
marzo   s.m.   3月
pazzerello   agg.   爱开玩笑的
aprile   s.m.   4月
maggio   s.m.   5月

mietitore   s.m. [f.-trice]   收割者
giugno   s.m.   6月
trebbiatore   s.m. [f.-trice]   打谷，脱粒
luglio   s.m.   7月
seminatore   s.m. [f.-trice]   播种者
agosto   s.m.   8月
grappolaio   agg.   葡萄成熟的
settembre   s.m.   9月
ottobre   s.m.   10月
castagnaio   agg.   栗子成熟的
novembre   s.m.   11月
dicembre   s.m.   12月
piovoso   agg.   多雨的
nato   agg.   出生的
pioggia   s.f.   雨
temperatura   s.f.   气温
zero   s.m.   零
foglia   s.f.   叶，叶子
accorciarsi   v. rifl.   变短
Pasqua   s.f.   复活节
ferie   s.f.pl.   假期，假日
semestre   s.m.   学期
Alleati   s.m.pl.   同盟国
*morire   v.intr.   死，去世
solista   s.m. e f.   独唱者
celebre   agg.   著名的，有名的
tenore   s.m.   男高音
Capodanno   s.m.   元旦
Epifania   s.f.   主显节
Festa del papà   s.f.   教皇节
Festa del lavoro   s.f.   劳动节
Ferragosto   s.m.   八月节
vigilia   s.f.   前一天，前夜
ricorrenza   s.f.   节日，周年纪念
ponte (*tra due festività*)   s.m.
   （两个假日间的）额外休假日
messa   s.f.   弥撒
progetto   s.m.   计划
regalino   s.m.   小礼物
gentile   agg.   热情的，亲切的
consiglio d'istituto   loc.   学院委员会
nazionale   agg.   国家的
festa nazionale   loc.   国庆
augurio   s.m. [spec.pl.]   祝愿
di persona   loc.   亲自
assoluto   agg.   绝对的
*fare il bagno   espr. idiom.   下水游泳
*prendere il sole   espr. idiom.   晒太阳

godersi   v. rifl.   享受
regalare   v.tr.   赠送
calza   s.f.   袜子
brindare   v.intr.   祝酒，干杯
lavoratore   s.m. [f.-trice]   劳动者
indispensabile   agg.   必不可少的
somiglianza   s.f.   相似，类似
indicato   agg.   指出的
minimo   agg.   最低的
senza dubbio   avv.   无疑地
certamente   avv.   肯定地，确定地
Oriente   s.m.   东方
entroterra   s.m.inv.   内地
affacciarsi   v. rifl.   露面，出现
costa   s.f.   海岸
orientale   agg.   东边的
grado (*temperatura*)   s.m.   度
termometro   s.m.   温度计
segnare   v.tr.   标出，指出
variare   v.tr. e intr.   变化
Meridione   s.m.   南部，南方
frenare   v.intr.   刹住
tremare   v.intr.   发抖
deserto   agg.   没有行人的
pazzo-a   s.m./f.   疯子
agitato   agg.   不安的，焦急的
posteggiato   agg.   停放的
marciapiede   s.m. [pl.-i]   边道，侧道
cassa   s.f.   收款台
una volta   avv.   从前，过去
stretto (*denso*) agg.   浓的
trimestre   s.m.   （一学年三学期）一学期
soffiare   v.intr.   吹，吹起
resto (*rimanente*)   s.m.   其余，剩余部分
fiume   s.m.   河流
pianura   s.f.   平原
esteso   agg.   宽广的，广阔的
popoloso   agg.   人口众多的，人口稠密的
impazzire   v.intr.   发疯，变疯
africano   agg.   非洲的
climatico   agg. [pl.-ci-che]   气候的
fatto   s.m.   事实
milione   num. card. [pl. milioni]   百万
sopportare   v.tr.   忍受
afoso   agg.   闷热的
nevicata   s.f.   下雪，降雪
stranezza   s.f.   奇怪，古怪
sotto gli occhi di tutti   espr. idiom.   有目共睹

commento   s.m.   评论
meteorologo-a   s.m./f. [pl.-gi-ghe]   气象学者
causa   s.f.   原因
maggiore   agg.   重大的，重要的
serra   s.f.   暖房
inquinante   s.m.   污染物
industrializzato   agg.   工业化的
per oltre   loc. prep.   超过
aumento   s.m.   增加
effetto   s.m.   效果
effetto serra   loc.   温室效应
riscaldamento   s.m.   变暖
buco   s.m. [pl. -chi]   洞，孔
ozono   s.m.   臭氧
stabile   agg.   稳定的
variazione   s.f.   变化
siccità   s.f.inv.   干旱
certo (*sicuro*)   agg.   肯定的
assolato   agg.   阳光充足的，日照强的
flusso   s.m.   流，流动
incollato   agg.   紧贴的，缠住的
bollettino   s.m.   公报
meteorologico   agg. [pl-ci-che]   气象的

Modulo 7

Unità 1

tropico   s.m. [pl.-ci]   热带地区，热带国家
turistico   agg. [pl.-ci-che]   旅行
villaggio turistico   loc.   度假村
campeggio   s.m.   野营地
crociera   s.f.   游轮
agriturismo   s.m.   农业旅游，农家乐
lusso   s.m.   豪华，奢侈
hotel di lusso   loc.   豪华饭店
girare   v.intr.   游历，游览
spuntino   s.m.   小吃，快餐
negozietto   s.m.   小商店
cartolina   s.f.   明信片
credere   v.intr.   相信
*piangere   v.intr.   哭
invernale   agg.   冬天的
*riprendere   v.tr.   重新开始
spiaggia   s.f.   沙滩
pulito   agg.   干净的
accidenti!   inter.   天哪
favoloso   agg.   不可思议的
rimandare   v.tr.   推迟，使延期

pullman   s.m.inv.   大巴，大轿车
disastroso   agg.   不顺利的，不幸的
attesa   s.f.   等待
come no!   inter.   怎么不呢!
snob   agg. inv.   摆绅士派头的，赶时髦的
ingrassarsi   v. rifl.   变胖
nipotino-a   s.m./f.   小外甥（女）
richiamare   v.tr.   再打电话
scala   s.f.   梯子，楼梯
serenamente   avv.   宁静地，平静地
bagaglio   s.m. [spec. pl.]   行李
sparire-isc   v.intr.   消失
racconto   s.m.   故事，小说
sposarsi   v. rifl.   结婚
cura   s.f.   小心，仔细
tagliarsi   v. rifl.   剪短
regalarsi una vacanza   v. rifl. ind.   送自己一个假期
*raccogliersi   v. rifl.   束紧，扎起
cavallo   s.m.   马
andare a cavallo   loc.   骑马
attrezzato   agg.   装备了的
trekking   s.m. [solo sing.]   徒步旅行
*disporre   v.intr.   具有，拥有
maneggio   s.m.   训马场
campo   s.m.   场，场地
campo di tennis   loc.   网球场
campo di calcio   loc.   足球场
pesca (sport)   s.f. [solo sing.]   钓鱼
pittura   s.f. [solo sing.]   画，绘画
conduzione   s.f.   管理
familiare   agg.   家庭的
a conduzione familiare   loc.   家庭管理的
gustare   v.tr.   品尝
specialità   s.f.inv.   特产，风味
selvaggina   s.f.   猎物，野物
biliardo   s.m.   台球
ping-pong   s.m. [solo sing.]   乒乓球
parco-giochi   loc.   乐园
*accogliere   v.tr.   欢迎，接待，款待
bed & breakfast   s.m.inv.   住宿加（次日）早餐
climatizzatore   s.m.   室内空调
siciliano   agg.   西西里的
pasticceria   s.f.   做糕点技术
escursione   s.f.   远足
cratere   s.m.   火山口
sentiero   s.m.   小路，小径
circondato   agg.   环绕的，围绕的
vantare   v.tr.   以有……而自豪

benessere   s.m.   健康
centro benessere   loc.   健康中心
esterno   agg.   外部的，室外的
collegato   agg.   连接
reparto   s.m.   部门
termale   agg.   温泉的
massaggio   s.m.   按摩
sauna   s.f.   桑拿
ginnastica   s.f.   体操
fangoterapia   s.f.   泥疗法
pacchetto   s.m.   "套餐"
pacchetto-vacanza   loc.   休假套餐
decina   s.f.   十个，十个左右
beati voi!   inter.   你们真有福气!
nemmeno   avv.   连……也不
pessimo   agg.   最坏的，最糟糕的
quindicina   s.f.   十五个，十五个左右
innanzitutto   avv.   首先
ai piedi di   loc. prep.   在……脚下
emozione   s.f.   兴奋，激动
spiegazione   s.m.   讲解
guida   s.f.   导游
squallido   agg.   荒凉的，破败的
personale   s.m.   人员
cortese   agg.   有礼貌的
affatto   avv.   毫不，一点也不
buonissimo   agg.   好极了
cattivissimo   agg.   坏极了
grandissimo   agg.   大极了
piccolissimo   agg.   小极了
tour   s.m. [pl.inv. o -s]   旅行，观光
umido   agg.   潮湿的
affollato   agg.   拥挤的
gentilezza   s.f.   亲切，热情
prestare (fare)   v.tr.   给予，提供
titolare   s.m. e f.   老板，企业主
sconto   s.m.   折扣，减价
risparmio   s.m.   节省
albergatore   s.m. [f.-ice]   店主，旅馆主人
trattamento   s.m.   招待，款待，对待

Unità 2

costiera   s.f.   海岸，沿海地区
amalfitano   agg.   阿马尔菲的
guidato   agg.   有导游的
tour guidato   loc.   带导游的游览
programma (di viaggio)   s.m.   计划
incontro   s.m.   碰面

partecipante agg. 参加的	presentarsi v. rifl. 来到
sistemazione s.f. 安排	pentirsi v. rifl. 后悔
parcheggio s.m. 停车场	*rivolgersi v. rifl. 转向，向……询问
riservato agg. 保留的，预订的	contatto s.m. 交往，联系
pernottamento s.m. 在外过夜	in contatto loc. 联系上
spettacolo s.m. 表演	prenotarsi v. rifl. 报名加入，登记报名
folkloristico agg. [pl.-ci-che] 民间的	in tempo loc. avv. 及时
battello s.m. 轮船，汽艇	piazzola s.f. 小广场
sosta s.f. 停留，停下	piazzola di sosta loc. 路旁临时停车处
pittoresco agg. [pl.-chi-che] 景色如画的	di recente loc. avv. 最近
maestoso agg. 雄伟的，壮丽的	all'improvviso loc. avv. 突然
vittima s.f. 受害者	quassù avv. 在这上面
eruzione s.f. 爆发，喷发	fischiare v.intr. 吹口哨，呼呼作响
rientro s.m. 回来，返回	risorsa s.f. 办法，对策
belvedere s.m. [pl. inv. o -ri] 观景台	senza di loc. prep. 没有
ceramica s.f. [pl.-che] 陶瓷，陶瓷制品	desiderio s.m. 愿望，要求
percorso s.m. 路程，行程	pensiero s.m. 思想，想法
quota s.f. 费用，份额	all'incontrario loc. avv. 相反地
individuale agg. 个人的	oratorio s.m. 祈祷室，小礼拜堂
partecipazione s.f. 参加	cortile s.m. 院子，庭院
supplemento s.m. 补充，增补	prete s.m. 教士，神父
riduzione s.f. 减少，减价	bollino s.m. 印花，印戳
ulteriore agg. 进一步的	da bollino nero espr. idiom. 沉重的，困难的
pernottare v.intr. 在外过夜	coda s.f. 尾巴
località s.f.inv. 地方，场所	blocco s.m. [pl.-chi] 堵塞
sepolto agg. 埋葬的	solleone s.m. 伏天，炎热
piazzetta s.f. 小广场	organizzarsi s.m. 安排起来，组织起来
alloggio s.m. 住宿	fenomeno s.m. 现象
bussare v.intr. 敲门	proiezione s.f. 放映
preparato agg. 准备好的	sudamericano agg. 南美的
*chiudere occhio espr. idiom. 合眼	ippodromo s.m. 跑马场，赛马场
confessare v.tr. 坦白	iniziativa s.f. 创举
distrutto agg. 被破坏的，被挤垮的	curiosare v.intr. 好奇，窥探
detestare v.tr. 厌恶，憎恨	bancarella s.f. 货摊，书摊
esigente agg. 苛求的，爱挑剔的	scena s.f. 舞台
combinare v.tr. e intr. 搞，弄	*mettere in scena espr. idiom. 上演
indovinare v.tr. 猜	quartetto s.m. 四重唱，四重奏
accontentarsi v.intr. 满意，满足	arco (*strumento*) s.m. [pl -chi] 弓子，（复）弦乐器
mancanza s.f. 缺少	ritmo s.m. 节奏
sistemarsi v. rifl. 安排，安置	celebre agg. 著名的
spiritoso agg. 幽默的，诙谐的	brindisi s.m.inv. 祝酒
*mettersi in fila espr. idiom. 排队	scalinata s.f. 大台阶
lite s.f. 争吵，吵架	alternativa s.f. 抉择，替代
assieme avv. 一起	tuffo s.m. 跳入，投入
*mettersi assieme espr. idiom. 成为男女朋友	immagine s.f. 像，影像
abituarsi v. rifl. 习惯	valigia s.f. [pl.-gie] 手提箱
caratterino s.m. 坏脾气，古怪的脾气	cinepresa s.f. 摄影机
adattarsi v. rifl. 适应	fotografico agg. [pl.-ci-che] 摄影的，照相的

GLOSSARIO

macchina fotografica   loc.   照相机
caricare   v.tr.   充电
rullino   s.m.   胶卷
scheda (cellulare)   s.f.   电话卡
rimborso   s.m.   偿还，退还
ostello   s.m.   住处，寄宿处
depresso   agg.   沮丧的，消沉的
agio   s.m.   舒服，自在
sentirsi a proprio agio   espr. idiom
　感到舒适，自由自在
nostalgia   s.f.   想念，思念
fiducia   s.f.   相信，信任
cambio (soldi)   s.m.   兑换（外币）
medicina   s.f.   内服药
crema   s.f.   膏，香脂
antisolare   agg., s.m.   防晒的，防晒
stradario   s.m.   街道名称表
portafortuna   s.m.inv.   护身符
antizanzare   agg., s.m.   防蚊子的
agenda   s.f.   记事簿，备忘录

Unità 3

doppia (camera)   s.f.   双人间
tripla (camera)   s.f.   三人间
quadrupla (camera)   s.f.   四人间
matrimoniale   s.f.   双人间
in totale   loc. avv.   总共
mezza pensione   loc.   包一餐的膳宿
completo   agg.   完全的，完整的
pensione completa   loc.   饱餐的膳宿
credito   s.m.   信用，信贷
carta di credito   loc.   信用卡
contante   s.m.   现金
in contanti   loc.   用现金
caparra   s.f.   押金，定钱，保证金
vaglia   s.m.   汇票
bonifico (bancario)   s.m. [pl.-ci]   转账，划账
bancario   agg.   银行的
coordinata bancaria   s.f. [spec. pl.]   银行代码
conto (bancario)   s.m.   账户
*essere utile a   espr. idiom.   对……有用
ripartire   v.intr.   再动身，又启程
*venire (costare)   v.intr.   值
conferma   s.f.   确认
acconto   s.m.   预付的款项，部分付款
singola (camera)   s.f.   单人间
taglia   s.f.   （动物）体高
di piccola taglia (cani)   loc.   个头小

ammesso   agg.   接受的，接纳的
sconto famiglia   loc.   家庭折扣
valuta   s.f.   外币
cambio valuta   loc.   外币兑换
noleggio   s.m.   租，租用处
animale   s.m.   动物
domestico   agg. [pl.-ci-che]   家养的，驯养的
asciugacapelli   s.m.inv.   吹风机
frigobar   s.m.inv.   冰箱酒柜
extra   avv.   额外地
*essere al completo   espr. idiom.   满员
benvenuto   s.m.   欢迎
*dare il benvenuto   espr. idiom.   表示欢迎
vestito   s.m. [spec. pl]   衣服
facchino   s.m.   行李员
registrare   v.tr.   登记
*disfare   v.tr.   打开，折包
augurare   v.tr.   祝，祝愿
discussione   s.f.   讨论
stella   s.f.   星星，星级
a 5 stelle   loc.   五星级
a 1 stella   loc.   一星级
provare   v.tr.   尝试
*fare sentire   v. caus.   令感觉到
ecologico   agg. [pl.-ci-che]   生态的
natura   s.f.   自然，大自然
via di mezzo   espr. idiom.   中间道路
che barba!   inter.   真烦人！
non...ancora   avv.   还没有
libertà   s.f.inv.   自由
significare   v.tr.   意味
sofferenza   s.f.   折磨
zanzara   s.f.   蚊子
formica   s.f. [pl.-che]   蚂蚁
pensioncina   s.f.   小型膳宿公寓
personale (attento)   agg.   私人的
albergone   s.m.   大饭店，大旅馆
soluzione   s.f.   解决，解决办法
adatto   agg.   适合的
consecutivo   agg.   连续的，连贯的
inferno   s.m.   地狱
un vero inferno!   espr. idiom.   太可怕了！
acceso   agg.   开的，开着的
un letto e un tetto   espr. idiom.   简单的住宿
chi si contenta gode   espr. idiom.   知足者常乐
controcorrente   avv.   逆流地
sensazione   s.f.   感觉
provare per credere   espr. idiom.   试过才相信

orribile   agg.   可怕的
autostop   s.m. [solo sing.]   自动停车
vacanza-studio   s.f.   学习休假
pedalò   s.m.inv.   脚踏浮船
noleggiare   v.tr.   租用
ombrellone   s.m.   大阳伞
sdraio   s.f. inv.   躺椅
sabbia   s.f.   沙子
castello   s.m.   城堡
castello di sabbia   loc.   沙子城堡
falò   s.m.inv.   篝火
listino prezzi   s.m.   价目表
settore   s.m.   区域
fila (posto)   s.f.   排
stagione   s.f.   季节
alta stagione   loc.   旺季
bassa stagione   loc.   淡季
giornaliero   agg.   每天的
settimanale   agg.   每周的
quindicinale   agg.   每半个月的
tour operator   s.m. [pl. inv. o -s]   旅游经营者
stabilimento   s.m.   公用建筑物
in fondo   loc. avv.   说到底
sicuramente   avv.   肯定
almeno   avv.   至少
folla   s.f.   人群
bagnante   s.m.e f.   游泳者
insistere   v.intr.   坚持
*andare a trovare   v. fras.   去找
*venire a trovare   v. fras.   来找
conducente (treno)   s.m.   司机
nuotare   v.intr.   游泳
sdraiarsi   v. rifl.   躺
abbronzatura   s.f.   （皮肤）晒黑
capriccio   s.m.   任性，小孩脾气
*fare i capricci   espr. idiom.   耍小孩脾气
binario   s.m.   站台
controllore   s.m.   检票员
vagone letto   s.m.   卧铺车厢
cuccetta   s.f.   卧铺
biglietteria   s.f.   售票处
classe   s.f.   等级
1ª classe   loc.   一等
2ª classe   loc.   二等
cambio (treno)   s.m.   换乘
andata   s.f.   去
solo   agg.   单个的
di sola andata   loc.   单程

di andata e ritorno   loc.   往返
in tutto   loc. avv.   总共，合计
disponibilità   s.f.inv.   可使用性，可支配性
coincidenza   s.f.   换乘，转车
diretto (treno)   s.m.   直达车
a persona   loc.   每人
tariffa   s.f.   价目表
rapido   s.m.   （火车）特快车
ridotto   agg.   减少的，降低的
biglietto ridotto   loc.   降价票
anticipo   s.m.   提前
in anticipo   loc.   提前
*prendere la coincidenza   espr. idiom.   换乘
*perdere la coincidenza   espr. idiom.   耽误换乘
in partenza   loc.   正要出发
*prevedere   v.tr.   预见
tabellone (orari)   s.m.   时刻显示牌
sportello   s.m.   窗口
scompartimento   s.m.   客车包房
finestrino   s.m.   车窗
deposito bagagli   s.m.   行李寄存处
*dare il segnale di via libera   espr. idiom.   给出通行指示
distanza   s.f.   距离
*distinguersi   v. rifl.   分成
raggio   s.m.   光线，（转）范围
raggio d'azione   loc.   活动范围
treno locale   loc.   地方火车
treno regionale   loc.   大区内火车
*coprire   v.tr.   覆盖
diretto   agg.   直达的
treno diretto   loc.   直达火车
espresso   agg.   快的
treno espresso   loc.   快车
percorrenza   s.f.   行程，路程
carrozza   s.f.   （火车）客车车厢
destinazione   s.f.   目的地
treno interregionale   s.m.   大区间火车
vettura   s.f.   客车车厢
superveloce   agg.   超快的
funzione   s.f.   运转
in funzione   loc.   运行
tratta   s.f.   一段路程
concorrenziale   agg.   竞争的
alternativo   agg.   交替的
tessera   s.f.   证件
in alternativa   loc.   作为替换
automatico   agg. [pl.-ci-che]   自动的

distributore	s.m.	分配器
convalida	s.f.	生效
obliterare	v.tr.	盖戳
timbrare	v.tr.	盖印，盖章
macchinetta	s.f.	小机器
disposto	agg.	布置的，安排的
avvertire	v.tr.	通知，告知
regola	s.f.	规则
disperato	agg.	绝望的
reclamo	s.m.	申诉
ufficio reclami	loc.	申诉办公室
riempire	v.tr.	填写
portafoglio	s.m. [pl.-gli o inv.]	钱包
denuncia	s.f.	告发
rovinato	agg.	破坏的
agente	s.m.	代理人
non credere ai propri occhi	espr. idiom.	不相信自己的眼睛
curioso	agg.	好奇的
smarrimento	s.m.	遗失，丢失
jogging	s.m.inv.	慢跑
pescare	v.tr.	钓鱼
ventiquattrore	s.f.inv.	小提包
baita	s.f.	（高山放牧者的）小房子
artigianato	s.m.	手工艺
mamma mia!	inter.	妈呀！
introvabile	agg.	找不到的，难找到的
disastro	s.m.	混乱，杂乱
che disastro!	inter.	真乱，真糟糕
chiacchierata	s.f.	聊天
indimenticabile	agg.	忘不掉的
ballo	s.m.	跳舞
pista	s.f.	跑道
pista da ballo	loc.	舞池
trantran	s.m. [solo sing]	常规，惯例
compagnia (società)	s.f.	公司
imbarcarsi	v. rifl.	上船
poltrona (posto a sedere)	s.f.	沙发座
camper	s.m. [pl. inv. o s]	露营车
mansardato	agg.	带复折屋顶的
terminale (computer)	s.m.	终端
adulto	s.m.	成人
cilindrata	s.f.	（汽缸）排量
diesel	s.m. [pl. inv. o -s]	狄塞尔
memoria	s.f.	记忆力，记性
cabina	s.f.	船舱
affidabile	agg.	可靠的，可信的
guida (turistica)	s.f.	旅游指南
ritrovare	v.tr.	找到
stato (condizione)	s.m.	状况，状态
dipinto	s.m.	画，图画
stage	s.m.inv.	实习
addetto-a	s.m./f.	雇员，职员
ricezione	s.f.	前台
addetto alla ricezione	loc.	前台职员
zitto	agg.	安静的，不出声的
piuttosto che	avv.	不愿……宁愿……
errore	s.m.	错误
*promettere	v.tr.	答应，许诺
industriale	s.m. e f.	工业家，企业家
politico	s.m. [pl.-ci]	政治家
abbandonare	v.tr.	放弃
coetaneo-a	s.m./f.	同龄人
mondano	agg.	社交界的
vita mondana	espr. idiom.	社交生活
fatta eccezione	loc. prep.	例外
sciistico	agg. [pl-ci-che]	滑雪的
stazione sciistica	loc.	滑雪站
suggestivo	agg.	引人入胜的
Sud	s.m.	南方
villeggiatura	s.f.	度假
adriatico	agg. [pl.-ci-che]	亚得里亚海的
tirrenico	agg. [pl.-ci-che]	第勒尼安海的
approdo	s.m.	船靠岸
barca	s.f. [pl.-che]	船
al contrario	loc. avv.	相反地
pineta	s.f.	松林
trasferirsi -isc	v.intr.	搬到
riunione d'affari	loc.	公务会议
volo (aereo)	s.m.	飞机，航班
imbarazzato	agg.	尴尬的
dispiaciuto	agg.	遗憾的
*stare in piedi	espr. idiom.	站稳，站住脚跟
*permettersi	v. rifl.	允许自己，胆敢
offeso	agg.	冒犯的
incertezza	s.f.	犹豫不决，不确定
organizzato	agg.	组织的
viaggio organizzato	loc.	有组织的旅行
smarrire-isc	v.tr.	丢失
impeccabile	agg.	没有缺点的，无可非议的
per carità!	inter.	才不呢！

Modulo 8

Unità 1

negozio di abbigliamento loc. 服装店

elettrodomestico	s.m. [pl.-ci] 家用电器	aspirina	s.f. 阿司匹林
negozio di elettrodomestici	loc. 家用电器商店	erba	s.f. 草
calzatura	s.f. 鞋	alle erbe	loc. 草的
negozio di calzature	loc. 鞋店	biro	s.f. 圆珠笔
fioraio-a	s.m./f. 卖花人	penna a biro	loc. 圆珠笔
negozio di articoli sportivi	loc. 体育用品商店	quadretto	s.m. 小方格
alimentare	agg. 食物的	a quadretti	loc. 带小方格的
genere	s.m. （复数）商品	pomodoro	s.m. 番茄，西红柿
negozio di generi alimentari	loc. 食品	lattuga	s.f. [pl.-ghe] 莴苣
macellaio-a	s.m./f. 卖肉者	prosciutto	s.m. 火腿
pasticciere-a	s.m./f. 制作（或出售）糕点的人	salame	s.m. 香肠
salumiere-a	s.m./f. 猪肉食品商	grissino	s.m. [spec.pl.] 面包棍
fruttivendolo-a	s.m./f. 蔬菜水果商	uovo	s.m. [pl. f. uova] 蛋，鸡蛋
tabaccaio-a	s.m./f. 烟草店老板	patata	s.f. 土豆
tabaccheria	s.f. 烟草店	cipolla	s.f. 洋葱
frutteria	s.f. 水果店	aglio	s.m. 蒜
macelleria	s.f. 肉铺，肉店	mela	s.f. 苹果
panetteria	s.f. 面包店	pera	s.f. 梨
salumeria	s.f. 猪肉食品店	riso	s.m. 米
carne	s.f. 肉类，肉食	crostata	s.f. 果酱馅饼
torta	s.f. 蛋糕，馅饼	melanzana	s.f. 茄子
frutta	s.f. [pl. inv.o -te] 水果	vino	s.m. 葡萄酒
sigaretta	s.f. 香烟	acqua	s.f. 水
accendino	s.m. 打火机	tiramisù	s.m.inv. 提拉米苏
gioielleria	s.f. 珠宝店	arancia	s.f. [pl.-ce] 橙子
anello	s.m. 戒指	limone	s.m. 柠檬
collana	s.f. 项链	bistecca	s.f. [pl.-che] 牛排
gelataio-a	s.m./f. 制（卖）冰淇淋的人	burro	s.m. 黄油
cioccolato	s.m. 巧克力	latte	s.m. 奶，牛奶
profumiere-a	s.m./f. 化妆品制造或出售商	tè	s.m.inv. 茶
shampoo	s.m.inv. 香波	zucchero	s.m. 白糖
pescivendolo-a	s.m./f. 卖鱼人	sale	s.m. 盐
pesce	s.m. 鱼	uva	s.f. 葡萄
fresco	agg. [pl.-chi-che] 新鲜的	banana	s.f. 香蕉
falegnameria	s.f. 木匠铺	peperone	s.m. 大辣椒
riparare	v.tr. 修理	aceto	s.m. 醋
giornalaio-a	s.m./f. 卖书报者	olio	s.m. 油
fornaio-a	s.m./f. 烤面工，卖面包商	lasagna	s.f. [spec. pl.] 一种面片
gommista	s.m. 轮胎商，装修轮胎者	tonno	s.m. 金枪鱼
gioielliere-a	s.m./f. 珠宝商，首饰商	gambero	s.m. 虾
piega	s.f. [pl.-ghe] 弯曲，折叠	melone	s.m. 甜瓜
messa	s.f. 放，摆，置	pollo	s.m. 鸡肉
messa in piega	loc. 把头发做成波浪形	verdura	s.f. 蔬菜
ruota	s.f. 轮，车轮	pescheria	s.f. 鱼店
bucato	agg. 有洞的，穿孔的	misura	s.f. 分量
orecchino	s.m. 耳环，耳饰	liquido	s.m. 液体
taglio	s.m. 剪	solido	s.m. 固体
scatola	s.f. 盒子	grammo	s.m. 克

etto   s.m.   百克
quarto   s.m.   四分之一
chilo   s.m.   公斤
litro   s.m.   升
oliva   s.f.   橄榄
casereccio   agg.   家常的，家制的
caciocavallo (*formaggio*)   s.m.   一种奶酪
ragusano   agg.   拉古萨的
intero   agg.   整个的，完全的
latte intero   loc.   未脱脂牛奶
barattolo   s.m.   罐，筒
scatoletta   s.f.   小盒子
pacco   s.m. [pl.-chi]   包
lattina   s.f.   听
cartone   s.m.   纸盒
pacchetto   s.m.   小包
barretta   s.f.   小条，小块
bottiglia   s.f.   瓶
vasetto   s.m.   小罐
cioccolatino   s.m.   巧克力糖
ketchup   s.m.inv.   番茄酱
hamburger   s.m. [pl. inv. o -s]   汉堡包
ristretto   agg.   浓的，浓缩的
dozzina   s.m.   打
centinaio   s.m. [pl. f.-a]   百，百来个
spremuta   s.f.   榨果汁
alimento   s.m.   食物
abituale   agg.   习惯地，经常的
affettare   v.tr.   把……切成片
grosso   avv.   大的
scremato   agg.   去奶皮的，脱去奶油的
latte scremato   loc.   脱脂牛奶
ghiotto   agg.   嘴馋的，贪吃的
gianduiotto   s.m.   都灵软巧克力糖
tagliare   v.tr.   切
conto   s.m.   账
ricevuta   s.f.   收据
crudo   agg.   生的
prosciutto crudo   loc.   生火腿
resto (*denaro*)   s.m.   零钱
scontrino   s.m.   小票，收据
la fine del mondo   espr. idiom.   极品
bocconcino   s.m.   一小口，一口美味
assaggiare   v.tr.   品尝
squisito   agg.   美味的，好吃的
pezzo   s.m.   块
extravergine   agg.   超纯的
fettina   s.f.   片

totale   s.m.   总数，总和
in totale   loc.   总计
un po' di   loc.   一点
alcuno   agg.   几个，一些
necessario   agg.   必要的
mercatino   s.m.   小市场
odore   s.m.   气味
venditore   s.m. [f.-trice]   卖主
proveniente   agg.   来源的
romeno   agg.   罗马尼亚的
varietà   s.f.inv.   多样化，不同
merce   s.f.   商品
rionale   agg.   区的，地区的
filone   s.m.   长形面包
prestare   v.tr.   借
maturo (*alimento*)   agg.   熟的，成熟的
pesare   v.tr.   重
*far fare   v. caus.   让……做
ordinare   v.tr.   定（货）
insalata   s.f.   色拉，凉拌生菜
sottile   agg. [qui avv.]   薄的，细的

Unità 2

piramide   s.f.   金字塔
a lungo   loc. avv.   长时间地，长久地
studio (*ricerca*)   s.m.   研究
popolo   s.m.   人民
europeo-a   s.m./f.   欧洲的
senso (*significato*)   s.m.   意思
stretto   agg.   狭隘的，精确的
termine (*parola*)   s.m.   词，词语
nel senso stretto del termine   espr. idiom.
   从词语的狭义来讲
insieme   s.m.   总体，整体，全部
abitante   s.m.   居民
stato (*paese*)   s.m.   国家
analizzare   v.tr.   分析
popolazione   s.f.   人民
cereale   s.m.   谷物，粮食
legume   s.m.   豆荚
carne bianca (*pollame*)   loc.   家禽类的肉
attivo   agg.   积极的
stile di vita   loc.   生活风格
equilibrato   agg.   平衡的
indicare   v.tr.   指出
nutrirsi   v. rifl.   吃，进食，汲取营养
fagiolo   s.m.   菜豆，四季豆，芸豆
di stagione   loc.   当季的

raffigurare v.tr. 呈现，表示	*assumere v.tr. 获取的
base s.f. 底部，基础	misto agg. 混合的
alla base loc. avv. 在底部	ortaggio s.m. 蔬菜，菜类
consumo s.m. 使用，消耗	rallentare v.tr. 减慢
man mano che loc. cong. 在……的同时，随着	digestione s.f. 消化
vertice s.m. 顶点，顶	digeribile agg. 可消化的，易消化的
*ridursi v. rifl. 减少	masticare v.tr. 嚼，咀嚼
indicato agg. 指出的	tranquillità s.f. 平静，宁静
insulare agg. 海岛的，岛屿的	serenità s.f. 平静，宁静
alcolico agg., s.m. [pl.-ci-che] 酒精的，酒	*avvenire v.intr. 发生
uno num. card. inv. 一	bocca s.f. 口，口腔，嘴
salute s.f. 健康	considerare v.tr. 认为，看作
in salute loc. 健康地	efficace agg. 有效的，有力的
fibra s.f. 纤维	particolare agg. 特别的，特殊的
vegetale agg. 植物的	*stare in forma espr. idiom. 状态好
grasso s.m. 脂肪，油脂	regolare agg. 有规律的
residuo s.m. 剩余，残余	piadina s.f. 小烙饼
farinaceo s.m. （复）淀粉类食物	minerale agg. 矿物的，矿质的
lenticchia s.f. 扁豆	di corsa loc. avv. 迅速地
fava s.f. 蚕豆	patatina s.f. [spec. pl.] 薯片
tacchino s.m. 火鸡	merendina s.f. 小点心
coniglio s.m. 兔子	wurstel s.m.inv. 小泥肠
nutriente s.m. 营养物	*fare arrabbiare v. caus. 使生气
fornire-isc v.tr. 提供	*sedere v.intr. 坐，坐下
caloria s.f. 热量	biscottato agg. 再烤过的
bisognare v. imp. 必须，应该，要	fetta biscottata loc. 面包干
*occorrere v. imp. 需要，必须	saltare (pasto) v.tr. 跳过
*essere necessario v. imp. 有必要的	stile alimentare loc. 饮食风格
ingrassare v.intr. 变胖	in base a loc. prep. 根据
feste s.f.pl. 年终假日	amaro agg. 苦的
alcol s.m.inv. 含有酒精的饮料	aspro agg. 苦涩的
praticare v.tr. 从事，进行	piccante agg. 辣的
miele s.m. 蜜，蜂蜜	salato agg. 咸的
agrume s.m. 柑橘	duro agg. 硬的
acido agg. 酸的	saporito agg. 可口的，好吃的
digiuno s.m. 节食	insipido agg. 无味的，淡而无味的
a digiuno loc. 空腹，空肚子	morbido agg. 软的
assieme a loc. prep. 和……一起	croccante agg. 脆的，松脆的
completare v.tr. 完成	insapore agg. 没有味道的，无味的
integrale agg. 完整的，完全的	bruschetta s.f. 一种烤面包
tostato agg. 烤，烘	peperoncino s.m. 小辣椒
corretto agg. 正确的	pietra s.f. 石头
associazione (unione) s.f. 结合	duro come una pietra espr. idiom. 硬的像一块石头
alimentazione s.f. 饮食，营养	succoso agg. 多汁的
associare v.tr. 联系	*andare matto per espr. idiom. 对某事着迷
proteina s.f. 蛋白质	esagerare v. intr. 夸张，过分，过度
animale agg. 动物的	aperitivo s.m. 开胃酒
noce s.f. 核桃，胡桃	qualcosa pron. 某物

succo   s.m. [pl.-chi]   液，汁，果汁
succo di frutta   loc.   果汁
albicocca   s.f. [pl.-che]   杏
all'albicocca   loc.   杏味的
imbottito   agg.   塞满的
nulla   pron.   没有东西，没有什么
pesante (*cibo*)   agg.   油腻、难以消化的
toast   s.m. [pl. inv. o -s]   烤面包，吐司
tramezzino   s.m.   夹心面包片，三明治
cocktail   s.m. [pl. inv. o -s]   鸡尾酒
visto che   loc. cong.   鉴于，因为，由于
rifiutare   v.tr.   拒绝
offerta   s.f.   提供
soffice   agg.   柔软的，松软的
dissetante   agg.   解渴的
caffetteria   s.f.   咖啡馆
macchiato   agg.   有斑点的
decaffeinato   agg.   去咖啡因的
panna   s.f.   奶油
cioccolata   s.f.   热巧克力
tavola calda (*vivande calde*)   loc.   快餐部
al cioccolato   loc.   巧克力的
alla crema   loc.   奶油的
al prosciutto   loc.   火腿的
pastierina   s.f.   一种小蛋糕
torrone   s.m.   果仁饼
al torrone   loc.   果仁饼的
trancio (*pezzo*)   s.m.   薄片
bottiglietta   s.f.   小瓶
gassosa   s.f.   汽水
aranciata   s.f.   橘子水
menta   s.f.   薄荷
alla menta   loc.   薄荷的
sciroppo   s.m.   糖汁，糖浆
amarena   s.f.   欧洲酸樱桃
all'amarena   loc.   带酸樱桃的

Unità 3
zuccheriera   s.f.   糖罐
birra   s.f.   啤酒
schiuma   s.f.   沫，泡沫
crostatina   s.f.   小果酱馅饼
nutella   s.f.   一个巧克力酱品牌
cacao   s.m.inv.   可可
gin   s.m.   杜松子酒
boccale   s.m.   一壶，一罐
tazzina   s.f.   小杯子
bicchiere   s.m.   杯子，玻璃杯

coppa   s.f.   杯，高脚酒杯
tazza   s.f.   杯子
bicchierino   s.m.   小杯子
limoncello   s.m.   柠檬味饮料
menu   s.m.   菜单
antipasto   s.m.   前餐
affettato   s.m.   腊肠片，火腿片
marinato   agg.   腌制的
pesce spada   s.m.   箭鱼
mozzarellina   s.f.   一种奶酪
primo piatto   loc.   第一道菜
risotto   s.m.   焖饭，菜饭
milanese   agg.   米兰的
alla milanese   loc.   米兰式的
linguina (*pasta*)   s.f. [spec. pl]   一种面条
genovese   agg.   热那亚的
alla genovese   loc.   热那亚式的
pesto   s.m.   热那亚一种特有的酱汁
raviolo   s.m. [spec. pl.]   饺子
ragù   s.m.   肉酱
alla bolognese   loc.   博洛尼亚式的
secondo piatto   loc.   第二道菜
triglia   s.f.   绯鲤
livornese   agg.   里窝那的
alla livornese   loc.   里窝那式的
frittura   s.f.   煎，油炸
grigliata   s.f.   烤鱼，烤肉
fiorentino   agg.   佛罗伦萨的
alla fiorentina   loc.   佛罗伦萨式的
contorno   s.m.   配菜
forno   s.m.   炉，灶
al forno   loc.   烤
rucola   s.f.   芝麻菜
lesso   agg.   煮的，煨的
fritto   agg.   煎的，炸的
frutto   s.m.   水果
ai frutti di bosco   loc.   莓果的
cassata   s.f.   一种西西里甜食
vino rosso   s.m.   红酒
vino della casa   loc.   家庭自制葡萄酒
vino bianco   s.m.   白葡萄酒
spumante   s.m.   香槟
dessert   s.m. [pl. inv. o -s]   甜食，水果
ordinazione   s.f.   订购
preferenza   s.f.   偏爱，喜爱
primo   s.m.   头道菜
consigliare   v.tr.   建议
specialità del giorno   loc.   当日特色菜

salsa   s.f.   酱汁
grattugiato   agg.   擦成丝或碎末的
ben cotto   agg.   相当熟的
sangue   s.m.   血
al sangue   loc.   带血的
secondo la tradizione   loc.   根据传统
gradire-isc   v.tr.   想要
appesantirsi   v. rifl.   使……变重
classico (vero)   agg. [pl.-ci-che]   传统的，经典的
tanti auguri!   inter.   祝贺！
frizzante   agg.   略有泡沫的，带汽的
senz'altro   loc. avv.   当然，一定
buon compleanno   inter.   生日快乐
prezzemolo   s.m.   欧芹
basilico   s.m.   罗勒
soffritto   agg.   （用文火）煎，炸的
zafferano   s.m.   藏红花
osso   s.m. [pl. f.-a]   骨头
cucinato   agg.   烹制的，做的
griglia   s.f.   烤架
alla griglia   loc.   在烤架上烤
assomigliare   v.intr.   相像
sugo   s.m. [pl.-ghi]   肉汁
ricotta   s.f.   凝乳，鲜奶酪
candito   s.m.   蜜饯的
al dente   loc.   筋道的
bollicina   s.f.   小气泡
ricetta   s.f.   食谱
penna (pasta)   s.f. [spec. pl.]   一种菱形通心粉
alla mediterranea   loc.   地中海式的
ingrediente   s.m.   成分，配料
preparazione   s.f.   准备
passata   s.f.   糊状食物
spicchio   s.m.   瓣
origano   s.m.   牛至
bollire   v.tr.   煮
*fare bollire   v. caus.   让……煮
abbondante   agg.   充足的
pentola   s.f.   锅
scolare   v.tr.   使沥干
lasciare raffreddare   v. caus.   让变冷
cubetto   s.m.   小方块
*friggere   v.tr.   炸，煎
versare   v.tr.   倒
padella   s.f.   煎锅
scaldare   v.tr.   烧热，使变热
tritare   v.tr.   切碎
finemente   avv.   细地

rosolare   v.tr.   烤黄，烧黄
dolcemente   avv.   慢慢地，渐渐地
*aggiungere   v.tr.   增加
lentamente   avv.   慢慢地
mescolare   v.tr.   混合，掺和
sfumare   v.tr.   （颜色）渐渐变淡
leggermente   avv.   轻轻地，稍稍
composto   s.m.   混合物
*cuocere   v.tr.   烹调，煮，烧
lentamente   avv.   慢慢地
teglia   s.f.   铛
strato   s.m.   层
*cospargere   v.tr.   撒，播
abbondantemente   avv.   充分地
terminare   v.tr. e intr.   结束
grado   s.m.   度
tiepido   agg.   温的
sbucciare   v. tr.   剥皮，削皮
montare   v.tr.   （奶油、蛋白等经搅打后）膨起
montare a neve   loc.
   （将蛋白，奶油等）打成泡沫状
*rompere   v.tr.   打破
vapore   s.m.   蒸汽
al vapore   loc.   蒸汽的
grigliare   v.tr.   在铁架上烤
grattugiare   v.tr.   擦成丝或碎末
mestolo   s.m.   长勺
grattugia   s.f. [pl.-ge]   擦丝（末）器
insalatiera   s.f.   凉拌生菜盘，色拉盘
colapasta   s.f. inv.   笊篱
casseruola   s.f.   长柄深平底锅
bilancia   s.f. [pl.-ce]   称，天平
tostapane   s.m. inv.   烤面包片机
sbattitore   s.m.   搅拌器
frullatore   s.m.   电动搅拌器
buttare   v.tr.   丢，掷
frullato   s.m.   混合饮料，混合蔬菜等
albume   s.m.   蛋白
brodo   s.m.   汤，汁，肉汤
minestrone   s.m.   浓肉汁菜汤
chicco   s.m. [pl.-chi]   粒，颗粒
pizzico   s.m. [pl.-chi]   小撮
rame   s.m.   铜
inghiottire   v.tr.   吞下，咽下
*fare aspettare   v. caus.   让等
servirsi   v. rifl.   用，使用
oltre a   loc. prep.   除了……之外
cassiera   s.f.   收银员

gnocco s.m. [pl.-chi]	面团
disgustoso agg.	令人作呕的
pirofila s.f.	耐火材料
seriamente avv.	严肃地
felicemente avv.	幸福地
difficilmente avv.	困难地
particolarmente avv.	特别地
violentemente avv.	粗暴地
frittata s.f.	煎鸡蛋，炒鸡蛋
sbattere v.tr. e intr.	搅拌
energico agg. [pl. -ci-che]	强有力的
energicamente avv.	强有力地
sobbollire v.tr.	徐徐沸滚
*fare soffriggere v. caus.	让炸，让煎
indorare v.tr.	变成金色
fare indorare v. caus.	使变成金色
avido agg.	贪婪的
avidamente avv.	贪婪地
abusare (esagerare) v.intr.	滥用
scarso agg.	不足的，缺少的
scarsamente avv.	不足地
piacevole agg.	愉快的
piacevolmente avv.	愉快地
attento agg.	集中注意力的，全神贯注的
attentamente avv.	集中注意力地，全神贯注地
notevole agg.	显著的
notevolmente avv.	显著地
duro agg.	坚强的
duramente avv.	坚强地
allegro agg.	愉快的
allegramente avv.	愉快地
gentile agg.	热情的
gentilmente avv.	热情地
pompelmo s.m.	柚子
livello s.m.	水平
bresaola s.f.	腌牛肉干
curare v.tr.	照料
coltello s.m.	刀子
cucchiaio s.m.	勺子
cucchiaino s.m.	小勺子
forchetta s.f.	叉子
piano agg.	平的，浅的
piatto s.m.	盘子
fondo agg.	深的
forchettina s.f.	小叉子
galateo s.m.	教养，礼貌
appoggiare v.tr.	靠，倚
gomito s.m.	肘，肘部
commensale s.m.	同席者
posata s.f.	一副餐具
ordine s.m.	顺序
infilzare v.tr.	刺穿，刺入
pesca (frutto) s.f. [pl. -che]	桃
fermo agg.	静止的，不动的
ciliegia s.f. [pl. -gie]	樱桃
caco s.m. [pl. -chi]	柿子
a metà loc.	一半
fico s.m. [pl. -chi]	无花果
pietanza s.f.	汤后主菜，第二道菜
*togliere v.tr.	去掉
buccia s.f. [pl.-ce]	果皮
pastina s.f.	小面食
salsiccia s.f. [pl.-ce]	香肠，腊肠
abbuffata s.f.	饱食
religione s.f.	宗教
Gesù s.m.	耶稣
Babbo Natale s.m.	圣诞老人
magico agg. [pl.-ci-che]	魔术的，奇妙的
*condividere v.tr.	分享
gioia s.f.	欢乐
*resistere v.intr.	经得住，顶得住
di magro loc.	吃素
rispettare v.tr.	尊重
capitone s.m.	大鳗鲡
filetto s.m.	鱼片
baccalà s.m.	鳕鱼干
piatto forte loc.	主菜
spigola s.f.	狼鲈
gamberone s.m.	大虾
sogliola s.f.	鳎属
totano s.m.	鱿鱼
rinforzo s.m.	加强，增强
insalata di rinforzo loc.	一种营养丰富的色拉
cavolfiore s.m.	菜花
acciuga s.f. [pl. -ghe]	欧洲鳀
gradatamente avv.	逐步地
*diffondersi v. rifl.	扩散，传播
a seguito di loc. prep.	由于，因为
emigrazione s.f.	移居，移民
industriale agg.	工业的
triangolo s.m.	三角区
triangolo industriale loc.	工业三角区
al contrario cong. test.	相反地
irrinunciabile agg.	不能放弃的
tagliatella s.f. [spec. pl.]	宽面条
all'uovo loc.	鸡蛋的

cappelletto s.m. [spec. pl.] 一种面食
in brodo loc. 汤中的
cappone s.m. 阉公鸡
tacchina s.f. 母火鸡
intermezzo s.m. 间歇
crostino s.m. 油煎（或烤）面包片
fegatino s.m. 鸡肝
arrosto s.m. 烤肉
faraona s.f. 珍珠鸡
panettone s.m. 米兰式大蛋糕
cilindrico agg. [pl. -ci-che] 圆柱形的
forma s.f. 形状
a forma di loc. 有……的形状
cupola s.f. 圆屋顶
lievitato agg. 发酵的
farina s.f. 面粉
aggiunta s.f. 增加，增加部分
cedro s.m. 香橼果
uvetta s.f. 无核葡萄干
variazione s.f. 变化，变动，变更
tema s.m. 主题
glassato agg. 覆以糖霜的
ripieno agg. 填馅的
variante s.f. 变形
simbolo s.m. 象征
a base di loc. prep. 由……构成，主要成分是
celebrare v.tr. 庆祝
titolo s.m. 题目
articolo s.m. 文章
valore s.m. 价值
superfluo agg. 多余的

Unità 4

viso s.m. 脸
cintura s.f. 腰带
sandalo s.m. 凉鞋
profumo s.m. 香水
impermeabile s.m. 雨衣
cappello s.m. 帽子
stivale s.m. 靴子
lavatrice s.f. 洗衣机
bagnoschiuma s.m.inv. 沐浴液
piumino s.m. 羽绒服
videoregistratore s.m. 录像机
microonda s.f. 微波
a microonde loc. 微波炉
camoscio s.m. 油鞣革，羚羊皮，麂皮
mocassino s.m. （无束带的）软皮鞋，皮便鞋

cuoio s.m. 皮革
ballerina (scarpe) s.f. 软底鞋
vernice s.f. 漆，釉
infradito s.m.inv. 人字拖，夹指拖鞋
borsa s.f. 包
quello agg., e pron. 那，那个
scarpa s.f. 鞋
tacco s.m. [pl-chi] 鞋跟
vetrina s.f. 橱窗
in basso loc. avv. 下面的
portare (numero) v.tr. 穿
provare (abbigliamento) v.tr. 试穿
stretto (abbigliamento) agg. 紧
saldo s.m. [spec. pl.] 削价出售的商品
occhiata s.f. 一眼
dare un'occhiata espr. idiom. 看一眼
misura s.f. 尺寸
largo agg. [pl. -ghi-ghe] 宽的，宽大的
controllare v.tr. 核对，检查
in saldo loc. 打折的
di moda loc. 时尚的，时髦的
valigetta s.f. 小手提箱
scontato agg. 打折的
*fare vedere v. caus. 让看
ciotola s.f. 碗
*fare provare v. caus. 让试
scaffale s.m. 货架，搁板
da ginnastica loc. 体操的
a/con tacco alto loc. 高跟的
a/con tacco medio loc. 中跟的
guanto s.m. 手套
borsone s.m. 大包
materiale s.m. 材质
accessorio s.m. 配饰
tuta s.f. 工作服，运动服
lycra s.f. 莱卡
calzino s.m. 短袜
cotone s.m. 棉
berretto s.m. 帽子，有沿帽
lana s.f. 羊毛
camicia s.f. [pl.-cie] 衬衫，衬衣
manica s.f. [pl.-che] 袖子
a maniche corte loc. 短袖
pantaloncino s.m. [spec. pl.] 短裤
da mare loc. 海边
pullover s.m. [pl. inv. o-s] 套衫
collo s.m. 领子，衣领
collo a V loc. V字领

giubbotto	s.m.	运动式短上衣	classico	s.m.	经典样式
a un petto	loc.	单排扣	guardaroba	s.m.	（个人）全部服装
pantalone	s.m. [spec.pl.]	裤子	tessuto	s.m.	织物，织品，布
giacca	s.f. [pl.-che]	上衣，外套，夹克	assegno	s.m.	支票
a doppio petto	loc.	双排扣（拉链）	sarto-a	s.m./f.	裁缝
cappotto	s.m.	大衣，厚大衣	arrivi (*nuova merce*)	s.m.pl.	新到商品
vestito (*da uomo*)	s.m.	上衣	portata (*piatto*)	s.f.	一道菜
gessato	agg.	有条纹的	zoccolo	s.m.	木屐，木鞋
riga	s.f. [pl.-ghe]	条纹	indossare	v.tr.	穿
a righe	loc.	带条纹的	maglione	s.m.	厚毛衣，厚运动衣
sciarpa	s.f.	围巾	ombrello	s.m.	伞，雨伞
quadro	s.m.	方格	colorato	agg.	彩色的
a quadri	loc.	方格的	apparecchiato	agg.	准备好的，齐备的
soprabito	s.m.	外套，大衣	di troppo	loc. avv.	过多
double face	agg. inv.	双面的	prelevare	v.tr.	提取
golfino	s.m.	小长袖运动衫	bancomat	s.m.inv.	自动取款机
a collo alto	loc.	高领	colloquio	s.m.	谈话，会谈，对话
giacchino	s.m.	（女式）短上衣	colloquio di lavoro	loc.	工作面试
pelliccia	s.f. [pl.pellicce]	裘皮大衣	fuori luogo	loc. avv.	不合适的
gonna	s.f.	裙子	tecnologico	agg. [pl.-ci-che]	科技的
capo	s.m.	件数	folle	agg.	发疯的，疯狂的
capo d'abbigliamento	loc.	服装件数	spese folli	espr. idiom.	挥霍
taglia	s.f.	尺寸，尺码	orientarsi	v. rifl.	明确做法
aderente	agg.	贴身的，紧身的	personale	agg.	个人的
zampa	s.f.	脚，爪子	barbie	s.f.inv.	芭比娃娃
elefante	s.m.	象，大象	macchinina	s.f.	玩具汽车
a zampa d'elefante	loc.	象脚形的	interattivo	agg.	相互作用的，互动的
passare di moda	espr. idiom.	过时了	regalino	s.m.	小礼物
suggerire-isc	v.tr.	建议	pensierino	s.m.	小意思
dubbio	s.m.	犹疑，踌躇	lo spazio di una festa	espr. idiom	在短时间内
parere	s.m.	看法	bene	s.m.	好处，用处
trattarsi	v. impers.	关于，涉及	durevole	agg.	持久的，耐久的
cerimonia	s.f.	仪式	acquisto	s.m.	购买
anniversario	s.m.	纪念日	oggetto	s.m.	物品
nessuno	agg.	没有任何的	lettore	s.m.	阅读器
qualche	agg. inv.	几个，一些，一点	digitale	agg.	数码的
tubo	s.m.	管子	dispositivo	s.m.	器械，装置
a tubo	loc.	管状的	TV mobile	s.f.	移动电视
camerino	s.m.	试衣间	telefonino	s.m.	手机
accorciare	v.tr.	改短	videofonino	s.m.	视频电话
donare (*stare bene*)	v.intr.	增添光彩	portatile	agg.	可携带的
piuttosto	cong. test.	那么	computer portatile	loc.	手提电脑
novità	s.m.inv.	新产品	plasma	s.m.	等离子
puro	agg.	纯的	al plasma	loc.	等离子的
abbinarsi	v. rifl.	合并	registrare	v.tr.	记录
addosso	avv.	在身上	passato	agg.	过去的
misto	s.m.	混合物	*fare risparmiare	v. caus.	使节约
taglio	s.m.	裁剪	inevitabile	agg.	不可避免的

indagine   s.f.   调查
consumatore   s.m. [f. -trice]   消费者
impiegare   v.tr.   使用
tredicesima   s.f.   （12月份）双工资
bene   s.m.   （复数）财产
rifugio   s.m.   保护
bene rifugio   loc.   保险财产
brillantino   s.m.   亮光薄呢
braccialetto   s.m.   手镯
platino   s.m.   铂，白金
orologino   s.m.   小手表
oro   s.m.   金
firmato   agg.   签名的
firma   s.f.   签名
marchio   s.m.   商标
esagerato   agg.   夸张的
immobile   s.m.   家具
in occasione di   loc. prep.   在……时
tendenza   s.f.   倾向
originale   agg.   新颖的，独创的
banale   agg.   平庸的
uguale   agg.   一样的
fine stagione   loc.   季末
innamorato-a   agg., s.m./f.   爱上的
Festa degli innamorati   loc.   情人节
Festa della donna   loc.   妇女节
Festa della Repubblica   loc.   国庆日
Festa della mamma   loc.   母亲节
Ognissanti   s.m.   万圣节
religioso   agg.   宗教的
civile   agg.   非宗教的
nazionale   agg.   国家的
data   s.f.   日期
progetto   s.m.   计划
detto   s.m.   格言，成语，谚语
pasquale   agg.   复活节的
Pasquetta   s.f.   复活节后的星期一
successivo   agg.   随后的
dedicato   agg.   用在
sacro   agg.   神圣的，宗教的
profano   agg.   世俗的，非宗教的
precristiano   agg.   基督教前的
età   s.f.inv.   时代
successivamente   avv.   而后，过后
identificarsi   v. rifl.   相同，相一致
santo-a   s.m./f.   圣徒
zucca   s.f.   南瓜
dolcetto   s.m.   小甜点
marzapane   s.m.   蛋白杏仁甜饼
colomba (dolce)   s.f.   鸽形蛋糕
agnello   s.m.   羔羊
meraviglia   s.f.   奇事，奇迹
che meraviglia!   inter.   真不可思议！
Belpaese   s.m.   美丽的国家
scambiarsi   v. rifl. rec.   交换
sfilare   v.intr.   列队前进，游行
parata   s.f.   阅兵式，检阅
militare   agg.   军事的，军队的
mazzo   s.m.   束
mimosa   s.f.   含羞草属
*cadere (aver luogo)   v.intr.   （日期）适逢
*confondere   v.tr.   弄混
distinzione   s.f.   区别，区分
adottare   v.tr.   采用，采取
*farcela   v. pron.   办到，办成
commovente   agg.   感人的，动人的
buon anno!   inter.   新年好！
grazioso   agg.   可爱的
pianeta   s.m.   行星，地球
orgoglioso   agg.   自豪的
complimenti   inter.   祝贺
Buon Natale   inter.   圣诞节快乐
buon onomastico!   inter.   命名日快乐！
biglietto   s.m.   便条，短函
biglietto di auguri   loc.   贺卡
nozze   s.f.pl.   婚礼
impanare   v.tr.   在……上面蘸上面包屑
impressione (giudizio)   s.f.   感觉
involtino   s.m.   肉卷
complimentarsi   v. rifl.   恭喜，祝贺
infilarsi   v. rifl.   钻进，穿上
minigonna   s.f.   迷你裙
crocchetta   s.f.   油炸丸子，炸肉饼
annata   s.f.   一年
vino d'annata   loc.   陈年葡萄酒
là   avv.   那儿
a/con tacco basso   loc.   矮跟的
gioiello   s.m.   珠宝首饰
*fare ridere   v. caus.   使发笑
nozze d'oro   loc.   金婚
master   s.m. [pl. inv. o -s]   进修课程
eccetto che   loc. prep.   除非，除了
cravatta   s.f.   领带
felpa   s.f.   长毛绒
calzettone   s.m.   长毛线袜
leggero (abbigliamento)   agg.   轻的
a cipolla (a strati)   loc.   多层的
pesante (abbigliamento)   agg.   厚的

spillo   s.m.   针，别针
tacchi a spillo   loc.   细尖跟
frigo   s.m.   电冰箱
analcolico   agg., s.m. [pl.-ci -che]   不含酒精的饮料
pigiama   s.m. [pl. inv. o -i]   睡衣
unito   agg.   单色的，无花纹的
tinta   s.f.   颜色
a tinta unita   loc.   单色的
linea (riga)   s.f.   线条
bordo   s.m.   衣边
taschino   s.m.   小口袋
canottiera   s.f.   背心
fiore   s.m.   花
a fiori   loc.   有花卉图案的
scollatura   s.f.   袒胸的衣领
tondo   agg.   圆的
militare   agg.   军人的
verde militare   loc.   军人绿
velluto   s.m.   丝绒
velluto a coste   loc.   螺纹绒，灯芯绒
polsino   s.m.   袖口
amaretto   s.m.   杏仁饼干
*fare assaggiare   v. caus.   让品尝
marsala   s.f.   马沙拉白葡萄酒
fuori moda   loc.   过时的
inserire-isc   v.tr.   插入，放入
moneta   s.f.   硬币
banconota   s.f.   钞票
fessura   s.f.   裂缝，缝隙
sportello   s.m.   小门
cashmere   s.m.inv.   开司米，羊绒
elettronico   agg. [pl.-ci-che]   电子的
asparago   s.m. [pl.-gi]   芦笋
zucchina   s.f.   菜瓜，小南瓜
crème caramel   s.f.inv.   焦糖布丁
fagiolino   s.m. [spec. pl.]   菜豆，豆角
alla cacciatora   loc.   炖，煨
spaghetti alla carbonara   loc.   一种面条
grigliato   agg.   在铁架上烤的
ananas   s.m.   菠萝
anguria   s.f.   西瓜
arancino   s.m.   （有肉馅的）油炸米团

Modulo 9

Unità 1

orecchio   s.m. [pl.f.-e , m.-i]   耳朵
male   s.m.   病痛，疼痛

mal d'orecchio   loc.   耳朵痛
gola   s.f.   咽喉，嗓子
mal di gola   loc.   嗓子痛
torcicollo   s.m.   落枕
pancia   s.f.   肚子
mal di pancia   loc.   肚子痛
mal di piedi   loc.   脚痛
stomaco   s.m. [pl.-ci]   胃
mal di stomaco   loc.   胃痛
febbre   s.f.   发热，发烧
tosse   s.f.   咳嗽
raffreddore   s.m.   感冒，伤风
influenza   s.f.   流行性感冒
schiena   s.f.   背，背部
mal di schiena   loc.   背痛
mal di dente   loc.   牙痛
continuo   agg.   连续的，不断的
mal di testa   loc.   头痛
misurare (febbre)   v.tr.   量
stamattina   avv.   今天早晨
finora   avv.   直到现在，至今
termometro   s.m.   温度计
appetito   s.m.   食欲，胃口
grave   agg.   严重的
disturbo   s.m.   不舒服
forte   agg.   厉害的
curarsi   v. rifl.   注意健康，求医治疗
coperto   agg.   穿衣的，盖好的
*prescrivere   v.tr.   开方
medicinale   s.m.   药品，药物
pomata   s.f.   软膏，油膏，药膏
sciroppo   s.m.   糖汁，糖浆
calmante   agg.   镇静的
compressa   s.f.   药片
tachipirina   s.f.   一种药
abbassare   v.tr.   降低
servire (essere utile)   v.intr.   有用
congedo   s.m.   请假
contagioso   agg.   有传染性的
promessa   s.f.   诺言，许诺
ipotesi   s.f.inv.   假设，假说
condizione   s.f.   条件
intenzione   s.f.   意图，意向，打算
posteriore   agg.   以后的
futuro   agg.   将来的
visita (medica)   s.f.   看病，就诊
brivido   s.m.   发抖，哆嗦
soccorso   s.m.   救护，急救

pronto soccorso loc. 救护车，急救站	emergenza s.f. 紧急情况
assentarsi v.rifl. 暂离	prefestivo agg. 节日前夕的
dolore s.m. 痛，疼痛	festivo agg. 节日的
probabilmente avv. 很可能地	guardia medica loc. 值班医生
*muovere v.tr. e intr. 动	rinnovarsi v. rifl. 续约
bagnarsi v. rifl. 弄湿	automaticamente avv. 自动地
improvvisamente avv. 突然地	revocare v.tr. 取消，撤销
bloccarsi v. rifl. 停止	tuttavia cong. 但是，然而
*mettersi a dieta espr. idiom. 节食	facoltà (diritto) s.f.inv. 权力
*smettere v.tr. e intr. 停止，中断	paziente s.m. e f. 病人，患者
fuori pasto loc. 饭后	*assistere v.tr. 帮助，协助，照看
prossimo agg. 下一个的	comunicazione s.f. 通知
capoufficio s.m. e f. [pl.-capiufficio] 办公室主任	motivazione s.f. 说明动机，申诉理由
antibiotico agg., s.m. [pl. ci-che] 抗生的，抗生素	Azienda Sanitaria Locale loc. 地方保健所
antidolorifico agg., s.m. [pl. ci-che] 止痛的，止痛药	ente s.m. 机构，机关
fissare v.tr. 确定	pubblico agg. [pl.-ci-che] 公共的
esame s.m. 检查，细查	*fare parte di espr. idiom. 属于
radiografia s.f. X线照片	dipartimento s.m. 部门
iniezione s.f. 注射	clinica s.f. [pl.-che] 门诊部
*soffrire di v.intr. 患病	consultorio s.m. 诊所
oculista s.m. 眼科医生	domiciliare agg. 住所的，住处的
bruciore s.m. 灼热，灼痛	farmacia verde loc. 绿色药物
assistenza s.f. 治疗，救护，护理	metodo s.m. 方法
sanitario agg. 保健的，卫生的	naturale agg. 自然的
legge s.f. 法律	cura (trattamento) s.f. 治疗，疗法
tutela s.f. 保护，维护	convenzionale agg. 惯例的，常规的
di conseguenza loc. avv. 因此，所以	ufficiale agg. 正式的，官方的
medico di famiglia loc. 家庭医生	medicina ufficiale loc. 官方药物
punto s.m. 点	a lungo termine loc. avv. 长期地
riferimento s.m. 参照	intossicare v.tr. 使中毒，毒害
punto di riferimento loc. 参照点	organismo s.m. 生物体，有机体
passaparola s.m.inv. 传话	rimedio s.m. 药物，治疗方法
extracomunitario agg. 非欧盟的	sostanza s.f. 物质
soggiorno s.m. 居留	chimico agg. [pl.-ci-che] 化学的
permesso s.m. 允许，许可	officinale agg. 药用的
permesso di soggiorno loc. 居留许可	olio s.m. 油
pediatra s.m. e f. 儿科医生	essenziale agg. 香精的，香料的
convenzionato agg. 签有协定的	tisana s.f. 汤剂，汤药
Sistema Sanitario Nazionale s.m. 国家卫生体系	omeopatia s.f. 顺势疗法
distretto s.m. 区，辖区	agopuntura s.f. 针灸
medico di base loc. 综合性医生	impiego (uso) s.m. [pl.-ghi] 使用
gratuitamente avv. 免费地	fitoterapia s.f. 植物药疗法
rilasciare v.tr. 发给	utilizzare v.tr. 利用
ricetta (medica) s.f. 药房，处方	estratto s.m. 提取物，汁
certificato (medico) s.m. 证明	prevenzione s.f. 预防，预防措施
impegnativa s.f. 预约	malattia s.f. 病，疾病
specialistico agg. [pl.-ci-che] 专门的	erboristeria s.f. 草药店
	erborista s.m. e f. 草药专家

qualificato agg.	合格的，有资格的
totalmente avv.	完全地
privo di agg.	缺少的，缺乏的
rischio s.m.	危险，风险
acerola s.f.	西印度樱桃（一种草药）
Indie Occidentali s.f.pl.	西印度群岛
originario agg.	产于当地的
Centro-America s.m.	中美洲
indicato agg.	建议，指出
trattamento (cura) s.m.	治疗
febbrile agg.	发热的，热病的
circolazione (sangue) s.f.	循环
applicazione s.f.	应用
estratto agg.	提取的
gambo s.m.	（花，草的）梗，茎，柄
*contenere v.tr.	包含
prezioso agg.	珍贵的
enzima s.m.	酶
*svolgere v.tr.	进行，展开
antifiammatorio agg.	消炎的
cellulite s.f.	蜂窝织炎
pastiglia s.f.	片，药片
arnica s.f. [pl.-che]	山金车（一种草药）
via (modalità) s.f.	（医）道，管
via orale loc.	口服药
combattere v.tr.	作战，战斗，格斗
frattura s.f.	骨裂，裂痕
decotto s.m.	汤药，中药水
artiglio s.m.	爪
diavolo s.m.	魔鬼，恶魔
reumatismo s.m.	风湿病
sudafricano agg.	南非的
tradizione (uso) s.f.	传统，风俗
importato agg.	引入的
Numidia s.f.	努米底亚
bardana s.f.	牛蒡（一种草药）
popolare (comune) agg.	大众的，普及的
impurità s.f.inv.	不纯，不洁
disinfettante agg., s.m.	消毒的
cicatrizzante agg.,s.m.	愈合的
fieno s.m.	干草
presenza s.f.	存在，有
minerale s.m.	矿物的
ferro s.m.	铁
calcio s.m.	钙
manganese s.m.	锰
gruppo s.m.	种类，类别
stimolante agg., s.m.	使兴奋的，兴奋剂
metabolismo s.m.	新陈代谢
contro prep.	反对
anemia s.f.	贫血症
magrezza s.f.	瘦，消瘦
eccessivo agg.	过度的，过分的
salvia s.f.	鼠尾草
fin da loc. prep.	从
antichità s.f. inv.	古代
non tanto... quanto avv.	不是……而是
insaporire-isc v.tr.	给……调味
aiuto s.m.	帮助
gengivite s.f.	龈炎
indigestione s.f.	消化不良
infezione s.f.	感染，传染
respiratorio agg.	呼吸的
valeriana s.f.	缬草根
fitoterapeuta s.m. e f.	草药治疗学家
sonnifero s.m.	安眠药
per eccellenza loc. avv.	卓越的，杰出的，典型的
concentrazione s.f.	浓度
principio (sostanza) s.m.	主要成分
insonnia s.f.	失眠
ansia s.f.	焦虑
goccia s.f. [pl.-ce]	滴
medicina (scienza) s.f.	医学
alternativo agg.	代替的
menzionare v.tr.	提及
impuro agg.	不洁的
cicatrice s.f.	伤疤，伤痕
cutaneo agg.	皮肤的
camomilla s.f.	菊花茶
impacco s.m. [pl.-chi]	敷布，敷法
infuso s.m.	浸剂
collutorio s.m.	漱口剂
collirio s.m.	眼药水
intollerante agg.	受不住的
malessere s.m.	不适，欠爽
pillola s.f.	药丸
infiammazione s.f.	炎，炎症
gonfiore s.m.	肿胀，肿大
sciacquo s.m.	漱口
intolleranza s.f.	不耐性
congiuntivite s.f.	结膜炎
lacrimare v.intr.	流眼泪
omeopatico agg. [pl.-ci-che]	顺势疗法的
immunitario agg.	免疫的
sistema s.m.	系统
nel corso di loc. prep.	在……的过程中

valido agg. 有效的
pallido agg. 苍白的，无血色的
sentirsi bene espr. idiom. 感觉身体好
infiammato agg. 发炎的
passare (finire) v.intr. 过去，终止
*far male espr. idiom. 疼
colpo s.m. 一下
colpo di tosse loc. 咳嗽一下
ortica s.f. [pl.-che] 大荨麻
posa s.f. 放
lasciare in posa espr. idiom. 搁在那儿
depressione s.f. 抑郁症
in attesa di loc. prep. 等候
specialista s.m. e f. 专家
calmare v.tr. 使平静
a stomaco pieno loc. 吃过东西的
ammalarsi v. rifl. 生病
ammalato-a agg., e s.m./f. 生病的
guarito agg. 痊愈的
guarire-isc v.tr. e intr. 痊愈
migliorare v.tr. e intr. 好转
peggiorare v.tr. e intr. 恶化
di giorno in giorno loc. avv. 一天天地
fumare v.tr. 抽烟
cancro s.m. 癌，恶性肿瘤
vaccino s.m. 疫苗
colite s.f. 结肠炎
disordinato agg. 过多的，无节制的
ciclo s.m. 周期
seduta s.f. 就诊
perdita s.f. 失去
igiene s.f. 卫生
eliminare v.tr. 消除，消灭
batterico agg. [pl.-ci-che] 细菌的
placca s.f. [pl.-che] 斑
spazzolino s.m. 小刷子
spazzolino da denti loc. 牙刷
manico s.m. [pl.-ci-] 柄，把手
testina s.f. 小头
dimensione s.f. 大小
adeguato agg. 适当的
setola s.f. 鬃毛刷子
sintetico agg. [pl.-ci-che] 合成的
spazzolare v.tr. 刷
spazzolamento s.m. 刷
danno s.m. 损害，破坏
beneficio s.m. 利益，好处
inefficace agg. 无效的，不灵的

arcata s.f. 弧，弓
dall'alto loc. avv. 从高
dal basso loc. avv. 从低
dentifricio s.m. 牙膏
fluoro s.m. 氟
al fluoro loc. 带氟的
favorire-isc v.tr. 有利于，有助于
rimineralizzazione s.f. 再矿化
*sottoporsi v. rifl. 经受
periodico agg. [pl.-ci-che] 定期的
scorretto agg. 不正确的，错误的
correttamente avv. 正确地
sonnolenza s.f. 昏昏欲睡
dimagrire-isc v.intr. 变瘦
motivo s.m. 原因
bruciare v.tr. e intr. 灼热，灼痛
allergia s.f. 过敏
irritazione s.f. 发炎，过敏（尤指皮肤）
varicella s.f. 水痘
intossicazione s.f. 中毒
insolazione s.f. 中暑，日射病
studio medico loc. 医务工作室
ricevere v.tr. 接待，接见
corpo s.m. 身体
macchia s.f. 斑点
bruciore s.m. 灼痛，灼热
appena possibile loc. avv. 一有可能
sede s.f. 地点，场所
in sede loc. 在办公室
braccio s.m. [pl.f.-braccia] 胳膊
preoccupato agg. 担心的
nausea s.f. 恶心，反胃
vomito s.m. 吐，呕吐
starnutire-isc v.intr. 打喷嚏
prurito s.m. 痒，发痒
allarme s.m. 警报
obesità s.f. [pl. inv.] 肥胖症
fumo s.m. 吸烟
passivo agg. 被动的
involontario agg. 非自愿的，无意的
respirare v.tr. 呼吸
a contatto con loc. prep. 接触
provocare v.tr. 造成
stima (valutazione) s.f. 估计，推算
morto-a s.m./f. 死者
altamente avv. 大大地，特大地
cancerogeno agg. 致癌的
fianco a fianco loc. prep. 一起

fumatore   s.m. [f.-trice]   吸烟者，抽烟者
estremamente   avv.   极端地，非常地
vizio   s.m.   恶习
tumore   s.m.   肿瘤
polmone   s.m.   肺
cuore   s.m.   心，心脏
attribuire-isc   v.intr.   归因于
esposizione   s.f.   显露，暴露
posto di lavoro   loc.   工作场所
bebè   s.m.   inv.   婴儿，幼童
polmonare   agg.   肺的
cardiaco   agg. [pl.-ci-che]   心脏的
infantile   agg.   幼儿的，婴儿的
crescita   s.f.   生长，成长
in crescita   loc.   增长
odierno   agg.   今日的，现今的
ministero   s.m.   （政府的）部
eccesso   s.m.   超越，过量
peso   s.m.   重量，体重
sovrappeso   s.m.   过重
decisamente   avv.   无疑地
obeso   agg.   过度肥胖的
ipertensione   s.f.   高血压
colesterolo   s.m.   胆固醇
colpire-isc   v.tr.   打，击
fattore   s.m.   要素，因素
rischio   s.m.   危险，风险
fattore di rischio   loc.   风险因素
familiarità   s.f.inv.   亲密，亲近
componente   s.f.   组成部分
genetico   agg. [pl.-ci-che]   遗传学的
ambientale   agg.   周围的，环境的
status   (condizione)   s.m.inv.
    社会地位、身份，情况
socio-economico   agg. [pl.-ci-che]   社会经济
educare   v.tr.   教育
consapevole   agg.   意识到的
*fare amare   v. caus.   使爱上
*convincere   v.tr.   说服
abituare   v.intr.   使习惯
moderato   agg.   有节制的
sforzo   s.m.   努力
*compromettere   v.tr.   危害，损害
muro   s.m.   [qui pl. f.-a]   墙，壁
mura domestiche   loc.   家
vietare   v.tr.   禁止
campagna   (iniziativa)   s.f.   运动
*risolvere   v.tr.   解决

Unità 2

spalla   s.f.   肩，肩膀
gamba   s.f.   腿
ginocchio   s.m. [pl. f.-a]   膝盖
petto   s.m.   胸
faccia   s.f.   脸
busto   s.m.   上半身
avvicinare   v.tr.   靠近
*mantenere   v.tr.   保持
divaricato   agg.   （体操）劈腿的
espirare   v.tr.   呼出，呼气
piegare   v.tr.   弯，弯曲
in avanti   loc. avv.   向前
inspirare   v.tr.   吸入，吸气
carponi   avv.   匍匐爬着
appoggiare   v.tr.   靠，倚
incurvare   v.tr.   使弯曲
colonna   s.f.   柱状物
vertebrale   agg.   椎骨的，脊椎的
alto   s.m.   高处
allungare   v.tr.   伸长
punta   s.f.   尖
disteso   agg.   伸展的，展开的
accavallato   agg.   跨着的
controlaterale   agg.   相反的
ruotare   v.tr.   转，旋转
senso   (direzione)   s.m.   方向
secondo   (orario)   s.m.   秒
opposto   agg.   相反的
lato   s.m.   面，侧
*fare male   espr. idiom.   不舒服，难受
*farsi male   espr. idiom.   自己弄疼
scivolare   v.intr.   滑，滑倒
scontrarsi   v. rifl.   碰撞，相撞
caduta   s.f.   掉下，跌下
scottarsi   v. rifl.   烫伤自己，烫着自己
tagliarsi   v. rifl.   切到自己
ferirsi-isc   v. rifl.   受伤
*rompersi   v. rifl.   打破
fratturarsi   v. rifl.   骨折
slogarsi   v. rifl.   脱臼
*storcere   v.tr.   拧，扭
caviglia   s.f.   踝骨
*svenire   v.intr.   晕倒
bruciarsi   v. rifl.   烧伤，烫伤
stiro   s.m.   熨
ferro   s.m.   铁

ferro da stiro   loc.   熨斗
sbattere   v.tr.   撞，碰，拍打
tonsillite   s.f.   扁桃体炎
spalmarsi   v. rifl.   涂，敷，抹
cerotto   s.m.   橡皮膏
sollevato   agg.   抬起的
rovesciarsi   v. rifl.   翻倒，倾覆
a bordo   loc.   在……上
scooter   s.m.inv.   小型摩托车
Dio mio!   inter.   我的上帝！天哪！
investire   v.tr.   碰撞，撞击
senso (coscienza)   s.m.   知觉，感觉
privo di sensi   espr. idiom.   失去知觉
volante   s.m.   驾驶盘，方向盘
fratturarsi   v.tr.   骨折
polso   s.m.   腕
ferito   s.m.   伤者
fortunatamente   avv.   幸运地
in un lampo   loc. avv.   刹那间，转瞬间
carabiniere   s.m.   宪兵
subito dopo   avv.   紧接着
ambulanza   s.f.   救护车
ingessato   agg.   打石膏的
riportare   v. r.   带回
lesione   s.f.   损害
*andare a trovare   v. fras.   去找，去看望
bon ton   s.m. [solo sing.]   教养，礼貌
guastare   v.intr.   有坏处
siccome   cong.   由于，鉴于
dato che   loc. cong.   鉴于
schiacciare   v.tr.   挤，压
malamente   avv.   坏地，糟糕地
spavento   s.m.   害怕，惊吓
che spavento!   inter.   真吓人呀！
disgrazia   s.f.   不幸
che disgrazia!   inter.   真不幸呀！
scippare   v.tr.   抢夺
scappare   v.intr.   逃跑
inseguire   v.tr.   追赶，追踪
ferita   s.f.   伤，伤口
labbro   s.m. [pl. f.-a]   嘴唇
livido   s.m.   青肿
punto (sutura)   s.m.   缝合点，缝线
*dare punti   espr. idiom.   缝合
ricoverato   agg.   住院的
imbiancare   v.tr.   刷白
fasciatura   s.f.   绷带

Unità 3

oroscopo   s.m.   星座
determinazione   s.f.   决心，坚强的意志
permaloso   agg.   易怒的，因小事生气的
irrazionale   agg.   无理性的，无理的
a sorpresa   loc.   突然
realizzarsi   v. rifl.   实现
conquista   s.f.   征服，赢得，获得
*sostenere   v.tr.   坚持，确信
obbiettivo   s.m.   目标，目的
passione   s.f.   激情，热情
tenacia   s.f.   刚毅，顽强
esuberante   agg.   充沛的，精神旺盛的
*stare a cuore   espr. idiom.   令人关切
parlare con il cuore in mano   espr. idiom.
   诚实地说，真心地说
riconquistare   v.tr.   再征服，重新获得
discorso   s.m.   说话，谈话
a metà   loc.   一半，不完全地，部分地
abile   agg.   熟练的，能干的
comunicazione   s.f.   交流
malinteso   s.m.   误解，误会，曲解
*fare saltare   v. caus.   使跳过
imprevisto   agg.   意想不到的，意外的
confronto vivace   espr. idiom.   热烈的讨论
collaboratore   s.m. [f.-trice]   合作者
dubitare   v.intr.   怀疑，疑惑，疑问
buon senso   loc.   明智，通情达理
abbattere   v.tr.   打倒
ostacolo   s.m.   障碍
competitivo   agg.   竞赛的，竞争的
entusiasmo   s.m.   热情，热忱，热心
alle stelle   loc.   极高的
soddisfazione   s.f.   满意，满足，成就
essere alla ricerca di   espr. idiom.   寻找某人或某物
motto   s.m.   格言，箴言
presunzione   s.f.   自负，傲慢
sottovalutare   v.tr.   低估，小看，轻视
sacrificio   s.m.   牺牲
carriera   s.f.   升迁，晋级
tenace   agg.   坚毅的，顽强的
a pezzi   loc.   破损了
per sbaglio   loc.   疏忽，不慎
proposta di lavoro   loc.   工作提议
armadietto   s.m.   小柜子
propoli   s.m. [solo sing.]   蜂胶
al propoli   loc.   带蜂胶的
determinato   agg.   坚决的，决心的

impegnarsi v. rifl. 努力，专注	quiete s.f. 安静，平静
chiarire-isc v.tr. 弄清楚，澄清	guaio s.m. 不幸，困境，灾祸
look s.m. [pl. inv. o -s] 外表，外貌	combinare guai espr. idiom. 惹麻烦，惹祸
fantascienza s.f. 科幻	figliolo s.m. 小儿子
previsione s.f. 预见，预测	ago s.m. [pl.-ghi] 针
unità (quantità) s.f. 单位	pagliaio s.m. 草垛，柴草间
immigrato-a agg., m. e f. 移民	cercare un ago in un pagliaio espr. idiom. 大海捞针
raddoppiare v.tr. 使加倍，增加	odontoiatra s.m. e f. 牙科
contribuire-isc v.intr. 有助于，起作用	surgelato agg. 快速冷冻食品
formare v.tr. 构成，形成	focolaio s.m. 疫源，病灶
multietnico agg. [pl.-ci-che] 多种族的	caffeina s.f. 咖啡因
convivenza s.f. 同居	*fare venire v. caus. 使来
provvisorio agg. 临时的，暂时的	mania s.f. 怪癖，嗜好
composto agg. 构成的	pesarsi v. rifl. 称体重
disoccupazione s.f. 失业	bilancia s.f. [pl.-ce] 天平，称
lavorolatria s.f. 工作狂	astrologia s.f. 占星学，占星术
manager s.m. e f. [pl. inv. o -s] 经理	superstizione s.f. 迷信
professionista s.m. e f. 自由职业者	*stendere v.tr. 伸开，伸直
assorbire v.tr. 占用（时间）	effervescente agg. 冒泡的，泡腾的
dedito agg. 专心的	novalgina s.f. 一种药
rimandare v.tr. 推迟，使延期	betulla s.f. 欧洲白桦
critico agg. [pl.-ci-che] 批评的，批判的，评论的	diluito agg. 溶解的，溶化的
prodotto s.m. 产品	bloccare v.tr. 阻挡
controllato agg. 控制的	assicurare v.tr. 保证
di origine controllata loc. 监控原产地的	arrossato agg. 发红的，变红的
funzionante agg. 起作用的	manifestarsi v. rifl. 显示出来，表现出来
*prevenire v.tr. 预防，防止	crisi s.f.inv. 危机，危象
diabete s.m. 糖尿病	slittare v.intr. 滑，打滑
cardiovascolare agg. 心血管的	abbassare v.tr. 降低
immerso agg. 沉浸的	*coprirsi v. rifl. 遮体，穿衣
*produrre v.tr. 生产	medico di fiducia loc. 信任的大夫
energia s.f. 能量	analgesico s.m. [pl.-ci] 止痛的
umano agg. 人类的，人的	supposta s.f. 栓剂，塞药，坐药
lavori domestici loc. 家务劳动	bagnato s.m. 湿地
fonte s.f. 出处，原始资料	otite s.f. 耳炎
navicella s.f. 小船	udito s.m. 听觉，听力
Terra s.f. 地球	otorinolaringoiatra s.m. e f. 耳鼻喉科学
cemento s.m. 水泥	inspiegabile agg. 不能解释的，无法说明的
popolato agg. 人口稠密的	*mettersi a lavorare v. fras. 开始工作
*scomparire v.intr. 消失	interessato agg. 感兴趣的，有兴趣的
svelto agg. 敏捷的，快的	*farsi una famiglia espr. idiom. 建立家庭
suono s.m. 声音	dipendenza s.f. 依赖
campanella s.f. 钟	connettivo s.m. 连词
epidemia s.f. 流行病	causale (frase) s.f. 原因句
suina (influenza) s.f. 猪流感	*distendere v.tr. 伸展，伸开
dolciastro agg. 甜得不可口的	in caso di loc. prep. 在……情况下

APPENDICE
附　　录

- **Modulo 6**

- Unità 2

 VI. Lavoro di coppia. Decidete chi siete - Studente A/Studente B - e, a turno, raccontate un sogno con i suggerimenti dati. Fate domande e annotate le risposte negli spazi.
Lo Studente A è a pag 46.

1. Studente B

| portare   urlare   robot   spazio   svegliarsi a casa di   tornare   impaurito   la nonna |

2.
- dov'eri ....
- con chi eri ....
- chi vedevi o incontravi ....
- che cosa succedeva ....
- come ti sentivi durante il sogno...............
- perché ti sentivi in questo modo................

- **Modulo 7**

- Unità 2

 XXVII. Lavoro di coppia. Decidete chi siete - Studente A/Studente B - e, a turno, fate domande e rispondete sulle cose da fare prima di partire in vacanza. Lo Studente A è a pag 103.
Esempio: ◊ Hai preso la guida di Roma?
● Sì, l'ho presa! No, non l'ho presa. La prendo oggi pomeriggio.

Studente B: Promemoria

portare lo stradario		
prelevare i soldi		
comprare le medicine		
prendere la crema antisolare		
fare il cambio dei soldi	x sì	
prendere i passaporti		no
portare la cinepresa	x sì	
preparare le valigie		no

- Unità 3

 X. Lavoro di coppia. Decidete chi siete-Studente A/Studente B - e fate la parte del cliente e dell'addetto alla ricezione dell'albergo. Sviluppate la conversazione secondo le indicazioni sotto. Lo Studente A è a pag 106.

Studente B: Addetto alla ricezione

- no/vietato.
- sì/muro-vicino specchio
- sì/19,30-22,00
- sì/8,00-13,00 / anche domenica

XII Lavoro di coppia. Decidete chi siete - Studente A /Studente B - e, a turno, fate la parte del turista/viaggiatore e dell'addetto alla ricezione. Sviluppate la conversazione secondo le indicazioni sotto. Lo Studente A è a pag 107.
Studente B: Addetto alla ricezione

- nome dell'albergo: Hotel Venezia
- doppia come singola
- 95,00 a notte - mezza pensione
- garage
- sì /20%
- andare sito

XXXIX Lavoro di coppia. Decidete chi siete - Studente A/Studente B - e, a turno, fate la parte del turista/viaggiatore e dell'impiegato. Sviluppate la conversazione secondo le indicazioni sotto. Lo Studente A è a pag 116.
Studente B: Impiegato

Guarda la tabella delle partenze e degli arrivi e dai le informazioni sui treni da Roma a Bologna.

DA LECCE/NAPOLI/ROMA /BOLOGNA/→ BOLZANO /BRENNERO

Treno	Partenza	Ora	Arrivo	Ora	Provvedimenti	Binario
EN 228	BOLZANO	23,05	BRENNERO	3, 41		4
IC 718	LECCE	10.20	BOLZANO	23,39	Si ferma a Bologna	2
E 824	NAPOLI	18,45	BOLOGNA	3, 00	CANCELLATO	
E 924	LECCE	21,05	BOLOGNA	11, 43	Cambia a Roma	
ES 9312	ROMA TERMINI	16,05	BOLZANO	23,11	CANCELLATO	6
IC 641	ROMA TERMINI	13,00	BOLOGNA	17, 50	Cambia a Roma	9
IC 342	ROMA TERMINI	7, 35	BOLZANO	14, 45		8

- **Modulo 8**

- Unità 1

XXVII. Lavoro di coppia. Decidete chi siete - Studente A/Studente B-, guardate le cose da comprare per una festa tra amici e, a turno, fate la parte del cliente e del commesso/della commessa. Lo Studente A è a pag 139.
Studente B

1   6   1½ kg   2   4   3hg   2 1/2 kg

Modulo 9

- Unità 2

 XVII. Lavoro di coppia. Decidete chi siete - Studente A/Studente B- e, a turno, raccontate un incidente secondo queste informazioni. Lo Studente A è a pag 196. Lo Studente B inizia così: *"L'altro giorno imbiancavo le pareti della mia..."*

- imbiancare pareti mia camera/ cadere scala
- sbattere testa-braccio
- figlia mettere ghiaccio/portare P.S.

APPENDICE GRAMMATICALE
语法附录

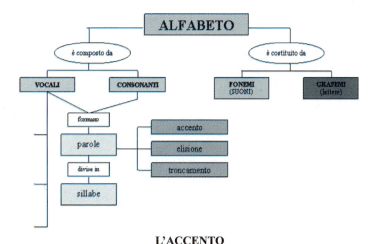

L'ACCENTO

▶ L'accento nelle parole italiane, un segno posto sulla lettera tonica, serve a indicare l'intensità vocale da dare a una determinata sillaba. Le sillabe, dunque, possono, essere atone (non accentate) e toniche (accentate).

▶ Esistono due tipi d'accento:
- ´accento acuto - usato nelle vocali é, ó con suono chiuso. Parole che richiedono l'accento acuto sono: *perché, affinché, cosicché, giacché, né, nonché, purché, sé.*
- `accento grave -usato nelle vocali à, è, ì, ò, ù con suono aperto. Parole come *cioè, è, città, caffè* richiedono l'accento grave.

▶ È obbligatorio segnare l'accento ortografico:
- in tutte le parole tronche: *affinché, però, velocità, farò, ecc.*
- nei casi di parole omonime per evitare confusioni: *àncora-ancora, perdono-perdòno*, ecc.
- nei monosillabi che terminano con dittongo, per indicare che la lettera accentata è la seconda: *più, già, giù*
- in alcuni monosillabi. Eccome di seguito l'elenco:

dì (sostantivo)	*di* (preposizione)
dà (verbo dare)	*da* (preposizione)
lì (avverbio di luogo)	*li* (pronome)
là (avverbio di luogo)	*la* (articolo)
è (verbo essere)	*e* (congiunzione)
né (congiunzione)	*ne* (pronome/avverbio)
sì (affermazione)	*si* (pronome)
sé (pronome)	*se* (congiunzione/pronome seguito a stesso)

▶ L'accento non va segnato in questi monosillabi:
qui avverbio   Siamo qui!

qua avverbio		È qua!
so 1ª pers. presente indicativo di *sapere*		Io non so nuotare.
sa 3ª pers. presente indicativo di *sapere*		Wang sa parlare l'italiano molto bene.
fa 3ª pers. presente indicativo di *fare*		Che lavoro fa tuo padre?
va 3ª pers. presente indicativo di *andare*		Come va? Va tutto bene?
re sostantivo		Valentino è il re della moda italiana.
tre numero		Mia sorella ha tre figli: due maschi e una femmina
su avverbio e preposizione		Vieni subito su!
do 1ª pers. presente indicativo di *dare*		Do lezioni d'italiano a una mia amica cinese.
blu sostantivo e aggettivo		Il blu è il mio colore preferito.

L'ELISIONE E IL TRONCAMENTO

▶ L'elisione è l'eliminazione dell'ultima vocale atona- non accentata- di una parola mono/ bisillabica. Essa è indicata con l'apostrofo ['']. Esempi: *l'amica* (e non *la amica*), *quell'inverno* (e non *quello inverno*), *bell'uomo* (e non *bello uomo*).

▶ Il troncamento è la caduta dell'ultima vocale, non accentata, di una parola davanti a un'altra che inizia con una consonante o con una vocale. Al contrario dell'elisione, il troncamento non si segnala. Esempi: *dover alzarsi* (e non dovere alzarsi), *lasciar vivere* (e non lasciare vivere), *voler dire* (e non volere dire) *buon uomo* (e non buono uomo).

▶ Gli aggettivi *bello, buono* e *grande* non si troncano davanti alle parole che iniziano con:
- *s* impura: bello spavento, buono sconto, grande studioso;
- *z*: bello zaino, buono zio, grande zoo;
- *gn, pn, ps*: bello pseudonimo, buono psicologo, grande psichiatra.

USO DELL'ELISIONE e DEL TRONCAMENTO

bello, quello, grande, santo	elisione > vocale	bell'animale, quell'albero, grand'uomo, sant'Antonio
bello, quello, grande, santo	troncamento > consonante	bel canto, quel ragazzo, gran freddo, san Gennaro
un, nessun, ciascun, alcun, buon	troncamento > nomi maschili che cominciano per vocale	un amico, nessun uomo, ciascun alunno, buon anno
frate	troncamento > consonante	fra Bernardo, fra Cristoforo
signore, professore, dottore, ragioniere, ingegnere	troncamento > cognomi	signor Turco, dottor Mori
suora	troncamento > tutti i nomi propri	suor Teresa, suor Adele
una, lo, la e le preposizioni articolate formate con essi	elisione > vocale	un'amica, l'armadio, l'arancia, dell'ingegnere, dall'Italia
di		d'improvviso, d'accordo, d'intesa
da	elisione>alcune espressioni	d'altra parte, d'altro canto, d'altronde
mi, ti, si, vi, ne	si possono elidere	m'annoia, t'amo, s'addormenta, v'annuncio, non ce n'è
ci	si può elidere davanti a parola che inizia per *i* o *e*	c'invita (ci invita), c'erano (ci erano)

IL SOSTANTIVO

▶ Il sostantivo è quella parte variabile del discorso che serve a indicare ogni aspetto del mondo, sia materiale che mentale: persone, animali, cose, concetti, ecc.

▶ Il sostantivo varia nel genere (maschile e femminile) e nel numero (singolare e plurale). Normalmente i sostantivi in -*o* sono maschili e quelli in -*a* femminili. I sostantivi in -*e* possono essere maschili o femminili. I sostantivi in -*a* possono essere maschili e femminili. Eccone di seguito le desinenze:

genere	singolare	plurale
maschile	-o, -a (il ragazzo, il tassista)	-i (i ragazzi, i tassisti)
femminile	-a (la ragazza, la tassista)	-e (le ragazze, le tassiste)
maschile e femminile	-e (il pesce, la carne)	-i (i pesci, le carni)

▶ I *soatntivi* in -cia e -gia, formano il plurale secondo queste regole:
  1. se la -*i* è tonica, cioè accentata, essa si conserva. Esempi: *farmacia/farmacie*
  2. se la -*i* è atona, cioè non accentata, si hanno due varianti:
  • se -cia e -gia sono precedute da una vocale (a, e, i, o, u), conservano la -*i*.
    Esempi: **ciliegia → ciliegie, camicia → camicie**, ecc.
  • se -cia e -gia sono precedute da una consonante (c, g, l, n, r, s), perdono la -*i*.
    Esempi: **salsiccia → salsicce, arancia → arance**, ecc.

▶ Esistono molti sostantivi con il plurale irregolare. Di seguito nella tabella una sintesi:

sostantivi maschili in -**a** con plurale in -**i**.	problema > problemi, poeta > poeti
sostantivi in -**ista** con plurale doppio: -**ise** maschili, -**ese** femminili	dentista > dentisti/dentiste artista > artisti/artiste
sostantivi in -**io** con una sola -**i** al plurale: -**io**/-**i**.	giornalaio > giornalai
sostantivi maschili in -**co** e -**go** con plurale in -**chi**-**ghi**.	pacco > pacchi, albergo > alberghi
sostantivi maschili in -**co** -**go** con plurale in -**ci** -**gi**:	medico > medici, psicologo > psicologi
i sostantivi in -**ca** e -**ga** con -**h** al plurale: -**che**-**ghe**.	amica > amiche, collega > colleghe
sostantivi maschili con plurale femminile in -**a**	uovo > uova, miglio > miglia, paio > paia,
sostantivi maschili indicanti parti del corpo con plurale femminile in -**a**	braccio > braccia, dito > dita, ginocchio > ginocchia, labbro > labbra, sopracciglio > sopracciglia

* Per la formazione...

▶ Sono invariabili i sostantivi:
  • uscenti in vocale accentata come *città, caffè, virtù, tè*, ecc.
  • stranieri terminanti in consonante come *bar, gas, sport, album*, ecc.
  • abbreviati come *foto, cinema, auto, radio*, ecc.

L'AGGETTIVO

▶ L'aggettivo "arricchisce" il sostantivo e aggiunge ad esso qualità e modi di essere. In relazione al genere e al

numero si possono distinguere quattro classi:
- I classe: aggettivi a quattro desinenze (o-a/i-e) - *alto, alta, alti, alte*
- II classe: aggettivi a due desinenze (e/i) -*felice* (m. e f. sing.); *felici* (m. e f. pl.)
- III classe: aggettivi a tre desinenze (a/i-e)- *pessimista* (m. e f. sing.); *pessimisti, pessimiste* (m.e f. pl.)
- IV classe, composta da aggettivi invariabili:
  1. *pari, impari, dispari e parole straniere come pop, chic, trendy,* ecc.
  2. alcuni colori come *fucsia,rosa, blu, lilla, viola, arancio,* ecc.
  3. le coppie aggettivo-sostantivo come *verde militare, rosso fuoco, giallo oro,* ecc.

▶ L'aggettivo si accorda con il nome cui si riferisce nel genere e nel numero.

nome maschile singolare+aggettivo maschile singolare	*nome maschile plurale+aggettivo maschile plurale*	*nome femminile singolare+aggettivo femminile singolare*	*nome femminile plurale+aggettivo femminile plurale*
il ragazz**o** italian**o**	**i** ragazz**i** italian**i**	**la** ragazz**a** italian**a**	**le** ragazz**e** italian**e**

▶ Gli aggettivi in *-co*, presentano alcune particolarità al plurale:
- hanno il plurale in *-chi* se sono parole piane ma in *-ci* se sono parole sdrucciole (an*ti*co-an*ti*chi, sim*pa*tico-sim*pa*tici)
- gli aggettivi in *-go* hanno il plurale in *-ghi* (*lungo-lunghi*)
- gli aggettivi in *-ca* e *-ga* hanno il plurale in *-che* e *-ghe* (*sympatica-simpatiche, larga-larghe*)
- gli aggettivi in *-io-a* al plurale raddoppiano la *i* solo se è tonica (*grigio-a/grigi-grigie; restio-a / rest*ii*-rest*ie*)

▶ Quando l'aggettivo si riferisce a più nomi, si accorda secondo queste due regole:
  1. se i nomi appartengono allo stesso genere, l'aggettivo al plurale ha lo stesso genere dei nomi.
  Esempi: **Maria e Rosa** *sono italiane.* **Mario e Pietro** *sono italiani*
  2. se i nomi sono di genere diverso, l'aggettivo al plurale è sempre maschile.
  Esempio: **Maria e Marco** *sono italiani*

▶ Gli aggettivi qualificativi seguono di solito il sostantivo; tutti gli altri aggettivi - dimostrativi, possessivi, indefiniti, interrogativi e numerali - invece lo precedono.
  Esempi: *Ho visto un film* **interessante**. *Le* **mie** *sorelle vivono in Sicilia. Abito al* **terzo** *piano.*

▶ Seguono sempre il sostantivo gli aggettivi che indicano forma, materia, colore, nazionalità e provenienza geografica.
  Esempi: *un tavolo* **rotondo**, *un vaso* **bronzeo**, *un pullover* **rosso**, *il lettore* **italiano**, *il vino* **piemontese**.

Seguono sempre il sostantivo:
- gli aggettivi composti. Esempio: *una vernice* **antiruggine**, *una pianta* **sempreverde**
- gli aggettivi alterati. Esempio: *una cucina* **piccolina**, *un corridoio* **strettino**
- gli aggettivi relazionali. Esempi: *la riunione* **aziendale**, *il bilancio* **annuale**

▶ Gli aggettivi *bello* e *buono*, quando precedono il sostantivo, hanno le stesse terminazioni dell'articolo determinativo; se invece lo seguono, hanno le stesse terminazioni di un regolare aggettivo della prima classe: *bello, bella, belli, belle* e *buono, buona, buoni, buone*. Esempi: *L'Italia è un* **bel** *Paese! È un Paese molto* **bello**! *Il Chianti è un* **buon** *vino. Questo vino è* **buono**.
  *Per il troncamento degli aggettivi *bello, buono* e *grande* vedi il paragrafo "*L'elisione e il troncamento*".

I GRADI di COMPARAZIONE

▶ Gli aggettivi qualificativi esprimono non solo la qualità di una persona o cosa, ma ne precisano anche la misura e il grado posseduti.

▶ In italiano ci sono tre tipi di comparativo e due tipi di superlativo. Osserva questi esempi:
Anna è più brava di Sonia. → aggettivo di grado comparativo (*maggioranza*)
Sonia è meno brava di Anna. → aggettivo di grado comparativo (*minoranza*)
Anna è brava come sua sorella. → aggettivo di grado comparativo (*uguaglianza*)
Anna è bravissima. → aggettivo di grado superlativo (*assoluto*)
Anna è la più brava della classe. → aggettivo di grado superlativo (*relativo*)

Comparativi di maggioranza e di minoranza

▶ In questi due tipi di comparativo - il primo termine di paragone possiede una qualità in misura maggiore o minore rispetto al secondo termine-, gli avverbi *più* e *meno* precedono l'aggettivo mentre *di* precede il secondo termine di paragone (+ l'articolo se dopo c'è un nome o un pronome). Esempi: *Piero è **più simpatico di** Franco. L'italiano è **meno facile dell'**inglese.*

più o meno	+	aggettivo	+	di	2° termine di paragone

▶ Con il comparativo d'uguaglianza -il primo termine di paragone possiede una qualità in misura uguale rispetto al secondo termine-, l'aggettivo è preceduto dall'avverbio *tanto* o da *così*, ed è seguito da *quanto* o *come*. Gli avverbi che precedono l'aggettivo possono essere omessi ma *come* e *quanto* sono obbligatori.
Esempi: *La mia casa è **(tanto) grande quanto** la tua. Roma è **(così) bella come** Firenze.*

tanto o così	+	aggettivo	+	quanto o come	2° termine di paragone

DI o CHE?

▶ Quando facciamo dei paragoni, il primo e il secondo termine di paragone sono collegati tra di loro da:

- *di*, se mettiamo a confronto due nomi o due pronomi. Esempi: *Ornella è più elegante **di** Paola. Antonio è più gentile **di** suo fratello.*
- *che*, se mettiamo a confronto due verbi, due nomi o due aggettivi. Esempi: *Suonare il pianoforte è meno facile **che** suonare la chitarra. Marina mangia più verdure e frutta **che** carne o pesce. Mario è più simpatico **che** bello.*

Superlativo relativo

▶ Usiamo il superlativo relativo per indicare una qualità al massimo o al minimo grado che una persona o una cosa possiede in rapporto a un gruppo di persone o di cose. Esempi: *L'estate è **la più calda** delle stagioni. Il professor Rossi è **il meno rigido** tra i professori di mia figlia.*

Superlativo assoluto

▶ Usiamo il superlativo relativo per indicare una qualità al massimo grado che una persona o una cosa possiede senza fare alcun confronto con altri. Il superlativo assoluto si ottiene in vari modi:

- aggiungendo il suffisso - *issimo, a, i, e* all'aggettivo di grado positivo. Esempi: *Oggi è una giornata **caldissima**. Tuo padre è **giovanissimo**.*
- mettendo davanti all'aggettivo di grado positivo i seguenti avverbi: *molto, tanto, troppo, abbastanza, assai, davvero, veramente*, ecc. Esempi: *L'esame era **davvero** difficile! Rosa è una ragazza **molto** simpatica.*

▶ Alcuni aggettivi, oltre ad avere il grado comparativo e superlativo regolari, hanno forme irregolari. Qui di seguito la tabella dei comparativi e superlativi irregolari presenti in questo manuale:

Grado positivo	Comparativo di maggioranza		Superlativo relativo	Superlativo assoluto	
buono	più buono	migliore	il migliore	buonissimo	ottimo
cattivo	più cattivo	peggiore	il peggiore	cattivissimo	pessimo
grande	più grande	maggiore	il maggiore	gandissimo	massimo
piccolo	più piccolo	minore	il minore	piccolissimo	minimo
alto	più alto	superiore	il superiore	altissimo	supremo
basso	più basso	inferiore	l'inferiore	bassissimo	infimo

GLI AGGETTIVI e I PRONOMI POSSESSIVI

▶ L'aggettivo possessivo esprime il rapporto di proprietà tra una persona e un oggetto, o di relazione tra due persone. I possessivi variano nel genere e nel numero, concordano con il nome cui si riferiscono, lo precedono e, di regola, richiedono l'articolo determinativo.

persona	maschile singolare	femminile singolare	maschile plurale	femminile plurale
io	mio	mia	miei	mie
tu	tuo	tua	tuoi	tue
lui, lei, Lei	suo	sua	suoi	sue
noi	nostro	nostra	nostri	nostre
voi	vostro	vostra	vostri	vostre
loro	loro	loro	loro	loro

▶ Gli aggettivi possessivi non richiedono l'articolo determinativo nei seguenti casi:
- davanti a un nome singolare indicante parentela. Esempio: ***Mio** padre è all'estero.*
- in alcune espressioni di uso frequente in cui l'aggettivo possessivo si trova dopo il nome. Esempi: *Dio **mio**! Mamma **mia**! Non sono fatti **tuoi**!*

▶ Sono eccezioni alla regola generale:
- l'aggettivo modificato o accompagnato da altri aggettivi. Esempio: ***La mia** sorella minore abita a Messina.*
- l'aggettivo *loro*, invariabile. Da notare, però, che l'articolo determinativo concorda in genere e in numero con il nome che l'aggettivo modifica. Esempio: ***I loro** amici e **le loro** famiglie sono davvero gentili.*
- i nomi di parentela al plurale. Esempio: ***I miei** zii e **le mie** cugine sono già al mare.*

GLI AGGETTIVI e I PRONOMI DIMOSTRATIVI

▶ L'aggettivo dimostrativo esprime una relazione di tempo e di spazio di qualcosa o qualcuno rispetto a chi parla.

Due sono gli aggettivi che indicano vicinanza e lontananza:
- *questo*, per indicare persone o cose vicine a chi parla o di cui si è parlato da poco.
  Esempi: *Questo caffè è un po' amaro. Questa primavera è un po' fredda.*
- *quello*, per indicare persone o cose lontane da chi parla o di cui non si è parlato di recente. Esempi: *Quello zaino è di Sonia. Quella villetta là è del professor Sarti.*

▶ I dimostrativi precedono sempre il nome e concordano con esso nel genere e nel numero, cioè possono essere maschili e femminili, singolari e plurali.

Aggettivi Dimostrativi

	singolare		*plurale*	
maschile	*femminile*	*maschile*	*femminile*
questo	questa	questi	queste
quel	quella	quei	quelle
quello		quegli	
quell'	quell'	quegli	quelle

▶ Per le forme del dimostrativo *quello* al maschile, si seguono le regole nell'uso dell'articolo determinativo:
- se il nome inizia per consonante, la forma è quella dell'articolo *il* (il/quel libro; i/quei librii);
- se il nome inizia per *gn, pn ps s+consonante, z*, la forma è quella dell'articolo *lo* (lo/quello zaino; gli/quegli zaini);
- se il nome inizia per vocale, la forma è quella dell'articolo *l'* (l'/quell'amico; gli/quegli amici).

Pronomi Dimostrativi

	singolare		*plurale*	
maschile	*femminile*	*maschile*	*femminile*
questo	questa	questi	queste
quello	quella	quelli	quelle

▶ I dimostrativi *questo* e *quello* possono essere anche pronomi quando sostituiscono un nome già menzionato. Esempi: *Preferisco questo pullover a* **quello** *in vetrina. Di chi sono questi libri?* **Questi** *sono miei e* **quelli** *sul tavolo sono di Mara.*

▶ Anche *stesso* e *medesimo* sono aggettivi e pronomi dimostrativi. Essi indicano somiglianza o identità e sono sempre preceduti dall'articolo. Esempi: *Vanno sempre nello* **stesso** *ristorante. La borsa e le scarpe sono del* **medesimo** *colore. Con quale collega va a cena Maria? Sempre con lo* **stesso***!*

GLI AGGETTIVI e I PRONOMI INDEFINITI

▶ Gli indefiniti indicano in modo indeterminato la qualità o l'identità di qualcuno o qualcosa. Gli aggettivi e i pronomi indefiniti sono variabili, cioè cambiano nel genere e nel numero a seconda del nome che accompagnano (aggettivi) o cui si riferiscono (pronomi).

La forma		L'uso	
singolare	plurale	aggettivo	pronome
poco-a	pochi-che	Ho **poco** tempo.	Ne ho **poco**.
molto-a	molti-e	Ho **molti** amici.	Anch'io ne ho **molti**.
tanto-a	tanti-e	Oggi fa **tanto** freddo!	Ne fa **tanto**!
troppo-a	troppi-e	C'è **troppa** gente!	Ce n'è **troppa**!
tutto-a	tutti-e	Ho lavorato **tutto il** giorno.	Avete passato **tutti** il CILS?
alcuno-a	alcuni-e	Ci sono **alcuni** errori nel test.	**Alcuni** di voi non studiano!
altro-a	altri-e	Hai **altri** libri d'italiano?	Non ha **altro** da fare!
nessuno-a		Non c'è **nessun** problema!	Non ha chiamato **nessuno**?

▶ *Alcuno* al singolare può precedere o seguire il nome ed è usato in frasi negative. Quando precede il nome, segue le forme dell'articolo indeterminativo: *alcuno, alcun, alcuna, alcun'*. Esempi: *Non ho **alcun** dubbio./Non ho dubbio **alcuno**.*

Al plurale precede sempre il nome e si usa per indicare una quantità non grande di cose o persone. Esempio: *Ci sono **alcuni piatti** che non le piacciono.*

▶ *Nessuno* è solo singolare e precede il nome. Come *alcuno*, segue le forme dell'articolo indeterminativo a seconda della lettera con cui inizia il nome: *nessuno, nessun, nessuna, nessun'*. Esempio: ***Nessun** amico lo va a trovare. **Nessuna** collega va d'accordo con Maria..*

Quando l'aggettivo *nessuno* segue il verbo, quest'ultimo è preceduto da *non*. Esempio: ***Non** ha **nessun'amica** straniera.*

Aggettivi Indefiniti Invariabili

La forma	L'uso
ogni	**Ogni** domenica vado al cinema.
	Vado a lezione d'italiano **ogni** giorno.
qualche	Vorrei invitare **qualche** mio collega.
	La sera faccio **qualche** passeggiata.

▶ *Ogni* e *qualche* sono soltanto aggettivi. Hanno una sola forma, sono usati soltanto al singolare e precedono sempre il nome.

Pronomi Indefiniti Invariabili

La forma	L'uso
qualcosa	Dammi **qualcosa** di fresco. Fa caldo!
	Hai **qualcosa** da fare oggi pomeriggio?
niente	Non è successo **niente** di grave.
	Non c'è stato **niente** da fare.
nulla	Non è **nulla** di serio.
	Non so **nulla**!

▶ Gli indefiniti sopra indicati sono usati solo come pronomi: *qualcosa* indica una piccola quantità, mentre *niente* e *nulla* indicano assenza di qualcosa. Questi pronomi sono di solito seguiti da aggettivi o da verbi accompagnati dalle preposizioni *di* e *da*. Sono preceduti dalla negazione *non* solo quando seguono il verbo.

I PRONOMI PERSONALI SOGGETTO

	singolare	*plurale*
1ª persona	io	noi
2ª persona	tu	voi
3ª persona	lui, lei (egli, ella, esso, essa)Lei	loro (essi, esse)

▶ *Egli, ella, esso, essa* sono forme poco usate, si trovano anche nell'italiano regionale e si usano in riferimento a cose o ad animali. *Lei* si usa nelle forme di cortesia. Il pronome personale soggetto non è sempre espresso. Esempi: **Siamo** cinesi. **Si chiama** Laura. **Direttore**, dove si trova in questo momento?

I PRONOMI PERSONALI COMPLEMENTO

▶ I pronomi personali complemento possono essere diretti e indiretti. I complementi diretti rispondono alla domanda "*Chi?/Che cosa?*" e sono retti da un verbo transitivo; i complementi indiretti, invece, rispondono alla domanda "*A chi?/A che cosa?*" e sono retti da un verbo intransitivo o transitivo.

Pronomi Personali Oggetto (diretti) - Forme Atone

	singolare	*plurale*
1ª persona	mi	ci
2ª persona	ti	vi
3ª persona maschile e	lo	li
femminile	la	le

▶ I pronomi diretti atoni si trovano sempre prima del verbo. Con i verbi servili essi possono trovarsi sia prima del verbo di modo finito che insieme all'infinito formando con esso un'unica parola. Esempi: *Fai* **colazione** *al bar o a casa?* **La** *faccio a casa. Hai chiamato* **le tue amiche**? *Sì,* **le** *ho chiamate. Voglio cambiare* **la mia macchina**. **La** *voglio cambiare/Voglio cambiar***la**.

Pronomi Personali Oggetto (indiretti) - Forme Atone

	singolare	*plurale*
1ª persona	mi	ci
2ª persona	ti	vi
3ª persona maschile e	gli	gli/loro
femminile	le	gli/loro

▶ Anche i pronomi indiretti atoni si trovano sempre prima del verbo e con i verbi servili seguono la regola sopra detta. Alcuni verbi si utilizzano spesso con i pronomi indiretti come *piacere* e *sembrare*. Esempi: *Quando telefoni* **ad Antonio**? **Gli** *telefono stasera.Che cosa hai detto* **alle tue zie**? **Gli** *ho detto di venirci a trovare.* **Ti** *piacciono gli sport di montagna?* **Vi** *sembra una buon'idea?*

Pronomi Personali Complemento -Forme Toniche

	singolare	plurale
1ª persona	me	noi
2ª persona	te	voi
3ª persona maschile e	lui	loro
femminile	lei	loro
forma di cortesia	Lei	Loro

▶ Le forme toniche (accentate) dei pronomi vengono utilizzate dopo le preposizioni (di, a, da, in, ecc.) o per dare enfasi. In funzione di complemento diretto si trovano sempre dopo il verbo, ma usati come complemento indiretto sono preceduti dalla preposizione.Esempi: *Stai chiamando **me** o Rosa? Per chi è questo regalo, **per me** o **per lei**? Come faccio **senza di te**?Vengo **con Lei**, dottor Rossi!*

I PRONOMI RIFLESSIVI

▶ I pronomi riflessivi si uniscono ai verbi per indicare un'azione che si riflette su chi la compie formando così i verbi riflessivi. Nell'unione tra i riflessivi e l'infinito cade la vocale finale *e*.
(*alzare/alzarsi, vestire/vestirsi, divertire/divertirsi,* ecc.)

	singolare	plurale
1ª persona	mi	ci
2ª persona	ti	vi
3ª persona maschile e femminile	si	si

▶ I riflessivi hanno la stessa forma dei pronomi personali oggetto atoni (cfr. tabella), eccetto che nella 3ª persona singolare e plurale. Esempi: ***Mi** alzo alle 6.00 tutti i giorni. Mario **si** fa la barba. Loro **si** svegliano tardi.**Ci** vediamo al bar stasera!*

▶ Nella forma negativa, la particella *non* precede il pronome riflessivo. Esempi: ***Non** mi addormento mai prima di mezzanotte. Oggi **non** si sentono bene.*

▶ Il pronome riflessivo precede sempre il verbo eccetto che nella 2ª persona singolare e plurale dell'imperativo dove si colloca dopo il verbo. Esempi: ***Si** accomodi! **Si** siedano, prego! Paolo, svegli**ati**! Sono le 7.00. Ragazzi, svegliate**vi**!*

▶ Con i verbi servili il pronome riflessivo può stare prima o dopo il verbo. Esempio: *Vorrei riposar**mi** un po'. **Mi** vorrei riposare un po'.*

LE PARTICELLE PRONOMINALI *CI* e *NE*

▶ Queste due particelle pronominali trovano largo utilizzo nella lingua italiana. Di solito vanno messe prima del verbo, prima o dopo i verbi servili e seguono il verbo con l'imperativo informale.

La particella pronominale *ci*

La funzione	L'uso
pronome diretto	Maria **ci** ha visti al bar.
pronome indiretto	**Ci** date una mano con questi pacchi?
pronome riflessivo	Quando **ci** vediamo stasera?
pronome avverbiale di luogo (in questo/quel posto)	Sei stato a lezione? Sì, **ci** sono andato ieri.
particella pronominale con valore dimostrativo (a questa/quella cosa)	Mario si è sposato?! Non posso creder**ci**!

▶ Altri usi di *ci* sono già noti. Ricordiamo i verbi pronominali *esserci, volerci e metterci*.
- *esserci* - Esempi: ***C'è*** *molto caldo oggi.* ***Ci sono*** *molti studenti cinesi a Perugia.*
- *volerci* (essere necessario, aver bisogno, impiegar tempo) - Esempi: ***Ci vogliono*** *studio e pazienza per imparare il cinese.* ***Ci vuole*** *la mozzarella di bufala per fare una buona pizza.* ***Ci vogliono*** *10 minuti a piedi per arrivare in piazza.*
- *metterci* (impiegar tempo ma in senso personale, soggettivo) - Esempi: ***Ci metto*** *mezz'ora per arrivare in centro. Quanto* ***ci metti*** *a finire il compito?*

La particella pronominale *ne*

La funzione	L'uso
pronome personale indiretto	Da quando Alberto ha lasciato la Cina, **ne** sente la mancanza.
pronome partitivo (per indicare una parte di qualcosa)	Mangi tutta la pizza? No, **ne** prendo solo un pezzo.
pronome partitivo (di questa/quella cosa)	Vuole le arance, signora? Sì, **ne** voglio un chilo.

I PRONOMI COMBINATI

▶ I pronomi combinati sono l'unione di un pronome indiretto (*mi, ti, gli, le, mi, ci, gli*) e di un pronome diretto (*lo, la, li, le*).
In questo manuale abbiamo trattato dell'uso del pronome ne in unione con i pronomi indiretti atoni.

▶ La particella *ne*, in unione con altri pronomi, è sempre in ultima posizione, anche dopo la particella *ci*:

Stefania <u>vi</u> compra delle mele.	<u>VE</u> NE compra un chilo.
Quanta coca cola devo offrire <u>ai miei amici</u>?	*<u>GLIE</u>NE offro un paio di lattine?
Carlo, <u>c'è</u> ancora dello zucchero in casa?	Sì, <u>CE</u> N'È ancora.
<u>Ci</u> sono delle mele nel frigo?	Sì, <u>CE</u> NE sono un po'.

* La particella pronominale ne si unisce al pronome indiretto atono *gli* per mezzo della vocale formando così un'unica parola.

GLI AGGETTIVI e I PRONOMI INTERROGATIVI

▶ Gli interrogativi servono per introdurre una domanda. Possono essere aggettivi (se accompagnano un nome) o pronomi (se sostituiscono un nome).

| La forma |||
singolare	plurale	Invariabili
		chi?
		che?/che cosa?/cosa?
quale?	quali?	
quanto/a	quanti/quante	

▶ Gli aggettivi interrogativi *che, quale* e *quanto* si usano per chiedere l'identità, la qualità o la quantità del nome cui si riferiscono. L'aggettivo interrogativo *che* è invariabile; gli interrogativi *quanto* e *quale* concordano con il nome nel genere e nel numero. Esempi: *Di **che** nazionalità è? **Che** hobby hai? **Quali** film ti piacciono? **Quanta** acqua metti nella pentola?*

▶ Il pronome interrogativo *chi*, invariabile, si usa per fare una domanda riguardante una persona ed è usato come soggetto o oggetto, sia diretto che indiretto. Esempi: ***Chi** sei? Di **chi** stai parlando? **Chi** sono quei ragazzi? **Chi** di voi sa il cinese?*

▶ Gli interrogativi *che, che cosa*, e *cosa* sono equivalenti, si riferiscono a cose, e sono usati come soggetto o oggetto, sia diretto che indiretto. Esempi: ***Che/Che cosa/Cosa** c'è che non va? **Che/Che cosa/Cosa** fai di bello oggi? A **che/Che cosa/Cosa** pensi?*

▶ Gli aggettivi *quale* e *quanto* possono essere pronomi quando sostituiscono un nome. Esempi: ***Qual** è il tuo indirizzo? - C'è della torta. **Quanta** ne vuoi? **Quanto** guadagna al mese?*

▶ Tutti i pronomi e gli aggettivi interrogativi si usano anche nelle interrogative indirette. Esempi: *Non so **chi** verrà alla festa. Vorrei sapere **che cosa** fai stasera. Chissà **quanto** spende!*

GLI AGGETTIVI NUMERALI

▶ Gli aggettivi numerali esprimono una numerazione o indicano una quantità. Essi possono essere:
  • cardinali - sono invariabili (*uno, due, tre...*).Esempio: *Maria ha **ventidue** anni.*
  • ordinali - sono variabili (*primo, secondo, terzo ...*).Esempio: *Il mio appartamento è al **terzo** piano.*
  • moltiplicativi - sono variabili (*doppio, triplo, quadruplo...*).Esempio:*Vorrei una camera **doppia** per tre notti.*

I PRONOMI RELATIVI

▶ Come tutti i pronomi, i relativi sostituiscono un nome e mettono in relazione due frasi.Il relativo più usato è *che*. Negli esempi sotto vediamo come questo relativo unisce le frasi:
  1. Chi è ***quella ragazza? Quella ragazza*** passeggia con Mario.
     che
     Chi è ***quella ragazza che*** passeggia con Mario?
  2. ***Gli studenti*** sono cinesi. Ho conosciuto ***gli studenti*** all'aeroporto.
     che
     Gli studenti**, **che ho conosciuto all'aeroporto, sono cinesi.

▶ Il pronome relativo *che* è invariabile, cioè va bene con i nomi singolari e plurali, maschili e femminili e, come si vede dagli esempi, è usato sia come soggetto (1) che come oggetto.(2)

maschile singolare e plurale	femminile singolare e plurale
• Il prosciutto, **che** è sulla pizza, non è fresco.(soggetto)	• La sciarpa, **che** è in vetrina, costa molto.(soggetto)
• Gli esami, **che** ho fatto ieri, erano un po'difficili. (oggetto)	• Le ragazze, **che** mi hai presentato ieri, erano molto carine.(oggetto)

▶ I pronomi relativi *il quale, la quale, i quali, le quali* possono sostituire il relativo *che*. Il loro uso diventa obbligatorio nelle forme oblique.

LE PREPOSIZIONI

▶ Le preposizioni sono parole che si mettono davanti a nomi, aggettivi, pronomi, avverbi e verbi all'infinito, per collegarli e metterli in rapporto tra loro.

La forma			
semplici	articolate	improprie	locuzioni prepositive
di, a, da, in, con, per, su, tra, fra	di, a, da, in, con, su + articolo determinativo	sopra, sotto, lungo, dentro, ecc.	nel mezzo di, di fronte a, accanto a, ecc.

▶ Tutte le preposizioni semplici - tranne le preposizioni *per, tra, fra* - si uniscono all'articolo determinativo, formando un'unica parola. La preposizione *con* è ormai raramente unita all'articolo.

	il	lo	la	l'	i	gli	le
di	del	dello	della	dell'	dei	degli	delle
a	al	allo	alla	all'	ai	agli	alle
da	dal	dallo	dalla	dall'	dai	dagli	dalle
in	nel	nello	nella	nell'	nei	negli	nelle
con	col	collo	colla	con l'	coi	cogli	colle
su	sul	sullo	sulla	sull'	sui	sugli	sulle

La preposizione *di*

▶ La preposizione *di* può indicare possesso, specificazione, quantità imprecisa, provenienza argomento. Inoltre introduce il complemento di tempo, materia e il secondo termine di paragone. Esempi: *Abito nella casa **dei** nonni. La ragazza **di** mio fratello è laureata in architettura. Vorrei **del** parmigiano grattugiato. Marco è **di** Venezia. Parlano sempre **di** calcio! **D'**inverno andavamo in montagna. Ho comprato un tavolo **di** legno chiaro. Alberto è il più simpatico **di** tutta la classe*

La preposizione *a*

▶ La preposizione *a* può esprimere i complementi di termine, di stato in luogo, di moto a luogo, e di tempo. Esempi: *Ho scritto un'e-mail **al** professore. Abito **a** Pechino. Stai andando adesso **al** supermercato? I negozi chiudono **alle** 13.00 per la pausa pranzo.*

La preposizione *da*

▶ La preposizione *da* serve per esprimere provenienza, durata e i complementi di stato in luogo e moto a luogo. Si usa con i nomi propri di persona, quelli indicanti mestiere o professione e con i pronomi. Esempi: *Siamo appena* tornati **dall** 'Italia. Studio l'italiano **da** circa un anno.Ieri sono stata **da** mia madre. Siamo **da** Rosa e poi andiamo **dal** parrucchiere. Sei andato **dal** medico? Alba, puoi venire **da** me questo pomeriggio?

La preposizione *in*

▶ La preposizione *in* esprime i complementi di mezzo -, di luogo e di tempo. Esempi: *Vado al lavoro **in** autobus. La domenica ci piace fare una passeggiata **in** centro. **In** inverno si va a sciare.*

in vs *a*

▶ Per esprimere il complemento di luogo si utilizza la preposizione *a* con i nomi di città e la preposizione *in* con i nomi di regioni, stati, continenti. Esempi: *La mia famiglia abita **a** Catania, **in** Sicilia. A Natale faremo un viaggio **in** Cina.*

▶ Quando il luogo è costituito da un edificio o uno spazio pubblico o privato, si utilizza in genere la preposizione *in*, se si fa riferimento alla sua funzione, e la preposizione *a*, se il luogo è specificato o modificato da aggettivi o apposizioni. Esempi: *La domenica mia madre va **in** chiesa.Va sempre **alla** Chiesa di S. Rosalia. Per la mia tesi ho fatto delle ricerche **in** biblioteca.Di solito andavo **alla** Biblioteca Comunale.*

▶ Esistono, però, espressioni che utilizzano le preposizioni *a* o *in* senza che si possa dare una regola precisa. Eccone alcune: ***a casa, a scuola, in classe, in città, al mare, in campagna, in montagna, in banca, in ufficio, al cinema, a teatro,*** ecc.

La preposizione *con*

▶ La preposizione *con* serve a introdurre i complementi di compagnia o unione, mezzo, modo, qualità, causa, tempo e limitazione. Esempi: *Stasera esco **con** la mia collega. Ti piace il tè **con** lo zucchero? Di solito vado all'università **con** la metropolitana.Bisogna guidare **con** attenzione.Chi è quella ragazza **con** i capelli biondi? Non mi va di uscire **con** questo tempo! **Con** l'estate diventiamo più belli! Come va **con** il tuo ragazzo?*

La preposizione *per*

▶ La preposizione *per* può indicare i complementi di termine, tempo, stato in luogo, moto a luogo, causa e fine/scopo.Esempi: *Questi libri sono **per** Laura. Dove andrete **per** le vacanze di Natale? Puoi lasciare la macchina **per** strada! Domani parto **per** Milano. Ho l'influenza **per** la pioggia di ieri sera. **Per** una linea migliore devi evitare i grassi! Di solito facciamo una passeggiata **per** rilassarci un po'.*

La preposizione *su*

▶ La preposizione *su* serve ad esprimere il complemento di luogo e di argomento, e per indicare una quantità approssimata di qualcosa. *Esempi: Ci sono tanti libri **sul** tavolo.L'Istat ha pubblicato i dati **sulla** qualità della vita nelle province italiane. La professoressa d'italiano è **sui** cinquanta.*

Le preposizioni *fra* e *tra*

Le preposizioni *fra* e *tra*, usate per lo più indifferentemente, servono ad esprimere il tempo che intercorre prima che abbia luogo un'altra azione. Esempi: ***Tra** un paio di settimane ritornerò a casa finalmente! Ti richiamo **fra** mezz'ora.*

L'AVVERBIO

▶ Gli avverbi sono parole o espressioni che modificano o precisano meglio il significato di altre parole: verbi, aggettivi e altri avverbi. Essi sono invariabili, cioè non concordano con le parole cui si riferiscono.

▶ In relazione alla loro funzione, gli avverbi possono essere di:

funzione	forma	uso
modo: indicano come avviene un'azione	*bene, male, troppo, lentamente, facilmente, velocemente...*	Non mangiare **troppo**!/ Mangia **lentamente**!
tempo: indicano il tempo in cui avviene l'azione	*ora, poi, mai, non...mai, sempre, spesso, qualche volta, prima, dopo, presto, tardi, oggi, domani, ieri...*	**Qualche volta** esco con i miei colleghi. / Mi alzo **tardi** la domenica.
luogo: indicano il luogo in cui avviene l'azione o dove si trova qualcuno/qualcosa	*lì, là, vicino, lontano, sopra, sotto, dentro, davanti...*	Non andare **lontano** a quest'ora! / Guarda **là**! Lo vedi?
quantità: indicano la quantità di ciò che esprime un verbo, un aggettivo o un avverbio	*molto, poco, abbastanza, troppo, tanto, di più, di meno...*	Mi piace **molto** il vino rosso./ In estate si mangia **di meno**.
valutazione: servono per esprimere un giudizio, un parere	*sì, no, non, forse, magari, certamente, neppure, neanche, purtroppo...*	**Forse** domani vedrò Paola, vorresti un gelato ora? **Magari**!

▶ Per quanto riguarda la posizione, l'avverbio:
1. se riferito al verbo, sta normalmente dopo di esso. Esempi: *Maria parla **troppo**. Mi piace **molto** la birra.*
2. con i tempi composti, sta tra l'ausiliare e il participio. Esempi: *Marco ha **certamente** pranzato. **Non** sono **mai** andata da sola in campeggio.*
3. se riferito a un aggettivo o altro avverbio, normalmente li precede. Esempi: *Anna è **molto** timida. Parli l'italiano **abbastanza** bene.*
4. se modifica un nome retto da una preposizione, può essere posto sia tra la preposizione e il nome, che dopo il nome. Esempi: *Non ci vediamo da un anno **quasi**. Non ci vediamo da **quasi** un anno.*

▶ Appartengono agli avverbi di modo:
- gli aggettivi maschili usati come avverbi. Esempi: *Hai lavorato **sodo** per l'esame, vero? Andrea si veste **sportivo**.*
- alcune locuzioni avverbiali come *di fretta, di solito, a piedi, di corsa,* ecc.

▶ Gli avverbi interrogativi introducono una domanda diretta. I più comuni sono: *come? quando? dove? perché? quanto?* Gli stessi avverbi funzionano da esclamativi quando si vuole esprimere stupore. Esempi: ***Quanto** costa in tutto? **Quando** vieni a casa? **Quanto** sei gentile!*

▶ Per la formazione degli avverbi in "mente" si seguono queste regole:
- forma femminile dell'aggettivo / aggettivo in *-e* + suffisso *-mente*
Esempi: sportivo > **sportivamente** / veloce > **velocemente**.
- aggettivo in *-le* o *-re*, (e) + suffisso *-mente*.
Esempi: facile > **facilmente** / regolare > **regolarmente**

I GRADI dell'AVVERBIO

▶ Alcuni avverbi di modo, di luogo e di tempo, come gli aggettivi, possono avere i seguenti gradi di comparazione:

1. comparativo di maggioranza- Esempio: *Sono arrivati **più presto** del solito!*
2. comparativo di minoranza - Esempio: *Uscirò di casa **meno presto** di oggi.*
3. comparativo di uguaglianza - Esempio: *Devo svegliarmi **presto come** ieri.*
4. superlativo assoluto - Esempio: *Sono andato a letto **prestissimo** ieri sera.*
5. superlativo relativo - Esempio: *Chiamami **il più presto** possibile!*

COMPARATIVI e SUPERLATIVI IRREGOLARI

▶ Alcuni avverbi hanno forme irregolari di comparativo e superlativo. Ecco la tavola di riferimento:

Grado positivo	*Grado comparativo*	*Grado superlativo assoluto*
bene Stai **bene** oggi?	meglio Stai **meglio**?	benissimo Sto **benissimo**!
male Parla l'inglese **male**.	peggio Parla **peggio** di te!	malissimo Parla l'inglese **malissimo**!
molto Paolo studia **molto**.	più Studia **più** di te!	moltissimo Studia **moltissimo**!
poco Parla **poco**!	meno Parla me**no di** te!	pochissimo Parla **pochissimo**!

LE CONGIUNZIONI

▶ Le congiunzioni sono parole che servono a congiungere, cioè a unire elementi ugualmente importanti nella frase o frasi in modo diverso e con significati diversi. Le congiunzioni possono essere coordinanti o subordinanti.

▶ Le congiunzioni coordinanti mettono in relazione due elementi nella frase e possono essere:
- copulative perché uniscono: *e, anche, inoltre, né, neanche, nemmeno, neppure*, ecc. Esempio: *Paolo **studia** e **lavora***
- disgiuntive perché escludono: *o, oppure*. Esempio: *Vuoi il gelato **o** preferisci il tiramisù?*
- avversative perché oppongono: *ma, invece, però*. Esempio: *È simpatica, **ma** non ha molti amici.*
- esplicative perché spiegano: *cioè, infatti*. Esempio: *La borsa di studio è bimestrale, **cioè** dura due mesi.*
- conclusive perché concludono: *perciò, quindi, dunque, insomma*. Esempio: *Ho studiato tutta la settimana, **perciò** stasera esco.*
- correlative perché mettono in relazione: *sia... sia, né... né, così...come, non solo...ma anche* Esempio: ***Non solo** insegna **ma** fa **anche** l'interprete.*

▶ Le congiunzioni subordinanti uniscono la frase principale a una o più frasi secondarie. A seconda della loro funzione, esse possono essere:
- causali, quando la secondaria spiega la causa: *perché, poiché, siccome, dato che*. Esempi: *Prendo la camicetta blu **perché** costa poco. **Dato che** è ingrassato, ha deciso di mettersi a dieta.*
- temporali, quando la secondaria indica il tempo: *quando, mentre, prima che, dopo che, appena, non appena*. Esempio: ***Mentre** io preparo la colazione, Mara si fa la doccia.*
- dichiarative, quando la secondaria dichiara qualcosa: *che*. Esempio: *Il direttore dice **che** Paola conosce bene le lingue.*
- condizionali, quando la secondaria indica una condizione: *se*. Esempio: ***Se** avrò tempo, verrò a trovarti.*
- concessive, quando la secondaria concede qualcosa: *anche se*. Esempio: ***Anche se** piove, esco a fare una passeggiata.*

LE INTERIEZIONI

▶ L'interiezione è la parte del discorso che esprime un particolare atteggiamento emotivo del parlante, in modo estremamente conciso. In base alla forma, le interiezioni possono essere:
- proprie, se hanno soltanto funzione di interiezione (*ah!, eh!, oh!, boh!, ahimè!, ecc.*). Esempio: ***Ah!** Va bene!*
- improprie, se sono rappresentate da sostantivi, aggettivi, verbi, avverbi, forme di saluto (*ladro! zitto!, dai! benissimo! salve!*).Esempio: ***Dai!** Sbrigati!*
- locuzioni interiettive, se formate da gruppi di parole separate o da frasi aventi un valore di espressione emotiva (*meno male!, mio Dio!, per amor del cielo!, povero me!, mamma mia!, ecc.*). Esempio: ***Mamma mia! Che hai combinato?***

IL VERBO

▶ È la parte variabile del discorso che esprime un'azione collocata nel tempo, ma anche un modo di essere o un fatto. Un verbo può essere considerato sotto tre aspetti:
- *significato*
- *genere*
- *forma*

▶ Per quanto riguarda il significato il verbo può essere:
- predicativo, quando ha senso compiuto e può essere usato da solo. Sono predicativi la maggior parte dei verbi.
- copulativo, quando collega il soggetto a un nome o a un aggettivo perché da solo non ha senso. Oltre al verbo "essere", detto copula, sono copulativi:
1. *parere, sembrare, divenire, risultare, riuscire, stare, rimanere, restare, apparire, crescere, nascere, vivere, morire, farsi.* Esempi: *Mario **sembra** stanco. Benigni **è diventato** famoso con "La vita è bella".*
2. alcuni verbi nella forma passiva: *chiamare, dire, creare, nominare ritenere, considerare, fare, rendere.* Esempio: *Il "Monna Lisa" **è considerato** un ottimo ristorante.*

▶ Per quanto riguarda il genere, il verbo può essere:
- transitivo, in quanto esprime un'azione che passa direttamente dal soggetto all'oggetto. Esempio: *Lin (soggetto) **beve** (verbo transitivo) il caffè.(complemento oggetto).*
- intransitivo, in quanto esprime un'azione che non passa sull'oggetto ma resta ferma nel soggetto e, dunque, ha solo la forma attiva. Esempi: *Mario **passeggia**. Io **lavoro**. Dante va in palestra tutti i giorni.*
- ora transitivo ora intransitivo, a seconda del significato che assume. Esempi: *Marco **cambia** scuola! (tr.) Il tempo **cambia!** (intr.) **Ho finito** i compiti. (tr.) I soldi **sono finiti**. (intr.)*

▶ I verbi transitivi, cioè quelli che possono avere il complemento oggetto, possono assumere tre forme:
- *attiva* quando il soggetto compie l'azione. Esempio: ***Maria** cucina la pasta.*
- *passiva* quando il soggetto subisce l'azione e l'azione è fatta dal complemento d'agente. Esempio: ***La pasta** è cucinata **da Maria**.*
- *riflessiva* quando il soggetto è anche complemento oggetto e l'azione ricade sul soggetto. Esempio: *Maria **si lava**.*

▶ Per quanto riguarda la forma, il verbo consta di due parti. Di seguito, come esempio, i tre tempi semplici presentati in questo manuale: presente, imperfetto e futuro.

PARL	IAMO	LEGG	EVO	DORM	IRÀ
↓	↓	↓	↓	↓	↓
radice	desinenza	radice	desinenza	radice	desinenza

- la radice è la parte invariabile del verbo, quella che non cambia;
- la desinenza è la parte mutevole, soggetta a cambiare, che ci dà le seguenti informazioni sul soggetto:
1. il numero (singolare/plurale);
2. la persona-la 1ª persona indica chi parla (io, noi); la 2ª persona indica a chi si parla (tu, voi); la 3ª persona indica di chi si parla (lui, lei, loro);
3. il modo dell'azione;
4. il tempo dell'azione.

▶ Il modo indica la maniera, il "modo" in cui l'azione del verbo viene presentata e può essere finito o indefinito. I modi finiti, cioè che esprimono l'azione in maniera determinata, sono quattro:
1. Indicativo: il modo della certezza. Esempi: *Vado a casa tra un po'*. *Lavorava più di otto ore al giorno*.
2. Congiuntivo: il modo della soggettività, dell'ipotesi, del dubbio, del desiderio. Esempi: *È ora che io segua un corso d'italiano! Penso che Anna non possa superare l'esame.*
3. Condizionale: il modo che subordina un'azione a una condizione. Esempio: *Se tu studiassi, saresti il migliore della classe.*
4. Imperativo: il modo dell'esortazione, delle istruzioni e degli ordini. Esempi: *Sbrighiamoci! Va' a destra e prosegui fino al semaforo. State zitti!*

▶ I modi indefiniti, esprimono l'idea del verbo stesso senza determinarne la persona che compie l'azione. Essi sono tre:
1. Infinito
2. Participio
3. Gerundio

▶ Con il tempo si indica il periodo in cui accade l'azione. Ci sono tempi semplici e composti. I tempi semplici sono quelli formati dalla sola voce verbale, mentre i tempi composti sono quelli formati dagli ausiliari *essere* e *avere* e il participio passato del verbo.

▶ Ecco la tavola di riferimento dei modi e dei tempi:

Tempi semplici	Tempi composti	Tempi semplici	Tempi composti
INDICATIVO		IMPERATIVO	
Presente*	Passato prossimo*	Presente*	
Imperfetto*	Trapassato prossimo	GERUNDIO	
Passato remoto	Trapassato remoto	Presente*	Passato
Futuro semplice*	Futuro anteriore	PARTICIPIO	
CONGIUNTIVO		Presente	Passato*
Presente	Passato	INFINITO	
Imperfetto	Trapassato	Presente*	Passato
CONDIZIONALE			
Presente	Passato		

* L'asterisco indica i tempi e i modi trattati in questo manuale.

LE CONIUGAZIONI

▶ Il verbo, come già detto, è costituito da una radice e da una desinenza che varia secondo la persona, il numero, il genere e il modello di coniugazione cui appartiene il verbo. I verbi si classificano in tre coniugazioni:
- 1ª coniugazione-verbi con l'infinito in *-are* e con vocale tematica *-a*
- 2ª coniugazione-verbi con l'infinito in *-ere* e con vocale tematica *-e*
- 3ª coniugazione-verbi con l'infinito in *-ire* e con vocale tematica *-i*

▶ I verbi, che seguono il modello di coniugazione cui appartengono, si dicono regolari e sono la maggioranza. Altri verbi, detti irregolari, non seguono perfettamente il modello della coniugazione cui appartengono. Di seguito un breve promemoria:
- la 1ª coniugazione ha solo tre verbi irregolari: *andare, dare, fare, stare*.
- la 2ª coniugazione ha gran parte dei verbi irregolari. Tra essi sono *avere, bere, dovere, essere, piacere, porre, potere, rimanere, sapere, tenere, tradurre, trarre, vedere, vivere, volere, ecc*.
- la 3ª coniugazione ha pochi verbi irregolari. Tra essi sono: *dire, uscire, venire*.

IL PRESENTE

▶ Usiamo l'indicativo presente per indicare:
- un'azione che accade nel momento in cui parliamo. Esempi: *"Che tempo fa?"-"Piove!"*
- un fatto o un'azione abituale. Esempi: *Mario lavora in una pizzeria*. **Mi alzo** *alle 7.00 ogni mattina*.
- opinioni, fatti. Esempi: Secondo me, *gli italiani* **danno** *molta importanza al cibo. L'acqua* **bolle** *alla temperatura di 100 gradi. Il sole* **sorge** *a oriente e* **tramonta** *a occidente*.
- un'azione futura. Esempio: *Il prossimo fine settimana* **andiamo** *in vacanza*.

modello di coniugazione	-are	-ere	-ire	
	parl-are	cred-ere	dorm-ire	fin-ire
1ª persona singolare	parl-o	cred-o	dorm-o	fin-isc-o
2ª persona singolare	parl-i	cred-i	dorm-i	fin-isc-i
3ª persona singolare	parl-a	cred-e	dorm-e	fin-isc-e
1ª persona plurale	parl-iamo	cred-iamo	dorm-iamo	fin-iamo
2ª persona plurale	parl-ate	cred-ete	dorm-ite	fin-ite
3ª persona plurale	parl-ano	cred-ono	dorm-ono	fin-isc-ono

▶ La terza coniugazione possiede due forme:
1. la forma normale, ossia radice + desinenza (per esempio: *part*-o)
2. la forma con l'inserimento di -isc- fra la radice e la desinenza in tutte le persone (prefer-*isc*-o) ad eccezione della 1ª e della 2ª persona plurale

▶ La maggior parte dei verbi in -*ire* richiede l'inserimento di -*isc*. I seguenti verbi, fra i più usati, non hanno l'inserimento di -*isc*-: *avvertire, partire, seguire, sentire, vestire, aprire, coprire, offrire, soffrire, ecc*.

verbi in -CARE e -GARE

▶ I verbi in -*care* e -*gare*, per mantenere il suono duro, aggiungono *h* nella 2ª persona singolare e nella 1ª persona plurale. Seguono il modello di coniugazione sotto indicato i verbi: *cercare, pagare, allungare, mancare, ecc*.

modello di coniugazione	gioc-are
1ª persona singolare	gioc-o
2ª persona singolare	gioc-h-i
3ª persona singolare	gioc-a
1ª persona plurale	gioc-h-iamo
2ª persona plurale	gioc-ate
3ª persona plurale	gioc-ano

▶ Alcuni verbi, di uso molto comune, presentano una coniugazione fortemente irregolare che va imparata a memoria. Essi sono: *essere, avere, andare, bere, dire, fare, stare, uscire, venire, dovere, potere, volere, sapere, ecc.* (cfr. "Tabella dei verbi irregolari")

IL PASSATO PROSSIMO

▶ Il passato prossimo indica un fatto o un'azione compiuti nel passato i cui effetti durano ancora nel presente.Esso serve anche a esprimere:
- un'azione non abituale, che è stata fatta una sola volta. Esempio: *Da bambino una volta ho **fatto** la crostata di mele.*
- un'azione puntuale, compiuta una volta sola. Esempio: *Ieri **ho fatto** l'esame Plida.*
- un'azione momentanea, che è durata per un certo tempo o è avvenuta in un dato momento.Esempio: *Ieri è **nevicato** per un paio d'ore.*

▶ Il tempo dell'azione può essere collocato:
- in un passato recente (*ieri, questa mattina, cinque minuti fa*, ecc). Esempi: ***Hai sentito** Paola?Sì, **l'ho chiamata** ieri. Tony è partito questa mattina con il treno delle 6.40*
- in un passato lontano (*nel 2000, cinque anni fa, l'estate scorsa*, ecc.) Esempi: ***Sono nato** nel 1989. Mio nonno è **morto** dieci anni fa.*

▶ Spesso il passato prossimo è accompagnato dai seguenti avverbi:
- *appena*, per indicare un fatto successo immediatamente prima del momento in cui si parla.Esempi: *Ho **appena** incontrato Mario. Siamo **appena** tornati dalle vacanze*
- *già*, per indicare qualcosa previsto e successo prima del momento in cui si parla.Esempi: *Il direttore è **già** partito! Hai **già** fatto la spesa?*
- *non ... ancora/mai*, per esprimere un'azione prevista ma non ancora successa, o qualche fatto o esperienza mai avvenuti. Esempi: ***Non** ha **ancora** fatto gli esami. **Non** siamo **mai** stati in un agriturismo.*

LA FORMA

▶ Il passato prossimo si forma con il presente degli ausiliari *essere / avere* seguito dal participio passato del verbo. Di seguito la tabella di riferimento con le desinenze per la formazione del passato prossimo:

modello di coniugazione	-are	-ere	-ire	
	parl-ato	cred-uto	dorm-ito	fin-ito

▶ Molti verbi hanno il participio passato irregolare o nella radice o nella desinenza: alcuni verbi della 1ª coniugazione (fare: *fatto*), della 3ª coniugazione (dire: *detto*; venire: *venuto*, ecc.) e molti verbi della 2ª coniugazione (essere: *stato*; bere: *bevuto*, ecc.)

AVERE o ESSERE?

▶ Tutti i verbi transitivi, alcuni intransitivi (passeggiare, camminare, viaggiare, guidare,nuotare, ballare...) e i servili, seguiti da un verbo riflessivo, richiedono l'ausiliare avere. Esempi: *Emma **ha preparato** un'ottima pizza. **Ha cucinato** tutto il giorno. Alberto e Tina **hanno viaggiato** molto. Non **abbiamo potuto** riposarci oggi!*

▶ L'ausiliare *essere*, invece, richiede l'accordo grammaticale con i seguenti verbi:
- molti verbi intransitivi, specialmente di movimento (*andare,venire, partire, tornare, arrivare, entrare, uscire, salire, scendere, cadere...*). Esempi: *Maria **è tornata** a casa. Mario è uscito.*
- tutti i verbi riflessivi. Esempi: *Mi **sono fatto/a** la doccia.Piero e Sara si **sono conosciuti** in discoteca.*
- i verbi che indicano stato in luogo (*essere, stare, restare, rimanere...*) Esempi: *L'anno scorso i nostri amici cinesi **sono stati** in Italia. Le mie sorelle **sono rimaste** al mare tutta l'estate.*
- i verbi che indicano un cambiamento nel soggetto (*crescere, diventare, ingrassare, dimagrire, nascere,*

morire...). Esempi: *Mario* **è ingrassato** *molto! Lara* **è diventata** *molto simpatica ultimamente!*
- i verbi impersonali * (*piovere, nevicare, grandinare, fare freddo/caldo...*) Esempi: *Ieri* **è piovuto** *tutto il giorno. Quest'inverno non* **è nevicato**.
- i verbi usati nella forma del "si impersonale". Esempi: *Si* **è mangiato** *bene! Si* **è camminato** *molto.*
- i verbi che si usano "impersonalmente", cioè senza un vero soggetto (*bisognare, essere necessario, occorrere, mancare, parere, piacere, sembrare, succedere...*). Nella maggior parte dei casi questi verbi si usano alla 3ª persona singolare e plurale e con i pronomi indiretti. Esempi: *Che cosa* **ti è successo?** *I tuoi amici non* **mi sono piaciuti**.
- i verbi servili *dovere, potere e volere*, quando sono seguiti da un verbo che richiede l'ausiliare "essere". Esempi: *Non sono* **potuto/a** *uscire con questo brutto tempo! Non è* **voluto/a** *andare alla festa di Sonia.* **Siamo dovuti/e** *rimanere in città quest'estate. Mara* **si è dovuta** *accontentare di un lavoro a mezzo tempo.*

* Con i verbi che indicano fenomeni atmosferici si può usare anche l'ausiliare "avere". Esempi: *Ieri* **ha piovuto** *tutto il giorno. Quest'inverno non* **ha nevicato**.

LE REGOLE dell'ACCORDO

▶ Con il passato prossimo si ha l'accordo in due casi:
- quando il verbo richiede l'ausiliare *avere* ed è accompagnato da pronome personale atono in funzione di complemento oggetto
- quando il verbo richiede l'ausiliare *essere*

▶ Con i pronomi atoni oggetto il participio del verbo concorda in genere e numero con i pronomi stessi. I pronomi lo e la si scrivono con l'apostrofo davanti alle forme dell'ausiliare "avere". Esempi: *Hai visto* **Luisa?** *L'abbiamo appena* **incontrata**. *Hai preso il* **dizionario?** *Non l'ho ancora comprato.* **Antonio e Mario?** *Li ho* **incontrati** *al bar.* **Le scarpe?** *Le ho* **comprate** *ieri.*

▶ Quando il verbo vuole *essere* come ausiliare, il participio passato si accorda nel numero, nel genere e nella persona con il soggetto (pronome, nome) della frase secondo queste regole:

nome maschile singolare→participio passato in -*o*	Il professor Marini **è andato** alla conferenza
nomi maschili plurali/ nomi maschili e femminili insieme→ participio passato in -*i*	Ieri Paolo e Piero **sono andati** all'università.
	Ieri Paolo, Emma e Vittoria **sono andati** all'università.*
nome femminile singolare→ participio passato in -*a*	La mia amica **è andata** in Italia.
	Anna si è **lavata** le mani.*
nomi femminili plurali→ participio passato in -*e*→	Emma e Vittoria **sono andate** al cinema.

*Davanti a nomi maschili e femminili messi insieme, prevale il genere maschile.
*Con i veri riflessivi indiretti il participio passato può concordare con il complemento oggetto. Esempi: *Anna si è* **lavata** *le mani ./ Anna si è* **lavate** *le mani.*

L'IMPERFETTO

▶ L'indicativo imperfetto indica un'azione passata che ha avuto una certa durata e continuità. Esso è anche il tempo che esprime:
- abitudini, condizioni, fatti del passato. Esempi: *Da piccola* **studiavo** *poco. Quando* **abitavamo** *a Milano,* **stavamo** *bene! A vent'anni* **pesavo** *appena 50 chili.*
- descrizioni, attitudini e situazioni del passato. Esempi: *Stamattina c'* **era** *un sole splendido. Mia nonnna* **era** *un'ottima cuoca. Marina* **indossava** *un bellissimo abito blu..*
- un'azione interrotta da un'altra azione al passato prossimo. Esempi: **Chiamavo** *Anna al cellulare quando l'ho* **incontrata** *per strada. Mentre* **guardavo** *la partita in TV,* **è andata** *via la luce.*
- possibilità, obblighi, volontà, desideri realizzati o non realizzati Esempi: *Ieri* **volevo** *andare a fare due passi e*

*così sono uscito. Ieri **volevo** fare un giro ma faceva freddo.*
- una richiesta gentile al posto del condizionale. Esempio: *Mario, **volevo** del prosciutto crudo, per favore.*
- azioni contemporanee e indefinite nel passato. Esempio: *Mentre **studiavo**, ascoltavo la radio.*

LA FORMA

▶ L'indicativo imperfetto, nella sua forma regolare, si coniuga con le desinenze tipiche della coniugazione cui appartengono i verbi. Nella tabella sotto ecco i tre modelli di coniugazione:

modello di coniugazione	-are	-ere	-ire
	parl-are	cred-ere	dorm-ire
1ª persona singolare	parl-avo	cred-evo	dorm-ivo
2ª persona singolare	parl-avi	cred-evi	dorm-ivi
3ª persona singolare	parl-ava	cred-eva	dorm-iva
1ª persona plurale	parl-avamo	cred-evamo	dorm-ivamo
2ª persona plurale	parl-avate	cred-evate	dorm-ivate
3ª persona plurale	parl-avano	cred-evano	dorm-ivano

▶ Alcuni verbi presentano una forma irregolare che va imparata a memoria. Di seguito nella tabella l'imperfetto irregolare dei verbi più comuni:

	essere	bere	dire	fare	porre *	condurre*
1ª pers. singolare	ero	bevevo	dicevo	facevo	ponevo	conducevo
2ª pers. singolare	eri	bevevi	dicevi	facevi	ponevi	conducevi
3ª pers. singolare	era	beveva	diceva	faceva	poneva	conduceva
1ª pers. plurale	eravamo	bevevamo	dicevamo	facevamo	ponevamo	conducevamo
2ª pers. plurale	eravate	bevevate	dicevate	facevate	ponevate	conducevate
3ª pers. plurale	erano	bevevano	dicevano	facevano	ponevano	conducevano

* Seguono la coniugazione di *porre e condurre* tutti i verbi in *-orre e -urre*:

PASSATO PROSSIMO o IMPERFETTO?

▶ Quando una frase complessa presenta due azioni passate che sono avvenute nello stesso periodo, possiamo avere tre casi:
- due azioni ugualmente lunghe (durative)-*imperfetto + imperfetto*. Esempio: *Mentre **preparavo** la colazione, Jennifer si **faceva** la doccia.*
- due azioni ugualmente puntuali o momentanee-*passato prossimo + passato prossimo*. Esempio: *Quando il direttore **è arrivato**, gli **ho dato** la posta.*
- un'azione durativa interrotta da un'altra azione-*imperfetto + passato prossimo*. Esempio: *Mentre **guidavo**, è **squillato** il cellulare.*

IL FUTURO

▶ L'indicativo futuro serve a esprimere un'azione futura che deve ancora avvenire rispetto al momento in cui parliamo o scriviamo. Esso ha due tempi: semplice e anteriore. Si usa il futuro semplice per:
- indicare un'azione che si realizzerà in futuro, in un momento successivo al momento presente. Esempio: *Domenica prossima **partiremo** per la montagna.*
- fare previsioni, ipotesi, promesse per il futuro. Esempi: *Penso che stasera **pioverà**. Che ore sono? **Saranno** le 5.00. Ti prometto che **studierò** di più.*

- esprimere un'azione reale o possibile nel presente che dipende da un'altra azione introdotta da *se* (periodo ipotetico). Esempio: *Se piove, non **potremo** andare in spiaggia.*
- esprimere un'azione reale o possibile nel futuro, dipendente da un'altra azione introdotta da *se*. Esempio: *Se **continuerò** a studiare così, questo semestre **supererò** tutti gli esami.*

LA FORMA

▶ L'indicativo futuro, come gli altri tempi, ha una forma regolare con desinenze tipiche della coniugazione cui appartengono i verbi. Qui di seguito i tre modelli di coniugazione:

modello di coniugazione	-are	-ere	-ire
	parl-are	cred-ere	dorm-ire
1ª persona singolare	parl-erò	cred-erò	dorm-irò
2ª persona singolare	parl-erai	cred-erai	dorm-irai
3ª persona singolare	parl-erà	cred-erà	dorm-irà
1ª persona plurale	parl-eremo	cred-eremo	dorm-iremo
2ª persona plurale	parl-erete	cred-erete	dorm-irete
3ª persona plurale	parl-eranno	cred-eranno	dorm-iranno

▶ Dalla tabella sopra possiamo notare che:
- i verbi in *-are* cambiano la vocale *a* dell'infinito in *e*.
- la 1ª e la 3ª persona del singolare hanno l'accento segnato sulla vocale finale.

▶ Molti verbi presentano delle particolarità nella formazione del futuro. Ecco di seguito la tabella di riferimento:

verbi che perdono la vocale dell'infinito	andare- *andrò*; avere-*avrò*; potere-*potrò* dovere-*dovrò*; vivere-*vivrò*
verbi che perdono la vocale dell'infinito e trasformano la *l* o la *n* del tema in *rr*	volere - *vorrò*; venire-*verrò*
verbi in *-care* e *-gare* con l'inserimento di *h* tra la radice e le desinenze che cominciano per *e*	cercare-*cercherò*; pagare-*pagherò*
verbi in *-ciare* e *-giare* perdono la vocale *i*	cominciare-*comincerò*; mangiare-*mangerò*
verbi in *-orre* e *-urre* che aggiungono le desinenze all'infinito senza la vocale *e*	porre-*porrò* condurre-*tradurrò*

▶ I verbi *essere, bere, dare, dire, fare e stare* hanno una coniugazione irregolare al futuro, come si può osservare nella tabella sotto:

essere	bere	dare	dire	fare	stare
sarò	berrò	darò	dirò	farò	starò
sarai	berrai	darai	dirai	farai	starai
sarà	berrà	darà	dirà	farà	starà
saremo	berremo	daremo	diremo	faremo	staremo
sarete	berrete	darete	direte	farete	starete
saranno	berranno	daranno	diranno	faranno	staranno

▶ Spesso usiamo il presente in luogo del futuro per indicare un'azione che avverrà in un prossimo futuro. Esempi: *Domenica **vado** in montagna. Il prossimo mese **parto** per le vacanze.*

L'IMPERATIVO

▶ L'imperativo è il modo che serve per esprimere un ordine, un comando ma anche un suggerimento, un invito. L'imperativo ha solo il tempo presente e la seconda persona singolare e plurale. Per le altre persone si usa il presente congiuntivo. Di seguito la tabella di riferimento:

modello di coniugazione	-are	-ere	-ire	-isc
	parl-are	cred-ere	dorm-ire	fin-ire
2ª persona singolare	parl-a	cred-i	dorm-i	fin-isc-i
3ª persona singolare	*parl-i*	*cred-a*	*dorm-a*	*fin-isc-a*
1ª persona singolare	parl-iamo	cred-iamo	dorm-iamo	fin-iamo
2ª persona plurale	parl-ate	cred-ete	dorm-ite	fin-ite
3ª persona plurale	*parl-ino*	*cred-ano*	*cred-ano*	*fin-isc-ano*

▶ Alla 3ª persona non ci si rivolge con ordini ma si esprimono desideri, perciò non si hanno vere e proprie forme di imperativo bensì di congiuntivo, il modo del registro formale. Esempi: ***Venga avanti! Si accomodi! Prego, si siedano!***

IMPERATIVO INFORMALE vs IMPERATIVO FORMALE

	Imperativo affermativo	*Imperativo negativo*
2ª persona singolare	Entra! imperativo	Non entrare! non +infinito
3ª persona singolare	Entri! congiuntivo presente	Non entri! non + congiuntivo presente
2ª persona plurale	Entrate! imperativo	Non entrate! non + imperativo di 2ª persona plurale
3ª persona plurale	Entrino! congiuntivo presente	Non entrino! non + congiuntivo presente

▶ I verbi irregolari *andare, dare, dire, fare, stare* hanno l'imperativo di 2ª persona singolare in *va'* (vai), *da'* (dai), *di'*, *fa'* (fai), *sta'* (stai)

▶ Quando l'imperativo... singolare dei verbi *andare, dare, dire, fare, stare* è unito a un pronome personale, ... Esempi: *vacci* (va'+ci), *dalle* (da'+le), *dillo* (di'+lo), *dimmi* (di'+mi), *facci* (fa'+ci), *stammi* (sta'+mi)

Il GERUNDIO

▶ Il gerundio è uno dei tre modi infiniti del verbo che esprime un'azione in rapporto ad un verbo principale secondo diverse funzioni: causale, temporale, modale, ipotetica, ecc. Il gerundio ha solo due tempi: semplice (formato da una sola parola) e passato (formato dal gerundio di essere o avere e dal participio passato del verbo). Di seguito la tabella con le desinenze per la formazione del gerundio semplice:

LA FORMA

I coniugazione-are	II coniugazione-ere	III coniugazione-ire
PARLARE - PARLANDO	CREDERE - CREDENDO	DORMIRE - DORMENDO

▶ Come si può vedere dalla tabella, si aggiungono alla radice del verbo: le seguenti desinenze: *-ando* per i verbi in *-are* e *-endo* ai verbi in *-ere* e in *-ire*.

▶ Alcuni verbi sono irregolari al gerundio e in genere sono gli stessi che hanno l'imperfetto irregolare. Qui di seguito i più importanti:

FARE	BERE	DIRE
FACENDO	BEVENDO	DICENDO

STARE + GERUNDIO

▶ Il gerundio semplice si usa molto spesso preceduto da *stare* per esprimere un'azione in corso di svolgimento. Esempi: *Che cosa **stai facendo**? **Sto parlando** al telefono.* Osserva la differenza tra l'uso del verbo nella forma normale e in questa forma con il gerundio, detta "perifrastica".

Forma normale	Forma perifrastica
Paola va in ufficio in macchina.	*Paola sta andando in ufficio in macchina.*
In inverno nevica nel nord dell'Italia	*Sta nevicando!*

I VERBI IMPERSONALI

▶ Sono impersonali quei verbi che sono usati solo alla terza persona e non hanno alcun soggetto, oppure non possono avere per soggetto una persona o una cosa ma soltanto un'intera frase. In genere sono:
- i verbi che esprimono fenomeni meteorologici e atmosferici. I più comuni sono: *piovere, nevicare, grandinare*, ecc. Essi si usano soltanto alla terza persona singolare. Esempi: **Piove** *a dirotto!* **Nevica** *da due giorni!*
- le locuzioni che esprimono fenomeni meteorologici e atmosferici-*fare caldo/freddo tirare vento, essere nuvoloso, eccerci bel/cattivo tempo*, ecc. Esempi: *Che tempo **fa** in Italia? Di solito c'è bel tempo!*
- i verbi usati soltanto alla terza persona singolare e seguiti dal verbo all'infinito-*bisognare, occorrere, essere necessario, sembrare*, ecc. Esempi: *Non **bisogna** mangiare molto la sera.* **Occorre** *fare del movimento se vogliamo essere in forma.* **È necessario** *conoscere bene l'inglese e il francese per avere quel posto.*

LA FORMA IMPERSONALE DEL VERBO

▶ Per indicare un'azione di cui non vogliamo specificare il soggetto o compiuta idealmente da un soggetto generico, usiamo il "si impersonale".

▶ Parliamo di "si impersonale" quando la frase è senza oggetto diretto espresso. Esempi: *In Italia **si va** in ferie in agosto. In questa trattoria **si mangia** bene e **si spende** poco.*

▶ Quando il verbo della frase è transitivo e ha il complemento oggetto espresso, la frase è in realtà una frase passiva: in questo caso parliamo di "si passivante". Esempi: *A casa nostra **si mangia** la pasta tutti i giorni.* **Si preferiscono** *le località di mare a quelle di montagna!*

▶ Nelle frasi impersonali con il verbo riflessivo, la particella *si* si trasforma in *ci*. Esempi: *Di solito **ci si alza** tardi la domenica. Tra amici **ci si aiuta** sempre!*

	"si impersonale"	"si passivante"
Con quali verbi?	verbi transitivi senza oggetto verbi intransitivi verbi riflessivi	verbi transitivi con l'oggetto espresso
Con quale persona?	3ª persona singolare	3ª persona singolare 3ª persona plurale

TABELLA DEI VERBI IRREGOLARI

Infinito	Tempo e Modo	Forma
andare	*presente*	vado, vai, va, andiamo, andate, vanno
	futuro	andrò, andrai, andrà, andremo, andrete, andranno
	imperativo	va', vada, andiamo, andate, vadano
aprire	*passato prossimo*	ho aperto
avere	*presente*	ho, hai, ha, abbiamo, avete, hanno
	futuro	avrò, avrai, avrà, avremo, avrete, avranno
	imperativo	abbi, abbia, abbiamo, abbiate, abbino
bere	*presente*	bevo, bevi, beve, beviamo, bevete, bevono
	passato prossimo	ho bevuto
	imperfetto	bevevo, bevevi, beveva, bevevamo, bevevate, bevevano
	futuro	berrò, berrai, berrà, berremo, berrete, berranno
	imperativo	bevi, beva, beviamo, bevete, bevano
capire	*presente*	capisco, capisci, capisce, capiamo, capite, capiscono
	imperativo	capisci, capisca, capiamo, capite, capiscano
		cercheremo, cercherete, cercheranno
	imperativo	cerca, cerchi, cerchiamo, cercate, cerchino
chiedere	*passato prossimo*	ho chiesto
chiudere	*passato prossimo*	ho chiuso
condurre	*presente*	conduco, conduci, conduce, conduciamo, conducete, conducono
	passato prossimo	ho condotto
	imperfetto	conducevo, conducevi, conduceva, . conducevamo, conducevate, conducevano
	futuro	condurrò, condurrai, condurrà, condurremo, condurrete, condurranno
	imperativo	conduci, conduca, conduciamo, conducete, conducano
conoscere	*presente*	conosco, conosci, conosce, conosciamo, conoscete, conoscono
	passato prossimo	ho conosciuto
	imperativo	conosci, conosca, conosciamo, conoscete, conoscano
correre	*passato prossimo*	ho corso
decidere	*passato prossimo*	ho deciso
dire	*presente*	dico, dici, dice, diciamo, dite, dicono
	passato prossimo	ho detto
	imperfetto	dicevo, dicevi, diceva, dicevamo, dicevate, dicevano
	futuro	dirò, dirai, dirà, diremo, direte, diranno
	imperativo	di', dica, diciamo, dite, dicano

APPENDICE GRAMMATICALE

dare	*presente*	do, dai, dà, diamo, date, danno
	futuro	darò, darai, darà, daremo, darete, daranno
	imperativo	da', dia, diamo, date, diano
dovere	*presente*	devo, devi, deve, dobbiamo, dovete, devono
	futuro	dovrò, dovrai, dovrà, dovremo, dovrete, dovranno
essere	*presente*	sono, sei, è, siamo, siete, sono
	passato prossimo	sono stato/a
	imperfetto	ero, eri, era, eravamo, eravate, erano
	futuro	sarò, sarai, sarà, saremo, sarete, saranno
	imperativo	sii, sia, siamo, siate, siano
fare	*presente*	faccio, fai, fa, facciamo, fate, fanno
	passato prossimo	ho fatto
	imperfetto	facevo, facevi, faceva, ...
	futuro	farò, farai, farà, ...
	imperativo	fa', faccia, facciamo, fate, facciano
leggere	*passato prossimo*	ho letto
mettere	*passato prossimo*	ho messo
morire	*presente*	muoio, muori, muore, moriamo, morite, muoiono
	passato prossimo	sono morto/a
	imperativo	muori, muoia, moriamo, morite, muoiano
nascere	*presente*	nasco, nasci, nasce, nasciamo, nascete, nascono
	passato prossimo	sono nato/a
	imperativo	nasci, nasca, nasciamo, nascete, nascano
offrire	*passato prossimo*	ho offerto
perdere	*passato prossimo*	ho perso
piacere	*presente*	piaccio, piaci, piace, piacciamo, piacete, piacciono
	passato prossimo	sono piaciuto/a
	imperativo	piaci, piaccia, piacciamo, piacete, piacciano
piangere	*passato prossimo*	ho pianto
porre	*presente*	pongo, poni, pone, poniamo, ponete, pongono
	passato prossimo	ho posto
	imperfetto	ponevo, ponevi, poneva, ponevamo, ponevate, ponevano
	futuro	porrò, porrai, porrà, porremo, porrete, porranno
	imperativo	poni, ponga, poniamo, ponete, pongano
potere	*presente*	posso, puoi, può, possiamo, potete, possono
	futuro	potrò, potrai, potrà, potremo, potrete, potranno
prendere	*passato prossimo*	ho preso
ridere	*passato prossimo*	ho riso
rimanere	*presente*	rimango, rimani, rimane, rimaniamo, rimanete, rimangono
	passato prossimo	sono rimasto/a
	futuro	rimarrò, rimarrai, rimarrà, rimarremo, rimarrete, rimarranno

	imperativo	rimani, rimanga, rimaniamo
		rimanete, rimangano
salire	*presente*	salgo, sali, sale, saliamo, salite, salgono
sapere	*presente*	so, sai, sa, sappiamo, sapete, sanno
	futuro	saprò, saprai, saprà,
		sapremo, saprete, sapranno
	imperativo	sappi, sappia, sappiamo, sappiate, sappiano
tenere	*presente*	tengo, tieni, tiene, teniamo, tenete, tengono
	futuro	terrò, terrai, terrà, terremo, terrete, terranno
	imperativo	tieni, tenga, teniamo, tenete tengano
rispondere	*passato prossimo*	ho risposto
scendere	*passato prossimo*	sono sceso/a (intr.)
		ho sceso (tr.)
soffrire	*passato prossimo*	ho sofferto
spendere	*passato prossimo*	ho speso
stare	*presente*	sto, stai, sta, stiamo, state, stanno
	futuro	starò, starai, starà,
		staremo, starete, staranno
	imperativo	stà, stia, stiamo, state, stiano
succedere	*presente*	succede, succedono
	passato prossimo	è successo/a, sono successi/e
trascorrere	*passato prossimo*	ho trascorso (tr.)
		è trascorso/a, sono trascorsi/e (intr.)
uscire	*presente*	esco, esci, esce, usciamo, uscite, escono
	imperativo	esci, esca, usciamo, uscite, escano
volere	*presente*	voglio, vuoi, vuole,
		vogliamo, volete, vogliono
	futuro	vorrò, vorrai, vorrà,
		vorremo, vorrete, vorranno
	imperativo	voglia, vogliate, vogliano
	condizionale	vorrei, vorresti, vorrebbe,
		vorremmo, vorreste, vorrebbero
vedere	*passato prossimo*	ho visto
	futuro	vedrò, vedrai, vedrà,
		vedremo, vedrete, vedranno
venire	*presente*	vengo, vieni, viene,
		veniamo, venite, vengono
	passato prossimo	sono venuto/a
	futuro	verrò, verrai, verrà,
		verremo, verrete, verranno
	imperativo	vieni, venga, venite, vengano
vincere	*passato prossimo*	ho vinto

SOMMARIO
概　　要

▼ Modulo 5 "Che giornata!"

Funzioni	Lessico	Grammatica	Pronuncia	Materiali autentici
- chiedere e parlare di orari: inizio e fine, apertura, chiusura e durata di eventi - chiedere e parlare di azioni quotidiane - dare suggerimenti, - accettare o rifiutare, proporre alternative e suggerire - chiedere e dire di azioni in corso di svolgimento	- routine quotidiana - parti del giorno e giorni della settimana - espressioni con fare: fare colazione / la spesa - attività del tempo libero - linguaggio di Internet e della televisione	- uso dell'articolo con i giorni della settimana - preposizioni di tempo con orario e parti del giorno - preposizioni: *da...a...*, *fino a...* - indicativo presente di uscire - connettivi temporali - verbi riflessivi diretti, indiretti e reciproci - imperativo dei verbi riflessivi - avverbi di frequenza: - congiunzioni correlative *sia ...che* - gli aggettivi indefiniti *ogni* vs *tutti/e* - espressioni di frequenza - pronomi diretti atoni e verbi transitivi - verbi irregolari - *stare* + gerundio - gerundi irregolari	- *gli+a, o, e, u*: [λ] *figlio* - *gl+ a, o, e, u*: [gl] *inglese* - *gn*: [ñ] *pigna* opposizione *gli/li* e *gn/n*	- locandine di film, concerti e locali pubblici - Com'è la nostra vita con Internet? - Fare zapping: solo una questione di pigrizia?

▼ Modulo 6 "Come si cambia!"

Funzioni	Lessico	Grammatica	Pronuncia	Materiali autentici
- raccontare sogni, esperienze del passato - ricordare e far ricordare - chiedere e dire della propria infanzia - chiedere e dire della routine al passato - commentare - parlare di cambiamenti - descrivere abitudini del passato - mettere a confronto persone, stili di vita, tipi di scuola, materie - descrivere un regalo da comprare - fare richieste gentili - chiedere e dire del tempo e del clima descrivere il clima di un luogo - chiedere e dire di date e di festività	- ricordi d'infanzia, sogni - cambiamenti di stato, condizione e stile di vita - descrizioni al passato - giochi d'infanzia, vacanze, esperienze - scuola, materie, esperienze, voti, titoli - tempo atmosferico, clima, stagioni, mesi - festività religiose e non - interagire in un negozio	- imperfetto: forma e uso - imperfetto di *essere, avere, potere, dovere, volere, bere, fare, dire* - imperfetto per descrivere la personalità, stati, azioni ripetute, abituali - contemporaneità: mentre, quando - imperfetto per fare richieste - *avere fame, sete, paura...* - verbi transitivi e pronomi atoni diretti e indiretti - *si* impersonale, *fare, esserci* (forma impersonale) - i 3 tipi di comparazione e il superlativo relativo - comparazione di aggettivi, nomi, verbi, 2° termine di paragone (*che, di, tra*) - comparativi e superlativi particolari e degli avverbi *bene, male, molto, poco* - superlativo assoluto con avverbio: *davvero, veramente*, ecc. - espressioni di tempo con *scorso-a, nome + fa* - preposizioni di tempo: *a, in, di* - date, mesi e stagioni	- *s* [s], [z]: *autobus; rosa* - *z* [ts], [dz]: *zio; zaino*	- mappa del tempo - A moscacieca per le strade di Vergaio. - "Da bambino dormivo con il pallone!" - Il sistema scolastico in Italia. - Qualità della vita? E'migliore in provincia. - Il reddito medio delle famiglie italiane - Com'è il tempo?

▼ Modulo 7 "Buon viaggio!"

Funzioni	Lessico	Grammatica	Pronuncia	Materiali autentici
- raccontare in una cartolina di una vacanza e dire le proprie impressioni - chiedere e parlare di routine e fatti recenti - parlare di vacanze: durata, sistemazione, attività, giudizi - fare il resoconto di un itinerario di viaggio - parlare di esperienze negative di viaggio - fare i bagagli e controllare cosa mettere in valigia - raccontare fatti contemporanei al passato - fare una prenotazione alberghiera: tipi di camera, durata, servizi, costo e metodi di pagamento - parlare delle ferie - fare una prenotazione ferroviaria e via mare: tipi di biglietto, sistemazione, costo e metodo di pagamento	- visitare luoghi: attività, mezzi di trasporto - tipi di vacanza, sistemazione, attività - locuzioni di tempo passato: ieri, la settimana scorsa, ecc. - preparativi per la partenza e bagagli - prenotazioni albeghiere, costi, servizi - esperienze di viaggio e inconvenienti - viaggiare in treno e per mare; tipi di biglietto di andata, di andata e ritorno, con supplemento; sistemazione: vagone letto, cuccetta, cabina	- passato prossimo: verbi regolari e irregolari - ausiliari *essere* e *avere* + verbi transitivi e intransitivi - *piacere* e *sembrare* al passato prossimo - superlativo assoluto irregolare: *ottimo, pessimo, massimo, minimo* - *potere, volere* e *dovere* al passato prossimo+riflessivi - pronomi diretti+passato prossimo (concordanza) - pronomi atoni e tonici: uso - condizionale di *volere* - *già, sempre, mai, non...mai, non... ancora* + participio passato - *essere* e *avere* con i servili + infinito - differenza tra imperfetto e passato prossimo e uso di *mentre* e *quando* - *che* pronome relativo	- labiodentale sorda e sonora $f[f]$, $v[v]$: foto; vento - labiodentale v e semiconsonante w: vuole; ultimo	- cartoline, inserzioni pubblicitarie di alberghi, forum, listino prezzi, tabellone orari ferroviari - testo della canzone "*Azzurro*" - Ferragosto a Roma - Viaggiare per l'Italia in treno - Le vacanze degli italiani

▼ Modulo 8 "In che cosa posso servirLa?"

Funzioni	Lessico	Grammatica	Pronuncia	Materiali autentici
-interagire in unnegozio dialimentari, al bar, al ristorante: chiedere cosa si vuole, ordinare la quantità, chiedere il conto, chiedere informazioni su un piatto - interagire in un negozio di abbigliamento e pelletteria: chiedere che cosa si vuole, chiedere e dire la taglia, il numero e il colore, dire cosa non va, vedere altro, chiedere un parere, - parlare di stili alimentari e di gusti - dare istruzioni per fare un piatto - congratularsi per qualcosa, fare auguri	- tipi di locale e di cibo - peso, quantità, contenitori: *chilo, litro, boccale*, ecc. - gusti: aggettivi ed espressioni per parlare di cibi e bevande - abitudini alimentari - piatti di un menu - utensili da cucina - ricette e metodi di cottura -abbigliamento e accessori: materialie aggettivi per descrivere capi e accessori - auguri: *Buon Anno, Buon Natale, tanti auguri*, ecc.	- preposizioni di luogo: *da* + articolo e *in* - nomi con il plurale irregolare: difettivi e non numerabili (*uovo-a, tè-tè, riso*, ecc.) - partitivo: *di* + articolo - pronomi combinati con *ne: me ne, gliene* - verbi impersonali: *occorre, bisogna, è necessario* - infinito + pronome diretto atono (*e portarlo a una cottura*) - imperativo + pronome: *mangiala, non mangiarla, li paghi, non li paghi* - avverbi inmente - dimostrativi: *quello, i, a, e* - particolarità dell'aggettivo *bello* - aggettiviindefiniti: *qualche, nessuno*	- m[*m*], n[*n*] - mb, mp - m, n + altra consonante	- La piramide della dietamediterranea: cibo per vivere bene e a lungo. - Lo sapevate che...? - La ricetta del giorno: *"Penne alla mediterranea"*

▼ Modulo 9 "Ci sarà un futuro migliore!"

Funzioni	Lessico	Grammatica	Pronuncia	Materiali autentici
- chiedere e dire come ci si sente - chiedere e dare consigli sulla salute - fare programmi, progetti, promesse - esprimere intenzioni future, ipotesi al presente - chiedere e dire dei particolari di un incidente - esprimere dispiacere - inferire il segno zodiacale di qualcuno - esprimere causa ed effetto - esprimere condizioni certe nel futuro - immaginare scenari futuri	- malattie, sintomi, disturbi - cure, medicinali, dosi - *star bene, male, meglio, peggio, ammalarsi*, ecc. - rimedi naturali - parti del corpo - verbi di movimento: *sdraiarsi, stendere, avvicinare*, ecc. - *far male* vs *farsi male* - incidenti e infortuni in casa - segni zodiacali - scenari futuri	- futuro semplice: formazione - futuri irregolari: *andare, bere, essere, avere,* - futuro verbi in *-care, -gare, -ciare- giare, -orre -urre* - imperativo verbi irregolari + pronome: *dimmi, dalle, dagli facci, vacci*, ecc. - plurale irregolare: *braccio-a, ginocchio-a, mano-i, dito-a*, ecc. - connettivi causali: *siccome, dato che* - pronomi indefiniti: *qualcuno, nessuno* - periodo ipotetico di I tipo con il futuro	- semiconsonanti *i*[j], *u*[w]: *ieri, uomo* - semivocali *i* [i] *u*[u]: *sarai, Laura* - dittongo: *auto* - trittongo: *aiuola* - iato: *maestra*	- L'assistenza sanitaria in Italia: come funziona? - La farmacia verde: curarsi con le erbe e i metodi naturali. - L' igiene orale - Allarme salute: fumo e obesità in aumento! - Oroscopo della settimana - Come vivremo nel 2030: realtà o fantascienza?